본문이 이끄는 설교

Text-Driven Preaching

Copyright © 2010 by Daniel L. Akin, David Allen, Ned L. Mathews
Published by B&H Publishing Group
One LifeWay Plaza, Nashville, TN 37234, Nashville, TN 37234-0188 USA
All rights reserved.

This Korean Edition Copyright © 2020 by Agape Publishing Co., Ltd.
Seoul, Republic of Korea

＊별도의 표기가 없는 성경구절은 개역개정 성경을 인용한 것입니다.

하나님의 말씀이 중심이 되는 설교

— 본문이 이끄는 —
설교

데이비드 알렌, 다니엘 애킨, 네드 매튜스 외 지음
김대혁, 임도균 옮김

아가페

Contents

서론 _ 데이비드 알렌   006

1
본문이 이끄는 설교의 설교자

Part 1 본문이 이끄는 설교의 역사 _ 짐 섀딕스   021
Part 2 성령의 능력 _ 빌 베넷   040
Part 3 설교자의 훈련 _ 네드 매튜스   066
Part 4 수사학의 교훈 _ 페이지 패터슨   093

2
본문이 이끄는 설교의 준비

Part 5   **설교 준비 과정** _ 데이비드 알렌   127

Part 6   **설교의 기초, 본문 연구** _ 데이비드 알런 블랙   163

Part 7   **설교를 살리는 성경 장르** _ 로버트 보겔   195

Part 8   **설교를 세우는 성경신학** _ 제임스 해밀턴   226

3
본문이 이끄는 설교의 전달

Part 9   **소통되는 설교** _ 허셀 요크   259

Part 10   **설교의 감성적 전달** _ 아담 둘리, 제리 바인즈   287

Part 11   **삶을 위한 적용** _ 다니엘 애킨   317

결론 _ 네드 매튜스   353

미주   360

Introduction
서론

_ 데이비드 알렌(David L. Allen)

　매주 우리는 현대판 설교 만신전(pantheon)에서 다양한 그룹의 예배자를 볼 수 있다. 어떤 사람들은 '창조성'이라는 예배에 머리를 조아린다. 또 어떤 사람들은 '문화적 적합성'이라는 예배 대상 앞에 바짝 엎드려 있다. '내러티브'라 표시된 회중석에 묶여 고정되어 있는 사람들이 있는 반면, 또 다른 사람들은 '통속 심리학'(pop-psychology)이라는 흥겨운 춤에 이상하게도 마음이 따뜻해지는 것을 느낀다. '새로운 설교학'(New Homiletic)이라는 제단 앞에 예배하는 사람들이 끊이지 않으며, '주제적'이라 불리는 제단은 매주 찾아오는 후원자들에게서 항상 자신의 몫을 챙긴다. 혹시 아직 발견되지 않은 설교 방법을 놓쳤을까 봐 두려운 이 신전의 문지기는, '알려지지 않은 설교 방법에게'라고 새겨진 제단을 버젓이 세워 놓고 있다. 이 책의 저자들은 바로 이 알려지지 않은 방법을 선포하고자 하는 사람들이다. 사실 이 방법 자체가 알려지지 않은 것은 결코 아니다. 이 땅의 참된 교회가 그랬던 것처럼 모든 교회의 역사에서 이 방법을 실천해 온 사람들은 항상 있었다. 설교의 신전에서 이 방법은 교회의 사도 시대까지 거슬러 올라가 초기 설교자들이 사용했을 정도로 오래되었다. 이 방법은 바로 '강해설교'(expository preaching)다.

그런데 이토록 오랫동안 존경받아 온 설교 방법이 왜 오늘날 많은 곳에서 폐물로 취급되거나, 많은 사람에 의해 오용되고 있는 것일까? 무엇이 이토록 수많은 대체 방법을 만든 것일까?

성경의 권위가 맹렬히 공격받던 지난 20세기에, 강해설교 역시 그와 비교할 수 없을 정도로 수많은 공격을 받았다. 때로는 정면 공격이었고, 때로는 은밀했다. 강해설교를 지지하는 사람들은 이를 대수롭지 않게 여긴 반면, 비방하는 사람들은 공격을 중단하지 않았다.

1928년 해리 에머슨 포스딕(Harry Emerson Fosdick)의 긴 장광설부터 프레드 크래독(Fred Craddock)의 '새로운 설교학'까지, 베이비부머들이 열광하는 빌 하이벨스와 릭 워렌의 '목적이 이끄는' 설교부터 에드 영(Ed. Young)과 앤디 스탠리(Andy Stanley)라는 지도자를 추앙하는 '탁월한 커뮤니케이터'들까지, '잘 되는 나'를 외치는 조엘 오스틴부터 때로는 괴상하게 보이는 이머징 교회(emerging church)의 잘못된 시도까지, 데이비드 버트릭(David Buttrick)의 논쟁부터 더그 패짓(Doug Pagitt)의 통렬한 대화적 비난에 이르기까지, 강해설교는 오늘날에도 여전히 엄청난 공격을 받고 있다. 그럼에도 강해설교는 그 잠재력을 잃지 않고 여전히 살아 숨 쉬고 있다. 오히려 기독교의 일부 설교학 요새에서 이 방법은 부흥을 경험하고 있다.

한때 리처드 더한(Richard Dehann)의 사역을 도왔던 폴 반 고더(Paul Van Gorder)는, 어느 늦은 밤 자신의 아버지가 받은 한 통의 전화를 생생히 기억하고 있다. 당시 반 고더는 십대 소년이었다. 침례교회 목사였던 그의 아버지가 7월 3일 토요일 밤 11시에 받은 그 전화는 같은 지역 감리교회 목사에게서 걸려 온 것이었다. 그 목사는 7월 4일 주일에 자신이 전하려는 말씀에 흥분해 있었다. 문제는 설교하고자 하는 그 본문이 성경 어디에 있는지 기억해 낼 수가 없다는 것이었다. 그는 그것을 물어보려고 고더의 아버지에게 전화를 한 것이었다.

"본문 내용이 무엇인지 말해 보게나." 고더의 아버지가 말했다. 그 목사가 대답했다. "나에게 자유를 달라, 그렇지 않으면 죽음을 달라!"

그 목사가 설교에는 반드시 본문이 있어야 한다고 생각한 것 자체는 그나마 감사한 일이다. 문제는 그 본문의 출처가 성경이 아니라 미국 자유 연대기라는 데 있다. 그가 주일에 어떤 훌륭한 모습과 내용으로 전하든, 그 설교는 결코 '본문이 이끄는 설교'는 될 수 없다.

본문이 이끄는 설교란 무엇인가? 단순히 강해설교의 또 다른 이름일 뿐인가? 어떤 의미에서는 그렇다. 하지만 강해라는 포괄적인 개념 아래 행하는 수많은 설교가 사실 그 이름에 걸맞지 않다. 설교를 주제로 한 책은 많지만, 설교를 강해적으로 접근하도록 권하는 책은 많지 않거나 너무 오래된 것뿐이다. 그중에서도 많은 책이 이 주제를 너무 개략적으로나 전통적으로만 다룬다.

이 책은 강해설교의 성경적·신학적 토대를 '하나님께서 말씀하셨다'는 사실에 둔다. 하나님은 침묵하고 계시지 않는다. 그분은 살아있는 말씀이신 예수 그리스도와 기록된 말씀인 성경을 통해 우리에게 자신을 드러내 보이셨다. 따라서 본문이 이끄는 설교의 신학적 기반은 하나님께서 말씀하셨다는 사실이다.

사실 성경의 본질적인 성격 자체가 본문이 이끄는 설교 방식을 요구한다. 하나님은 모든 성경의 궁극적 저자시다. 디모데후서 3장 16절 말씀처럼 "모든 성경은 하나님의 감동으로 된 것으로 교훈과 책망과 바르게 함과 의로 교육하기에 유익"하다. 다시 말해, 성경이 말하고 있는 것이 바로 하나님의 말씀이다.

성경의 무오성과 충분성, 이 둘 모두 본문이 이끄는 설교의 신학적 토대가 된다. 이는 성경 자체의 진술이다. 예를 들면, 신약의 저자는 구약 본문을 인용하면서 환유를 통해 '하나님'과 '성경'을 서로 교차하며 주어로 사용한다. 즉, 마태복음 19장 4-5절의 경우, 하나님이 화자(話者)는 아닐지라도 성경을 기록한 저자로 나타나며, 로마서 9장 17절에서는 하나님이 인용된 구약 본문의 직접적 화자임에도 "성경이 … 이르시되"라고 표현한다. 또 세 개의 본문, 즉 로마서 9장 17절, 갈라디아서 3장 8절과 22절에서 성경은 '하나님의 말씀'으로 불린다. 패커(J. I. Packer)에 의하면, "성경은 곧 말씀하시는 하나님"[01]이다.

교회사를 통틀어 가장 훌륭한 설교는 분명 강해설교다. 교회가 생겨나기 전 유대인들의 설교도 토라 본문의 의미를 쉽게 풀이하는 것이었다. 유대 회당 설교의 분명한 특징은 바로 본문 중심성이었다. 이런 접근법은 사도들과 초대 교부들에 의해 지속되었다. 오리겐, 크리소스톰, 어거스틴과 더불어 다른 교부들은 성경 주해와 설명에 전력을 다했고, 이는 그들의 설교에 고스란히 드러난다. 오리겐은 성경 전체를 강해한 최초의 설교자였다. 물론 그 시기에도 다른 설교 방법이 있었다. 하지만 강해설교를 존중하지 않거나 실행하지 않은 시대는 없었다.

클레르보의 베르나르(Bernard of Clairvaux) 같은 소수의 예외적인 경우를 제외하고, 중세 시대에는 전반적으로 설교가 쇠퇴해 갔지만 16세기 종교개혁과 함께 강해설교의 회복기가 찾아왔다. 다른 요소와 더불어 에라스무스의 헬라어 신약 성경 출판은, 개혁자들이 원어로 된 성경과 진정한 성경 중심의 설교를 되찾는 데 큰 역할을 했다.

루터, 칼빈, 츠빙글리는 강해적으로 설교했다. 종교개혁 이후 등장한 청교도들도 이 유산을 그대로 이어받았다. 이때 체계적인 강해가 교회에서 종종 이루어졌다. 종교개혁 시기부터 오늘날에 이르기까지 교회에서 가장 훌륭한 설교는 그 성격이나 방법에서 기본적으로 강해적인 설교다.

이것이 사실이라면 어떻게 오늘날 설교단에서 폭포수같이 쏟아지는 그 많은 설교가 전혀 성경 본문 강해가 아니란 말인가? 과연 우리가 무슨 자만심으로 하나님 자신이 성경을 통해 말씀하신 것보다 더 중요한 것을 말할 수 있다고 생각하는 것인가? 하나님 말씀을 인간의 말로 대체하는 것이야말로 교만의 극치다. 현대 설교의 대부분은 수직적이기보다는 수평적이다. 다시 말해, 사람들 앞에서 우리의 참된 필요를 만족시킬 수 있는 유일한 분으로서 하나님을 영화롭게 하는 설교가 아니라, 사람들이 느끼는 표면적 필요에 호소하는 인간 중심의 설교가 대부분이다.

교회가 오늘날 영적으로 무기력해진 여러 중요한 이유 중 하나는, 많은 설교에서 성경적 내용이 결핍되어 있기 때문이다. 때로는 통속적 심리학이 하나님 말씀을 대신한다. '행복해지는 다섯 가지 방법' '어머니를 사랑하는 세 가지 방식' 등 사람을 기분 좋게 하는 메시지를 교회가 지속적으로 제공해, 마치 솜사탕 같은 식단을 만들어 버렸다. 그러다 보니 오늘날 설교의 관심은 적용에 있다. 하지만 본문에 근거하지 않은 적용은 바른 영적 교훈이 아니다. 본문의 의미라는 접착제가 설교의 적용에 반드시 필요하다. 따라서 성경의 내용이 반드시 적용보다 앞서야 한다. 본문의 내용 없이 우리가 어떻게 무엇을 적용해야 하는지를 알 수 있겠는가?

이처럼 무모하게 문화적 적절함을 추구하며 돌진해 가다 보니,《피플》같은 잡지나 텔레비전에서 유행하는 프로그램이 성경을 대신해 설교의 주요 자료가 되어 버렸다. 교회의 이런 무기력함은 여러 현상으로 나타나는데, 일부 교회는 예배에서 음악의 비중이 커지는 반면 설교 시간은 급격히 줄고 있다. 오늘날 많은 교회가 이런 솜사탕으로 영적 치아가 썩어 가고 있다.

오늘날의 설교단은 설득력은 있어 보이지만 무의미한 설교로 넘쳐난다. 때로는 그 설득력마저 없다. 아무것도 들어 있지 않은 모자에서 계속 살찐 토끼를 꺼내는 마술을 보여 주는 많은 설교자의 능숙함은 정말 경이로울 정도다. 사람들이 이런 진부한 통속 심리학으로 물든 설교에 지쳐 가고 있다는 증거는 속속 쌓이고 있다. 성경적 설교는 특히 창조적인 방법으로 전달되는 경우 항상 사람들의 진정한 필요를 충족시킨다. 사실 우리가 강력하게 주장하는 바는, '오직' 성경적 설교만이 사람들의 궁극적인 영적 필요를 충족시킬 수 있다는 것이다.

설교는 영적 행위다. 따라서 궁극적인 설교의 효력은 성령의 역할과 설교자의 영적 생활에 달려 있다. 그럼에도 이 주제는 설교학 책에서 종종 간과되곤 한다. 아직까지 강력하고 효과적인 의사소통의 기본 요소로 아리스토텔레스의 수사학의 세 요소, 즉 로고스(*logos*), 파토스(*pathos*), 에토스(*ethos*)를 능가하는 것은 없다. 이 책은 본문이 이끄는 설교의 기본적이고 실질적인 방법론으로 바로 들어가기 전에 먼저 이 주제부터 다룬다. 우선 역사적 조망을 위해 짐 섀딕스는 과거 본문이 이끄는 설교의 대가들을 소개하는 짧은 여행으로 우리를 인도한다. 이와 맥락을 같이해 빌 베넷과 네드 매튜스는 성령의 능력 부으심과 본문이 이끄는 설교의 설교자로서의 영적 훈련에 대한 내용을 뒤이어 소개한다. 페이지 패터슨은 우리에게 아리스토텔레스의 이 세 요소에 관해 능숙하게 밑그림을 그려 주고, 이 요소들이 효과적인 설교에 얼마나 중요한지 설명한다.

요즘은 '목적이 이끄는'이 대세인 것 같다. 이런 유용한 개념에서 어휘를 빌리고 그 개념을 설교에 적용하면서, 우리는 진정한 강해설교는 반드시 '본문이 이끄는' 설교여야 한다고 믿는다. 이것이 의미하는 바는, 설교는 반드시 성경 본문에 기초해야 할 뿐 아니라, 바로 그 본문의 의미를 실제적으로 설명해야 한다는 것이다. 많은 경우 설교자들이 본문을 정하고 난 다음, 설교에서는 곧장 그 본문을 떠나 버린다. 이때 성경 본문은 설교의 원천이 아니라 설교를 위한 하나의 자료가 되어 버린다. 성경 본문을 사용하더라도 이런 설교는 성경의 본문이 이끄는 설교가 아니다.

따라서 2부에서 데이비드 알렌은 본문이 이끄는 설교의 기본적인 방법론을 살펴보는 것으로 시작해, 그것이 어떻게 설교 준비에 도움이 되는지 설명한다. 본문이 이끄는 설교는 본문 자체의 실제적인 구조를 다룬다. 따라서 이 부분에서는 주해, 담화 분석, 장르 분석, 현대 커뮤니케이션 이론의 역할을 실제적인 측면에서 설명하고, 그 실례를 제공한다. 성경은 장르와 구조가 획일적이지 않으며 내러티브, 시, 복음서, 서신서, 예언서 등을 망라한다. 이런 점에서 본문이 이끄는 설교는 천편일률적인 진부한 설교 접근법이 아니다.

이 책은 본문의 구조가 설교 구조에 어떻게 영향을 미쳐야 하는지를 깊이 있게 다룬다. 예를 들면, 내러티브에 대한 본문이 이끄는 설교가 그 형식과 스타일에서 신약의 서신서 설교와 어떻게 다른지 등을 논의한다. 데이비드 알런 블랙, 로버트 보겔, 허셀 요크가 예를 들어 가며 이 주제를 자세히 설명한다.

오늘날의 언어학자들은 대개 의미란 문장 범위를 넘어 형성된다는 점을 강조한다. 설교자가 문장과 그 아래 범위에만 초점을 맞추면 전반적인 의미와 해석에 관여하는 담화나 의미 단락의 차원에서 많은 부분을 놓칠 수 있다. 이 책의 저자들은 성경 본문을 설명하기 위한 가장 기본적인 의미 단위로 문단이 가장 적합하다고 믿는다.

강해설교는 서신서의 경우처럼 최소 하나의 문단을 다루어야 하는 반면, 내러티브 장르에서는 이야기를 구성하는 몇 개의 문단을 하나의 설교에서 다루어야 한다. 그 이야기를 조각내 다루면 이야기 자체의 의미를 제대로 이해할 수 없기 때문이다. 즉, 저자가 의도한 의미는 본문 자체를 통해 표현되기 때문에, 본문의 구조가 설교 구조를 이끌어 가야 한다는 것이다.

이 책은 설교의 개요나 적용, 전달의 주제도 다룬다. 많은 설교학 책이 설교의 준비과정에 초점을 두는 반면, 적용과 전달은 중요하게 다루지 않는다. 그러나 어떤 설교자도 자신이 말하고자 하는 것을 어떻게 전할지에 대해 고려하지 않을 수 없다. '어떻게'가 '무엇을'보다 덜 중요할지는 모르지만, 결코 중요하지 않은 것은 아니다. 다니엘 애킨은 "우리가 무엇을 말할 것인지는 그것을 어떻게 말할 것인지보다 더 중요하다. 하지만 어떻게 말할 것인가라는 주제가 더 중요하게 다루어진 적은 한 번도 없다"고 자주 주장한다.

제리 바인즈는 50년 이상 강해설교를 하면서 쌓아 온 자신의 경험을 토대로, 본문이 이끄는 설교가 어떻게 전달되어야 하는지에 대해 가르쳐 준다. 그리고 마지막 장에서 다니엘 애킨은 본문이 이끄는 설교의 적용 기술과 방법에 대해 다루며 이 책을 마무리한다.

이 책의 저자들은 다음 요소가 본문이 이끄는 설교에 필수적이라 믿는다.

첫째, 하나님께서 그 아들 예수 그리스도를 통해 우리에게 자신의 최종적인 말씀을 하셨다(히 1:1-2).

둘째, 성경은 권위 있고 무오하며 완전한 하나님의 말씀이기에, 우리의 표어는 항상 '본문이 왕이다'(*Textus Rex*)다.

셋째, 네드 매튜스가 설명하는 다음 내용이다.

> 설교자는 본문의 권위에 복종한다. 따라서 그는 성경 저자의 관점을 독자 자신의 관점으로 대치해 본문을 다루는 포스트모던의 독자 반응 중심의 해석학적 접근을 피한다. 해석자로서 설교자는 본문에 접근할 때, 가능한 한 자신의 선이해(presupposition)나 편견, 미리 내린 결론을 비워 버리고자 한다. 그는 본문을 가르치려 하기보다 본문에서 가르침을 받기 위해 마치 처음 대하는 것처럼 본문과 만난다.[02]

이 책의 저자들은 본문이 이끄는 설교가 두운을 맞춘 3대지 구조같이 인위적으로 개요를 짜 맞추는 것의 노예가 되어서는 안 된다는 점에 동의한다. 강해설교라는 말은 포괄적인 용어로, 본문의 의미를 전달하는 데 다양한 스타일과 형식이 있다는 것을 인정한다. 또 본문이 이끄는 설교의 설교자는 본문을 '강해'(exposition)하는 것이지, '주입'(imposition)하는 것이 아니다. 본문을 영적으로나 비유적으로 해석하는 잘못된 방법도 피해야 한다.

설교자의 목적은 설교의 모든 기술적 탁월함과 능력을 통해 본문이 드러나도록 하는 것이다. 또 본문이 이끄는 설교란 신학이 아니다. 말 그대로 본문이 이끌어 가는 설교다. 신학이 본문을 위해 있는 것이지, 본문이 신학을 위해 있는 것이 아니다. 본문이 우선하고, 그다음에 신학이 따라온다. 따라서 성경신학이 조직신학에 선행되어야 한다. 또 본문이 이끄는 설교는 그 독창성도 궁극적으로는 본문에 뿌리를 내리고 있어야 한다. 본문이 설교자가 설교에서 사용할 독창성을 구하는 첫 장소가 되어야 함에도 종종 가장 마지막 장소가 되곤 한다. 그러나 설교 전체 과정에서 본문 자체를 간과하고 가리고 무시한다면, 그 어떤 독창성도 아무 가치가 없다.

이 책의 저자들은 오직 본문이 이끄는 설교만 이 요소들을 가지고 있다고 주장하는 것이 결코 아니다. 오히려 이 요소들이 없는 것은 본문이 이끄는 설교가 아니라는 것이다. 본문이 이끄는 설교는, 본문의 의미를 설명하고 예증하며 적용함으로 본문을 제대로 드러내는 설교다. 본문의 내용과 구조, 역동성에 충실한 설교가 바로 본문이 이끄는 설교다.

어떤 설교자는 본문을 설명하는 대신, 본문 귀퉁이에 나오는 사소한 것에 집착해 회중의 감탄을 자아내려 한다. 본문이 이끄는 설교의 설교자는, 회중이 본문을 통해 하나님께서 말씀하시는 바를 이해하지 못한 채 교회 문 나서는 것을 용납하지 않는다. 성도들이 성경 본문 밖이 아니라 본문을 '통해' 하나님을 만나도록 힘쓰는 것이다. 엠마오로 가는 제자들에게 예수님은 이렇게 말씀하셨다. "이르시되 미련하고 선지자들이 말한 모든 것을 마음에 더디 믿는 자들이여 그리스도가 이런 고난을 받고 자기의 영광에 들어가야 할 것이 아니냐 하시고 이에 모세와 모든 선지자의 글로 시작하여 모든 성경에 쓴 바 자기에 관한 것을 자세히 설명하시니라"(눅 24:25-27).

이 책의 저자들은 디모데후서 4장 2절에서 바울이 디모데에게 전한 명령을 완수하도록 돕는 일에 최선을 다한다. 그것은 곧 "말씀을 전파하라"는 명령이다.

"너는 말씀을 전파하라
때를 얻든지 못 얻든지 항상 힘쓰라
범사에 오래 참음과 가르침으로 경책하며 경계하며 권하라"

_ 딤후 4:2

1
본문이 이끄는 설교의 설교자

**Text-Driven
Preaching**

Part 1
본문이 이끄는 설교의 역사

_ 짐 섀딕스(Jim Shaddix)

본문이 이끄는 설교의 역사는 곧 강해설교의 역사다. 성경 본문이 이끌어 가는 설교에 충실했던 설교자들은 대부분 우선적으로 본문을 바르게 해석하고자 노력했다. 그다음 그 본문이 의도하는 의미를 회중에게 설명하고 적용하려 했다. 이런 방식의 선포는 교회사에서 줄곧 설교의 생명력이 되어 왔다. 제임스 스팃징거(James F. Stitzinger)는 이렇게 말한다.

성경 강해를 위해 자신의 삶을 온전히 드린 사람들을 이해하는 것은 정말 엄청난 가치가 있다. 아직 역사의 기록에 남겨지지 않은 오늘날의 세대는 이미 지나간 세대의 사람들에게서 많은 것을 배울 수 있다. 아직 변화하고, 조정하고, 개선하고, 더 큰 성취로 이어갈 시간이 남아 있는 것이다.[03]

본문이 이끄는 설교의 역사를 개괄적으로 연구하는 것은 적어도 두 가지 유익이 있다.

첫째, 무엇이 그저 지나가는 일시적인 것인지, 혹은 영원하며 지속적인 것인지 분별할 수 있는 여과기를 제공해 준다.

둘째, 설교자가 자신이 속한 시대에 성경 본문에 대한 좀 더 큰 확신을 갖고 본문을 충실하게 선포하도록 독려한다. 존 스토트의 말을 빌리자면, 설교자는 "각 시대의 챔피언의 눈에 비친 설교의 영광"[04]을 맛보게 되는 것이다.

선지자, 예수님, 사도

구약의 선지자나 예수님, 사도들은 설교자로서 소위 '계시적' 설교를 했다는 사실을 부정해서는 안 된다. 즉, 그들은 하나님께서 최초로 계시하신 말씀을 선포했다. 하나님께서 이전에 계시하시지 않았던 내용을 전해야 했기 때문에, 그들은 종종 연구해야 할 본문이 없었다. 반면 하나님께서 이미 계시하시고 영감으로 기록된 것에 기초해 '강해적' 설교를 해야 했던 것도 사실이다. 그들은 때때로 이미 기록되고 정경으로 받아들인 하나님의 계시의 말씀을 설명하고 적용했다.[05]

계시적이면서 강해적인 설교의 초기 예로는 신명기에 기록된 모세의 설교가 있다. 신명기에서 모세는 백성들에게 하나님의 율법을 풀이해 주고 그것을 따르도록 훈계했다. 여호수아도 마지막 연설에서 백성들에게 하나님께 받은 심오한 계시의 말씀을 전했을 뿐 아니라, 이전에 모세가 기록한 말씀을 분명하게 설명했다(수 23:2-16; 24:2-27). 또 다윗과 솔로몬도 각각 시편과 잠언에서 시의 형식으로 하나님의 본성과 인격을 드러내고 설명함으로, 하나님 말씀에 대한 계시적이며 강해적인 설교의 의미 있는 예를 보여 준다.

　구약의 설교 중에서 가장 훌륭한 예는 선지자들이 보여 준다. 그들의 메시지는 우리가 익히 알고 있는 미래에 대한 예언이라는 특징이 있을 뿐 아니라(사 9, 53장 등), 하나님께서 이전에 계시하셔서 기록해 놓은 말씀에 대한 설명이기도 했다. 요시야 왕의 성전 보수와 개혁에 대한 명령(왕하 22-23장), 에스라의 율법 연구와 가르침(스 7:10), 느헤미야의 율법 해석(느 8:1-8), 다니엘의 칠십 이레 환상에 대한 설명(단 9장)이 그 예에 포함된다. 자신의 사역이 가르침이라고 말한 선지자로는 사무엘(삼상 12:23), 이사야(사 30:9), 예레미야(렘 32:33), 말라기(말 2:9) 등이 있다.

　구약 성경에서 계시의 말씀이 주어진 후, 백성들은 그 말씀을 해석하고 설명하기 위해 말씀으로 돌아가야 했다. 구약 성경의 설교는 기록된 본문에 대한 설명을 필수적으로 제공했다.[06] 세례 요한의 설교도 본문이 이끄는 성격을 띤다. 그는 예수 그리스도가 구약 예언의 완성임을 확인함으로(요 1:15, 29) 그리스도에 대해 증거하며 사람들을 회개와 믿음으로 초청했다.

　본문이 이끄는 설교는 예수님의 말씀 사역의 한 부분이기도 하다. 어떤 의미에서 산상수훈의 일부는 강해적 성격을 띤다. 즉, 예수님께서는 백성들이 과거 어떤 가르침을 받았는지 언급하신 후, 각 원칙이 의도하는 의미를 명료하게 설명하신다(마 5:21-48). 수많은 구약 본문에 대한 언급은 각 본문의 의미를 분명히 설명하고자 하시는 예수님의 의도를 드러낸다. 엠마오로 가시는 길에서도 예수님은 성경 본문으로 자신의 메시지를 확증하도록 하는 방법을 분명하게 보이셨다. "이에 모세와 모든 선지자의 글로 시작하여 모든 성경에 쓴 바 자기에 관한 것을 자세히 설명하시니라"(눅 24:27).

예수님의 사역을 본받아, 성경 본문이 이끄는 설교는 계속해서 사도들의 설교의 특징이 되었다. 바울 서신은 이 사실이 초대 교회의 신념이었음을 알리는 것으로 가득하다. 이 위대한 사도는 젊은 디모데에게 "내가 이를 때까지 읽는 것과 권하는 것과 가르치는 것에 전념하라"(딤전 4:13)고 교훈했다. 회당 예배에서의 구약 성경에 대한 기본적인 강해는, 초대 교회에서 구약 성경 낭독과 사도들의 저작을 읽고 강해하는 것으로 이어지게 되었다.

존 스토트는 이 시기에 있었던 본문이 이끄는 설교의 중요성을 분명히 강조한다. 그는 "처음부터 기독교 설교는 강해설교였다. 즉, 모든 기독교의 가르침과 교훈은 반드시 기록된 본문에서 나와야 한다는 것을 그들은 너무나도 당연하게 여겼다"[07]고 단언한다.

의심의 여지 없이 성경 시대 설교자들은 본문이 이끄는 설교의 설교자였다. 그들은 기록된 성경 본문이 자신의 선포 내용과 주제를 결정하도록 했다. 이 시기의 끝 무렵, 본문이 이끄는 설교는 설교의 규범이 되었다. 성경의 정경이 완성됨으로 새로운 진리에 대한 하나님의 계시가 끝나자, 설교는 자연스럽게 그 본질상 강해가 될 수밖에 없었다. '사도들의 교리'(행 2:42; 엡 2:19-21 등)는 구약 성경과 함께 우리가 지금 읽고 있는 성경을 구성하게 되었다. 이후 세대의 모든 설교자는 하나님께서 주시는 '새로운' 진리를 소개해야 할 책임에서 벗어났다. 이제는 성경 본문을 설명하고 적용함으로 성령의 역사 안에서 청중이 그것을 받아들이도록 설득할 의무를 지니게 되었다.[08]

초대 교회 시대(AD 100~476)

성경 시대에 본문이 이끄는 설교의 강력한 기초가 놓였음에도, 그 실천은 사도 시대를 지나 거의 한 세기 반 동안이나 방치되었다. 이런 대조적인 결과는 교회의 예전(禮典)이 상징주의에서 성찬 위주로 변하고, 교회의 리더십이 장로와 집사에서 사제 계급과 사도권 계승으로 바뀌는 등 전 분야에 걸친 신약 시대 기독교의 급속한 타락을 반영한다.

교부들에 의해 헬라 철학, 논리학, 수사학이 기독교 사상으로 유입됨에 따라, 대부분의 설교자가 설교의 실제에서 성경 본문을 떠났으며, 진리보다는 수사학과 관련된 '설교의 기술'을 연마하게 되었다.[09] 따라서 헬라 수사학의 개념과, 가르침에 대한 성경적 필요의 혼합주의적인 융합에서 설교의 헬라적 개념이 태어나게 되었다.[10] 기독교 설교의 전통이 성경 본문에 대한 강조를 놓치고 갈피를 잡지 못하게 된 것이다.

하지만 이런 어둠의 시기에도 빛을 밝힌 소수의 신실한 설교자가 있었다. '황금의 입'이라는 별명이 붙은 요한 크리소스톰은 안디옥 학파의 대표적인 지도자 중 하나로, 아마도 초기 기독교 교회의 가장 중요한 강해 설교자일 것이다. 그는 당시 팽배했던 풍유적 해석을 거부하고, 수많은 본문을 단어별 또는 절별로 설득력 있게 강해함으로, 본문에 대한 문법적·역사적 접근을 강조했다. 그가 남긴 강해설교로는 창세기, 시편, 마태복음, 요한복음, 사도행전, 로마서, 고린도전후서, 그밖의 바울 서신, 히브리서가 있다. 역사가 필립 셰프(Philip Shaff)는 크리소스톰이 성경 전체에 대한 주석을 썼다고 주장하기도 한다.[11]

성경 본문에 대한 진지한 연구는 4세기(약 325~460) 당시 많은 사람의 설교에 자극이 되었다. 이 시대의 유명한 설교자로는 바질(Basil), 나지안조스의 그레고리(Gregory of Nazianzen), 닛사의 그레고리(Gregory of Nyssa), 암브로스, 어거스틴 등이 있다. 특히 어거스틴은 다른 신학적 저술과 더불어 시편 강해와 요한복음, 요한1서, 복음서 설교를 포함해 600여 편이 넘는 설교를 남겼다.¹²

중세 교회 시대 (AD 476~1500년대)

본문이 이끄는 설교의 측면에서 볼 때 초대 교회 시대가 결핍의 시기였다면, 중세 교회 시대는 기근의 시기라 할 수 있다. 제임스 필립(James Philip)은 이에 대해 안타까워하며 다음과 같이 논평한다.

> 초기부터 성직자 전문교육기관으로 출발한 대학교들에 스콜라 신학의 영향이 널리 퍼지고, 신학과 철학의 결합과 더불어 아리스토텔레스 학파의 논리학이 관찰, 분석, 추론의 방식으로 성경 해석에 적용되면서, 설교에 견딜 수 없는 악몽을 가져왔다. 그 결과 복음 전파의 효과적 수단인 설교는 사실상 손상되었다. 따라서 중세 교회의 문학 작품에서 초대 교부들의 성경 전반에 걸친 광범위한 강해에 견줄 만한 그 어떤 작품도 발견하지 못하는 것은 당연하다.¹³

이 시기에 성경적 강해가 부재했다는 것은 분명 설교에서 성경의 역할이 축소되었음을 반영한다. 단지 소수의 재능을 가진 사람만이 성경 해석에서 스콜라 신학과 아리스토텔레스 학파의 영향력을 거스를 수 있었다. 종교개혁 이전 개혁자인 존 위클리프(John Wycliff)와 윌리엄 틴데일(William Tyndale)은 당시의 설교를 비난하며, 성경 본문을 진지하게 다루지 않고 충실히 해석하지 않는 설교를 거부했다. 얀 후스(John

Huss)와 지롤라모 사보나롤라(Girolamo Savonarola)도 성경 본문이 직접적으로 설교 주제를 결정하도록 한, 본문에 충실한 설교자로 잘 알려져 있다. 비록 본문에 충실한 강해를 수용하지는 않았지만 에라스무스와 존 콜렛(John Colet) 같은 인문주의자들도, 노붐 인스트루멘툼(*Novum Instrumentumm* 1516, 헬라어 신약 성경—역주)과 노붐 테스타멘툼(*Novum Testamentum*, 1518, 헬라어 신약 성경 2판—역주)을 통해 헬라어 신약 성경을 연구함으로, 후대 강해설교의 기초를 놓는 작업을 도왔다.**14**

종교개혁 시대(AD 1500~1648)

설교에서 성경 본문이 가장 중요한 것으로 재등장한 것은, 16세기 초 독일에서 지나치게 남용되던 면죄부 제도에 대한 반발이 일어나면서였다. 본문이 이끄는 설교는 프로테스탄트 종교개혁에 직접적인 도화선 역할을 한 선지자적 목소리의 가장 중요한 수단이었다. 16세기는 설교의 모든 면에서 대단한 변화가 일어난 시기였다. 가장 중요한 특징은 성경적 설교의 부활로, 성경 본문에 따른 강해설교가 당시 성자나 순교자, 기적에 대해 이야기하던 중세 교회의 설교를 대체하게 되었다.

이런 강해설교는 좀 더 나은 해석과 적용 방법을 사용하는 특징으로 나타났다. 해석과 적용을 조합한 이 방법은 설교에서 절실히 필요했던 성경 본문의 권위를 되살렸다. 기독교 설교자의 기준은 '오직 성경'(*sola scriptura*)이 되었으며, 그것은 곧 "교황과 성직자의 교도권과 전통에서 해방되어, 성경이 하나님의 말씀으로서 교회를 다스리는 자유"**15**를 얻었음을 뜻했다. 이러한 확신은 성경이 전통과 성례보다 더 권위 있음을 인정하는 것이다.

마틴 루터는 성경만이 설교의 주제와 믿음의 권위가 되도록 교회가 성경으로 돌아갈 것을 요구했던 훌륭한 개혁자들 중 선두주자다. 1510년 비텐베르크대학의 교수로 임명된 이후 어거스틴의 전통을 따르던 수도승 루터는, 그 이듬해 로마 여행을 하면서 당시 성직자들 사이에 만연했던 부패와 세속화를 목격하게 되었다. 개혁의 필요를 확신한 그는 비텐베르크로 돌아와 시편, 로마서, 갈라디아서, 히브리서 본문을 강의했다. 회심 이후 루터는 면죄부 판매와 남용에 대해 반대했는데, 이는 1517년 10월 31일 비텐베르크의 교회 문 앞에 붙인 역사적인 95개 조 반박문으로 이어졌다. 개혁은 시작되었다. 의심할 나위 없이 본문이 이끄는 설교는 그 개혁을 선도하며 프로테스탄트 전통의 기초를 놓는 데 도움을 주었다.

루터와 더불어 다른 위대한 개혁자들도 설교에서 차지하는 성경 본문의 역할에 대한 확신을 가지고 설교단에 올랐다. 1519년 취리히에서 울리히 츠빙글리는 마태복음 강해설교 시리즈를 통해 거의 단독으로 스위스 종교개혁을 주도했다. 그는 성경을 원어로 주의 깊게 연구하면서 "상당한 언어학적·주해적 능력"[16]을 본문에 적용했다.

1536년 그 유명한 『기독교강요』를 출판한 이후, 존 칼빈 역시 탁월한 종교개혁자 중 하나로 자리매김했다. 그의 설교는 성경 본문이 이끄는 설교일 뿐 아니라, 본문이 설교 전체를 차지하는 설교였다.

비록 유배로 사도행전 연속 강해를 중단해야 했지만, 3년 후 설교단으로 돌아오자 그는 중단된 본문의 바로 그다음 구절부터 다시 강해를 시작했다. 성경 본문을 강해하는 집념, 열정적인 설교, 진리에 대한 사랑, 책임에 대한 헌신은, 그를 모든 세대에 걸쳐 최고의 설교자이자 신학자 중 하나로 만들었다. 엄청난 노력을 기울여 성경을 한 구절씩 다룬 그의 연속 강해는 교회사에서 견줄 만한 것이 없을 정도다.

칼빈은 전 생애를 성경 본문 주해에 쏟아부었다. 제네바의 담임목회자로 매 주일 두 편의 설교를 했으며, 1549년부터 그의 생애 마지막 해인 1564년까지는 평일에도 격주로 설교했다. 그는 구약에서만 2천 편이 넘는 설교를 했으며, 욥기 강해에 1년, 이사야서 강해에는 3년이라는 시간을 썼다.**17** 설교에서의 성경 본문의 중요성에 대한 칼빈의 생각은 다음의 말에 가장 잘 요약되어 있는 것 같다.

"우리는 하나님의 거룩한 말씀 이외의 다른 곳에서 하나님을 찾는 것으로 우리의 머리를 채우지 않아야 한다. 그분의 말씀이 요구하지 않는 다른 어떤 것으로도 하나님에 대한 생각을 하지 않아야 한다. 또 그분의 말씀에서 가져오지 않은 그 어떤 것도 말하지 않아야 한다."**18**

근대 시대(AD 1649~1970)

본문이 이끄는 설교는 수많은 시대를 지나면서 중요한 때마다 교회에 생명을 불어 넣는 핵심적인 역할을 꾸준히 해왔다. 적어도 근대의 여명기에는 더욱 그러했다. 16세기 후반과 17세기 전반에 걸쳐 청교도들은 성경 본문을 기독교 예배의 중심에 두었고, 성경 본문 강해를 진정한 설교로 정의하며 강력하게 옹호했다.

청교도들에게 "진정한 설교는 하나님 말씀을 강해하는 것이다. 단순히 교회의 가르침이나 교리를 풀이하는 것은 설교가 아니다. … 그들이 말하는 설교란 하나님 말씀을 강해하는 것이며, 따라서 이러한 강해가 모든 것을 좌우해야 한다."**19**

윌리엄 퍼킨스(William Perkins)는 설교에서의 본문의 역할을 강조했던 초기 청교도 설교자 중 하나다. 그는 자신의 생각을 『설교의 기술』(The Art of Prophesying)이라는 책에 담았는데, 이 책은 영국 교회 설교자들에게 최초의 설교 지침서가 되었다. 퍼킨스는 이 책에서 설교자가 따라야 할 분명한 원칙을 말한다. 즉, 먼저 본문을 전체 성경과 구별해 읽고, 그다음 성경의 다른 부분이 그 본문을 해석하도록 하면서 그 본문의 의미를 청중에게 제공하는 것이다.[20]

이 외에 성경의 권위를 존중하고 강해자로서 훌륭한 능력을 보여 준 청교도 설교자로는 조셉 홀(Joseph Hall), 토머스 굿윈(Thomas Goodwin), 리처드 백스터(Richard Baxter), 존 오웬(John Owen), 토머스 맨톤(Thomas Manton), 존 번연(John Bunyan), 스티븐 차녹(Stephen Charnock), 윌리엄 그린힐(William Greenhill) 등이 있다. 비록 스타일은 서로 매우 다르지만, "본문을 충실하게 설명하는 데 헌신했다는 맥락"[21]에서 이들을 한 부류로 묶을 수 있다.

1차 영적 대각성 시기의 복음전도적 설교는 대체로 주제설교였지만, 본문이 이끄는 설교의 설교자들도 매우 큰 영향을 미쳤다. 청교도들에게 지대한 영향을 받은 존 길(John Gill)이나 매튜 헨리(Matthew Henry) 같은 설교자가 주목할 만하다. 이후 50년 동안 주제설교에서 벗어난 주목할 만한 설교가 특징적으로 나타났는데, 이때의 설교자로는 앤드류 풀러(Andrew Fuller), 로버트 홀(Robert Hall), 존 브라운(John Brown), 존 에디(John Eadie), 알렉산더 카슨(Alexander Carson) 등이 있다. 19세기 후반에도 영국과 미국에는 영향력 있는 강해 설교자들이 있었는데, 제임스 톤웰(James H. Thornwell), 존 브로더스(John A. Broadus), 존 라일(John C. Ryle), 찰스 보한(Charles J. Vaughan), 알렉산더 맥클라렌(Alexander Maclaren), 조셉 파커(Joseph Parke) 등이다.[22]

찰스 해돈 스펄전은 역사상 가장 훌륭한 설교자로 평가된다. 하지만 그를 순수한 본문이 이끄는 설교의 설교자로 분류해야 할지에 대해서는 여전히 의견이 분분하다. 그가 『다윗의 보고』(*The Treasury of David*)라는 책에서 시편을 한 절씩 조심스럽게 강해하면서 '설교자들에게 주는 도움'을 제공하고 있는 것을 볼 때, 그의 설교는 형식과 내용 면에서 사실 강해적이라 할 수 있다.²³ 그러나 전반적 설교 사역에서 그의 주해적 방법과 해석이 조화되기에는 어려움이 있었다. 사실 스펄전은 본문을 연구하고 면밀히 조사하며 그 본문에서 진리를 끌어내는 방식이 아니라, 그 역방향으로 먼저 본문을 선택하고 그다음 본문과 관련된 성경 진리를 함께 묶는 방식을 사용했다. 때로는 다루는 본문과 다소 관련이 먼 의미를 강조하기도 했다.²⁴ 이런 점에서 스펄전이 강해적이라기보다는 좀 더 주제적·신학적인 조지 휫필드를 자신의 설교적 영웅과 모델로 삼았다는 것은 어쩌면 당연하다.²⁵ 그럼에도 스펄전의 생애와 사역은, 성경은 물론 설교에서의 성경의 역할에 대한 강한 확신을 보여 주는 증거다.

영국 런던 웨스트민스터 채플에서 사역한 캠벨 모건(G. Campbell Morgan)은 19세기와 20세기를 이어 주며 본문이 이끄는 설교를 널리 알렸다. 그는 실제로 모든 시대를 통틀어 가장 훌륭한 성경 강해자 중 하나며, 그의 설교는 성경 본문으로 가득 차 있었다. 또 본문 설명만이 아니라 본문에 대한 예화와 성경 전반에 기초한 해석으로 풍성했다. 설교와 성경 본문의 관계에 대해 모건은 다음과 같이 진술했다.

말씀은 우리 자신의 지적 생활의 행위로 발견하는 것이 아니라 이해하는 것이다. 말씀은 이미 드러나 있기 때문이다. … 그리고 우리는 그것을 설교해야 한다. 하나님의 계시 곧 진리는 드러나 있는 그 대로다. 우리는 하나님께서 자신의 아들을 통해 스스로를 이미 나타 내셨으며, 성경은 자기 계시의 문학이라는 전제에서 기독교 사역을 시작해야 한다. 이런 측면에서 우리가 성경에서 아주 작은 부분이 라도 놓친다면, 마지막 계시로서의 그리스도를 잃어 버리는 것이다. … 거룩한 진리를 해석하지 못한 설교는 모두 실패한 것이다. 설교 는 어떤 이론에 대한 선포나 불확실한 것에 대한 토론이 결코 아니 다. … 사색도 물론 아니다. 어떤 개념을 선언하는 것도 마찬가지다. 설교는 진리의 말씀의 선포요, 그 진리는 이미 계시되었다.26

모건의 수많은 훌륭한 강해설교집은 그가 그 사역에 자신의 온 삶을 헌신한 증거다.

모건 이후 웨스트민스터 채플의 설교 사역은 그의 동료 마틴 로이드 존스가 이어받았는데, 그는 자신의 멘토인 모건의 방식을 따랐다. 로이드 존스는 그 전 주일에 강해한 성경의 그다음 본문을 선택하는 방식으로 주일 설교를 연속해 나갔다. 그의 설교는 각 본문의 세심한 주해에서 시작해 자세한 의미와 적용을 제시하는 것이 특징이었다. 그는 교회에서 어떤 것도 성경 본문 강해를 대신할 수 없다는 사실을 분명히 알고 있었다. 비록 설교를 복음주의적 설교, 교훈적 가르침, 순수한 교훈이 세 부류로 나누었지만, 모든 설교는 반드시 그 준비나 회중을 향한 전달에서 모두 강해적이어야 한다고 그는 주장했다.27

모건, 로이드 존스와 더불어 설교에서의 성경 본문의 중요성에 대해 비슷한 확신을 가진 다른 주목할 만한 설교자로는 아이언사이드(H. A. Ironside), 도널드 그레이 반하우스(Donald Grey Barnhouse), 제임스 그레이(James M. Gray), 윌리엄 밸 릴리(William Bell Riley), 제임스 데니(James Denny), 윌리엄 그레이엄 스크로기(William Graham Scroggie), 크리스웰(W. A. Criswell), 제임스 몽고메리 보이스(James Montgomery Boice) 등이 있다.

포스트모던 시대(1970~현재)

근대의 끝을 규정하고 그다음 시대를 구분하는 것은 매우 주관적이며 임의적이다. '포스트모더니즘'이라는 단어는 현재 우리가 살아가는 사회적, 문화적, 경제적 상태를 설명하는 데 흔히 사용되는 용어다. 철학자, 사회과학자, 사회비평가들이 사용하는 이 용어는, 근대에 파악된 실패에 대한 반동과, 20세기 후반과 21세기 초반의 독특한 특징이 그 결과로 드러난 현대의 문화, 경제, 사회 현상을 총칭하는 말이다. 하지만 종교와 설교에 미친 포스트모더니즘의 영향은 이 시대를 따로 구분해 숙고해야 할 정도로 확연하다.

우리는 현대사를 해석하는 데 매우 조심해야 한다. 현시대를 대표하는 설교자들의 사역이 아직 끝나지 않았기 때문이다. 하지만 대체로 포스트모던 시대가 설교에서 성경 본문을 앗아 갔다는 것만큼은 분명하다. 이런 흐름의 구체적 영향은 이미 이 시대 이전부터 시작되었다. 여기서 우리는 20세기 초 헨리 에머슨 포스딕의 기독교 심리주의적 설교를 주목해 보아야 한다. 그의 설교는 '긍정적 사고방식'을 태동케 했으며, 이는 노먼 빈센트 필(Norman Vincent Peale)에 의해 최고조에 이르게 되었다. 포스딕의 철학은 로버트 슐러가 신정통주의로 가는 길을 열게 했으며, 결국 슐러의 설교는 구도자 중심의 운동으로 이어져, 그 전례가 없을 정도로 현시대의 복음전도적 설교에 막대한 영향을 끼치게 되었다.

이러한 운동에서 가장 간과한 철학적 변화는 공예배 영역에서 일어났다고 할 수 있다. 많은 현대 목회자가 하나님을 경배하는 참된 예배로 교회를 이끌기보다, 회심하지 않은 구도자들과의 의사소통에 초점을 둔 공예배를 지지한다. 달리 말하면, 비록 매우 진지하며 때로는 복음전도에 매우 효과적이기는 하지만, 이런 교회들의 복음전도적 취지는 신약 성경에 나타난 "가서 전하라"는 강조와는 반대로, "와보라"는 정신으로 점철된 것이다. 이런 강조는 자연스럽게 공예배의 많은 역사적이며 기독교적인 가치의 중요성을 깎아 내리는 결과를 초래했다. 그 가치에는 설교에서 성경 본문을 사용하는 것과 그 결과로 나타나는 그리스도의 몸으로서의 교회의 성숙에 관한 것도 포함되었다.

말씀을 듣는 자들의 필요가 가장 중요하며, 설교가 그들에게 적실해야 한다는 철학적 신념을 지지하는 수많은 설교자, 그 청중이 당면한 처지에서 설교를 시작하거나 그들에게 적절한 본문을 찾기 위해 성경으로 돌아가는 귀납적 설교를 사용하고 있다.[28]

이런 영향의 흐름에서 나온 통속적인 방법 중 하나가, 성경 여러 곳에서 다양한 구절을 가져와 사람들의 실제적이고 절실한 요구에 대해 말씀을 전하는 '삶의 적용' 설교다. 하지만 이 방식을 사용한 많은 설교자의 설교를 자세히 분석해 보면, 설교자가 성경 본문의 주해, 해석, 적용에서 지나치게 임의적이 될 우려가 있음을 알 수 있다. '구절과 구절을 함께'(Verse with Verse)라는 구호로 환호받고 있는 이런 설교는, 분명 '각 구절을 차례로'(Verse-by-Verse)라는 강해설교와 관련된 특징과 정체성을 조금이나마 공유하기 위한 시도일 것이다. 그럴지라도 성경 본문을 다시 정렬해, 자신이 전하고자 하는 주제를 지지하고 실제적인 적용을 제안하기 위해 그 선택된 본문을 사용하는, 과거에 환영받던 주제 설교와 별 차이가 없어 보인다. 더 나아가 삶의 적용을 강조하는 설교자들의 강해설교에 대한 비판은, 주로 강해 자체의 결점이 아니라 설교에서의 강해의 '남용'에 대한 반응에 더 가까워 보인다.

비록 성경 본문이 중요시되지 않는 어두운 시기일지라도 포스트모던 시대는 여전히 본문이 이끄는 설교의 영향력 아래 있다. 사실 본문이 이끄는 설교는 심지어 상대주의, 혼합주의, 관용주의가 특징이었던 역사적인 시대나, 성경의 권위와 신학을 무시하고 최소화함으로 공격당했던 교회 시대에도, 그저 잠자고 있지만은 않았다. 하나님의 진리를 알고 이해하는 것을 벗어나서는 그 어떤 영적 성장도 일어날 수 없다는 확신을 가지고 (느 8:2-3, 8; 롬 12:2; 엡 4:22; 골 3:10), 더욱 많은 설교자가 성경 본문에 사로잡혀 본문이 이끄는 설교를 하고 있다. 마이클 퀵 (Michael Quicke)은 이런 사람을 '교사 설교자'라고 부르면서 다음과 같이 진술한다.

> 이런 설교자는 본문을 가까이하면서 그 의미를 연역적으로 설명한다. 전형적으로 교리적이며 교훈적인 이런 설교는 성경구절을 논리적으로 연구한다. 이런 교사 설교자로는 존 스토트, 존 오트버그 (John Ortberg), 티모시 켈러(Timothy Keller), 잭 헤이포드(Jack Hayford), 존 맥아더(John MacArthur) 등이 있다. 주로 지성에 호소하는 교사 설교자들은 무엇보다 지식을 제대로 전달하고자 한다. 이런 교사 설교자들의 설교는 주로 한 절씩 차례로 강해하는 설교다.[29]

분명히 이런 본문이 이끄는 설교의 설교자들에게 진정한 설교는 반드시 가르치는 것을 포함해야 한다. 또 이해를 위한 그런 가르침이 삶의 바른 적용을 위한 필요선결 조건임을 확신한다.

존 스토트는 근대와 포스트모던 시대를 이어 준 설교자로, 성경의 진리를 드러내기 위해 본문을 제대로 다루어야 함을 강조했다. 그는 다음과 같이 말한다.

> 성경을 강해한다는 것은 성경 본문을 끌어내 볼 수 있도록 드러내는 것을 뜻한다. 강해자는 닫혀 있는 것을 훤히 보이도록 열고, 희미한 것을 분명하게 하며, 매듭지어진 것을 풀고, 단단히 포장된 것을 뜯어 펼치는 것이다. 강해(exposition)의 반대는 본문에 없는 것을 억지로 본문에 집어넣어 해석하는 '억지 해석'(imposition)이다. 그러나 문제의 그 '본문'은 하나의 절이나 문장, 혹은 성경의 한 책 전체가 될 수도 있다. 설교 내용이 성경적이라면 본문이 길거나 짧은 것은 문제가 되지 않는다. 중요한 것은 그 본문을 어떻게 다루느냐다.[30]

스토트는 성경 본문을 다루는 측면에서 볼 때, 모든 진정한 기독교 설교는 강해설교라고 주장한다.

존 맥아더는 20세기 후반에 가장 주목받은 미국의 성경 강해자로 알려져 있다. 그가 스스로 밝힌 설교자로서 자신의 목표는 "하나님의 말씀을 이해하면서 항상 주님과 깊은 관계를 갖는 것이며, 그런 경험을 토대로 주님의 백성들에게 본문이 의미하는 바를 설명하는 것이다. … 따라서 내 사역에서 최우선은, 하나님의 살아있는 말씀이 그분의 백성에게 생생하게 들리게 하는 것이다."[31] 이처럼 맥아더는 성경을 설명하

고 적용하면서 성경 본문의 내용을 매우 중요시하는 것을 강해설교로 생각한다.³²

퀵이 언급한 교사 설교자들 외에도 본문이 이끄는 설교를 하는 사람은 더 있다. 존 파이퍼(John Piper)는 현시대의 가장 훌륭한 신학적 설교자 중 하나라 할 수 있다. 그의 강해설교는 주요 성경 본문에서 성경의 중요한 교리적 주제를 설명하므로 그 성격상 '간(間)정경적'(intercanonical)이라 할 수 있다. 제임스 맥도널드(James MacDonald)는 하비스트 바이블 채플의 개척 목사로 라디오 사역인 '말씀 산책'(Walk in the Word)으로 유명하다. 그는 열정과 유머, 성실함, 현대적 기지로 하나님의 말씀을 신실하게 강해하는데, 주로 성경의 한 책을 시리즈로 설교하는 방식을 취한다.

마크 드리스콜(Mark Driscoll)과 데이비드 플랫(David Platt)은 본문이 이끄는 설교에 열정적인 차세대 설교자다. 둘 모두 매주 성경 강해를 듣고자 찾아오는 젊은이들로 가득 차는 대형교회의 목사다. 드리스콜은 성경 전반을 체계적으로 설교함으로 워싱턴 시애틀에서 '도시 안의 도시'를 세워 나가고자 한다.³³ 한때 그는 초기 이머징 교회 운동의 지지자이기도 했다. 하지만 그 운동을 하는 사람들이 "하나님을 계집아이로 언급하고, 미래에 대한 하나님의 주권과 전지하심을 의심하고, 십자가에서의 대속의 속죄를 부정하고, 성경의 권위를 인정하지 않고, 지옥을 부정하는 등 도저히 받아들이지 못할 신학적 의도를 밀어붙이기 시작하자"³⁴ 그들과의 관계를 정리했다. 이 책이 출판될 당시 아직 20대 후반이었던 플랫은 지금까지도 매주 강해설교를 통해 미국 북동부 앨라배마에 있는 자신의 교회 성도들에게, 모든 사람을 제자 삼는 하나님의 세계 선교를 품도록 도전하고 준비시키고 있다.

포스트모던 시대에 활동한 본문이 이끄는 설교의 위대한 증인 중 하나는, 세계에서 가장 큰 개신교단인 남침례교단에서 나타난 보수주의의 부활과 더불어 등장했다. 성경의 무오성과 권위에 대한 30년간의 신학적 투쟁을 거친 남침례교단 사람들은 자신들의 지역 설교단과 신학교 교실에서 본문이 이끄는 설교를 향한 큰 행보를 내디뎠다. 보수주의 신학과 전통적인 기독교 교리로 돌아가면서 생긴 부차적인 결과 중 하나가, 모든 교단신학교 내 설교학 분과의 주요 추세로 강해설교가 다시 정립된 것이다. 그리고 이들이 추구하는 분명한 목적은, 본문이 이끄는 설교의 목회자와 설교자, 선교사가 주축이 되는 세대를 길러 냄으로 그들을 통해 하나님의 초월적인 진리의 말씀으로 전 세계에 영향을 끼치는 것이다.

다가오는 시대

인간 본성의 가장 큰 비극 중 하나는, 교회 성장이라는 소위 '성공'으로 설교의 철학과 실재를 증명하려는 것이다. 즉, 어떤 교회가 수적 성장을 이루었다면 그 목회자의 설교적 방식을 올바르거나 매우 가치 있는 것으로 여겨 쉽게 모델을 삼는다는 것이다.

하지만 반드시 그런 것은 아니다. 하나님은 설교자들을 성공으로 부르신 것이 아니다. 특히 세상 기준에 의한 성공이라면 더욱 그렇다. 하나님은 설교자들을 충성으로 부르신다. 충성은 그분이 계시한 말씀을 매우 성실하고도 신중하게 다루는 것을 포함한다. 우리는 과거나 현재의 '성공적'인 설교자들이 얼마나 효과적으로 성경 본문이 자신의 설교를 이끌어 가도록 했는지 결코 알 수 없다.

머지않아 포스트모던 시대는 역사의 실제 기간이라기보다 그저 하나의 유행인 것으로 판명될 수도 있다. 폭발적으로 성장하는 미디어 환경에서 모든 것은 더 빨리 소진되기 때문이다. 이는 우리가 모든 것이 더 빠른 속도로 그 자체의 한계에 이르도록 이끈 결과다. 텔레비전, 라디오, 휴대전화, PDA, iPod, 인터넷, 블로그 등을 통해 우리는 모든 것을 너무 일찍 받아들이고, 일찍 소비해 버린다. 이 세계는 수천 년에 걸쳐 전근대기를 경험했지만, 근대기는 고작 수백 년에 지나지 않는다. 또 우리에게는 포스트모던 시대가 얼마 남아 있지 않다. 아마도 이 책이 출판될 쯤에는 그 시대가 아직 남아 있더라도 또 다른 시기가 곧 다가올 것이다.

그 시대를 규정하는 설교 방식 역시 짧은 유행을 특징으로 할 것이다. 최근 설교 방식일수록 유행하는 기간은 더 짧아질 것이다. 각 시대의 설교 방식은 바로 앞 시대의 설교 방식보다 더 짧게 유행할 것이다. 나는 성경 본문이 이끌지 않는 비전통적인 모든 설교 철학은 소멸될 것이라고 생각한다. 각각 흐름을 따라 왔다 서서히 사라질 것이다.

'본문이 없는' 포스트모던 설교는 단지 유행에 지나지 않는다는 사실이 증명될 것이다. 마치 심리학적 설교와 긍정적 사고방식이 일시적으로 지나가는 유행에 불과했듯이, 각 설교 철학은 그 시대만 비추다 복음주의의 지평선 너머로 조용히 가라앉을 것이다. 그리고 모든 먼지가 가라앉을 때, 본문이 이끄는 설교의 설교자들이 변함없이 굳건히 서서 거룩한 말씀을 신실하게 선포하게 될 것을 나는 기대한다.

Part 2
성령의 능력

_ 빌 베넷(Bill Bennett)

"내 말과 내 전도함이 설득력 있는 지혜의 말로 하지 아니하고 다만 성령의 나타나심과 능력으로 하여"(고전 2:4)

오늘날 우리는 "좋은 설교가 더 많이 필요하다"는 말을 종종 듣는다. 나는 '좋은' 설교가 더 많이 필요하다는 점에는 동의하지만, 좋은 설교 그 이상의 설교가 필요하다고 생각한다. 많은 사람이 생각하는 '좋은' 설교란 설교학적으로 정교하게 다듬어지고, 단어 선정과 문법이 바르고, 적합한 예화를 제시하고, 감동적인 시로 결론을 맺으며, 기술적으로 잘 전달한 설교다.

하지만 그러한 설교에도 아쉬움이 있을 수 있다. 그것은 바로 '능력'이 없다는 것이다. 많은 신학교가 앞서 설명한 '좋은' 설교를 잘 할 수 있도록 학생들을 준비시킨다. 하지만 나는 성령의 능력이 함께하는 설교를 너무 적게 강조하는 것이 무척 염려스럽다.[35]

우리에게 진정으로 필요한 것은, 단순히 잘 준비되고 기술만 난무하는 설교를 전달하는 수행자가 아니다. "주님께서 말씀하신다"라고 호소하며 청중의 마음을 찔러 쪼개는 열정적이고 능력 있는 설교가 필요하다. 설교는 근본적으로 설명이나 강의, 혹은 변증이 아니다.

설교는 기름 부음 받은 헌신된 도구를 통해 울리는, 하나님 자신의 긴급함이 담겨 있는 선포요, 마음에서 우러나오는 외침이며, 확신 있는 선언이다.[36] 이것이 내가 부르는 사도적 설교이자 신약 성경에서 명령한 것이다. 성경에서는 아모스, 세례(침례) 요한, 스데반, 베드로, 바울 등이 보여 주고, 역사적으로는 요한 크리소스톰, 지롤라모 사보나롤라, 존 녹스, 조나단 에드워즈, 요한 웨슬리, 조지 휫필드, 찰스 스펄전, 슈발 스티어네스(Shubal Stearnes), 잭 와일더(Jack Wilder), 찰리 하워드(Charlie Howard), 피니 매튜(Finny Mathews), 빌리 그레이엄, 조니 헌트(Johnny Hunt), 아드리안 로저스(Adrian Rogers)가 선포한 설교다.

사도 바울은 이런 설교를 가리켜 "이는 우리 복음이 너희에게 *말로만* 이른 것이 아니라 또한 *능력과 성령과 큰 확신으로 된 것*"(살전 1:5, 저자 강조)이라고 말한다. 목회자로서 바울은 자신의 설교에 대해, "지혜의 말로 하지 아니하고 … 성령의 나타나심과 능력으로 하여 … 다만 하나님의 능력에 있게 하려 하였노라"(고전 2:4-5)라고 확고한 결심을 표현했다. 바울은 단순히 좋은 말이 아닌 능력 있는 설교에 대한 자신의 신념을 고린도전서 4장에서도 되풀이한다. "내가 너희에게 속히 나아가서 교만한 자들의 말[헬라 수사법처럼]이 아니라 오직 그 *능력*을 알아보겠으니 하나님의 나라는 *말*에 있지 아니하고 오직 *능력*에 있음이라"(19-20절, 저자 강조 및 첨가).

설교자는 설교 원고를 작성하기 전에 예레미야가 느꼈던 '불이 골수에 사무치는 것'을 경험할 때까지 본문을 묵상해야 한다. 예레미야 선지자는 "여호와를 선포하지 아니하며 그의 이름으로 말하지 아니하리라 하면 나의 마음이 불붙는 것 같아서 골수에 사무치니"(렘 20:9)라고 표현한다. 우리는 하나님의 말씀을 설교하기에 앞서 반드시 모든 것을 멈추고 전능하신 하나님 앞에 자신을 겸손히 낮추어, 성경이 말씀하시는 바를 성령께서 우리를 통해 말씀하실 수 있도록 간절하게 기도해야 한다. 그런 다음 하나님을 바라보며 고백해야 한다. "내게 능력 주시는 자 안에서 내가 모든 것을 할 수 있느니라"(빌 4:13).

오늘날에도 성령께서 역사하시는 설교가 있는가? 내가 듣고 읽은 바로는 아주 드물다. 최고의 설교자들 중 마지막이라고 여겨지는 마틴 로이드 존스는 능력 없는 설교에 대해 탄식하면서, 오늘날 설교에서 '가장 필수적인 것'은 바로 성령의 기름 부으심이라고 말했다.[37] 능숙한 설교자인 제리 바인즈 역시 설교자가 끊임없이 기름 부으심을 구해야 한다는 뜻으로 '열정적인 간구'라는 말을 썼다.

> 우리는 반드시 성령의 기름 부으심을 간구해야 한다. 성령께서 당신과 당신의 설교에 오시도록 간구하라. 성령께서 능력을 당신 안에 그리고 당신을 통해 나타내실 수 있도록 당신 자신을 내어 드리라. 설교 전달력이 부족한 것에 결코 안주하지 말라. 설교할 때마다 매번 똑같은 정도의 성령의 능력을 경험하지 않을 수도 있다. 신비의 영역에 속한 것이기에, 어떤 때는 다른 때보다 더욱 강력한 기름 부으심을 경험할 수 있다. … 하지만 하나님의 축복의 증거가 임하는 설교 시간에는 항상 성령께 순종하는 삶이 있어야 한다.[38]

연륜 있는 담대한 감리교 설교자 로버트 슐러 박사는, 능력이 사라진 감리교단의 설교단을 지적하며 성령의 능력이 부재하는 비극에 대해 다음과 같이 말한다.

이 비극적 시대에 교회는 내가 알고 있는 그 어떤 시대보다도 많은 정보를 가지고 있지만 그 속에 능력은 부족하다. 최고의 장비가 있으면서도 활용할 만한 능력이 없는 것이다. 계속해서 교회를 세우지만 마치 생기가 전혀 없는 무덤처럼 되어 버리고 있다. 설교단은 이제 회개의 눈물과 거듭남이 존재하는 곳이 아니다.[39]

남침례교단 총회장을 지냈으며 서던침례신학대학교 설교학 교수였던 칼 베이츠(Carl Bates) 박사는 내게 이렇게 말했다.
"만약 하나님이 세상에서 성령을 거두어 가신다 해도 아마 남침례교회 중 90퍼센트는 그것을 알아차리지 못하고 그냥 여느 때처럼 행동할 거라네."
로버트 그린 리(R. G. Lee) 박사도, "남침례교회들은 주일 오전 11시가 가장 냉랭해, 마치 얼음에서 스케이트 타듯 회중석 사이를 다닐 수 있다"고 말했다.
사우스이스턴침례신학대학교에서 설교학 박사학위를 받았으며, 내 친구이자 학생이었던 스콧 페이스(Scott Pace) 박사는 그의 뛰어난 논문에 이런 기록을 남겼다. "복음주의자들은 설교에서 성령에 관한 주제와 그분의 역할에 관해 충분히 심도 있게 논의하는 것이 부족하다."[40]
제임스 포브스(James Forbes)는 "만약 우리 시대에 굉장히 높은 수준의 설교를 경험할 수 있다면, 그것은 오직 새롭게 하시는 성령의 능력과 임재에 의한 것이다"라고 지적한다. 중요한 점은 포브스가 그 핵심이 성령에 대한 무지가 아니라고 말한다는 것이다. 그는 자신의 책에서 이렇게 서술했다. "이것은 설교자들이 성령의 장소를 모른다는 말이 아니다. 오히려 우리가 설교에서의 성령의 역할에 대해 말하지 않고 비밀로 두는 태도에 대해 말하는 것이다. 이런 태도는 말씀 전하는 자에게서 가장 중요한 충만한 능력을 앗아 간다."[41]

아투로 아주르디아(Arturo G. Azurdia)는 심지어 한 걸음 더 나아가 성령의 능력 부족이 설교자의 설교를 약화시킨다고 공언한다. "나는 오늘날 강해 사역에는 능력이 없다고 깊이 확신한다. 다른 말로 하면, 설교에서 성령의 역동적인 능력이 사라졌다는 것이다." 그는 더 나아가 "선포되는 설교에 성령의 역동적인 능력이 없다면, 어떤 훌륭한 최고의 설교 기술도 청중을 변화시키기에는 부족하다"[42]고 말한다.

사우스이스턴침례신학대학교 설교학 교수인 그렉 하이슬러(Greg Heisler) 박사는, 설교에서의 성령의 역할을 피상적으로 다루는 현대 설교학에 대해 비난하며 다음과 같이 말한다. "설교자들은 종종 모호한 일반론으로 성령에 대해 말하며, 성령의 필요성을 인정하기 위해 신학적 모자를 살짝 들어올린다. 하지만 구체적이고 신학적 깊이가 있는 것에 관해서는 충분한 설명을 거의 내놓지 못한다. … 설교학에 관한 책들 역시 일치되고 명확한 설명이 부족하다."[43]

나는 노스캐롤라이나의 복음주의자 반스 하브너(Vance Havner)의 탄식을 들은 적이 있다. "당신은 신학적으로는 총부리처럼 올바르지만 영적으로는 비어 있는 상태일 수도 있다." 그렇다면 이런 질문이 떠오를 것이다. '과연 무엇이 능력 있는 설교로 회복시킬 수 있는가?' 나는 내가 생각하는 절대적인 필요조건 하나를 제시하고자 한다. 이것은 분명 오늘날의 설교단에서 능력 있는 설교가 회복되게 할 것이다. 나는 겸손하고 주의 깊게, 그러나 확신을 가지고 이 필요조건을 제시하려 한다. 이 필요조건은 성경이 분명히 말하고 있는 것이기 때문이다. 더불어 나는 이것을 아버지를 통해서도 경험했다. 아버지는 기본적인 교육만 받았음에도 엄청난 능력을 힘입어 설교하셨다. 이 경험은 다른 사람에게도 추천할 정도로 충분하고 확실하다.

처음 설교 사역을 시작했을 때 나는 성령에 대해 아는 바가 거의 없었다. 하지만 나는 성령에 갈급했고, 그분을 더욱 알기 원했다. 그래서 성경을 연구하고, 많은 좋은 책 중에서도 특별히 랄프 헤링(Ralph Herring) 박사의 고전, 『나의 도움이 되시는 하나님』(God Being My Helper)을 읽었다. 그리고 내 삶과 사역에서 성령의 능력을 알고 경험하기 위해 진지하게 기도했다.

사역 초기에는 노스캐롤라이나에서 침례교단 전도부 의장으로 섬겼다. 성령에 대한 이해는 제한적이었지만 전도에서의 성령의 중요성을 확신했기에, 나는 자주 성령에 대해 설교했다. 함께 일하는 동료들은 나를 '성령의 설교자'라고 불렀다. 불행하게도 당시 몇몇 동료에게 성령은 오순절 교단에서나 강조하는 조금 '낯선' 교리였다.

몇 년 후 오랄 로버츠(Oral Roberts)는 남침례교 교인인 내가 성령에 깊은 관심을 갖고 있다는 것을 듣고 매우 흥미로워했다. 그래서 그는 내게 만남을 요청했다. 그의 첫 질문은 이것이었다. "당신은 성령 세례(침례)를 받으신 적이 있습니까?" 나는 대답했다. "네, 저는 구원받은 그날 성령으로 세례(침례)를 받았습니다." 그러자 그가 자신의 배를 손으로 가리키며 물었다. "당신은 배에서 생수의 강이 흘러나오고 있습니까?" "아니오." 그는 다시 말했다. "그렇다면 당신은 예수의 사람이군요."

이 말은 내가 성령의 사람이 아니라는 것을 의미했다. "그래요. 진실로 저는 예수의 사람이면서도 성령의 사람입니다. 저는 그 둘을 구분하지 않습니다." 그가 마지막으로 말했다. "글쎄요. 하나님께서 당신을 강권적으로 그분의 나라를 위해 사용해 오신 것은 분명합니다. 하지만 당신이 성령 '세례'(침례)를 경험한다면 하나님께서는 당신을 통해 세상을 변화시키실 것입니다." 나는 그때 그가 말하는 것이 내가 알고 있는 성령과 오순절에 대한 이해와 분명히 다르다는 것을 알았다. 나는 한 번도 성령 충만이 '두 번째 일어나는 은혜의 역사'라고 생각해 본 적이 없다. 오히려 성령 충만은 내가 구원받았을 때 내주하신 성령을 수년 후에나 경험하는 것으로, 첫 번째 은혜 다음에 오는 것이라고 생각했다.

하나님께서는 그분의 목적을 신자의 삶에 성취하시기 위해 두 가지 방편을 사용하신다. 말씀과 성령이 그것이다. 이 두 방편은 다음과 같은 말로 요약할 수 있다. "모든 말씀을 가졌으나 성령이 없다면 메말라 버린다. 성령이 충만하나 말씀이 없다면 터져 버린다. 성령과 말씀이 균형을 이루면 성장한다."

그러므로 능력 있는 설교의 가장 기본적인 요소는 바로 '말씀의 내주화'다.[44] 하지만 성령이 없는 말씀은 청중의 마음속에 하나님의 은혜의 기적을 일으키지 않는다. 우리는 이것을 거듭남의 경험에서 분명히 볼 수 있다.

예수님께서는 하나님나라에 들어가려면 반드시 물과 영(Spirit, 한글성경은 '성령'으로 번역했다—역주)으로 거듭나야 한다고 말씀하셨다(요 3:5). 여기서 물은 하나님의 말씀이고(엡 5:26), 영은 성령이다. 이것은 신자가 예수님을 믿을 때 하나님의 말씀과 성령이 함께 그 마음에 임재하는 것으로, 새로운 생명이 기적적으로 태어나는 순간을 의미한다.

하나님의 말씀과 성령은 역동적이며 상호의존적인 관계에 있다. 에스겔 37장은 이 관계를 그림 언어로 보여 준다. 성경은 당시 이스라엘의 영적 상태를 완전히 '말라 버린 뼈'처럼 죽어 있었다고 말한다. 하나님께서는 그 마른 뼈를 향해 예언하라고 에스겔에게 명령하셨다. 그 예언의 능력은 즉각적이며 강력했다. "이 뼈, 저 뼈가 들어맞아"(겔 37:7).

만약 여기서 이야기가 끝났다면 우리는 전부 생명 없는 해골에 지나지 않았을 것이다. 하나님께서는 에스겔에게 영을 향해 대언하라고 말씀하셨고, 말씀과 성령의 능력으로 뼈들이 '살아나서 일어나 서게' 되었다(겔 37:10).

나는 에스겔 37장에서 영감을 얻어 내 강해설교 책 제목을 『죽은 자를 일으키기 위한 30분』(Thirty Minutes to Raise the Dead)으로 정하기도 했다. 영적으로 죽은 자들을 30분의 설교로 일으키는 것은 설교자에게 정말 멋진 사역이지만, 말씀과 성령이 함께 역사하셔야만 그것이 영광스러운 실재가 된다.[45]

하지만 거듭남이 인간이 경험하는 성령의 첫 번째 사역이다. 어떤 사람이 회개하고 예수님을 주인과 구원자로 믿으면, 성령께서는 즉각적으로 영원히 그 사람에게 내주하신다(롬 8:9b; 고전 6:19). 이것을 성령의 내주하심이라고 부른다. 동시에 성령께서는 신자에게 세례(침례)를 주어 그리스도 안에서 단번에, 그리고 영원히 한 몸이 되게 하신다(고전 12:13). 이것이 성경이 말하는 진정한 성령 세례(침례)다. 이 모든 신적 사역은 분리될 수 없으며, 한 개인이 예수 그리스도를 주인과 구원자로 믿을 때 동시에 일어난다.

이러한 사건들은 신자 안에서 일어나는 성령의 사역의 끝이 아니다. 이를 넘어 하나님께서는 사도 바울을 통해 보여 주셨듯이 모든 신자가 계속해서 성령으로 충만하길 원하신다. 성경은 말한다. "술 취하지 말라 이는 방탕한 것이니 오직 성령으로 충만함을 받으라"(엡 5:18).

그러면 아마도 자연스럽게 다음과 같은 질문을 하게 될 것이다. '우리에게 이미 성령의 세례(침례)와 내주하심이 있다면, 왜 성령의 충만함을 받아야 하는가?' 이에 대한 답은 분명하다. 물론 당신 안에 성령께서 내주하고 계신다. 하지만 그 성령이 당신을 온전히 다스리고 있지는 못할 수도 있다. 다시 말해, 성령께서 현재 당신 안에 계시지만, 당신의 삶을 이끌어 가고 충만케 하시기 위해 그분을 당신의 '주인'으로 모시도록 요구하시는 것이다.

이 모든 내용을 크게 세 개의 요점(이유, 조건, 결과)으로 나누어 설명하면 다음과 같다.

우선 우리가 성령으로 충만해야 하는 두 가지 이유가 있다. 첫째, 하나님께서 성령으로 충만하라고 명령하셨기 때문이다. "오직 성령으로 충만함을 받으라"(엡 5:18b, 문자적으로는 '충만케 됨을 받으라'). 이 명령에는 네 가지 중요한 요소가 있다.

1. **이 명령은 필수적이다.** 즉, 선택이 아니라는 것이다. 성령으로 충만하게 되는 것은 하나님께 순종하는 것이고, 따라서 그분의 축복을 받는다. 반대로 충만하지 않은 것은 하나님께 불순종하는 것이고, 그분의 축복을 받지 못하게 된다.

빌리 그레이엄과 관련한 유명한 일화가 있다. 하루는 그가 한 침례교회에서 열리는 특별 집회를 인도하러 갔다. 거의 도착할 무렵에 그 교회 담임목사가 빌리 그레이엄에게 최근 자신의 교회에서 세 명의 안수집사가 직위에서 파면됐다고 말했다. 그러자 빌리 그레이엄이 물었다. "어떤 이유로 그런 결정을 하게 되었습니까?" "그들이 술을 마시고 있었기 때문입니다." 그가 말을 마치자마자 빌리 그레이엄이 되물었다. "그렇다면 당신은 분명히 성경적으로 그 일을 한 것이군요. 하지만 나는 그 세 집사를 치리한 것이, 그들이 성령으로 충만하지 않아서인지에 대해 묻고 싶습니다." 담임목사가 대답했다. "그것에 대해서는 전혀 생각해 보지 못했습니다." 빌리 그레이엄은 그의 마지막 대답에 이렇게 말했다. "목사님은 매우 일관성이 없군요. 성경은 신자 모두에게 술 취하지 말라고 했을 뿐 아니라, 성령으로 충만하라고 명령했습니다. 집사라면 특히 더 그렇습니다."

2. **이 명령은 복수다.** 이는 이 명령이 단순히 영적 거장이나 위대한 성인, 목사, 장로, 집사뿐 아니라 모든 믿는 자에게 주어졌음을 뜻한다.

3. **이 명령은 수동태다.** 우리는 우리 스스로를 충만케 할 수 없다. 충만함은 외부에서 우리 안에 채워지는 것으로, 오직 성령께서 이 일을 하신다. 그러므로 우리의 의무는 하나님의 영이신 성령께서 우리를 다스리시도록 우리 자신을 내어 드리는 것이다.

4. **이 명령은 현재형이다.** 신자의 인생에서 한 번 일어나는 새로운 생명의 탄생과 성령 세례(침례)와 달리 성령의 충만함은 반복되는 사건이다. 근본적으로 성경이 말하는 것은, 성령으로 충만케 됨을 '계속' 받으라는 뜻이다. 나는 제임스 메리트(James Merritt)와 지금

은 고인이 된 아드리안 로저스의 말에 동의한다. "하나님의 자녀가 성령으로 충만하지 않은 것은, 술주정뱅이가 술에 취한 것보다 더 큰 죄악이다."

둘째, 우리가 성령으로 충만해야 하는 이유는 신자의 삶에서 마땅히 요구되는 것이기 때문이다. 이 요구는 우리의 의지만으로는 절대 충족될 수 없다. 오직 성령을 통해 우리 삶에서 역사하시는 하나님의 초자연적 능력으로만 충족된다. 누가 자신의 힘으로 능력 있는 설교를 할 수 있겠는가?(고전 2:4) 누가 자신의 능력으로 '원수까지 사랑'할 수 있겠는가?(마 5:44) 누가 자신의 능력으로 '항상 기뻐'할 수 있겠는가?(살전 5:16) 누가 감히 자신의 행위로 율법이 요구하는 모든 것을 충족시킬 수 있겠는가?(롬 8:2-4)

무디가 주장한 대로, "그 마음에 성령이 없이 그리스도인으로 살려고 노력하는 것은, 마치 귀가 없는데 들으려 하는 것이나, 폐가 없는데 숨을 쉬려 하는 것과 같다."[46]

성령 충만에 대한 두 번째 요점은, 성령으로 충만해지기 위해서는 조건이 필요하다는 것이다. '하나님나라는 선한 사람이 아니라 절박한 사람의 것이다'라는 말이 있다. 따라서 기름 부음을 받고 성령으로 충만하기 원하는 사람은 반드시 주님과 긴밀한 관계를 가져야만 한다. 외형만 그리스도인이거나 겨우 교회에 출석만 하는 사람은 합당하지 않은 것이다.

1. 성령의 충만함을 받기 전에 반드시 성령으로 거듭나야 한다.

2. **성령의 충만함을 받기 위해서는 간절한 마음을 가져야 한다.** 오직 '주리고 목마른 사람'만이 채움을 받는다. "의에 주리고 목마른 자는 복이 있나니 그들이 배부를 것임이요"(마 5:6). 예수님께서는 자신을 따르는 무리를 향해 외치셨다. "누구든지 목마르거든 내게로 와서 마시라 나를 믿는 자는 성경에 이름과 같이 그 배에서 생수의 강이 흘러나오리라 하시니 이는 그를 믿는 자들이 받을 성령을 가리켜 말씀하신 것이라(예수께서 아직 영광을 받지 않으셨으므로 성령이 아직 그들에게 계시지 아니하시더라)"(요 7:37-39).

3. **하나님께서 단지 성령으로 충만케 '하실 수' 있는 것이 아니라, 충만케 '하실' 것임을 믿어야 한다.**

4. **삶에서 모든 죄를 버려야 한다.** 죄를 고백하는 것(혹은 인정하는 것) 이상으로 모든 죄를 버려야 한다. "자기의 죄를 숨기는 자는 형통하지 못하나 죄를 자복하고 버리는 자는 불쌍히 여김을 받으리라"(잠 28:13).

5. **자신이 삶의 주인이라는 생각을 버리고 오직 구주 예수님께 그 자리를 내어 드려야 한다.** 이것은 자기 스스로 자신의 삶을 주관하는 것을 포기하고 살아계신 예수님께 그 모든 것을 드림을 의미한다.

6. **믿음으로 성령께 충만함을 구해야 한다.** "너희가 악할지라도 좋은 것을 자식에게 줄 줄 알거든 하물며 너희 하늘 아버지께서 구하는 자에게 성령을 주시지 않겠느냐 하시니라"(눅 11:13).

7. 성령께서 자신을 충만케 하신다는 사실을 믿고, 그분을 전적으로 의지하며 살아야 한다. "주 하나님, 오늘도 제 삶을 온전히 주님께 드립니다. 제가 무엇을 해야 하는지 알려 주세요." 이 말은 성령과 동행하는 것을 의미한다. "내가 이르노니 너희는 성령을 따라 행하라 그리하면 육체의 욕심을 이루지 아니하리라"(갈 5:16).

한마디로, 당신의 주인이신 예수 그리스도께 당신의 삶을 굴복시켜야 한다는 것이다. 여기서 '헌신하라'(commit)고 하지 않고 '굴복(항복)하라'(surrender)고 한 것에 주목하길 바란다. 만약 당신이 무엇을 맡긴다면(commit), 그것은 당신이 무엇을 맡길지 선택한다는 것을 의미한다. 그러나 굴복한다면, 그것은 하나님께서 당신이 포기해야 할 것을 결정하신다는 것을 의미한다. 헌신(결단)은 그저 종이 한 장에 당신이 어떤 것을 맡긴다는 목록을 작성하고, 가장 아래에 자신의 이름으로 서명하는 것이다. 하지만 굴복한다는 것은 그 의미가 완전히 다르다. 빈 종이에 아무것도 적지 않고 가장 아래에 서명함으로써, 그 내용은 오직 예수님께서 채워 달라고 간구하는 것이다. 이 항복의 의미를, 많은 교회에서 '예부터 내려오는' 재헌신(rededication)과 혼동하지 않길 바란다. 재헌신은 결단(commitment)처럼 그 결과가 결코 성령 충만과 그 후에 따르는 기름 부으심으로 나타나지 않기 때문에 그 의미가 매우 다르다.

성령 충만에 대한 세 번째 요점은, 성령 충만의 결과는 모든 사람에게 드러난다는 것이다. 성령으로 충만한 사람은 성령의 열매가 흘러넘치기 때문이다. 성경이 이를 확증해 준다. "오직 성령의 열매는 사랑과 희락과 화평과 오래 참음과 자비와 양선과 충성과 온유와 절제니 이 같은 것을 금지할 법이 없느니라"(갈 5:22-23). 성령 충만의 결과는 다음과 같다.

1. **하늘에 계신 하나님을 '아바 아버지'로 부르며 친밀한 관계를 갖는다.**
"너희는 다시 무서워하는 종의 영을 받지 아니하고 양자의 영을 받았으므로 우리가 아빠 아버지라고 부르짖느니라"(롬 8:15).

2. **땅끝까지 복음을 전파하는 담대한 증인으로 살아간다.** "오직 성령이 너희에게 임하시면 너희가 권능을 받고 예루살렘과 온 유대와 사마리아와 땅끝까지 이르러 내 증인이 되리라 하시니라"(행 1:8).

3. **내재하는 죄를 이긴다.** "너희가 육신대로 살면 반드시 죽을 것이로되 영으로써 몸의 행실을 죽이면 살리니"(롬 8:13).

4. **하나님의 능력으로 자신의 은사를 발휘한다.** "내가 진실로 진실로 너희에게 이르노니 나를 믿는 자는 내가 하는 일을 그도 할 것이요 또한 그보다 큰 일도 하리니 이는 내가 아버지께로 감이라"(요 14:12).

5. **기도의 능력이 나타난다.** "빌기를 다하매 모인 곳이 진동하더니 무리가 다 성령이 충만하여 담대히 하나님의 말씀을 전하니라"(행 4:31). 또 성경에 대한 깊은 이해를 갖게 된다. "기록된 바 하나님이 자기를 사랑하는 자들을 위하여 예비하신 모든 것은 눈으로 보지 못하고 귀로 듣지 못하고 사람의 마음으로 생각하지도 못하였다 함과 같으니라 오직 하나님이 성령으로 이것을 우리에게 보이셨

으니 성령은 모든 것 곧 하나님의 깊은 것까지도 통달하시느니라"
(고전 2:9-10).

6. 영과 진리로 하나님을 예배한다. "하나님은 영이시니 예배하는 자가 영과 진리로 예배할지니라"(요 4:24).

7. 가정에서 자신의 역할에 충실해진다. "그리스도를 경외함으로 피차 복종하라"(엡 5:21). "남편들아 아내 사랑하기를 그리스도께서 교회를 사랑하시고 그 교회를 위하여 자신을 주심같이 하라"(엡 5:25). "자녀들아 주 안에서 너희 부모에게 순종하라 이것이 옳으니라"(엡 6:1).

8. 성령 충만한 설교자는 삶을 변화시키는 복음을 능력 있게 전한다.

하지만 성령 충만을 방해하는 것이 있다.

1) 성령에 대한 무지와 오해
2) 종교적 광신과 성령의 혼동
3) 게으름과 열의 없음
4) 하나님보다 사람을 기쁘게 하려 함
5) 기도하지 않음
6) 성경적으로 선포하지 않고 인기를 얻으려 함
7) 전임목회자에게서 받은 건강치 않은 영향
8) 부모에게서 받은 건강치 않은 영향

9) 성경과 반대되는 교단의 가르침
10) 하나님보다 자신의 삶을 높임

기름 부으심은 성령의 충만케 하심 다음에 일어난다. 이제 기름 부으심이 무엇인지 내가 경험한 것을 최대한 구체적으로 묘사해 보려 한다.

어떤 집사가 자신의 교회 목회자를 위해 이렇게 기도했다. "주님, 제발 우리 목사님께 기름 부으심(anointing)을 주시든지 아니면 기름 바르심(unction)을 주세요."(사실 'anointing'과 'unction'은 모두 성령의 기름 부으심을 뜻하며, 동일한 의미로 쓸 수 있다—역주). 매일 똑같은 기도를 하는 집사에게 어느 날 목사님이 물었다. "형제님, 기름 바르심을 달라는 것은 무슨 뜻으로 하신 말씀입니까?" 그러자 집사가 대답했다. "목사님, 나는 그것이 무엇인지도 모르고, 뭐든 상관도 없습니다. 다만 목사님이 기름 바르심이 없다는 것은 알고 있습니다." 사실 기름 부으심을 정확히 묘사하는 것은 불가능하지만, 적어도 한 가지만은 분명하다. 기름 부으심이 있을 때 사람들이 그것을 알게 된다는 것이다. 그리고 기름 부으심이 없을 때도 사람들이 분명히 알아차린다는 것이다.

그렇다면 다음 질문은 이것이다. '기름 부으심이란 무엇인가?' 강력한 기름 부으심을 받은 스펄전은 그것이 무엇인지 설명할 수 없음을 시인했다. '기름 부으심이란 무엇인가?' 스펄전은 자문해 보았다. "설교에서 기름 부으심이 무슨 의미인지 쉽게 설명하기 위해 얼마나 오랫동안 머리를 두드려 왔는지 모른다. 하지만 설교자는 자신에게 기름 부으심이 있는지 없는지 알고, 듣는 사람들도 그것을 감지할 수 있다. 이것이 기름 부으심의 신비다. 즉, 알지만 무엇인지 설명할 수는 없다."[47]

토니 사전트(Tony Sargent) 박사는 그의 위대한 책 『거룩한 기름 부으심』(*The Sacred Anointing*)에서 기름 부으심 받은 설교자가 어떤 경험을 하는지에 관해 기록했다.

> 그것은 설교자에게 임한 성령의 영감이며, '하늘에서 임하는 능력'이다. 설교자가 독수리의 날개를 가지고 활공하는 것이며, 높이 날아올라 급강하며 이동하는 것이다. 그리고 그것은 자신의 능력 이상의 어떤 동력의 도움을 받는 것을 말한다. 설교자의 의식에 일어난 일은 술 취함도, 최면 상태도 아니다. 그는 자기 스스로가 뭔가를 한다고 인식하지만, 사실은 어떤 일을 하게 되는 것이다. 자신이 말하고 있는 것으로 알지만, 실은 말을 할 수 있게 되는 것이다. 말은 자신의 것이지만, 자신을 통해 나오는 재능은 자신의 능력 그 이상에서 온다는 것을 그는 안다.[48]

켄트 휴스(Kent Hughes) 목사는 기름 부으심이 있는 설교에 동반되는 '불가사의한 침묵'에 대해 다음과 같이 묘사했다.

> 나는 설교하면서 하나님의 기쁨을 특별하게 느끼는 때가 있다. 보통 불가사의한 침묵을 통해 이것을 경험한다. 항상 들리던 기침 소리도 멈추고, 교회 의자의 삐걱거리는 소리도 없어지면서 성전이 아주 고요해진다. 그 상태에서 내 설교는 마치 화살처럼 미끄러져 날아가 청중에게 전달된다. 나는 최상의 설득력을 경험하고, 내 목소리의 억양과 크기는 내가 선포하는 진리가 더욱 강렬하게 들리게 한다. 이것은 성령께서 배를 조종하는 것 같은, 어디서도 느껴 보지 못한 것이다.[49]

빌리 그레이엄이 20세기의 가장 훌륭한 설교자 중 하나가 될 것이라고 예견한 영국의 위대한 설교자 윌리엄 생스터(W. E. Sangster)는 기름 부으심 혹은 바르심의 신비를 다음과 같이 설명한다.

기름 바르심은 신비한 능력이 설교에 더해지는 것으로, 아무도 더럽힐 수 없다. 또 영적으로 민감한 사람이라면 그 누구라도 느낄 수 있다. 사람들은 이것을 가지고 있거나 혹은 가지고 있지 않다. 이것은 좋은 설교 개요나 유용한 영적 통찰, 학문적 이해, 훌륭한 언변과는 전혀 다른 것이다. 기름 부으심은 이 모든 것을 활용할 수도 있고, 배제할 수도 있다. 이것은 흔치 않으며, 정의할 수 없고, 말할 수 없을 정도로 귀중하다.[50]

그렉 하이슬러는 『성령이 이끄는 설교』(Spirit-Led Preaching, 베다니출판사)에서 기름 부으심이 있는 설교에는 네 가지 결과가 나타난다고 밝혔다. 즉 자유, 생명력, 능력, 사로잡힘이다.[51] 나는 여기에 다섯 가지를 추가하고 싶다. 기쁨, 확신, 담대함, 권위, 인내가 그것이다.

나는 스티븐 올포드(Stephen Olford)와 아드리안 로저스가 사용한 성령의 충만케 하심과 기름 부으심에 대한 묘사를 좋아한다. "충만케 하심이 성령의 내적 사역을 말하는 것이라면, 기름 부으심은 외적으로 능력을 입은 것을 강조한다."[52] "기름 부으심은 특별한 일을 위해 특별하게 감동된 것이다."[53]

이러한 묘사는 내가 기름 부으심의 역사가 강하게 일어났던 어떤 특별한 집회를 설명하는 데 큰 도움이 되었다. 나는 갈멜산에서 있었던 엘리야의 집회에 대해 설교하고 있었다. 설교 제목은 "불로 임한 하나님의 응답"으로, 본문은 열왕기상 18장 1절부터 40절이었다. 나는 담대하고 강력한 목소리로 열왕기상 18장 38절의 '하나님의 불이 떨어졌다'라는 말씀을 인용하면서 설교를 마무리했다. 이 말을 하자마자 성령의 '불'이 거기 모인 성도들 위에 임했다. 사람들이 설교단 앞으로 다가와 모였다. '죽어 있던' 영혼이 죽은 자들 가운데서 부활했다. 성령께서 나를 사로잡고 교회를 가로질러 움직이셨다. 영광스럽게도 그날 마음이 굳어 있던 많은 죄인이 회심했다. 이 일은 내가 본 교회에서 일어난 거대한 부흥의 서곡이었다. 너무나도 분명한 역사가 그 교회에서 일어났다. 1년 안에 21명의 평신도가 노스캐롤라이나 그린스보로의 16번가 침례교회에서 있었던 세 번의 집회 중 한 설교를 통해 세워졌다. 이는 전에 볼 수 없었던 기도의 부흥과 교회 성장의 전조가 되었다.

멤피스에 사는 친구이자 이웃인 로버트 그린 리 박사가 뉴올리언즈에 있는 한 교회에서 목회할 때 있었던 일을 내게 말해 주었다. 어느 주일에 그는 설교단에서 깊은 좌절을 경험했고, 한 안수집사에게 그 이유를 물었다고 한다. "집사님, 오늘 저에게 무슨 일이 있었던 거죠?" 그 집사가 대답했다. "정말로 그걸 알고 싶으세요?" 리 박사가 말했다. "그럼요." 집사가 다시 말했다. "목사님은 오늘 고층 빌딩의 기초를 세우시고 그 위에 닭장을 세우셨습니다." 이런 일은 나를 비롯해 모든 설교자가 때때로 경험하는 일이기도 하다.

나는 비록 오전 예배에서는 좌절을 경험했지만, 그날 저녁 예배 때는 성령의 기름 부으심으로 하늘로 날아오르는 듯한 경험을 한 적도 있다. 내가 앞서 말한 '불이 떨어지는' 경험이 항상 있는 것은 아니지만, 나는 자주 실제로는 내가 설교를 하고 있지 않는 것 같은 느낌이 들곤 한다. 마치 내가 나 자신을 지켜보는 듯한 신비한 경험이다. 그것은 내가 노력한 바가 아니었다. 나는 성령께서 사용하시는 도구나 수단, 통로일 뿐이었다.

성령의 기름 부으심이 있는 설교는 듣는 자들에게도 동일하게 놀라운 은혜가 된다. 제리 바인즈와 짐 섀딕스 박사가 그들의 훌륭한 책, 『설교의 능력』(Power in the Pulpit)에서 말한 것처럼, 기름 부으심의 영향은 설교자와 청중에게 동일하게 나타난다. 그들은 이렇게 말한다.

> 성령의 기름 부으심이 있는 설교는 설교자와 청중 모두에게 어떤 일이 일어나게 한다. 설교자는 기름 부으심의 능력이 자신의 것이 아니라는 것을 알게 된다. 가장 적합한 단어로 말하자면, 그는 '사로잡히게' 된다. 즉, 성령의 능력으로 말씀에 사로잡히게 되는 것이다. 그렇게 되면 설교자는 성령께서 사용하시는 통로가 된다. 동시에 청중 역시 사로잡히고 마음이 움직이며 확신에 거하게 된다. 성령께서 온전히 설교를 휘어잡으시면 어떤 기적적인 일이 일어나는 것이다.[54]

그렇다면 설교자가 기름 부으심을 받기 위한 조건은 과연 무엇인가? 성경이 기름 부으심을 경험하는 단계를 차근차근 설명하지는 않지만, 나는 그 핵심을 세 가지로 요약해 보고자 한다. 즉 거룩하고, 기도가 충만하며, 순종하는 삶을 사는 자들이 경험할 수 있다.[55] 기름 부으심은 설교자가 하나님과 동행하면서 매일매일 간구해야 하는 것이다. 말씀 연구와 전도뿐 아니라 설교 그 자체를 위해서도 간구해야 한다. 바운즈(E. M. Bounds)는 "기름 부으심은 연구가 아닌 골방에서 온다"[56]고 했다.

한 걸음 더 나아가 '어디서 기름 부으심을 받는가'라고 묻는다면, 나는 하나님의 말씀을 가리킬 것이다. 성령께서는 기록된 살아계신 하나님의 말씀에서만 자신을 나타내신다. 결과적으로, 설교자가 자신의 삶에 말씀을 '내면화'함으로 말씀에 자신을 맡길 때, 그는 성령과 그분의 능력에 자신을 내어 드리고 있는 것이다. 따라서 기름 부으심은 하나님이 부르신 설교자가 그분에 의해 사로잡힘으로 나타나며, 능력 있는 설교를 하도록 그에게 그 능력을 공급한다.[57]

나는 아홉 살에 예수님을 구주로 영접했다. 그때 나는 내 안에 거하시는 성령의 임재에 사로잡혔으며, 성령으로 세례(침례)를 받아 그리스도와 한 몸이 되었다(고전 12:13). 나는 26세에 설교자로 영광스럽게 부르심을 받았다. 하지만 34세가 될 때까지 성령의 충만함을 경험하지 못했다. 나는 금식하고 회개하고 열심히 기도하며 하나님의 능력을 간절히 구했다. 그 후 깊은 갈망과 간구의 시간을 겪으면서 내 삶과 사역에서 성령의 충만함을 경험했다. 그 일은 노스캐롤라이나의 그린스보로 거리에서 일어났다.

내가 경험한 것은 설명할 수 있는 것보다 훨씬 더 놀라웠다. 나는 어떤 감정적 현상이 아니라 영적 계시를 경험하는 것 같았다. 천사를 본 것도, 방언이 터진 것도 아니다. 무의식 상태나 최면에 빠진 것도 아니었다. 성령에 의해 죽음을 경험했다기보다, 내 삶의 거대한 현실에 눈을 떴다고 해야 할 것이다. 그것은 곧 자유와 기쁨, 부활하신 예수님과의 지속적인 교제, 죄와 절망에 대한 지속적 승리, 전도에 대한 끝없는 열정, 능력 있는 영광스러운 설교가 있는 새로운 삶이었다. 그린스보로의 데이비드 거리에서 성령께서는 나와 함께하셨다. 이전까지는 경험해 보지 못한 능력이 내 안에 임한 것을 알 수 있었다. 무엇보다 그 능력은 내게 엄청난 능력과 굉장한 자유와 즐거움을 가지고 설교할 수 있게 했다.

이런 경험을 하기 전에는 성령의 역사를 그저 개인적인 감정으로 생각하는 경향이 있었다. 하지만 이제는 성령께서 하나님 아버지와 그분의 아들 예수님처럼 한 분의 인격체임을 알게 되었다. 인격체라는 것은 사람이 경험하고 교제할 수 있는 분이라는 것을 말한다. 사실상 나는 예수님께서 오순절 전에 제자들에게 가르치신 대로 성령을 경험했던 것이다. 즉, 그분은 나의 보혜사가 되셨다(요 14:16). 내 곁에 오셔서 나의 도움, 동행자, 위로자, 힘, 사랑, 최고의 친구가 되신 것이다. 이 얼마나 은혜로운 경험인가! 이제 나는 혼자가 아니요, 완전한 만족을 주시는 분이 마치 호흡을 하듯 나와 함께 계신다는 것을 깨달았다. 나는 그 전까지는 전혀 알지 못했던 능력, 자유, 기쁨을 경험하고, 내 안에 있던 좌절, 피곤함, 분노, 우울함에서 완전히 벗어날 수 있었다.

사실 이런 은혜를 경험하기 전에는, 다음 주에 설교하지 않아도 된다는 것을 알면 안도감을 느꼈다. 하지만 성령의 충만함과 기름 부으심을 경험하고 난 다음에는 주야로 설교하고 싶은 열정이 생겼다. 그리고 이것은 수년째 계속되고 있다. 내 신체에 활기가 생겼고, 현저하게 증가된 힘을 느낄 수 있었다.

그렇다고 내게 침체기나 영적으로 어두워진 날이 전혀 없었던 것은 아니다. 하지만 계속해서 성령께서 나를 채우시도록 기도하면 그 필요를 충분히 채워 주신다는 것을 나는 결코 의심해 본 적이 없다. 하나님의 말씀으로 능력 있게 설교한다는 것은, 설교자에게 성령 충만과 기름 부으심이 있을 때만 가능한 것이다. 성령 충만한 설교자는 설교학적으로나 주해적으로 '좋은' 설교를 할 뿐 아니라, 능력 위의 능력, 부활하신 주님의 능력, 죽은 자를 살리는 능력, 사람을 구원하고 거룩하게 하는 능력으로 설교한다.

무디는 이렇게 말했다.

우리는 만약 한 사람이 … 보혈로 씻음받고 속죄받았으며 성령으로 인 치심을 받았다면 성령께서 그 안에 내주하심을 믿는다. 그리고 주목해야 할 것은, 하나님께는 이제 막 구원 얻은 선한 자녀는 많지만, 섬길 능력이 있는 자녀는 거의 없다는 사실이다. 당신은 이 사실에 대해 이렇게 과장 없이 편안하게 말할지도 모른다. "그리스도인이라고 고백하는 20명 중 19명은 그리스도의 왕국이 세워지는 일에 세상적으로 별 가치가 없지만, 사실은 그 반대 즉 영적으로 별 가치가 없는 사람일 수 있으며, 그것은 그들이 단지 구원 얻었음에 만족할 뿐 어떤 능력도 구하지 않기 때문이다."[58]

1971년에 아드리안 로저스를 알게 된 후부터 2004년 그가 죽음을 맞이할 때까지 우리는 가까운 친구로 지냈다. 나는 그가 남침례교단이 낳은 가장 능력 있는 설교자라고 생각한다. 그 능력의 비밀은 그가 어휘 사용의 대가였기 때문이 아니라, 성령으로 충만하고 기름 부으심을 받았다는 데 있었다. 나는 가까이에서 그를 지켜보면서, 특히 하나님의 말씀을 선포하는 설교자뿐 아니라 모든 성도에게도 절실히 필요한 성령의 충만함과 기름 부으심에 대한 그의 간증을 나누어야 할 필요와 중요성을 느끼게 되었다. 로저스 박사는 다음과 같이 말했다.

어떤 사람이 생애 처음으로 새 차를 사서 가져왔다고 해보자. 그는 운전이라고는 해본 적이 없고, 차를 가져 본 적은 더더욱 없다. 자동차에 엔진이 있다는 사실조차 이해하지 못한다. 그러나 자신의 차에 대해 자랑스럽게 여긴다. 친구들을 초대해 차 시트가 얼마나 고급스러운지, 그리고 차의 색깔이 얼마나 아름다운지 보여 준다. 그리고 이렇게 말한다. "이 차가 얼마나 멋진지 알겠지? 차에서 나오는 광택 좀 봐." 하지만 어디를 가든 그는 그 차를 손으로 밀고 다닌다. 때로 내리막길을 만나면 차에 타 내리 달리기도 한다. 하지만 그것이 꼭 즐겁지만은 않다. 다시 그다음 언덕으로 차를 밀고 가야 함을 알기 때문이다. 그는 차를 소유한 것이 자랑스럽고 어떤 면에서는 감사한 반면, 한편으로는 은근히 차를 버리고 싶어 한다. 차가 그를 데려다 주는 것이 아니라, 그가 차를 밀고 다녀야 하기 때문이다.

그때 어떤 사람이 말한다. "당신에게 어떤 것을 보여 주고 싶어요. 이것을 보세요. 이것은 시동키라는 것입니다. 여기에 넣고 돌리세요. '부릉!'." "저것이 무엇이죠?" "엔진이라고 부르는 것입니다. 이제 기어를 바꾸어 'D'라고 쓰인 곳에 놓으세요. 그리고 페달을 밟아 보세요." 차가 그에 맞추어 앞으로 힘차게 동력을 가지고 움직인다. "이봐요." 그가 말한다. "이거 환상적이군요. 너무도 놀랍습니다. 정말 기쁘군요. 그런데 왜 다른 사람들은 제게 이것을 가르쳐 주지 않았죠? 왜 이것을 제게 보여 주지 않았는지 궁금하군요."

아마 당신은 이렇게 말할 것이다. "그 사람 참 어리석군요. 멍청해도 그런 멍청이가 어딨겠어요?" 만약 그리스도인들이 성령의 능력을 이해하지 못하고 있다면, 당신의 그 말이 정말 맞을 것이다. 많은 그리스도인이 아직도 자신이 구원받았을 때 하나님께서 엔진을 함께 주셨다는 것을 모르고 있다. 나는 성령을 엔진이라고 부르면서 불경하게 비유하자는 것이 아니다. 그분은 우리의 삶에 능력을 주시는 동력원이라는 것이다.

많은 사람이 자신이 기독교인이라는 것을 어느 정도 자랑스럽게 생각한다. 하지만 사실 그들에게 그것은 거의 짐이다. 기독교인이라는 사실이 그들을 움직이는 것이 아니라, 그들이 그것을 밀고 가고 있다. 성령으로 충만한 놀라운 삶을 발견하지 못했기 때문에, 그리스도인이 되는 이 문제로 고생하고 있는 것이다. 에베소서 5장 18절에서 하나님은 명령하신다. "술 취하지 말라 이는 방탕한 것이니 오직 성령으로 충만함을 받으라." 성령 충만할 때 당신의 고된 삶은 능력 있는 삶으로 바뀔 것이다. 당신이 그리스도인이라는 것을 무거운 짐 따위로 만들지 말라. 오히려 그것이 강력한 축복이 되게 하라.[59]

존 맥아더는 최근에 이런 관점을 언급했다.

오늘날 감정적이며 내용 없는 설교를 하는 설교자가 적지 않다. … 그나마 괜찮은 내용을 전하는 설교자는 그 전달 방식이 너무 밋밋하며 열정이 없다. … 이런 설교자는 종종 자신이 하는 일이 진리가 가져다주는 효과에 얼마나 피해를 주는지 의식조차 하지 못한다. 그가 하나님의 말씀을 진정으로 사랑하고, 성경적 교리에 깊은 존경심을 가지고 있을지는 모르지만, 실상 그의 열정 없는 설교는 오히려 그 반대로 무감각과 무관심을 보여 준다. 결국 그는 자신이 더욱 진전시키도록 부름 받았다고 믿는 바로 그 일을 오히려 손상시키고 있는 것이다. 교회도 마찬가지지만 세상은 오히려 그런 설교가 없어야 더 나아질 것이다.[60]

이런 설교자들의 잘못이 무엇인가? 단순히 구원받지 못하거나 애초에 설교자로 부름받지 않은 것인가, 아니면 성령으로 충만하지 않아서 인가?

이 장을 마무리하면서 나는 가장 중요하고 분명한 한 가지 사실을 말하고자 한다. 나는 어떤 사람에게도 나와 동일한 성령 체험 하기를 기대하지 않는다. 그러나 이 세상에서 복음전파를 위해 하나님께 부름 받은 모든 설교자를 사랑하는 마음으로 이렇게 묻고 싶다. "목사님은 지금 성령으로 충만하십니까?" 만약 아니라면 이 사실을 인정하고 예수님께 모든 것을 내어 드려, 바로 지금 충만함을 받으라. 본문이 이끄는 설교의 설교자는 반드시 성령 충만해야 한다.

Part 3
설교자의 훈련

_ 네드 매튜스(Ned L. Mathews)

"네가 네 자신과 가르침을 살펴 이 일을 계속하라 이것을 행함으로 네 자신과 네게 듣는 자를 구원하리라"(딤전 4:16)

모든 설교자가 본문과 그것을 말하는 방법에 대한 자료는 공통적으로 가지고 있다. 하지만 자신이 다른 사람들에게 쉽게 선포한 원리대로 자신도 살아야 한다는 점에 모두가 헌신한 것 같지는 않다. 청중에게 자신이 들은 것을 삶에 적용할 의무가 있다면, 설교자에게도 동일한 것이 요구되지 않겠는가? 본문에 이끌려 설교를 준비하고 선포한 설교자라면, 그 생각과 행동도 동일하게 본문에 이끌림 받아야 하지 않겠는가? 청중과 마찬가지로 설교자는 반드시 철저한 '말씀의 실천자'가 되어야 한다. 설교자가 이 일에서 실패하면 자신뿐 아니라 남도 속이는 결과를 낳는다(약 1:22). 이런 속임은 교회와 현대 문화에 널리 퍼져 복음의 효과를 극도로 약화시키며, 심지어 많은 사람이 복음에 흥미를 잃게 만든다. 따라서 설교를 아주 잘 준비하고 감동적으로 전달하며 심지어 많은 찬사를 받는다 해도, 설교자의 삶이 설교와 일치하지 않으면 선포된 설교는 사실상 청중에게 아무 능력 없는 메아리가 되고 만다.

거룩 그 자체이신 하나님이라면 역시 거룩한 자를 통해 자신을 나타내셔야 하지 않겠는가? 물론 대답은 명백하다. 그러므로 설교자는 먼저 자신이 하나님과 동행하고 있는지 점검한 후에, 선포된 말씀을 들은 청중이 하나님과 동행하는지 살펴보아야 한다(딤전 4:16). 더그 웹스터(Doug Webster)가 말한 것처럼 "최고의 설교자는 다른 이들에게 설교하기 전에 먼저 자신에게 설교하는 사람이다."[61]

그러므로 설교자는 하나님과 동행하면서 거룩해져야 할 뿐 아니라, '자신이 선포한 교리를 잘 지켜야 하는' 사명도 있다. 그 이유는 분명하다. 그리스도의 몸의 지체들은 하나님 말씀의 가르침을 먹고 자라기 때문이다(딤전 4:6). 하나님의 말씀은 영적 성장에 필수적인 양식이며, 그리스도의 제자들을 훈련하는 수단이다. 따라서 성경에서 장로나 감독으로도 설명되는 목사는 '하나님의 양 무리를 치는'(벧전 5:2) 것을 우선시해야 한다. 사실 목사는 반드시 양육의 임무에 더 많은 주의를 기울여야 한다. 오늘날 잘못된 교리를 가르치는 무리가 너무 많기 때문이다. 먹잇감을 사냥하는 이들에게서 양들을 보호하는 임무가 주어졌기 때문에, 감독으로서 이 일에 대한 실패는 결코 용납될 수 없다.

사도 바울은 이 역할을 에베소에 있는 장로들에게 적용하며, 거짓 선생들을 조심하라고 경고했다. 바울은 이들을 '사나운 이리'라고 칭하며, 이들이 그들에게 '들어왔다'고 말했다(행 20:28-30). 반면 하나님의 양 무리가 거룩한 목자의 인도를 받으면, 그들은 거짓 선생들의 잘못된 인도를 걱정할 필요 없이 하나님의 말씀으로 제대로 양육된다.

우리가 사는 시대는 교리나 관념으로 간주되는 어떤 것들을 혐오하는 경향이 널리 퍼져 있다. 어떤 사람은 이 혐오가 증오에 가깝다고 말한다. 예를 들어, 소위 주류 교단들은 교리 분열을 교회 연합에 위협이 될 뿐 아니라, 그들이 과시하는 진보주의에도 방해가 된다고 여긴다. 복음주의자들의 수적 성장에 관해서도 마찬가지다. 사실 복음주의라는 것이 명확히 드러나지도 않는데 어떻게 그 수적 성장을 주의 깊게 살펴볼 수 있는가?

〈오, 형제여 어디에 있는가?〉(O Brother, Where Art Thou?)라는 영화에서 주인공은 '안개 낀 바닥에 있는 소년들'로 알려져 있다. 이 제목이 오늘날 많은 복음주의자가 겪는 상황을 잘 묘사하고 있지 않는가? 그들은 교리 문제와 관련해 마치 안개 낀 늪 바닥에서 살아가는 것으로 묘사된다. 그 결과 다른 시대에는 이상하거나 심지어 당황스럽게 들렸을 질문들이 오늘날 나타나고 있다. '교리가 정말 교회 음악에 필수적인가?'[62] '교리가 이 세대 사람들이 직면하고 있는 문제와 과연 무슨 상관이 있는가?'[63] 물론 이런 질문은 아주 중요하지만, 이보다 더 중요한 것이 있다. 우리의 예배, 설교, 가르침을 현시대의 특징에 맞출 것인가, 아니면 영원하신 하나님께 맞도록 재단할 것인가 하는 것이다. 불행히도 많은 사람이 이미 결정해 버렸다. 그들의 행동이 보여 주듯 그들은 현시대를 선호한다.

그러나 거룩한 설교자는 반드시 다른 행동 강령을 갖고 있어야 한다. 이 강령은 개인적이며 매우 긴급하다. 그리스도의 교회의 건강에 영향을 미치기 때문이다. 그 행동 강령은 명확하다. "네가 *네 자신과 가르침*을 살펴 이 일을 *계속하라* 이것을 행함으로 네 자신과 네게 듣는 자를 구원하리라"(딤전 4:16, 저자 강조). 지속성이란 이런 행동 강령에서 가장 중요한 부분이다. 이런 중요한 문제에 설교자가 가끔 헌신하는 것만으로는 부족하다는 것을 깨달아야 한다. 중심에서 벗어나 주위에만 머무는 설교자가 되는 것은 믿음과 행위에서 좋지 않은 예를 보여 주게 되며, 나아가 성도들에게 실망과 분노를 불러일으키는 원인이 된다. '진정한' 설교자라면 이제 일어나야 하지 않겠는가?**64**

더불어 이 성경의 명령은 긴급함을 강조한다. 현재 영혼들이 영원을 가늠하는 저울 위에 놓여 있다고 경고하고 있기 때문이다. 거룩한 삶은 '반드시 청산하시는'(히 13:17) 하나님의 친노와 심판에서 영적 지도자들을 구해 준다.**65** 더 나아가 건전한 교리를 가르치는 것은 그 가르침을 듣고 받아들이는 자들 또한 구원한다.

그러므로 교리 선포에서 거룩하고 신실한 설교자들은 자신의 세대뿐 아니라 장차 오는 세대에도 계속해서 큰 영향을 미친다. 사람들은 루터, 칼빈, 웨슬리, 휫필드, 무디, 빌리 그레이엄 같은 이들이 남긴 위대한 영적 유산을 떠올린다. 오늘날 우리에게 이런 사람이 드문 이유는, 우리가 본문이 이끄는 설교를 하지 못하는 것과 같은 이유가 아닐까?

그렇다면 어떻게 해야 본문이 이끄는 설교에 대한 헌신이 행동과 사역에서 나타날 수 있는가? 오직 그것을 진지하게 받아들인다면 그럴 수 있다. 바울은 거룩한 삶을 진전시켜 나가는 것과 건전한 교리를 효과적으로 가르치는 것을 운동경기에 비유했다. 그는 훈련장에서 긴 시간 연습한 선수가 자신이 출전해야 하는 경기에서 좋은 성과를 얻기 위해서는, 반드시 입어야만 하는 옷을 제외한 모든 것을 벗어야 한다고 말한다. 그러면서도 바울은 그런 육체적인 노력에 대해서는 '제한된 유익'만 있다고 말한다. 그에 반해 "경건은 범사에 유익하니 금생과 내생에 약속이 있느니라"(딤전 4:8)라고 말한다.

무엇이 거룩함 혹은 경건함인가? 단순히 어떤 자세인가, 아니면 외적으로 보이는 어떤 것인가? 답은 둘 다다. 바울은 빌립보 교인들에게 다음과 같이 간청한다. "너희 안에 이 마음을 품으라 곧 그리스도 예수의 마음이니"(빌 2:5). 그런 다음 바울은 예수 그리스도께서 자신을 비워 십자가에서 죽기까지 아버지께 순종한 사실을 계속해서 상기시킨다(빌 2:6-8). 그러므로 거룩함에는 자세와 행동이 함께 있다. 바울이 상기시켜 주는 것같이 그것은 본질적으로 그리스도를 닮은 성품이다. 따라서 설교자는 자신의 말, 행실, 사랑, 믿음, 정절에서 거룩한 삶의 유형을 나타내야 한다(딤전 4:12). 마치 그리스도의 성품으로 아름답게 잘 짠 주단 같은 이 삶의 유형을 보여 주는 것은, 설교단에서 외치는 설교나 성경 공부, 그리고 다른 모든 면에서도 능력과 신뢰를 더해 줄 것이다.

이런 맥락에서 설교자는 그리스도의 성품을 기르고 성경적인 교리를 가르치는 일에서 탁월해지도록 자기 자신을 훈련시켜야 함을 분명히 알 수 있다. 훈련은 매일의 지속적인 연습을 요구한다. 설교자는 경건 훈련을 반드시, 또 계속적으로 해야 한다.

거룩한 성품 계발에서 탁월해지기

한 개인의 진실함에서 핵심이 되는 것은 성품이다. 하나님의 사람이 선포하는 설교와 그가 사람들 앞에서 행하는 행동은 분리될 수 없다. 분명히 설교자에게는 목회적 관리나 직무에 대한 감독 이상의 더 많은 것이 요구된다. 문화가 얼마나 타락했는지와 상관없이 성품은 여전히 중요하다. 성품에 관한 것은 시간에 얽매이거나 발전하는 도덕적 기준에 영향받지 않는다. 사도 바울은 목회서신을 통해 디모데와 디도 같은

젊은 목회자들에게 이 점을 분명히 하고 있다.⁶⁶

어떤 목회자는 언젠가 아주 유명한 설교자가 되기를 바라면서 부지런히 세미나나 콘퍼런스를 찾아다닌다. 잠시 동안은 사람들이 그 설교자의 설교에 탁월한 능력이 있다고 생각할 수 있지만, 혹 그가 불미스런 일과 관련되면 더는 감명받지 못한다. 성품은 여전히 중요한 문제며, 역사가 이를 입증한다. 모든 세대에서 기독교 지도자들은 하나님의 말씀을 설교하는 자 중에서 거룩함에 대한 부르심으로 세워졌다. 존 위클리프가 그중 하나다. 그는 목회자에게 필수적인 두 가지가 "거룩함과 가르침의 건전함"⁶⁷이라고 말한다.

뛰어난 설교자와 교사의 지위를 얻은 사람은 그 영향력의 범위가 더 커질수록, 거룩한 성품의 사람으로서의 명성을 유지하는 것이 더 중요해진다. 예를 들면, 최근 미국에서 대중에게 잘 알려진 복음주의 목회자들의 스캔들이 밝혀지면서 그 충격의 여파가 아직도 교회에 남아 있다. 더욱이 비난받아 마땅한 로마 가톨릭 신부들의 유아 성도착 행위를 포함한 이런 타락은 사회적으로 큰 반감을 일으키며, 심지어 광범위하게 기독교의 메시지를 거절하게 만든다. 이런 소식을 접할 때마다 그리스도를 따르는 자들은 낙심하며 실망하게 된다.

폭넓은 영향력을 발휘하던 목회자가 불경한 일에 빠지는 일은 각 시대마다 있었다. 그중 하나가 예일대학교에서 설교학 강의로 유명한 라이먼 비처(Lyman Beecher)의 아들 헨리 워드 비처(Henry Ward Beecher)다. 헨리는 아주 유명한 설교자였다. 그는 "1870년에 대단한 공적 위치에 있었고 … [그의] 능력은 대중의 찬사를 받기에 충분할 만큼 높이 그를 끌어 올렸다."⁶⁸ 하지만 곧 그가 자신의 가장 친한 친구의 아내와 부절적한 관계를 맺었다는 소문이 돌기 시작했다. 1875년 그 문제는 재판으로 넘어갔고 국가적 관심을 불러일으켰다. 6주 동안 주요 신문에서 그 재판의 진행 사항을 보도했다. 비처는 남편에 대한 그녀의 애정이 식게 했다는 이유로 재판을 받았고, 당시 그런 일은 범죄로 간주되었다.**69** 이 사건은 비록 무효 심리로 끝나기는 했지만, 비처에게 불리한 증거는 너무 많았고 감정적 부담이 평생 그를 따라다니게 되었다. 그의 유명세는 오늘날까지 남아 있지만, 목회자로서의 신실함에 대한 명성은 아주 심각하게 훼손되었다. 비처는 결국 "자신의 명성에 대한 문화적 토대가 변질되었다는 것을 인식하게 되었다. 그는 빛나는 유명세로 명성을 얻을 수는 있었지만, 성품으로 존경받을 수는 없었다."**70**

반대의 경우도 있다. '황금의 입'이라고 불리던 요한 크리소스톰은 오늘날까지 강력한 능력의 설교자로 존경받는다. 그는 설교 연구와 준비에 철저했고, 설교 전달에도 아주 뛰어났다. 또 거룩한 성품을 계발하는 일에도 특별한 관심을 보였다. 많은 사람이 그가 "그리스 정교회에서 가장 유명한 설교자였을 뿐 아니라 가장 명성 높은 목회자였다"**71**는 사실에 동의한다. 그는 세상 끝날 목자장이신 예수 그리스도께 인정받기에는 부족한 자라는 마음으로 평생 하나님을 경외하며 살았다. 그래서 그는 거룩함에 대한 명성을 대대로 지니게 되었다.**72**

하나님께서는 자신과 언약 관계에 있는 자들에게 거룩함을 요구하신다(레 20:7). 특별히 설교자들에게는 더욱 그러하다. 물론 동일한 수준의 거룩함이 회중에게도 요구된다. 그래서 말하기 어려운 곤란한 질문이 설교를 듣는 자들의 마음에 남게 된다. 특히 불명예스러운 목회자들의 소식을 듣게 될 때는 더욱 그렇다. '과연 이 설교자는 자신의 설교대로 실천할까?' 이 질문은 설교가 단순히 들리는 것만이 아니라 보인다는 사실을 우리에게 상기시켜 준다. 이 사실에 대해 확신했던 리처드 백스터는 우스터셔 연합 모임을 함께하던 동료 목회자들에게 이렇게 충고했다.

> 사람들은 설교자가 자신이 설교한 대로 사는 것을 보지 못하면 그의 교리를 존중하지 않는다. 또 그가 자신도 실천하지 않는 것을 선포한다고 생각한다. 그들이 자기 자신이 선포하는 것도 믿지 못하는 사람의 말을 믿기는 더욱 힘들 것이다. … 사람들이 눈과 귀를 가지고 있는 한, 그들은 당신이 말한 의미를 들을 수 있을 뿐 아니라, 볼 수 있다. 그리고 그들은 듣는 것보다 보는 것을 더 믿는 경향이 있다. 두 감각 중 보는 것이 더 완전하다고 생각하기 때문이다. 설교자가 하는 모든 행동이 곧 설교다. 만약 당신이 사람들의 눈을 속이거나 설교와 다른 삶을 산다면, 결국 당신은 당신이 행하는 그런 죄악들을 성도들에게 설교하고 있는 것이다.[73]

설교자의 삶이 그의 메시지와 일치하지 않으면, 회중은 설교자가 말한 내용이 과연 진실한지 질문하게 된다. 반대로 설교자의 삶에서 그가 말한 진리가 분명하게 보이면, 그의 선포는 청중에게 오랫동안 지속되는 건강한 효력을 나타낸다. 주님처럼 설교자 또한 자신이 선포하는 설교의 본보기가 되어야 함은 분명하다(고전 11:1). 어떤 교회 성도가 전임 목회자에게 보낸 다음의 메시지는 지금까지의 주장을 충분히 뒷받침해 준다.

> 목사님이 우리에게 말씀을 전해 주느라 수고하신 모든 시간에 감사드립니다. 그때는 제 신앙이 한창 성장하고 있을 때였습니다. 목사

님의 사역은 저뿐 아니라 다른 모든 이에게도 깊은 영향을 미쳤습니다. 제가 거룩한 사람들의 지도 아래 함께 사역해 온 것은 매우 큰 복입니다. 목사님과 현재 목회자 모두 제게 그리스도인이라면 어떻게 살아야 하는지를 보여 주는 훌륭한 본보기가 되어 주셨습니다. … 목사님이 사역하시는 동안 신실하게 선포해 주셨던 모든 하나님의 말씀에 감사드립니다.**74**

사도행전의 저자인 누가는 시작하는 말을 쓰면서, 어떤 사람의 메시지와 행동이 일치하는 것이 얼마나 중요한지 알았음이 틀림없다. 그가 예수님에 대해 설명하면서 사용한 동사의 순서는 특히 주목할 만하다. "데오빌로여 내가 먼저 쓴 글에는 무릇 예수께서 *행하시며 가르치시기*를 시작하심부터"(1:1, 저자 강조). 행동과 말이라는 이 순서는 특별히 제자를 만드는 일에 일관되게 등장한다. 자신의 가르침이 자신의 행동으로 손상되지 않도록 예수님은 먼저 거룩한 성품에 대한 교훈의 직접적인 본보기가 되어 주신다. 그리고 이러한 중요한 내용을 시대를 초월한 진리로 요약하신다. "제자가 그 선생보다 높지 못하나 무릇 온전하게 된 자는 그 선생과 같으리라"(눅 6:40).

제자들이 예수님께 나아와 무엇을 어떻게 기도해야 하는지 묻게 된 것은, 때때로 밤새 기도하셨던 주님의 행동 때문이었다(눅 11:1). 마찬가지로 우리가 예수님의 행동과 말씀에서 배운 것이 제자로서의 우리의 삶을 형성하고, 본문이 이끄는 설교의 설교자로서 우리가 가르치는 내용의 대부분을 구성한다.

더구나 두 개의 단어로 보이는 '행동'과 '말씀'은 서로 배타적이지 않다. 어떤 말이 실제로는 행동의 역할을 한다는 것을 깨달을 때 그 중요성은 더욱 강조된다. 언어학자들은 수행 언어(performative speech) 혹은 화행(speech acts) 이론의 범주 아래 그 같은 현상을 오랫동안 연구해 왔다(존 오스틴이나 존 서얼 등). 예를 들어, "불이야!" 하는 큰 소리만으로도 공공건물은 빠른 속도로 텅 빈다. "네, 그렇게 하겠습니다!"라는 말을 신랑 신부가 사용하면, 주례자는 공식적으로 결혼을 선포하게 된다. 만일 둘 중 하나라도 침묵을 지킨다면 결혼은 성사되지 않는다.

이런 관점에서, 성경 말씀의 능력으로 이루어진 설교는 설교자 자신만큼이나 그 설교를 듣는 청중에게도 그 영향력이 그대로 나타난다. 특히 한 교회에서 오랫동안 사역하는 유능한 강해 설교자들이 자신의 성품을 닮은 성도들을 계속해서 발견하는 이유가 바로 이것이다(그러므로 다시 한 번 누가복음 6장 40절의 진리가 확인된다). 더 나아가 성도들은 그 목회자가 자신들의 지도자라는 사실에 확신을 갖게 된다. 목회자가 자신들에게 요구하는 주님께 대한 순종이 무엇인지가 목회자 자신의 삶으로 뒷받침되기 때문이다. 설교자의 마음과 가슴이 충분한 묵상과 성찰을 통해 하나님의 말씀에 확고하게 고정될 때, 그 일은 더욱 자주 일어난다(참조. 시 1:2). 이런 식으로 성경의 능력이 그의 삶에 계속적으로 영향을 미치면 그는 하나님의 길을 따르는 지혜로운 자가 된다. 이것은 다음의 실례가 보여 주는 것처럼 진정으로 삶이 변화되는 경험이다.

버지니아주 블루필드대학 학생들은 그 대학의 존경받는 5대 총장 찰스 하만(Charles Harman) 박사의 이야기를 지금까지도 자주 듣는다. 많은 사람이 그에 대해, 하나님을 깊이 묵상하고 성경을 사랑하며 매우 높은 수준의 도덕적 기준과 성품을 가졌던 사람이라고 평가한다. 나는 학생으로 그 학교에 있는 동안, 그가 총장으로서 얼마나 충실하게 말씀을 가르치고, 지혜롭게 행동하며, 그리스도인으로서 친절하게 은혜를 베푸는지 직접 보았다. 그것은 한 사람의 말과 행동이 어떻게 일치할 수 있는지를 볼 수 있는 좋은 경험이었다.

반대로 하나님의 말씀의 능력 이외의 것을 기초로 한 종교는 이상한 탈선을 낳는다. 주후 459년에 세상을 떠난 시므온 스타일라이티즈(Simeon Stylites)는 안디옥 동쪽에 위치한 가장 높은 기둥 위에서 36년간 살았던 수도사다. 시므온을 비롯해 그와 같은 행동을 하는 사람들을 가리켜 '영적 수도사'(spiritual athlete)라고 부른다. 그는 "머리와 발을 1,244번이나 연속으로 닿게 했다"[75]고 전해진다. 이런 사람들의 삶을 통해 다른 이들에게 전달되는 영향력이란 단순한 대중의 흥밋거리를 제공하는 것 외에는 아무것도 없다. 이것은 기괴한 종교적 행태로 유혹하는 것이며, 극단적으로는 '하찮은 추구'의 한 본보기다.

반면 청교도 설교자 윌리엄 구지(William Gouge)의 능력 있는 설교는 그와 매우 대조적이다. 공공장소에서 기둥 위에 앉아 사람들의 이목을 집중시킨 스타일라이티즈와 달리, 그는 개인 골방에서 조용히 기도했다. '머리와 발을 1,244번이나 닿게 하는' 육체적인(그들은 '영적'이라고 여기는) 고행주의 대신, 그는 성경 말씀을 자신의 마음에 적용했고 발에 가죽신을 신었다. 그러고는 삶을 변화시키는 능력이 있는 복음을 다른 이들에게 전하러 다녔다. 그는 자신의 마음을 하나님의 말씀으로 가득 채웠고, 이로 인해 성경 백과사전이라고 불렸다. 그는 "매일 6시 새벽기도를 마치고 성경 16장을 읽었다"[76]고 전해진다. 다른 사람들에게 미친 영향력 또한 두드러졌다. 그는 그 시대에 영국에서 가장 영향력 있는 설교자 중 하나로 갈채를 받았다.

하지만 오해가 없기를 바란다. 전형적인 본문이 이끄는 삶을 추구하는 사람들이 반드시 피해야 하는 최소 두 가지의 오류가 있다.

첫째는, 교회사를 통해 면면히 내려온 것 중 하나로, 좋은 설교를 만드는 데 삶이 말보다 더 도움이 된다는 생각이다. 하지만 설교자의 삶에서 나타나는 거룩한 성품은 오직 복음을 확증할 뿐, 결코 복음을 '대체'할 수 없음을 잘 기억해야 한다. 단 킴볼(Dan Kimball)같이 이머전트 교회 운동을 하는 사람들은 아마도 다르게 생각하는 듯하다. 마이클 호튼(Michael Horton)은 이것을 '미국 교회의 대체 복음'의 한 부분으로 보면서, 이런 환원주의(reductionism)를 명확하게 거절한다.

많은 이머전트 교회의 지도자들처럼 킴볼은 아시시의 프란시스 같은 유명한 계보에 호소한다. 나 또한 이 말을 보수적인 복음주의 안에서 자라며 들어 왔다. "복음을 항상 전파하라. 만약 필요하면 말을 사용하라." 킴볼은 이렇게 말한다. "우리의 삶은 우리가 말하는 어떤 것보다 더 훌륭한 설교다"[오스틴(Osteen)도 거의 비슷한 말을 했다]. 만약 그렇다면 이는 단지 더욱 나쁜 소식에 불과하다. … 나는 본보기가 될 만한 피조물이 아니다. … 내가 그리스도인인 것은, 나 스스로가 예수님의 발자국을 따라 걸을 수 있다고 생각해서가 아니라, 예수님이 나를 그 길로 인도하실 수 있는 유일한 분이시기 때문이다. 나는 복음이 아니다. 오직 예수님께서 복음이시다. … 우리는 우리 자신을 설교하지 않는다. 오직 예수님만 전파한다. 복음은 … 우리가 '말하는' 것이 우리의 삶보다 더 좋은 설교라는 것이다. 적어도 우리가 말하는 것이 우리 자신이 아닌 '그리스도'의 인격과 사역일 경우에 그렇다.[77]

킴볼의 주장의 변형된 형태는, "기독교는 삶이지 교리가 아니다"라는 자유주의 신학자들의 선언으로 되풀이되고 있다. 이러한 이분법은 그레샴 메이첸(J. Gresham Machen)이 『기독교와 자유주의』(*Christianity and Liberalism*, 복있는사람)에서 매우 잘 비판하고 있기에, 이 점에 대해 더 다룰 필요는 없을 것 같다. 대신 우리는 바울이 디모데에게 했던 말, 곧 신자는 자신의 삶 그리고 '가르침'에 주의해야 한다는 말로 돌아가야 한다(딤전 4:16). 그러므로 본문이 이끄는 삶을 사는 것은 목적을 위한 수단이지, 그 자체가 목적이 아니다. 핵심은 우리의 행동과 삶이 우리가 전하는 메시지를 망각하거나 왜곡하지 않도록 하는 것이다.

두 번째는 완전한 거짓으로, 본문이 이끄는 삶을 살고 그렇게 메시지를 전하는 사람은 성경 본문 자체를 숭배한다는 생각이다. 이를 경멸하는 말로 '성경 숭배'라고 한다. 이런 왜곡은 절대로 방치하면 안 된다. 모세는 다른 사람들보다 더 본문이 이끄는 설교의 설교자였음에도 본문을 숭배하지 않았다. 그는 시내산에서 "하나님이 친히 쓰신"(출 31:18) 십계명 두 돌판을 손에 들고 내려왔다. 산에서 내려왔을 때 그의 얼굴이 빛나고 있었는데, 이는 그가 하나님의 임재를 가까이에서 경험했기 때문이다. 그때는 그가 그 사실을 몰랐지만, 그의 얼굴이 빛났던 것은 돌판이나 거기 기록된 말씀이 아니라, 그가 '여호와와 말하였기'(출 34:29) 때문이었다. 이와 같이 본문이 이끄는 설교의 설교자들은 성경 본문의 숭배자가 아니다. 오히려 본문이 이끄는 설교는 본질적으로 항상 목적이 있다. 즉, 본문의 주해와 해석의 목적은 설교자와 청중을 하나님의 임재로 이끌어 그분만을 예배하게 하는 것이다.

성경 본문은 '하나님의 감동'(딤후 3:16)으로 된 말씀이기에 설교자와 청중을 하나님의 실재적 임재로 이끄는 능력이 있다.[78] 빌리 그레이엄은 이 사실을 오래전부터 알고 있었던 것으로 보이는데, 그것은 그가

"성경이 말하길 …"이라는 문구를 자주 사용했기 때문이다. 그래서 본문이 이끄는 설교의 설교자는 주님의 말씀을 만난 자로서, 그 말씀은 그가 '피해야' 하는 것과 '추구해야' 하는 것이 무엇인지 그 내용을 제공한다. 즉, 피해야 하는 것은 모든 종류의 악이며, 추구해야 하는 것은 "의와 경건과 믿음과 사랑과 인내와 온유"(딤전 6:6-11)다.

교리적 충실함에서 탁월해지기

나는 이 부분을 몇 개의 '만약에'로 시작하려 한다. 만약 언제 어디서 복음 선포를 위해 하나님의 부르심을 받은 한 사람이, 성경을 연구하고 암송하며 묵상하는 것에 아낌없이 헌신해야 한다고 확신하게 된다면 어떻게 될까? 그가 설교를 준비하기 위해서가 아니라, 바울처럼 처음으로 자신에게 그리스도를 알게 한 진리를 더 알고자(빌 3:10) 그렇게 했다면 어떻게 될까? 그 결과로, 자신이 연구한 말씀을 묵상할 때 성령께서 자신에게 보여 주신 것을 다른 사람들에게 전해야 한다는 불타는 열정을 가지게 되었다면 어떻게 될까? 그리고 마치 예레미야 선지자처럼 '마음이 불붙는 것 같아서 골수에 사무쳐' 도저히 말씀을 선포하지 않고는 견딜 수 없게 된다면 어떻게 될까?(렘 20:9) 그 결과로 사람들의 삶에 변화가 일어나, 이 설교와 가르침을 행하는 지역 사회가 그 문화적 뿌리까지 모든 면에서 변화된다면 어떻게 될까? 사실 이것은 단지 가정이 아니라 실제로 일어난 일이다.

이 불타는 열정의 사람은 리처드 백스터다. 당시는 17세기로 그는 영국의 키더민스터 지역에 살고 있었다. 패커는 『참 목자상』(*The Reformed Pastor*, 생명의말씀사)의 머리말에서, 한 목회자가 그의 삶을 사람들에게 헌신했을 때 어떤 일이 그 마을에 일어나게 되었는지를 설명한다. 백스터는 스스로 이렇게 말했다. "주일에 … 당신은 수백 가정이 시편을 부르고, 설교의 내용을 반복해서 이야기하는 것을 당신이 걸어가는 거리에서 들을 수 있을 것이다." 그는 계속해서 2천 명이 사는 그 마을에 처음 도착했을 때의 상황에 대해, "길가의 단 한 가정도 하나님을 예배하는 가정이 없었다"고 말했다. 하지만 백스터의 사역의 마지막을 다른 이들은 이렇게 보고한다. "길가의 단 한 가정도 예배하지 않는 가정이 없었다."[79] 백스터와 그의 메시지로 변화받은 사람들에게 일어났던 일이 다시 일어날 수 있을까? 왜 지금은 이런 일이 일어나지 않을까? 만약 다른 설교자들이 그와 같은 방식을 따른다면 비슷한 결과가 나올 수 있지 않을까?

본문이 이끄는 설교의 설교자는, 자신이 성경 본문을 깊이 연구하며 경험한 내용을 선포할 때 더욱 마음에 불이 붙을 뿐 아니라, 자신이 선포한 메시지 안에 머물게 된다. 따라서 그는 결과가 두려워서라도 복음의 메시지의 필수적인 내용을 무시하거나, 선지자적 선포의 강력함을 약화시키는 일 따위는 하지 않게 된다. 예수님께서 제자들에게 과격하게 요구하신 것(막 8:34)이나 그리스도의 십자가를 설교에서 최우선시 하는 것(고전 2:2)이 바로 그런 예다.

간단히 말하자면, 본문이 이끄는 설교의 설교자는 인기나 대중의 관심을 얻기 위해 메시지를 변경하거나 치장하지 않는다. 오히려 자신의 사고 방식과 개인적인 목표, 살아가는 방식이 자신이 연구하는 성경에 의해 날마다 드러나고 판단받기 때문에, 그는 필연적으로 성령에 의해 자신이 불완전하다는 사실을 확인하고 발견한다.

나아가 그런 경험을 통해 겸손해지고 삶에서 성령의 인도하심에 순종하게 될 때, 성품과 행동은 필연적으로 바뀐다. 그리고 만약 그것이 자신의 삶에 나타난 결과라면 그는 똑같은 진리를 사람들에게 설교하기로 마음먹는다. 또 하나님의 뜻과 영광을 자신의 야망보다 위에 두기로 마음을 돌이킨다.[80] 그러므로 본문이 이끄는 설교의 설교자는 계속 말씀에 머문다. 오직 성경만이 모든 세대가 간절히 바라는 진리를 선포할 수 있는 권위를 자신에게 부여한다는 것을 알기 때문이다.

결국 처음부터 끝까지 그리스도의 증인을 낳는 것은 성경이다(눅 24:27). 그리고 우리가 선포하는 분은 오직 예수님이다. 그렇다면 왜 모든 설교자가 이렇게 자신의 삶을 변화시키는 말씀 연구에 온전히 헌신하지 않는 것일까? 존 스토트는 그 이유를 정확하게 지적한다. "오직 성경을 통해서만 예수 그리스도를 알 수 있고, 성령께서는 성경 각 장에서 그리스도의 증인에게 생명을 불어 넣으신다는 것"[81]을 망각해 버렸기 때문이다. 스토트는 다음과 같이 말한다.

> 만약 성경에 대한 바른 교리를 가지고 있지 않으면, 설교단에서 성경을 적절하게 다룰 수 없다는 것은 확실하다. 반대로 말해, 최고의 성경적 교리를 가지고 있는 복음주의 그리스도인들은 눈에 띌 정도로 가장 엄격하고 치밀한 설교자가 되어야 한다. … 만약 성경 대부분이 인간적인 사상을 모아 놓은 것이라면, 비록 그것이 초창기 기독교 공동체들의 믿음을 반영하고 가끔 성령의 영감이 비치더라도, 그 성경을 적당하게 다루는 자세는 용납받을 수 있다. *하지만 우리는 성경에서 바로 하나님의 말씀을 다루고 있는 것이다.* 그것은 '사람의 지혜가 가르친 말이 아닌 오직 성령께서 가르치신'(고전 2:13) 하나님의 말씀으로, 하나님이 사람들의 말을 통해 그분의 아들에 대

한 스스로의 증언을 드러내신 것이다. 그렇다면 말씀을 주해하며 연구하는 데 아무 문제도 없을 것이다.[82] (저자 강조)

만약 스토트가 주장한 것이 충분히 널리 알려져 복음주의 설교자들이 받아들였다면, 오늘날의 교회가 문화적 적합성이라는 끝없는 요구에 부응하면서 어떤 하나의 교회적 유행에서 다른 유행으로 흔들리지 않았을 것이다. 세대의 급속한 변화와 다원주의나 다문화주의 같은 사회 변화는, 전통적인 아웃리치 사역 구조에서 이머징 교회 같은 포스트모더니즘 구조로, 전통적 예배에서 청중의 관심에 초점을 맞춘 '구도자 중심' '청중 중심'의 예배로 전환할 것을 요구하고 있다. 하지만 높은 찬사를 받는 변화 중 그 어떤 것도, 한때 미국에 널리 퍼져 있던 복음주의적 개신교 운동처럼 문화를 변화시키는 효과가 있는지에 대해서는 증명된 바가 없다. 따라서 청중 중심의 예배는 이제 바뀌어야 한다. 그 예배의 지도자들이 스스로 그런 예배가 제자들을 만들기에는 부적절하다고 고백했기 때문이다. 이 운동의 창시자로 유명한 빌 하이벨스는 윌로우크릭교회가 사람들에게 다가가는 접근법에서 심각한 오류를 만들어 왔다고 겸허하게 시인했다. 그는 이렇게 말했다.

우리가 수백만 달러를 들여 만든 것들이 사람들을 영적으로 성장하게 하는 데 큰 도움을 주리라 생각했지만, 실질적으로는 그렇지 못하다는 것을 알게 되었다. 오히려 돈을 많이 투자하지도 않고 많은 관심을 두지도 않았던 다른 것이, 바로 사람들이 그토록 원하며 부르짖고 있는 것이다.[83]

하지만 하이벨스에 대해 공정하게 말하면, 제자들을 만드는 전통적인 접근법에도 동일한 판단이 적용되어야 한다. 불행히도 전통적인 접근법 역시 실패해 왔다. 그 한 가지 증거는 바로, 미국 내 기독교 주류 교단들이 심각하게 쇠퇴하는 추세를 수십 년 또는 수년째 겪고 있다는 사실이다. 하지만 역동적이며 강력한 성경 강해를 교회에서 실천하면, 항상 효과적으로 제자를 만들고 성숙하게 하는 결과를 낳으며 시간이 지나면서 사람들은 키더민스터 사람들과 비슷한 경험을 하게 된다.

미국 기독교의 현 상황을 탁월하게 진단하고 있는 데이비드 웰스(David Wells)는, 진정한 기독교가 문화에 이끌려 왜곡되는 변화가 나타나고 있다고 믿는다. 다음은 그 평가의 일부다.

> 오늘날 복음주의 세계에는 간절한 열망이 하나 있다. 우리는 이것을 어디에서나 접할 수 있다. 이 열망은 무엇이 진실인지에 관한 것이다. 판매 광고, 사고파는 믿음, 상품이 된 복음, 소비자가 된 성도들, 단지 내 삶을 윤택하게 만드는 하나님, 요란함과 부산함, 교회 안에서 활개 치는 디즈니랜드, 이 모든 것은 매우 얄팍하며 완전히 잘못된 것이다. 이것들은 진정한 제자를 만드는 것이 아니며, 만들 수도 없다. 성공적인 희망으로 넘치고 있지만, 그 속은 비었고 천박하며 진실로 용납될 수 없는 것들이다.[84]

웰스의 말이 맞다. 교회가 바른 길에서 벗어나고 있는 것이 분명하다. 교회가 다시 제대로 된 길로 들어서기 위해서는, 바울이 디모데에게 말한 것처럼 다시 한 번 '가르침을 살피는'(딤전 4:16) 목회자들이 교회를 이끌어야 한다. 물론 21세기 초에 인기를 누렸던 자들과는 다른 믿음을 보여 주는 성경적 교리를 가르쳐야 한다. 그 믿음은 성경에서 가르치는 예수님 안에 있는 믿음이다. 예수님은 천국의 삶을 위해 단호한 요구를 하셨던 급진적인 분이셨다. 이것은 어떤 문화적 유행에 관계없이 변하지 않을 것이다. 구도자 중심의 접근법 및 그와 유사한 시장 중심의 접근법과 관련해, 복음은 파는 물건이 아니며, 대중은 소비자가 아니다. 또 실천을 요구하는 그리스도의 제자로의 부르심을 팔기에는 항상 어려움이 있을 것이다.[85]

이 모든 것은 하나의 질문을 불러일으킨다. 과연 본문이 이끄는 설교의 설교자로서의 지표에서 우리가 얼마나 멀리 떨어져 나온 것일까?

마샤 위튼(Marsha G. Witten)은 이러한 질문과 관련된 문제를 연구해 온 사회학자다. 어느 날 라디오로 바흐의 〈마태 수난곡〉 성 금요일 연주를 듣고 있을 때 그녀에게 메일이 하나 도착했다. 그리고 그 메일과 더불어 창립을 준비하는 한 침례교회의 단체 광고 메일이 함께 들어 왔다. 메시아의 고난과 죽음에 대한 음악과 대량 광고 전단지 사이에서 그녀는 이것이 얼마나 모순적인지 생각했다. 그녀는 이렇게 썼다. "그 교회 광고 메일은 마치 교묘하게 보내는 신용카드회사 또는 보험회사의 메일을 흉내 내고 있었다. 거기에는 그 교회에 가면 얻게 될 사회적이며 정신적인 유익함의 목록이 포함되어 있었다. 믿음이나 하나님에 대한 언급은 없었다. 물론 고통이나 영적인 고뇌에 대한 글은 더 더욱 없었다."[86] 그녀는 그 메시지에서 '모순'을 발견한 것이다. 그녀의 관찰에서 가장 주목해야 하는 점은, 그녀가 기독교인이 아니라는 것이다.[87]

위튼의 연구는 잃은 아들의 비유(눅 15장)에 대한 47편의 설교를 기반으로 이루어졌다. 이 설교들은 "1986년부터 1988년까지 미국 장로교회와 남침례교단의 목사들이 선포했던 것이다."[88] 그중 21개는 남침례교단, 26개는 장로교회 목사의 설교였다.[89] 위튼은 자신의 결론을 이끌어 내기 위해 담화 분석의 구조를 사용했다. 물론 연구에 많은 제약이 따랐을 것이다. 그녀는 자신의 책 14쪽부터 17쪽에서 이 내용을 다루고 있다. 그녀가 내린 최종 결론은, 이 책에서 우리가 주장하는 내용인 본문이 이끄는 설교가 일반적인 지침이라고 믿는 사람에게는 큰 의미가 없을 것이다. 이 연구에 참여한 47명의 설교자에 관한 연구에서 위튼은, 설교자들이 성경의 메시지보다는 심리적 결론에 의해 설교한다는 사실을 발견했다. 그녀는 설교자들이 "감정과 욕구 같은 개인(비유에 나오는 둘째 아들, 큰아들, 아버지)의 주관적인 상태"[90]에 초점을 맞추기 위해 심리학의 세속적 언어를 사용했다고 지적한다.

위튼은 이 사람들의 설교가 현대의 개혁주의 설교를 대표한다면, 오늘날 미국의 설교단에는 '기독교 심리학'이 도래한 것이라고 결론지었다. 이런 설교자들이 설교에서 가치 있게 여기는 중요한 개념은 "자기 인식, 자기 발견, 자기 지식, 자기 표현"[91] 등이다. 이 연구에서 볼 수 있는 것처럼 본문이 이끄는 설교의 회복이 매우 절박해진 것이다.

어떻게 본문이 이끄는 설교의 설교자가 될 수 있는가

본문이 이끄는 설교의 설교자가 되려면, 하나님의 말씀을 일회적 또는 이따금씩 극적으로 만나서는 안 된다. 물론 그런 것도 우리에게 감동을 주기는 한다. 어떤 이는 어거스틴이 경험한 감동적인 사건이 떠오를 것이다. 그는 정원에서 아이들이 '들고 읽으라'라고 긴급하게 외치는 소리를 듣고 로마서 13장 13-14절을 보게 되었고, 그 후 그의 삶은 완전히 변화되었다. 어떤 사람은 존 웨슬리가 올더스게이트에서 루터의 로마서 주석을 읽다 '마음이 이상하게 뜨거워져' 극적으로 회심했던 사건도 떠올릴 것이다.

하지만 본문이 이끄는 설교의 설교자가 되는 것은 그보다 훨씬 평범하다. 그것은 변화를 만들어 내는 하나님의 말씀을 연구하는 훈련에 날마다 자신을 노출하는 것이다. 즉, 제럴드 케네디(Gerald Kennedy)가 쓴 것처럼, "당신의 세상에서 하나님이 실존하시는 세상이 효력을 발휘할 때까지 자신을 성경의 분위기에 잠기도록 하는 것이다."⁹²

본문이 이끄는 설교의 설교자가 되는 것은 쉽지 않다. 바울은 디모데에게 그 점을 분명히 했다. 젊은 목사라면 말씀 연구하는 일을 해야 한다. 그것도 항상 고군분투해야 한다. 어떤 이에게는 그런 도전이 매력적이거나 바람직하게 보이지 않을 수도 있다. 하지만 그것은 이미 초대교회에서는 반드시 따라야 하는 방법이었다. 그렇지 않다면 왜 바울이 디모데에게 이렇게 엄격한 도전에 힘쓰라고 했겠는가? 하지만 그 도전은 분명 이룰 수 있는 것이었다. 그의 서신이 증명하듯, 바울 자신이 그런 사람이 되었기 때문이다. 핵심은 이것이다. 설교자는 반드시 본문이 이끄는 설교의 설교자가 되기를 간절히 사모해야 한다. 그런 간절함이 있다면 이제 어떻게 해야 하는지 몇 가지 제안을 하고자 한다.

첫째, 만약 설교자 자신이 본문이 이끄는 삶과 사역이 가장 바람직하다는 사실에 어떤 의심을 가지고 있다면 반드시 그 문제를 해결해야 한다. 어떤 이에게는 이것이 신앙의 위기를 동반할 수 있다. 현대는 문화적으로 격변을 겪고 있고, 많은 사람이 자기 나름대로 교회를 운영하는 시대다. 이런 상황에서 정말 그런 설교가 우리 세대에 필요하다고 믿는가? 이런 질문으로 혼란스럽다면 자신이 겪고 있는 신앙의 위기에서부터 해결점을 구하라. 빌리 그레이엄이 겪었던 것이 바로 이것이었다. 리처드 포스터는 다음과 같이 설명한다.

빌리는 그 유명한 1949년 로스앤젤레스 십자가 부흥집회 바로 전, 자신의 삶의 중심인 성경이라는 주제와 다시 대면해야 했다. 그와 절친한 친구이자 타고난 설교자로 당시 프린스턴신학교에 다니고 있던 척 템플턴이 그레이엄이 가장 소중히 여기는 신념인 성경의 영감과 권위에 도전했던 것이다. 그레이엄은 추상적인 지성주의 성향이 전혀 없었으며, 그것에 대해 관대하지도 않았다. 템플턴이 그에게 말했다. "빌, 자네는 생각해야 한다는 점을 거부할 수 없어. 그렇게 하는 것은 지적으로 죽는 거야." 그의 책망은 충격적이었으며, 그의 영혼은 그 문제로 자극을 받았다. 그 문제는 빌리가 로스앤젤레스 근처 샌버너디노산에 위치한 산장인 크리스천 리트릿 센터에 머무는 동안 내내 그를 괴롭혔다. 친구가 제기한 지성적인 질문으로 계속 고민하던 그는 생각하고 기도하기 위해 홀로 소나무 숲으로 갔다. 빌리는 한 나무 그루터기에 성경을 펼쳐 놓은 채 무릎 꿇고 기도했다. "오, 하나님! 제가 이해하지 못하는 너무나도 많은 것이 이 책에 있습니다. 제가 풀지 못하는 너무나도 많은 문제가 이 안에 함께 있습니다. … 하나님 저는 이것을 당신의 말씀으로 받아들이겠습니다. 믿음으로 그렇게 하겠습니다! 저는 제 지성적인 질문과 의심을 넘어서는 믿음을 인정하겠습니다. 그리고 이것이 당신의 영감으로 된 말씀임을 믿습니다."[93]

고인이 된 폴 하비(Paul Harvey)가 말했듯이, "이제 우리는 그 나머지 이야기를 안다." 성경의 권위를 부인하며 그레이엄을 괴롭혔던 템플턴 역시 자신의 믿음과 씨름했다. 하지만 그것은 성경 본문이 주는 위기 때문이 아니었다. 오히려 그가 겪은 위기는 다른 문서, 특히 찰스 다윈의 책에서 왔다.[94] 그는 다윈의 주장인 '종의 기원'을 받아들였고, 성경의 가치와 그레이엄에게 '생각해 보라'고 한 자신의 도전도 거부하게 되었다. 그는 다른 길을 걸었으며, 결국 불가지론자가 되어 버렸다.

아이러니하게도 초기에는 사람들이 그가 빌리보다 더 좋은 설교자라고 생각했다. 그들의 대학교 시절에는 특히 그러했다. 당시 그와 빌리는 국제 YFC(Youth for Christ International)라는 단체에서 함께 일했다. 그의 설교로 많은 사람이 그들의 특별한 집회와 모임에 나왔으며, 빌리가 인도할 때보다 그 수가 더 많았다고 한다. 그의 설교는 역동적이었다.

하지만 복음주의자 토레이 존슨(Torrey Johnson)에 따르면, 템플턴이 한번은 십자가에 대해 설교할 때 단 하나의 성경 구절도 언급하지 않았다고 한다.[95] 템플턴은 본문이 이끄는 설교를 한 것이 아니었다. 그는 '자신의 삶과 가르침을 살피지' 못했다. 결국 '자신을 구원'할 수 없었으며, 그의 말을 들은 자들도 구원하지 못했다(딤전 4:16).

둘째, 본문이 이끄는 삶과 성경적 교리의 충실한 선포는 삼투작용으로 만들어지는 것이 아니다. 설교자가 성경을 베고 잔다고 밤새 머리에 있는 신경세포에 성경이 스며들지는 않는다. 그것은 경건 훈련을 통한 노력을 요구한다. 당신이 설교자라면 현재 친밀한 기도와 성경 연구를 통해 하나님 찾는 일을 훈련하고 있는가? 성경 암송 훈련과 묵상을 통해 그것을 지속하고 있는가?

이것은 중세 스콜라 철학처럼 메마르고 지루하기 짝이 없는 것이나 단지 종교적 관습이 아니다. 설교자는 하나님과 약속한 시간을 지켜 기도하고 성경을 연구해야 한다. 그것은 단순히 양심이나 종교적 전통의 압박에 의한 종교적 의무가 아니다. 오히려 이것을 통해 마치 엠마오 도상의 두 제자처럼(눅 24:32) 하나님을 만날 수 있다는 것을 알기 때문이다. 그는 이런 경건 훈련에서 '하나님 자신'을 구한다. 그리고 그 두 제자가 배웠던 것처럼, 그가 하나님의 말씀을 펼치면 주님께서 자신에게 나타나실 것을 안다.

예수님께서는 자신을 비방하는 자들에게 그 속에 '거하는' 말씀이 없다고 분명히 말씀하셨다(요 5:38). 나아가 하나님을 사랑하는 마음 또한 없다고 말씀하셨다(요 5:42). 그런 후에 예수님께서는 왜 그들의 성경 연구가 아무런 열매를 맺지 못하는지 밝히셨다. "너희가 성경에서 영생을 얻는 줄 생각하고 성경을 연구하거니와 *이 성경이 곧 내게 대하여 증언하는 것이니라*"(요 5:39, 저자 강조). 본문이 이끄는 삶은 필연적으로 우리를 그리스도께로 인도한다. 이것이 예수님께서 약속하신 진정한 생명이다(요 10:10).

셋째, 인내 없이는 거룩함이나 그 어떤 것도 양산하지 못한다. "네가 네 자신과 가르침을 살펴 이 일을 *계속하라*"(딤전 4:16, 저자 강조). 인내란 무엇인가? 그것은 어떻게 다시 시작하는지를 배우는 것이다. 빅토르 위고(Victor Hugo)는 다음과 같이 썼다. "사람들은 힘이 아니라 의지가 부족하다." 어제의 본문이 이끄는 삶은 오늘의 필요까지 충족시킬 수 없다. 우리는 날마다 '우리 자신과 가르침을 살펴' 계속 인내하면서 행하고 있는가? 많은 설교자가 비교적 무명으로 살다 죽지만, 어떤 설교자도 본문이 이끄는 설교의 설교자는 될 수 있다.

본문이 이끄는 설교의 설교자가 되도록
영감을 주는 실례

본문이 이끄는 설교의 설교자는 어떤 모습일까? 세 명의 예를 들자면, 한 명은 신약 성경 시대, 또 한 명은 교회사, 마지막 한 명은 내 개인적 경험에서 나온 인물이다.

아볼로는 "성경에 능통한 자"(행 18:24)로 알려졌다. 하지만 성경에 대한 이해는 "하나님의 도"를 받기 전까지 부족했다. 아굴라와 브리스길라는 그에게 "하나님의 도를 더 정확하게 풀어"(행 18:26) 주었다. '정확하게'로 번역된 헬라어 원어는 '아크리보스'(ἀκριβῶς)다. 라우(Louw)와 니다(Nida)는 이 단어를 "자세함이나 완전함과 관련해 기준과 규범에 정확하고 엄밀하게 일치하는 것"이라고 설명하고 있다. 본문이 이끄는 설교의 설교자는 아볼로에 대한 누가의 언급에서 볼 수 있듯이, 성경을 올바르고 정확하게 이해하기를 원한다.

아볼로의 삶과 설교는 본문이 이끄는 것이었으며, 논쟁에서도 성경을 사용해 주장을 펼쳤다. 누가는 이렇게 기록한다. "*성경으로써* 예수는 그리스도라고 증언하여 공중 앞에서 힘 있게 유대인의 말을 이김이러라"(행 18:28, 저자 강조). 아볼로가 담대하게 증거한 것은 성경이었고, 그것이 그들에게 확증이 되었다. 이것이 바로 삶을 변화시키는 설교다. 많은 청중이 그의 설교를 들은 후에도 이전과 같을 수는 없었다.

존 번연도 본문이 이끄는 설교의 설교자였다. 그의 고전인 우화 형식의 『천로역정』(*The Pilgrim's Progress*, CH북스)은 모든 지점에서 성경 구절과 조화를 이룬다. 그는 주교회에서 설교 자격증 따는 것을 거절해, 수년간 영국 베드퍼드의 감옥에 갇혀 있었는데, 현재 그곳에는 그의 동상이 서 있다. 그 동상 뒷면에는 그가 '해석자의 집'이라는 이야기에서 남긴 글이 적혀 있다. 그곳에서 크리스천은 이런 장면을 본다. "아주 훌륭한 사람이 벽을 향해 매달려 있는데 그 모습은 다음과 같았다. 눈은 천국을 향해 있고, 손에는 최고의 책이 들려 있었다. 입술에는 진리의 율법이 쓰여 있었고, 등 뒤에는 온 세계가 펼쳐져 있었다. 그리고 머리에는 황금 면류관이 있었다. 그는 마치 세상 사람들에게 무언가를 탄원하는 것처럼 서 있었다."[96]

본문이 이끄는 설교와 연관되어 있는 또 한 명의 인물은, 1960대에 사우스이스턴침례신학대학교에서 구약을 가르친 제임스 그린(James Leo Green) 교수다. 그린 박사는 선지서 연구에 능통했다. 당시 그의 학생이었던 사람들은 나처럼 그린 박사가 종종 몰입하곤 하던 때를 기억할 것이다. 그가 선지서, 특히 드고아의 아모스를 가르칠 때 그랬다. 그는 처음에는 학자처럼 조용히 말을 시작한다. 천천히 방법론적으로 접근하다, 어떤 학생이 '교수님이 선지자가 되었다'라고 표현한 것처럼, 어느 한순간 완전히 변한다. 목소리가 아주 열정적으로 높아지고, 시적 열정의 억양이 울려 퍼진다. 그리고 자신의 열정과 말로 꼼짝하지 못할 지경에 이를 때까지 이를 지속한다. 그가 가르치는 모든 순간은 열정적인 선포가 된다.

그의 강의를 듣는 사람들에게 전달되는 효과는 명백했다. 이른 여름의 열기는 창문을 열게 만들었다. 창문 안쪽에는 모든 단어를 끝까지 주목하며 열중하는 청중이 있었다. 열정적인 교수의 열기는 강의실 밖에 있는 학생들에게까지 전달되어, 가던 길을 멈춘 채 넋을 잃고 창문 아래에 서서 듣게 만들었다. 건물에서 조금 떨어진 도로에 있던 다른 이들 역시 그의 강의를 듣기 위해 서둘렀다.

우리 대부분은 그날 강의의 내용은 오래전에 잊었다. 하지만 성경에 대한 사랑과 열정적인 선포 그리고 우리가 사랑했던 그 교수의 명확한 성경 주해는 오래도록 잊혀지지 않을 것이다. 학생인 우리에게 일시적으로 미쳤던 효과가, 지금 그린 박사처럼 본문이 이끄는 삶과 메시지를 전하려는 자들에게 영구적인 잠재력이 된 것이다.

어떤 면에서 디모데전서 4장 16절은 설교의 대헌장이다. 1215년에 존 황제가 대헌장에 서명해 영국에 기본적인 자유가 보장된 것처럼, 본문이 이끄는 설교의 설교자들이 이 성경 구절에 서명할 때, 하나님의 백성들은 영적으로 타락한 악한 지도자의 독재에서 벗어나 자유롭게 된다. 그리고 그들은 다른 사람들에게 설교하고 가르친 것을 스스로 실천하는 목회자의 인도를 따르며, 그 목회자를 본받아 똑같이 행하는 자유를 누리게 된다.

그렇다면 본문이 이끄는 설교의 설교자가 된다는 것은 무엇을 의미하는가? 그것은 설교자의 개인적인 헌신이나 공적인 선포만이 아니라, 생각과 행동 그리고 세계관마저 말씀의 영향력 아래 있는 것이다. 목회자들이여, 본문이 이끄는 설교의 설교자로서 말씀을 선포하라!

Part 4
수사학의 교훈

_ 페이지 패터슨(Paige Patterson)

어릴 적부터 들어온 설교의 내용을 모두 다 기억할 수는 없지만, 사실 나는 모태에서부터 수많은 설교를 들으며 자랐다. 매혹, 고무, 설득, 확신, 겸손, 경이, 지겨움, 분노, 격앙이라는 단어들은 내가 지금까지 긴 수사학의 여정을 걸어오도록 만든 소수의 표현에 불과하다. 설교의 순례길을 걸어오면서 어느 시점부터인가 나는 설교를 평가하고 설교자들을 비교하며 설교 방법론과 접근법을 연구하기 시작했다. 젊음에서 나온 강한 확신과 인식의 맛, 통찰력의 향기를 서로 구별할 수 없을 정도의 적은 지식을 가지고 있었음에도, 나는 감히 설교와 설교자를 쉽게 분석할 수 있다고 생각했다. 누군가가 내게 아리스토텔레스의 수사학 경전을 알려 주었을 때, 나는 그제서야 분별의 프리즘을 발견했다고 결론 내렸다.

하지만 좋은 설교를 하기 위한 모든 시도를 하나의 공식에 담아내는 일은 결코 허용될 수 없다. 나는 점차 성숙해지면서 그것이 바로 기독교 설교의 신비라는 것을 알게 되었다. 우선 나는 이 사실을 다른 사람들을 통해 발견했다. 놀랍게도 내게는 평범하게 보였던 메시지를 하나님께서는 크게 사용하기도 하셨다. 반대로 뛰어난 통찰력, 훌륭한 예화, 의미심장한 상징으로 가득 차 있는 감동적인 설교라 할지라도, 청중에게는 그리 대단한 영적 에너지나 반응을 일으키지 못하는 경우가 있다는 사실을 알게 되었다. 후자는 가끔 감탄을 자아내지만, 전자는 종종 삶의 변화를 초래한다.

나는 이런 현상을 내가 그동안 해왔던 수많은 설교를 통해 발견했다. 간혹 나 스스로 좋은 설교를 했다고 여긴 바로 그때, 오히려 그 어떤 영적 영향력도 설교를 통해 나타나지 않았음을 경험했다. 설교의 신비는 수수께끼처럼 감춰져 있다. 내 생각에 말을 더듬거나 완전히 실패했다고 여겼을 때 오히려 하나님의 강력한 손길이 역사하고 있음을 발견했다. 나는 이런 경험을 통해 "이는 힘으로 되지 아니하며 능력으로 되지 아니하고 오직 나의 영으로 되느니라"(슥 4:6)라는 말씀을 제대로 배울 수 있었다. 여기서 내가 내릴 수 있는 결론은, 설교에 관한 책의 가장 큰 실패는 바로 설교자가 그의 메시지에 하나님의 기름 부으심을 간절히 간구하도록 도전하는 일에 실패하는 것이다. 성령의 기름 부으심 없이도 설교자는 설득력을 발휘할 수 있다. 하지만 그 메시지는 "혼과 영과 및 관절과 골수를 찔러 쪼개기까지 하며 또 마음의 생각과 뜻을 판단"(히 4:12)하는 좌우의 날 선 검은 될 수 없다. 오직 하나님만이 그렇게 하실 수 있으며, 그분은 종종 이것을 무가치한 인간을 통해 행하신다.

어느 주일 아침 한 유명한 교회에서 예배를 마치고 나오면서 나와 나란히 앉아 설교를 들은 성도와 대화를 나눈 적이 있다. 우리는 그 교회에 새로 부임한 설교자의 유창한 화술에 푹 빠져 있었다. 그 성도가 자신의 의견을 말했다. "아주 훌륭한 연설이네요." 그가 무자비한 비판을 하려 했던 것은 아니다. 그저 그 설교자의 메시지의 효과에 관해 우리가 주목해야 할 진술을 한 것뿐이다. 매주 빠지지 않고 회중석에 앉아 설교를 듣는 그가 던진 이 말은, 설교학의 기초 과정에서 매우 중요한 교훈을 다시금 내게 깨우쳐 주었다. 그것은 바로 훌륭한 연설이 반드시 효과적인 설교로 해석되지는 않는다는 점이다. 설교자가 하나님의 예언적이며 영감 된 말씀으로 사람의 진정한 필요를 해결한다면, 인간의 부단한 노력이나 수사적 평가란 무의미하다.

물론 이처럼 가장 중요한 다른 차원이 인간의 솜씨를 능가해 존재한다는 사실을 인정하는 것이, 설교자가 마땅히 해야 할 학문적이고 영적인 준비나 평가를 무시해도 된다는 뜻은 결코 아니다. 진지한 설교자는 다른 예술가들이 하는 만큼이나 자신의 예술에 대해 심사숙고해야 한다. 만일 그가 충실하고 진실하다면, 어떤 직업이나 세대의 수사적 기술에서도 결코 일어날 수 없는 하나님의 간섭을 기대해야 한다. 하지만 동시에 자신의 설교를 작성하는 일에도 최선을 다해야 한다.

이 장에서는 수사학 기술을 연구한 과거 수사학자들이, 효과적인 말씀 선포와 관련해 현대 설교자들에게 값진 통찰력을 제공해 준다는 사실을 살펴보고자 한다. 충성된 하나님의 설교자는 이런 수사학적 통찰력으로 무장하고, 하나님의 사람들을 가르치며 감화시키는 설교를 작성하기 위해 성령의 약속된 도우심 아래 거한다. 그리고 이제 갈멜산의 엘리야처럼 하늘에서 불이 떨어지기를 기도한다. 엘리야의 제단은 의심할 바 없이 제대로 세워졌으며, 모든 준비는 조심스레 이루어졌다. 하지만 진리의 순간이 임할 때 엘리야는 어디서 불이 오는지 알고 있었다. 그래서 그는 불로 응답할 수 있는 유일한 분, 하늘의 하나님께 기도

했다.

이제 훌륭한 '제단 건축'에 관해 과거 수사학자들에게서 무엇을 배울 수 있는지 살펴보고자 한다. 하지만 불은 오직 하나님에게서만 내려온다는 사실을 잊지 말아야 한다. 그럼에도 좋은 제단은 가치가 있으며, 설교자는 반드시 그 가치를 추구해야 한다.

수사학과 민주주의

헬레니즘 세계의 도시국가 연합은 군주제에서는 볼 수 없었던 것으로 시민이 엄청난 영향력을 발휘하는 참여 사회에 그 기반을 두었다. 이러한 싹이 자라게 하는 민주주의의 필수적인 요소는 바로 커뮤니케이션이었다. 즉, 서로 다른 견해를 가지고 있기 때문에 자신의 의견을 효과적으로 전달하는 능력이 매우 중요한 가치로 여겨졌다.

고대 수사학은 본래 젊은 남자들에게 법정에서 효과적으로 이야기하는 방법을 교육하기 위한 시스템으로 시작하고 유지되었으며, 특히 아테네의 참여 민주주의에서 필수적인 요소로 발전되었다. 아테네 민주주의에서 이 수사학은 기원전 4~5세기 전에 가장 극단적인 형태로 발전되어, 직업적인 검사나 변호사가 필요 없을 정도였다. 민사상의 범법자들은 그 사건과 관련된 사람이 직접 처리해야 했다. 범죄와 민사상의 문제에서 검사와 피고인은 일반적으로 자신의 입장에서 연설을 해야 했다. 자신이 직접 말하지 못할 경우에는 자신을 지지하는 사람이 대신 말할 수 있었다. 여성은 법정에서 말할 기회가 주어지지 않아 가족 중 남성이 대표해 대답할 수 있었다. 그리고 증언한 증거들은 서기가 법정에서 기록하고 읽게 되어 있었다. 검사와 피고는 매우 주의 깊게 작성한 연설문을 방해 없이 법정에서 전달해야 했다. 질문하거나 법을 해석하거나 적절하게 조정해 가는 법관의 주재 없이, 그저 서기가 순서를 진행할 뿐이었다. 또 최소 201명의 배심원이 사실과 법에 근거해 판단했다. 중요한 사건인 경우에는 수천 명의 남성으로 구성된 배심원이 참여할 때도 있었다. 이렇게 많은 배심원 앞에서 효과적으로 변론하기 위해서는 수사학적 기술과 확신이 필요했다.[97]

존 헨리 프리즈(John Henry Freese)에 의하면 시실리섬은 수사학의 태동지다.[98] 기원전 467년경 군주들이 시러큐스에서 추방된 이후 이 섬으로 다시 돌아오면서, 개인 소유지 회복을 주장하기 위해 유능한 수사학자들을 동원해 변호하게 했다고 전해진다. 반면 아리스토텔레스는 수사학의 태동에 관해 엠페도클레스(Empedocles)에 주목했다. 엠페도클레스의 제자가 유명한 수사가인 고기아스(Gorgias)다. 플라톤은 고기아스를 통해 '수사'(rhētorikē)라는 말을 사용하게 되었다고 말한다.[99] 이런 출처와는 상관없이 아리스토텔레스가 『수사학』(Art of Rhetoric, BC 330) 이란 책을 아덴에서 저술할 때는 이미 수사학이 잘 알려져 도시에서 높이 평가받고 있었다. 수사학이 활용됨에 따라 그 본질과 사용에 대한 논의가 일어나면서 그 명성은 더 높아지거나 최소한 지속되었다. 키케로, 쿠인틸리아누스(Quintilian), 데모스데네스(Demosthenes), 이소크라테스(Isocrates), 아낙시메네스(Anaximenes), 아리스토텔레스는 사실 수사학에 관여한 사람들 가운데 소수에 지나지 않는다. 데모스데네스는 천부적인 소질은 없었지만 자신의 부족함을 극복했다.[100] 반면 타수스의 헤르모게네스(Hermogenes of Tarsus)는 15세가 되었을 때 "이미 수사학에 통달해 그의 연설과 즉흥 강의는 황제 마르쿠스 아우렐리우스의 칭송을 들었다."**101**

그러나 모든 고대인이 수사학을 지지했던 것은 아니다. 웨인 부스(Wayne Booth)는 그의 탁월한 저서 『수사학 중의 수사학』(*The Rhetoric of Rhetoric*)에서, 플라톤의 『파에드루스』(*Phaedrus*)라는 책에 소개된, 소크라테스가 소피스트들을 다음과 같이 비난한 것을 언급하고 있다. "이들은 매우 능숙한 수사학자지만 진리의 필요성을 덜 느끼고 있는 사람들이다." 그리고 부스는 전형적인 수사학의 정의를 인용하면서 수사학을 '가치 없는 일에 집중하는 것'이라고 말한다.

> 수사학: 명사. 구두 또는 문서로 언어를 사용하는 웅변적인 이론과 실습으로, 다른 사람을 설득하는 전반적인 예술; 거짓되며, 보여 주기 위한 인위적이고 화려한 표현; 수사학적: 웅변적이고, 부풀리고, 과도하게 포장하고, 진지하지 않은 형식; 수사학적 질문: 대답을 요구하는 것이 아니라, 수사적 효과를 위한 질문의 형태.**102**

의심의 여지 없이 고대 수사학의 목적은 설득이었다. 비록 수사학 자체가 전달 내용의 정확도나 사실성에는 덜 관심을 가진다 하더라도, 설득력에서만큼은 놀라운 기술이 설교자의 손에 주어진 것이다. 만약 설교자가 수사학을 사용해 하나님의 진리를 선포한다면 이 수사학이라는 도구는 의로움을 위해 설교자에게 쓰임 받는 것이다. 나치 의사들이 해부학을 잘못 사용했다는 것이 해부학 사용 자체에 대한 윤리적 의구심을 낳는 것은 아니다. 바울 또한 설득의 중요성을 알았다(행 13:43; 18:4;

19:8; 26:28; 28:23; 고후 5:11). 설교자의 임무는 죄인들을 설득해 회개케 하고, 예수님의 복음을 믿게 하는 것이다. 설교자는 설득의 형태를 통해 성도들이 예수님을 따르고, 올바른 신앙관을 유지하며, 형제자매를 사랑해 윤리적으로 거룩한 삶을 살도록 권고한다.

로버트 다브니(Robert L. Dabney)는 1870년에 처음 출간한 『거룩한 수사학』(Sacred Rhetoric)이라는 책에서 연설의 중요성을 다음과 같이 설명했다.

> 연설의 능력은 야만인들과 우리를 가장 명확히 구별되게 하는 성질이다. 언어는 하등 동물이 갖지 못한 인간의 수많은 잠재 능력이 발전하는 데 매우 중요한 요소로, 동물에게는 이런 언어의 기술이 결핍되어 있다. 사실상 사람들을 사회적 존재로 만드는 것은 언어다. 인간은 언어가 없으면 사회적 존재로 살 수 없다. 또 진실한 마음으로 다른 사람과 마음을 나눌 수 없어 동물 무리같이 생활하게 된다. 우리는 언어로 서로의 간격을 극복한다. 이것이 바로 사람 간에 경험과 생각과 지혜와 사랑을 나누게 만드는 커뮤니케이션의 기술이다. 이러한 관점은 종교적 모임에서도 구두적 연설이 얼마나 자연스럽고 심지어 필수적인지 보여 준다. 인간의 종교·사회적 성질을 고려해 봐도, 우리는 처음부터 지혜로우신 하나님을 발견하고 하나님의 거룩한 지식과 생각을 선전하기 위한 목적에 그분이 주신 이 연설의 선물을 사용하기를 기대할 수밖에 없다.[103]

사실상 고대 수사학에 공헌한 사람들은 설교자의 맷돌에 곡분을 제공해 주었다. 설교자는 끊임없이 길게 이야기하는 것을 피해야 함을 데

모스데네스에게서 배울 수 있다. 또 적절한 상징과 비유 사용의 중요성도 그에게서 배울 수 있다. 퀸틸리안이 강조한 연설자의 인격과 지적 능력은 설교자에게도 중요한 교훈을 준다. 키케로의 수사학 정경은 설교자에게 매우 중요한 가치가 있다. 아낙시메네스는 즉흥적인 연설을 강조했는데 차후 설교자들에도 좋은 영향을 미쳤다.

지면의 한계로 그간의 많은 수사학 책과 유명한 수사학자들을 모두 이 책에서 다루지는 못한다. 그러므로 이 책에서는 그 유명한 아리스토텔레스의 설득의 세 가지 수사학적 방법, 즉 에토스(*ethos*), 로고스(*logos*), 파토스(*pathos*)에만 초점을 맞출 것이다. 설교의 가치를 측정할 수 있는 좋은 방법은 수없이 많다. 하지만 간단하면서도 충분히 포괄적인 관점에서 볼 때, 비록 이방 문화의 배경에서 시작되었지만 이 세 잣대가 설교의 가치를 측정하는 데 적절하면서도 실용적이다. 이제 이 세 부분을 차례로 살펴보고자 한다.

에토스(*ethos*)

아리스토텔레스의 간단한 수사학 정의가 앞으로 진행될 이 논의의 발판이 될 것이다. "수사학은 어떠한 주제에 대해서도 가능한 설득의 수단을 발견하는 능력이다."[104]

아리스토텔레스는 『수사학』 1, 2권에서 생각 혹은 사고라는 주제를 집중적으로 다루고 있다. 「옥스퍼드 수사학 사전」은 이것을 '수사학적 구상'(rhetorical invention)이라 부르며, 변증학에 대응하는 것으로 본다. 즉, 수사학은 특별한 경우에 관한 것이나, 변증학은 일반적인 사건에 대해 말하는 것이다.[105] 아리스토텔레스는 1, 2권에서 수사학적 구상의 특성에 대해 다음과 같이 묘사했다.

> 설득을 위한 수단으로는 주로 두 가지가 있다. 첫째는 예술적이지 않은 방법으로 법이나 증언, 계약, 서약이다. 둘째는 예술적인 방법으로 세 가지 요소, 즉 에토스, 파토스, 로고스를 통해 설득하는 것이다. 여기서 에토스는 연설가의 인격, 파토스는 연설가에 대한 청중의 느낌, 로고스는 증명과 가능성을 바탕으로 한 논리적 요소를 말한다.[106]

설득을 위한 비예술적인 수단에 대한 논의는 다른 책들이 깊이 있게 다루고 있기 때문에 이 책에서는 더 설명하지 않는다. 여기서는 설득을 위한 예술적 수단에 대해 다루고자 하는데, 특히 이 부분이 본문이 이끄는 설교에서 종종 간과되기 때문이다. 아리스토텔레스는 이 세 가지를 다음과 같이 설명했다. "연설에서 좀 더 나은 증명은 다음 세 가지에 의해 진행된다. 첫째는 연설자의 도덕적 인격과 관련 있고, 둘째는 특별한 생각에 대한 듣는 자의 마음의 태도와 관련이 있다. 셋째는 연설 자체가 증명할 수 있는 능력에 달려 있다."[107]

이러한 '예술적' 수단 중 첫째인 에토스는, 연설자의 도덕적인 성품이라고 볼 수 있다. 아리스토텔레스는 연설자가 신뢰할 만하게 보이는 것이 다른 어떤 설득의 요소보다 중요하다고 본다.[108] 아리스토텔레스는 이러한 에토스는 다른 부분보다 먼저 연설 자체에서 나와야 한다고 주장한다. 오늘날 '세상을 더욱 가깝게 만드는' 과학 기술의 발전은 지속적으로 현대 연설자의 신뢰성의 중요성을 가중시키고 있다. 우리는 분명히 과거 현인들의 다음의 말에 동의할 것이다. "윤리적인 성품이 가장 효과적인 증명의 방법이다."**109** 이러한 덕목으로는 정의, 용기, 자제력, 포용력, 우아함, 선함, 선한 의지, 관대함, 온유함, 실제적이면서도 관념적인 지혜 등이 있으며, 모두 귀중한 가치가 있다. "덕은 선한 일을 제공하고 유지하는 요소로 모든 경우에 많은 유익이 있다."**110**

    설교자가 설교를 시작할 때 청중은 자동적으로 그 설교자와 메시지에 대해 판단하게 된다. 예를 들면, 청중은 순간적으로 설교자가 지루할지 흥미로울지 판단한다. 또는 '설교자가 자신이 말하는 것에 대한 경험이 부족하다' '설교자가 받은 교육은 분명히 제한적이다' '설교자가 화려하지만 깊이가 없다' '설교자가 마치 판매 사원 같다. 나는 전에 그에게서 샀던 차를 다시 사지는 않을 것이다' 등의 판단이다. 이 모든 부분이 바로 설교자의 신뢰성과 관련 있다. 그리고 메시지가 진행되어 결론에 도달할 때까지 청중은 연속적으로 자신의 첫인상을 확인하거나 수정한다.

    신뢰성을 형성하는 많은 요소 중 여기서는 두 가지 접근 가능한 부분에 대해 설명하고자 한다. 바로 준비와 인격이다. 준비는 측정 가능한 요소와 그렇지 못한 요소가 있지만 다음의 세 가지를 언급하고자 한다.

하나님과의 동행

    설교자라면 누구나 개인적인 기도 생활과 분리될 수 없음에도, 성경은 종종 참된 하나님의 사람의 특징으로 이 사실을 웅변한다. 열왕기하 4장 9절에서 수넴 여인은 남편에게 엘리사에 대해 다음과 같이 말한다. "항상 우리를 지나가는 이 사람은 하나님의 거룩한 사람인 줄을 내가 아노니." 그리고는 그의 방문을 허용한다. 스데반은 주위 사람들이 그의 얼굴을 보고 "얼굴이 천사의 얼굴과 같더라"(행 6:15)라고 말했다. 모세는 하나님의 임재의 광채가 얼굴에 비쳐 그 얼굴을 가려야만 했다(출 34:29-33).

하나님과 동행한다는 것은 그분의 성품을 연구하고, 그분의 말씀을 묵상하고, 그분의 목적을 찾고, 기도로 그분과 대화하는 것이다. 설교자가 하나님과 동행하며, 예수님께서 임재하시는 메시지를 간구하고, 삶과 메시지에서 성령의 인도하심을 구할수록, 사람들은 그 설교자가 하나님의 보좌에서 곧장 나온 말씀의 전달자임을 알게 된다. 이처럼 하나님을 가까이하는 것보다 더 중요한 요소는 없다. 하늘의 빛이 설교자의 삶과 말씀에 함께할 때 예수님과 상관없던 사람들마저도 감명받게 된다. 설교자의 실패에도 복음은 여전히 진리로 존재하기 때문에, 하나님은 더러운 도구도 물론 사용하실 수 있다. 하지만 확실히 하나님은 순전하고 거룩한 그릇에 복 주기를 기뻐하시고, 더러워진 그릇을 심판함에 주저하지 않으신다.

요즘은 복장이 자유로운 시대다. 하지만 옷차림 또한 에토스를 형성하는 요소 중 하나다. 나 역시 정숙한 옷을 갖춰 입는 것이 편하지만은 않다. 나는 청바지와 부츠, 웨스턴 셔츠, 모자를 더 좋아한다. 더욱이 격식 차리지 않은 복장이 내게는 더 가식적이지 않게 보인다. 나는 멋진 넥타이를 좋아하지만, 그럼에도 여전히 넥타이를 발명한 사람이 그것을 매도록 강요받은 사람들에 의해 목숨을 잃지 않았을까 의심한다. 그렇다 해도 편한 복장의 설교자는 그것으로 자신이 의도하지 않은 메시지를 전달할 수 있다. 만일 대통령의 만찬에 초대받는다면 대부분의 설교자가 자기가 가진 최고의 턱시도를 입을 것이다. 하지만 하나님과 하나님의 사람들 앞에 나아오면서 어떤 사람은 둘 중 어느 쪽에도 존경을 보이지 않는다.

나는 지금 모든 장소와 상황에서 항상 정장을 입으라고 말하는 것이 아니다. 전 세계의 문화와 양식은 모두 다르고, 때로는 뛰어넘어야 하는 부분도 있다. 중요한 점은 설교자가 하나님을 향한 경의와 존경을 자신이 처한 상황에서 잘 표현하고 있는가 하는 것이다. 설교자는 그리스도와 그분의 교회에 대해, 적어도 세상의 높은 사람들에게 보여 주는 만큼의 존경은 보여야 한다. 그렇지 않으면 그의 에토스는 어려움을 경험하게 된다.

열심 있는 연구

청중은 설교자가 말씀 준비를 제대로 했는지 확인하는 데 오랜 시간을 필요로 하지 않는다. 설교자가 본문을 이해할 때까지 열심히 노력한다면, 그 본문의 의미를 벗어나지 않으면서도 회중에게 풍성하게 적용할 수 있다. 반면 설교자가 본문이 살아나도록 하는 데 어려움을 겪고 본문에서 헤맨다면, 청중은 설교자가 그 성경적 메시지를 풀이하기에는 부족하다고 금방 판단한다. 예화를 빈번히 사용하거나 다른 유명 목회자의 자료를 의존하는 일은 하나님의 사람으로서의 에토스에 급격히 흠집을 낸다. 영적 준비를 대신할 것은 아무것도 없다. 열심히 연구하지 않는 것은 영적으로 준비하지 않는 죄를 짓는 것과 같다. 열심히 연구하는 자세는 설교자에게 결코 선택사항이 아니다.

바울은 디모데후서 2장 15절에서 젊은 목회자에게 다음과 같이 요청한다. "너는 진리의 말씀을 옳게 분별하며 부끄러울 것이 없는 일꾼으로 인정된 자로 자신을 하나님 앞에 드리기를 힘쓰라." 여기서 '힘쓰다'로 번역된 헬라어는 '스포우다조'(σπουδάζω)로, 부끄러움 없는 일꾼이 되기 위해 스스로 열심을 다한다는 생동감 넘치는 개념이며, '부끄러움이 없는' 이유는 그가 진리의 말씀을 옳게 분별했기 때문이다. 그러나 안타깝게도 현대의 많은 설교자가 열심히 말씀을 연구해야 하는 의무를 소홀히 한다.

보이는 삶

어떤 사람이 카우보이 모자와 부츠에 청바지를 입고 있다. 혹 로프와 말안장까지 갖고 있을지도 모른다. 그러나 실제로 그를 목장에 데려가면 얼마 지나지 않아 그가 진짜 카우보이인지 아닌지 알게 된다. 설교자 또한 매우 말을 잘하고, 옷을 잘 입고, 어느 정도 신임을 얻고, 사역을 잘하더라도, 그 삶에 자신이 설교한 것이 드러나지 않는다면, 그의 인격은 마치 아침 햇살에 사라지는 잔디의 이슬과도 같다.

지도자의 인격과 자질에 관한 바울의 가르침(딤전 3:1-7; 딛 1:5-9)은 설교자 또는 교사의 모범적인 삶을 강조한다. 디모데전서 4장 12절에서 사도 바울은 젊은 제자에게 다음과 같이 말한다. "누구든지 네 연소함을 업신여기지 못하게 하고 오직 말과 행실과 사랑과 믿음과 정절에 있어서 믿는 자에게 본이 되어." 젊은 사역자를 위한 이 모든 가르침은 성도들과 세상에 보이는 삶에 초점이 맞춰져 있다. 그렇게 행함으로 설교자는 신뢰성 또는 에토스를 쌓고, 그것은 그의 메시지에도 신뢰성을 부여하게 된다.

따라서 설교자의 분노, 말실수, 불순한 판단, 폭행, 불친절 등은 그의 가르침이 잘못된 것임을 드러낸다. 설교자의 말과 생활의 정결함, 투명한 삶과 마음은 설교에 활력을 더하지만, 이러한 요소들의 부재는 거룩한 에너지를 말라 버리게 한다. 성결한 부부관계와 성실한 자녀교육은 설교를 두 배나 효과적으로 만든다. 그렇게 경건한 에토스가 세워지는 것이다. 물론 설교자의 인격은 교인들이 관찰할 수 없는 영역에 놓여 있지만, 그렇다 해도 앞서 말한 결론을 벗어날 수는 없다. 따라서 적어도 다음의 두 가지를 실행해야 한다.

청중에 대한 존중

설교자가 회중을 평가하듯 성도들도 설교자를 판단한다. 무엇보다 설교자가 청중을 존중하는지에 집중할 것이다.

현대 설교자들은 청중을 사로잡는 데 너무 열중하느라, 그런 동일한 작용이 반대편에서도 일어난다는 사실을 종종 망각한다. 청중은 무의식적으로 설교자가 자신을 존중하는지에 대해 질문을 던진다. '설교자가 나를 어린아이로 생각하나? 너무나 분명한 사실을 강조하고 계속 반복하고 있잖아.' '왜 나를 위협하지?' '저 긴 말로 나를 감동시키려고 하는 거야?' '왜 이 예화를 2년 동안 여섯 번이나 사용하는 거지?' '헌금을 많이 하라는 뜻이군.' '설교자 자신은 지금 즐거울지 모르지만 나는 지금 시간을 허비하는 느낌이야. 지금 텔레비전에서 정말 재미있는 프로를 하고 있을 텐데.'

설교자의 에토스에 대한 어떤 분석은, 비록 설교자가 대부분 또는 모든 청중에 대해 반대 의견을 갖고 있더라도 청중을 존중하는 인격을 가지고 있는지에 대한 평가를 포함한다.

덕의 소유

정직, 진실성, 정의로움 같은 기본적인 특성은 위대한 설교자의 주요 무기가 될 수 있다. 조지 트루엣(George W. Truett)은 1897년부터 1944년까지 텍사스 달라스 제일침례교회에서 사역한 유명한 목사다. 일전에 나는 아버지에게 그의 인상에 대해 물어본 적이 있는데, 아버지는 다음과 같이 대답해 주셨다. "트루엣 목사님을 회고해 보면, 그분은 위대한 설교자는 아니었어. 그러나 그분은 비할 데 없이 진실한 분이셨고, 그분을 볼 때면 마치 하나님의 임재 안에 있는 것처럼 경외감이 느껴졌지." 이것이 바로 에토스다.

어느 유명한 텍사스의 설교자는 다음과 같이 트루엣의 삶을 표현했다. "그는 염소의 호흡처럼 강하나 항상 매우 엄격하게 공정했다." 이것이 바로 정의로움이다. 또 어떤 사람은 내 아버지에 대해 다음과 같이 이야기했다. "당신 아버지께서 사용한 설교 예화가 모두 실화인 것을 알고 있나요?" 이것은 비록 내 아버지의 에토스를 보여 주는 것이지만, 그런 말이 대체로 설교자에 대해 함축하고 있다는 생각이 들면 나는 가끔 두려워진다.

성경 주석에는 종종 본문의 통전성을 소개하는 부분이 있다. 만약 설교자의 에토스가 그와 동일한 신뢰를 주지 못하면, 본문의 메시지는 설교자의 인격적 오점으로 인해 훼손된다.

로고스(logos)

로고스는 연설이나 설교 그 자체를 말한다. 로고스라는 개념의 철학적 뿌리는 헬라적 사고에 있다. 커포드(B. G. Kerford)는 다음과 같이 말한다.

> 로고스라는 단어의 역사에서 의미의 논리적 발전을 추적하려는 이전의 시도들은 오늘날 대체로 그 근거가 부족한 것으로 인식되고

있다. 심지어 헬라 철학에서 '로고스 원리'라는 단 하나의 역사를 추적하는 것은, 복잡한 진리를 너무 단순화하는 위험이 있다. 하지만 다양한 철학자가 '로고스 원리'에 대해 매우 중요하게 생각한 것은 분명하며, 그 뒤를 따르는 철학자들이 이 용어를 사용한 방법들 사이에는 분명히 상관관계가 있다.[111]

커포드는 헤라클레이토스(Heraclitus)의 로고스 원리가, 우주에 대한 인간의 사고와 우주의 이성적 구조 그리고 그 이성적 구조의 근원이라는 세 가지 개념을 조합한다는 면에서 훌륭하고도 명확하다고 언급한다. 계속해서 그는 소피스트들에게 로고스는 논쟁과 그 논쟁이 무엇에 관한 것인지를 말하는 반면, 스토아 학파에게는 흔히 하나님과 합일되는 모든 이성을 뜻한다고 말한다. 물론 로고스에서 영어의 '논리'(logic)라는 말이 유래되었고, 그 영향으로 지리학, 심리학, 사회학, 동물학, 생물학, 환경학 같은 학문의 분류에서 이 단어를 자주 접하게 되었다. 신학에서도 죄론이나 교회론 같은 분류에 사용된다.

그리스도인들에게는 그 중요한 개념이 "하나님의 말씀"(*logia tou theou*, 롬 3:2)에 자리한다. 여기서 말씀은 단순한 용어 이상이다. 성경은 바로 하나님이 직접 말씀하신 것이다. 더 흥미로운 것은 요한이 예수님의 선재하심과 신성, 성육신의 신비를 표현하기 위해 이 로고스의 개념을 사용한다는 점이다. 요한복음은 이렇게 시작한다. "태초에 말씀[*logos*]이 계시니라 이 말씀[*logos*]이 하나님과 함께 계셨으니 이 말씀[*logos*]은 곧 하나님이시니라"(요 1:1, 역자 첨가). 그리고 다시 "말씀[*logos*]이 육신이 되어 우리 가운데 거하시매"(요 1:14, 역자 첨가)라고 말하고 있다. 이것은 헬라 철학과 헬라 신약 성경 모두에서 로고스가 지니는 의미의 중요성을 충분히 보여 준다.

최근 내러티브 설교에서는 이런 로고스에 대해 분명하게 말하지 않는다. 데이비드 버트릭은 이렇게 말한다. "성경은 의미를 전달하지만 모든 본문이 그런 것은 아니다. 어떤 본문은 의미 전달에 적절하지 않고, 심지어 반(半)기독교적이다. 성경은 처음과 끝이 있는 이야기를 전수해 그 의미를 전달한다. 또 그 처음과 끝 사이에 하나님께서 어떻게 죄인 된 인간들에게 간섭하는지 이해할 수 있는 이야기를 전달한다."[112] 실제로 그는 다음과 같이 더욱 위험한 의견도 내놓는다. "순수한 복음은 없다. 심지어 성경에도 없다. 솔직히 말하면 기독교인의 성경에는 성차별주의와 반유대교적인 요소가 있다."[113]

버트릭의 견해에 의하면, 더는 성경에 진리가 없고, 성경은 단지 기독교인들의 간증에 불과하며 오점으로 가득한 것이다. 이는 복음을 내버린 것이다. 만약 우리가 설명해야 할 분명한 하나님의 말씀이 없다면, 우리의 기호에 따라 CNN 또는 FOX 뉴스를 보는 것이 설교자의 이야기를 듣는 것보다 더 재미있는 것이 되고 말 것이다.

누군가 설교에서 로고스에 대해 묻는다는 것은, 논리성과 함께 그 설교의 내용에 관해 묻는 것이다. 메시지의 논리에 관해 우선은 그 메시지가 이치에 맞는지 물어보게 될 것이다. 이것은 단순히 광범위한 일반적인 질문이 아니라, 그 메시지가 목적에 부합하고, 순서대로 진행되고, 설득력 있는 결론이 있는지에 관한 질문이다. 보통 이런 질문이 될 것이다. '이 설교는 조화를 잘 이루고 있으며, 목적이 분명하고 강력한가?' '이 설교는 논리적 모순이 없는가?' '만일 의도한 모순이 있다면 그것을 해결하지 않고 넘어가는 이유가 잘 설명되었는가?' '명제와 요점은 주요 주제를 잘 따라가며 발전되고 있는가, 아니면 서로 연관이 없고 본

문에서 벗어나고 있는가?'

얼마 전 어느 훌륭한 설교자가 설교 콘퍼런스를 준비하면서 내게 흥미로운 질문을 던졌다. "오늘날 누가 위대한 강해 설교자인가?" 그가 찾는 위대한 설교자란, 스스로 성경 본문을 붙드는 사람이 아니라, 성경 본문에 사로잡히는 사람이다!

제프 레이(Jeff Ray)는 이것을 다음과 같이 통렬하게 설명한다.

> 나는 한때 텍사스 벌판을 가득 채웠으나 지금은 흔적도 없는 버팔로만큼이나 참된 강해설교가 드물다고 생각한다. 만약 그 이유를 묻는다면 나는 대답할 수 있다. 나는 그 답을 책이나 다른 설교자들에 대한 관찰이 아니라, 내 개인적이고 실제적인 경험으로 알게 되었다. 나는 설교를 너무 쉬운 일로 여겨, 서둘러 주제를 추려 내고, 여러 가지 추상적인 것으로 치장해, 하나님의 말씀을 스스로 좌지우지했다. 하지만 성경 본문을 제대로 해석해 캐내고, 그 꾸준히 캐낸 결과물을 효과적이고 논리적인 개요로 만들어 내는 작업은 매우 힘들며 오랜 시간을 요구한다는 것을 발견했다. 나는 별로 중요하지 않은 너무 많은 자질구레한 일에 시간을 써왔기 때문에, 주로 주제설교를 준비하는 습관을 만들어 왔을 것이다. 그러나 이제 나는 늙었고, 사람들은 내게 새로운 기술을 습득하기 힘들 것이라고 말한다. 하지만 나는 당신에게 준엄하게 이 말을 해주고자 한다. 만일 50년만 되돌릴 수 있다면, 나는 어떤 주제나 교훈을 전하는 수사적 연설가가 되기보다, 하나님 말씀의 진정한 강해 설교자가 되는 것을 전 인생의 포부로 삼을 것이다.[114]

하지만 일반적으로 '강해'라는 용어로 통용되는 설교를 맹목적으로 고수하는 것은 이 책의 관심사가 아니다. 물론 세 가지 전통적 설교의 유형, 즉 주제설교, 본문설교, 강해설교를 아는 것은 유용하다. 특히 강해설교는 그 전통적인 형식을 충분히 익혀야 한다. 그러나 설교자가 항상 긴 본문을 선택하고 거기서 설교의 주제와 소주제를 정하는 것이 여기서의 관심사는 아니다. 내가 얻은 결론은, 좋은 설교란 청중이 성경을 읽도록 돕는다는 것이다. 물론 설교자가 설득력 있는 연설가일 수 있다. 그러나 만일 그것이 전부라면 헬라 수사학자들보다 나은 점이 무엇인가?

반면 성경적 설교자는 본문이 이끄는 설교의 설교자로서 본문을 설명하고, 거기에 맞는 예를 들어 적용을 이끌어 낸다. 연구를 마친 성경 구절은 에스겔의 마른 뼈들과 비슷한 부분이 많다. 뼈의 각 부분은 스스로 자리를 잡고 결합한다. 성령의 임재라는 신선한 돌풍이 설교에 생명력을 불어 넣고, 본문 말씀이 성경에서 건너와 청중의 마음을 감동시킬 때까지 근육과 인대, 피부는 여전히 시체와 같다.

오늘날 너무나 많은 설교자가 자신이 습득한 설교 기술에 지쳐 있다. 그들은 다음 주에 설교할 말씀으로 인해 매우 초조해한다. 영혼의 깊은 곳에서는 자신의 메시지가 공허하다는 것을 알고 있다. 자신의 설교가 인간의 생각이나 대중 심리학과 별반 다르지 않다는 생각 때문이다. 최고의 설교자였던 스펄전은 다음과 같이 경고했다.

> 외적인 부분보다 내용의 충실함의 관점에서 평가한다면, 많은 설교가 경건의 모양은 있지만 내용은 매우 빈약하다. 군말이 너무 많아 마치 신학적 무지를 가리려는 무성한 무화과 잎처럼 보인다.[115]

어떤 설교자는 종교적 수면에서 물장난을 치면서 스스로 즐기는 것 같다. 그런 설교자에게서는 깊은 곳에서 나오는 아름다움은 전혀 발견할 수 없다. 하나님의 말씀을 들으러 온 성도들과 죄인들에게도 그런 아름다움은 전해지지 않아, 그들 역시 그저 물놀이만 즐기다 떠나 버린다. 아무리 바다의 수평선과 수면에 부서지는 파도가 멋지게 보여도 스킨스쿠버에게는 깊은 바닷속 산호초가 보여 주는 광채, 진귀한 물고기 떼가 보여 주는 황홀함, 백고래가 보여 주는 장엄함이 수면의 아름다움보다 훨씬 뛰어난 것이다.

설교자에게는 설교하는 그 순간이 일주일 중 가장 영광스러운 순간이다. 스펄전은 이렇게 설명한다.

> 내 설교단 주변에 원을 그려 보라. 그곳이 바로 내가 천국과 가장 가까이 있는 장소다. 그곳에서 주님은 다른 어떤 장소보다 의식적으로 내게 가까이 계신다. 내가 주님을 위해 애통하는 자들을 격려하고 위로하는 그곳에서 주님은 내 마음을 사로잡는다. 우리 중 많은 사람이 자신이 앉기 좋아하는 회중석에서 같은 말을 할 수 있다. 그곳이 바로 그에게 베델이 되고, 주님은 주님의 백성들 가운데서 그에게 자신을 드러내신다.[116]

에스라는 설교단에서 수많은 회중에게 율법서인 토라를 읽어 주는 것을 통해 본문에 기초한 설교를 했던 것에 비해, 레위 지파 설교자들은 회중에게 율법을 해석해 주어 깨닫게 했다(느 8:1-12). 예상할 수 있듯이, 로고스를 깨닫게 하자 사람들은 자신의 죄로 눈물을 흘리고, 하나님의 은혜와 용서에 기뻐하고, '그 이유로 만찬을 나누며' 그 모든 일을 기념했다(느 8:10-12). 오늘날 대부분의 설교가 만찬의 분위기는 만들어내지만 로고스의 빛이 결여되어 있어, 회개를 불러일으키지 못하고, 결국 하나님을 향한 감사와 기쁨의 부족과 부재로 이어지고 있다.

예수님이 부활하신 후 얼마 되지 않아 일어난 놀라운 일을 자세히 설명한 관찰력 있는 의사 누가도 이와 비슷한 것을 포착했다. 누가는 침울하게 엠마오로 가던 두 제자를 만난 예수님께서 "모세와 모든 선지자의 글로 시작하여 모든 성경에 쓴 바 자기에 관한 것을 자세히 설명"(눅 24:27)하셨다고 기록한다. 여기서 '설명'으로 번역된 헬라어 단어가 바로 영어의 '해석학'(hermeneutics)이라는 단어의 어근이다. '헤르메누오'(Hermēnuō)라는 단어는 신들의 사자인 '헤르메스'(Hermes)와 관련된 것으로, 그들은 신들의 감정을 사람에게 전달하는 의무를 지닌 자들이다. 즉, 변덕이 심한 신들이 때로는 알아들을 수 없는 말을 했기 때문에 이 헤르메스가 필요했다.

예수님은 모세와 선지자들의 글을 기독론적 입장에서 설명하셨다. 이것은 모든 진정한 기독교 설교의 모델이기도 하다. 이러한 설교에는 두 가지 측정 가능한 결과가 있었다. 첫째, 영원한 로고스를 설교할 때 그 로고스는 그들의 '마음을 뜨겁게'(눅 24:32) 했다. 오직 로고스에 기초한 설교만 이러한 결과를 낳는다. 둘째, 이 두 제자는 예루살렘에 도착한 후 부활하신 주님에 대한 자신들의 경험을 기쁨으로 나누었다(눅 24:33-35). 즉, 로고스(본문) 중심의 설교는 마음을 뜨겁게 할 뿐 아니라, 끈기 있는 복음의 증인을 양산한다.

메시지의 내용 자체에 대해 사람들은 우선 설교자가 본문을 이해하고 주제를 파악하고 있는지 확인해야 한다. 성경적 설교자는 본문의 전반적 목적과 본문에 대한 유용한 다른 통찰을 충분히 파악해야 할 뿐 아니라, 충분한 신학적 이해와 성경 전반에 대한 깊은 이해를 통해 본문을 신학적 배경에서 적절히 다룰 수 있어야 한다. 또 위대한 설교자는 역사적 배경에서 주해와 강해를 할 수 있어야 함을 인식하고 있다. 북미 설교자들이 실제로 얼마나 적은 성경적 지식을 가지고 있는지는, 현재 많은 청중의 신학적 오해와 성경적 무지에 잘 반영되고 있다.

이제 청중은 스스로 물을 것이다. '이 설교에서 내가 배운 것이 무엇인가?' '나는 성경 자체에 대한 지식에서 자라고 있을 뿐 아니라, 진리의 말씀을 옳게 분별할 수 있는 능력에서 발전하고 있는가?' '생명과 영원을 위한 어떤 실질적인 의미가 여기서 선포되고 있는가?' 만약 이러한 질문에 청중이 긍정적으로 답할 수 있다면, 설교자의 로고스는 아마 일반적인 수준 이상일 것이다.

파토스(*pathos*)

신약 성경에서 '파토스'는 죄의 심각성을 표현하는 단어로 종종 등장한다(롬 1:24; 7:5). 그러나 미카엘리스(Michaelis)는 이 단어가 긍정적 의미를 지니고 있으며(고후 1:5, 7), 그 유래로 볼 때 본질상 중립적이라고 말한다. 그는 파토스의 중심이 되는 주제는 '경험'이라고 주장한다.[117] 리델(Liddell)과 스콧(Scott)은 그 첫 번째 의미가 '사람이나 사물에게 일어나는 것'이라고 말하고 있지만, 그들의 기념비적인 고전인 그리어 사전은 미카엘리스의 판단이 옳다는 것을 확증해 준다.[118] 결국 거의 모든 어원 연구자가 더 일반적으로 수용되는 '감정'이라는 의미에 관심을 갖는다. 즉, 대부분의 사람이 파토스를 생각할 때 '감정'이라는 의미를 떠올리는 것 같다. 아리스토텔레스에 의하면, 수사학의 목적은 청중에게 감정을 불러일으키는 것이다. 그러나 이러한 일은 설교자에게 파토스가 없으면 좀처럼 이루어질 수 없다.

사도행전 1장 3절은 설교의 효력을 측정하려는 목적으로 이 파토스라는 단어의 의미를 가장 확실히 드러내는 본문이라고 할 수 있다. 성경은 "그가 고난[헬. *pathein*]받으신 후에 또한 그들에게 확실한 많은 증거로 친히 살아계심을 나타내사"(역자 첨가)라고 말한다. 여기서 '고난'이라는 단어는 분명히 예수님이 대속의 죽음에서 겪으신 고통을 말다. 경험이나 사람에게 일어나는 일에 대한 개념은 이 고난의 기초에 위치한다.

그러나 예수 그리스도의 '고난'은 피동적이지 않았다. 겟세마네와 십자가에서의 부르짖음은, 그 길을 가는 목적이 분명하고 간절히 열망하는 계획이 예수님께 있었다는 증거다. 예수님은 자신의 목적이 "자기 목숨을 많은 사람의 대속물로 주려 함"(막 10:45)이라고 종종 분명하게 표현하셨다. 그는 또 "나는 받을 세례가 있으니 그것이 이루어지기까지 나의 답답함이 어떠하겠느냐"(눅 12:50)라고 말씀하셨다. 여기서 '답답함'으로 번역된 헬라어 단어('*sunechō*')는 문자적으로 '갇히거나 포위되어 있다'는 뜻이다. 예수님께서 직면한 세례(침례)는 바로 그분의 수난이었다.

바로 이 수난이 예수님을 십자가에 오르게 했다. 그리고 이 수난은 설교에서의 파토스와 밀접한 관련이 있다. 예수님께서는 통제 불능의 상태에서 이러한 고난을 받으신 것이 아니었다. 다시 말해, 감정이 예수님을 이끌어 간 것이 아니다. 예수님께서는 '감정적'이셨지만 그것은 오직 정신적이면서도 영적인 이해와 종합적으로 연관된 것이었다. 따라서 십자가는 단순히 육체적, 감정적, 영적인 아픔만을 의미하는 것이 아니다. 예수님의 대속의 죽음은 목적을 따라 사려 깊게 의지적으로 결정한 것이었으며, 심지어 매우 열정적으로 드린 최고의 희생적 행동이었다. 파토스는 예수님께서 갈보리 언덕에서 행하신 일을 이해하는 한 부분으로, 이 일은 또한 설교에서 파토스를 이해하는 데 도움을 준다.

이런 점에서 파토스는 설교에서의 열정이라고 정의할 수 있다. 설교자는 단순히 연설을 하는 것이 아니다. 생계를 위해 설교하는 것도 아니다. 보상이 없어도 설교자는 여전히 설교할 것이다. "복음을 전하지 아니하면 … 화가 있을 것"(고전 9:16)이기 때문이다. 사람들의 영원한 운명은 그가 설교하는 매 시간에 달려 있다. 삶의 문제에 대처하고 인생의 의미와 행복을 찾는 능력이 그의 설교의 뼈대를 구성하고, 그는 하나님의 진리에 순종하는 것이 어떤 차이를 만들어 내는지 알기에 그것에 이끌림받는다. 예레미야처럼 하나님을 위해 말씀 전하는 일을 하고 싶지 않을 때도 있을 것이다. 그러나 하나님의 말씀이 뼈에 불붙듯 할 때 설교자는 침묵할 수 없다(렘 20:9).

나는 평생 내가 상상했던 것보다 훨씬 더 하나님의 선하심을 누리며 살아왔다. 나는 많은 곳을 여행했고, 내가 꿈꾸었던 거의 모든 것을 해봤다. 그러나 나는 성경을 열어 청중에게 하나님의 말씀을 강해하며 수많은 영혼을 일깨우는 것이, 내가 가장 좋아하는 일일 뿐 아니라, 내 영혼이 열정을 갖고 있는 일이라 말하기에 어떤 주저함도 없다. 만일 열정, 즉 파토스가 설교자의 메시지에 깊이 자리하고 있지 않으면, 설교 내용이 좋고 설교자의 삶에 신뢰가 생겨도, 청중은 설교자 자신의 영혼도 사로잡지 못하는 메시지라면 그리 중요하지 않을 것이라고 쉽게 결론 내린다.

파토스에서 핵심은, 말씀이 설교자의 가슴에 살아나도록 말씀 속에서 살아가는 것을 배우는 것이다. 설교자가 말씀 연구를 위해 주석이나 사전 또는 다른 자료를 살펴보는 것은 매우 중요하다. 학문적 연구를 통해 본문의 의미와 의의를 파악한 다음에는 자신을 본문의 세계와 환경으로 옮겨 놓아야 한다. 설교자는 여리고 성벽을 돌며 행군하는 군대에 참여해야 한다. 얍복강 가의 야곱과 한편이 되어 하나님과 씨름한 뒤 다리를 절며 설교단에 올라가야 한다. 갈릴리 언덕에 앉아 예수님께서 작은 빵과 물고기를 나눠 주실수록 더 많이 생겨나는 모습에 놀라워해야 한다. 사도 바울이 로마로 보내는 편지를 쓸 때의 마음으로 들어가 보아야 하며, 디모데후서를 쓸 때 감옥에 있던 바울 옆에서 함께 쇠사슬에 묶여 있는 자신의 모습을 상상해 보아야 한다. 만일 설교자가 에게해의 채석 섬인 밧모섬까지 따라가 예수님의 사랑하시는 제자가 본 환상을 함께 본다면, 요한계시록은 놀라운 파토스로 생생하게 살아날 것이다.

파토스는 말씀 안에서 살아가는 것과 설교자의 거룩한 사명, 그리고 청중의 삶에 일시적 혹은 영원한 변화를 가져올 수 있다는 인식을 통해 자연스럽게 자라난다. 이 세 요소가 함께 작용해 중요한 모험에 대한 거룩한 기대를 설교자에게서 이끌어 내는 것이다. 아프리카에서 사자와 버팔로 사냥하기, 상어가 있는 안다만해에서 다이빙하기, 소년처럼 대형 조명등 아래서 중요한 축구 경기 준비하기, 아드레날린이 솟구치는 일, 모험, 극적인 국면과 중요한 일에 대한 의식 등은 항상 내 영혼을 전율케 했다. 하지만 이런 것도 하나님의 말씀을 전할 때 성령께서 사람들의 마음이 주님을 향하도록 여시는 것을 두려운 마음으로 지켜보는 드라마에는 견줄 수 없다. 세상의 그 어떤 것도 이 모험에 비길 수 없다.

설교자는 설득력 있게 예증하는 능력이 말씀의 로고스뿐 아니라 설교의 파토스에도 있다는 사실에 주목해야 한다. 사실 예화는 설교에서 여러 가지 기능을 한다. 예화는 설교의 로고스를 따라가는 청중에게 잠시 심적으로 쉴 수 있도록 해준다. 또 적절하게 선택한 예화는 로고스의 말씀을 설명하는 데 다소 추상적일 수 있는 진리를 구체적으로 보여준다. 가장 좋은 예화의 원천은 성경의 내러티브로 이루어진 부분이다. 성경 자체가 이것을 선포하고 있다. "그들에게 일어난 이런 일은 본보기가 되고 또한 말세를 만난 우리를 깨우치기 위하여 기록되었느니라" (고전 10:11).

설교자는 자신의 삶이나 가정의 일화를 과도하게 사용하지 않도록 조심해야 한다. 그러나 이런 예화는 청중과의 공통점을 쉽게 찾아 진리를 적용하는 데 도움이 된다. 이러한 경험적 예화의 사용에서 설교자의 정직성은 매우 중요하며, 이는 그의 에토스와 연결되어 있다.

또 다른 예화의 원천은 설교자의 다양하고 광범위한 독서를 통해 개발되며, 이것은 설교자의 습관을 형성한다. 위인전이나 역사책은 예화의 보석을 캐내기에 가장 풍성한 땅이다. 광범위한 독서와 더불어 일반적인 지식과 지혜를 얻고자 하는 것은 설교를 진지하게 받아들이는 사람들에게 필수적이다. 필요할 때 예화를 손쉽게 사용하기 위해 잘 정리해 두는 것도 필요하다. 위대한 설교자는 거의 대부분 이야기를 잘하는 사람이다. 나의 아버지는 좋은 설교자가 되려면 연기자의 재능이 어느 정도 있어야 한다고 늘 주장하셨다. 물론 이 두 가지 요소도 중요하다. 하지만 설교자는 진리 없는 화려함으로 자신의 신뢰성을 희생시켜서는 안 된다.

무언가를 보여 주거나 이야기를 해주는 것은 어떤가? 현대교회는 파워포인트, 대형 화면, 미니드라마 등의 수단을 중요시한다. 이런 것은 본문을 설명하려는 목적을 가진 설교자보다, 본문에 덜 관심 있는 설교자가 더 종종 사용한다. 정말 안타까운 일이다. 본문이 이끄는 설교의 성공을 돕는 모든 정직한 수단은 허용될 뿐 아니라 바람직하다. 하지만 이런 수단을 사용하는 것이 지루하거나 예측 가능하고, 심지어 메시지의 본질이 되어 버릴 때, 그것은 정당성을 잃는다. 오늘날의 설교자들은 너무나 자주 이런 현대적 수단을, 중요한 로고스나 의심할 여지 없는 에토스를 가진 참된 하나님의 사람이 성취하신 성육신적이고 선지자적인 명령의 대체물로 사용한다. 하지만 이 수단이 성경의 가르침에 대한 예화로 설교자의 손에 주어지면 영적인 치유를 위한 유용한 도구가 된다. 그럼에도 즐거움 그 자체는 기독교 설교자의 목적이 결코 아니다.

로고스와 마찬가지로 파토스의 한 부분으로서 적용과 권면 역시 설교자의 직무에 속한다. 만약 설교자가 구체적인 적용 없이 설교를 마칠 수 있다고 가정한다면, 그는 너무나 많은 것을 가정한 것이다. 본문과 회중의 삶의 적용 사이에 다리를 놓는 것은, 설교에서 로고스와 파토스 모두에 매우 중요하다. 그렇지 못할 경우 설교자는 본문의 진리를 설명해 회중으로 하여금 약속의 땅을 보게는 하지만, 어떻게 요단강을 건너 그 땅에 들어가는지는 보여 주지 않아, 그들을 그저 모세와 함께 느보 산에 머물게 할 수도 있다.

권면은 설교에서 중요한 부분이다. 로고스와 에토스도 분명히 중요하지만 권면에서는 파토스가 가장 중요하다. 바울은 디모데에게 다음과 같이 권면한다. "너는 말씀을 전파하라 때를 얻든지 못 얻든지 항상 힘쓰라 범사에 오래 참음과 가르침으로 경책하며 경계하며 *권하라*"(딤후 4:2, 저자 강조). 베드로도 다음과 같이 가르친다. "또 여러 말로 확증하며 *권하여* 이르되 너희가 이 패역한 세대에서 구원을 받으라"(행 2:40, 저자 강조). 유다와 실라는 "여러 말로 형제를 *권면하여*"(행 15:32, 저자 강조) 굳게 했다.[119]

'권면'으로 번역된 헬라어 '파라칼레오'(παρακαλέω)는 '어떤 사람을 자신의 옆으로 부르는 것'을 뜻한다. 내가 선호하는 이 번역조차 부흥 운동가이자 복음전파자인 내게는 미흡하게 보인다. 그래서 나는 이 단어를 '초청하고 호소하는 것'이라고 번역한다. 불신자들의 영혼에 호소하는 것이나, 신자들에게 주님을 따르도록 끊임없이 호소하는 것은, 모든 본문이 이끄는 설교의 절정이 되어야 한다. 이러한 호소에 주로 '열정'의 뉘앙스를 가진 파토스를 사용해야 한다. 그럼에도 절제된 감정이 배제되지는 않는다.

결론

선부른 관찰은 설교 사역을 기본적으로 단순한 것으로 결론 내릴 수 있다. 즉, 한 사람이 성도들 앞에 서서 하나님의 은혜에 대해 증언하는 것으로 이해할 수 있다. 그러나 그 하나님의 사람이 최상의 설교를 하기 원한다면, 단지 말하기에서 설교의 기술을 사용하는 단계로 발전하기 원한다면, 그는 우선 설교란 자신의 삶에서부터 시작해야 한다는 사실을 깨닫게 된다. 사실 바울은 초신자가 영적 지도자가 되는 것에 대해 경고한다. 신앙의 경험과 간증이 부족한 사람은 쉽게 교만해져 정죄에 빠질 수 있기 때문이다(딤전 3:6). 신뢰할 만하며 경건한 삶으로 무장되어 '책망할 것이 없는'(딤전 3:2) 설교자가 되면, 이제 비로소 본문에 기초한 설교가 그의 정신과 마음에 자리 잡을 때까지 본문 연구에 수고를 다할 준비가 된 것이다.

열심을 다해 준비한 설교자는 하나님의 말씀을 사람들에게 드러낸다. 본문에 근거한 설교나 강해만이 기독교 설교에 적합하다. 설교자는 가르치기를 잘해야 하기 때문이다(딤전 3:2). 하나님께서 어떤 문제에 관해 이미 말씀하셨다면 더욱 그렇다. 그럼에도 설교자가 인간의 가장 고매한 처방으로 하나님의 생각과 말씀을 대체한다면 이보다 더 당돌한 것이 어디 있겠는가? 또 하나님께서 어떤 주제에 대해 말씀하지도 않으셨는데, 왜 설교자가 하나님이 선택하신 주제보다 자신이 선택한 주제를 더 중요시하는 것인가? 결국 설교자는 세상의 종인가, 하나님의 대변자인가? 에토스가 형성되었다면 설교자는 이제 성경에 담긴 하나님의 뜻과 목적의 로고스를 분명히 설명해야 한다.

어떤 이들은 이런 일을 열정, 즉 파토스를 가지고 해나가길 원할 것이다. 고함을 지르는 것은 파토스가 배제된 것도 포함된 것도 아니다. 눈물을 흘리는 것도 마찬가지다. 미친 듯이 날뛰는 것은 배제되어야 하지만, 감정을 모두 무시해야 하는 것도 아니다. 감정은 인간의 중요한 한 부분이기 때문이다. 만약 설교를 비행에 비유한다면, 에토스는 능숙하고 신뢰할 만한 비행사, 로고스는 전달해야 할 수하물, 파토스는 양 날개와 꼬리 날개라고 할 수 있다. 하나님께서 사용하시는 이 모든 것은 성령의 바람을 타고 운행되어야 한다.

설교는 단순하지 않고 복잡하다. 구원처럼 그 기초 개념은 매우 단순하며 모두에게 유익하다. 하지만 개념의 표면 아래서는 구원과 설교 모두 복잡한 주제다. 고대 헬라인들이 기독교 설교에 어떤 공헌을 하려고 의도했던 것은 아니었다. 고전 수사학이 아무리 설득력 있다 해도 성령이 임한 설교가 일으키는 변화의 영향력에는 결코 근접할 수 없다. 하지만 아리스토텔레스의 수사학의 세 가지 범주는 오늘날 설교자에게 여전히 유용하다. 에토스, 로고스, 파토스라는 수사학적 요소는, 사실 기독교의 성령에 감동된 본문이 이끄는 설교에서 아리스토텔레스도 부러워할 정도로 한 단계 발전한다.

고전 수사학이 아무리 설득력 있다 해도
성령이 임한 설교가 일으키는 변화의 영향력에는
결코 근접할 수 없다.

2
본문이 이끄는 설교의 준비

Text-Driven Preaching

Part 5
설교 준비 과정

_ 데이비드 알렌(David L. Allen)

본문이 이끄는 설교: 성경적·신학적 기초

본문이 이끄는 설교를 준비하는 방식은 분명 성경적이고 신학적인 확신에 기반을 두고 있다. 따라서 존 스토트는 설교의 본질적인 비결은 "어떤 기술을 연마하는 것이 아니라, 어떤 확신에 지배받고 있는지에 있다"[120]고 통찰력 있게 지적한다.

모든 설교의 성경적·신학적 근거는 하나님께서 자신을 스스로 계시하셨다는 사실이다.[121] 하나님은 말씀하시는 하나님이시다. 히브리서 1장 1-2절은 이 사실을 분명하게 말한다. "옛적에 선지자들을 통하여 여러 부분과 여러 모양으로 우리 조상들에게 말씀하신 하나님이 이 모든 날 마지막에는 아들을 통하여 우리에게 말씀하셨으니." 선지자를 통한 하나님의 말씀은, 그들이 "하나님이 이같이 말씀하셨다"라고 선포했듯이 구두로 전해졌다. 또 하나님의 말씀은 우리가 성경이라고 부르는 본문으로 기록되고, 예수 그리스도의 성육신을 통해 인격화되었다. 하나님께서 이 모든 성경의 궁극적 저자시다. "모든 성경은 하나님의 감동으로 된 것으로 교훈과 책망과 바르게 함과 의로 교육하기에 유익하니"(딤후 3:16). 헬라어 본문에서 '모든 성경'에 해당하는 구절은, 성경의 각 부분이 모두 하나님의 말씀이라는 의미를 내포한다. 성경의 모든 말씀은 하나님의 영감으로 기록된 것으로, 이것을 '축자 완전 영감'이라 부른다. 성경의 모든 말씀이 바로 하나님의 말씀이다. 설교학에서 가장 중요한 두 가지 원칙이 이렇게 성경의 권위를 인정하는 데서 나온다. 그 원칙은 곧 성경의 무오성과 충족성이다.

신약 성경의 저자들이 구약을 어떻게 인용하고 있는지 살펴보는 것만으로도 우리는 매우 중요한 교훈을 얻을 수 있다. '말씀하다'라는 동사의 주어로 '성경'과 '하나님'이란 단어가 빈번히 번갈아가며 사용되기 때문이다. 마태복음 19장 4-5절에서 하나님은 직접적인 화자는 아니지만 성경의 저자로 일컬어진다. 로마서 9장 17절에서는 하나님 자신이 인용된 글의 직접 화자임에도, "성경이 … 이르시되"라고 기록하고 있다. 예수 그리스도 안에서의 하나님의 자기계시는 인격적 계시라고 할 수 있다. "태초에 말씀이 계시니라 이 말씀이 하나님과 함께 계셨으니 이 말씀은 곧 하나님이시니라 … 말씀이 육신이 되어 우리 가운데 거하시매"(요 1:1, 14).

디모데를 향한 마지막 훈계에서 바울은 "말씀을 전파하라"(딤후 4:2)고 말한다. 본문이 이끄는 설교의 성경적·신학적 근거는 하나님께서 그리스도와 성경 안에서 말씀하셨다는 사실이며, 이런 계시 자체의 본성이 본문이 이끄는 설교 방식을 요구한다. 성경의 권위, 즉 무오성과 충족성이 본문이 이끄는 설교의 신학적 근간을 제공한다.

본문이 이끄는 설교의 형식

모든 설교는 하나님의 성품, 성경, 복음에 대한 분명한 확신에 기초한다. 제임스 바(James Barr)는 성경의 영감설에 대한 입장과는 관계없이, 성경 자체가 설교자에게 설교의 내용과 형태를 위한 모델과 규범을 제시하고 있는지에 대해 의심한다.[122] 이러한 진술은 분명히 성경의 권위에 대한 복음주의의 입장에서 형성된 것이 결코 아니다. 그의 글과 해돈 로빈슨(Haddon Robinson)의 다음 진술을 비교해 보라.

> 강해설교는 단순히 많은 설교 유형 중 하나가 아니라, 성경의 영감설에서 나온 신학적 결과물이다. 따라서 강해설교는 하나의 방법이라기보다 철학에서 비롯된 것이다.[123]

모든 설교 방법이 동일하게 유효하거나 바람직한가? 오늘날 많은 사람이 강해설교를 다른 설교 방법과 사실상 동급으로 간주한다. 어쩌면 강해설교가 오늘날에는 주제설교나 내러티브 설교보다 실용적이지 못하다고 생각하는 사람도 많을지 모른다. 하지만 유명한 설교자인 스펄전은 그렇게 생각하지 않았다.

> 명백하게 하나님의 말씀 그대로 선포하는 설교는 청중의 의식에 훨씬 더 위대한 능력으로 다가간다. 성경에 대한 강의가 아니라 성경 그 자체가 열려 능력을 행하는 것이다. … 나는 당신에게 성령의 말씀 그대로, 문자 그대로를 붙들기를 강력히 추천한다. 많은 경우 주제설교가 무방하고 적절함에도, 성령의 말씀 그대로를 설명하는 설교가 대부분의 성도에게 합당하며 가장 유용하기 때문이다.[124]

그러면 본문이 이끄는 설교는 어떤 형태를 가져야 하는가? 오늘날 설교의 형태는 종종 다음과 같은 사항에 의해 결정된다. 즉 전통, 설교학에서의 유행 판도, 문화, 문학적 형태 등이다. 모든 설교 형태가 동일하게 만들어지는 것은 아니다. 그리고 어떤 것은 잘못된 성경적 계시 또는 인간의 학문에 기초한다.

하나의 예로, '새로운 설교학'(New Homiletic)은 '명제적·연역적' 설교를 경멸하고, 청중을 본문보다 더 높이 두며, 경험을 지식 위에 놓으면서, 종종 본문의 의미를 흐리거나 미성숙하게 방치하는 내러티브 설교로 설교의 형태를 대치해 버렸다. 새로운 설교학이 설교에 관해 우리에게 가르치는 것이 아무것도 없다는 것은 아니다. 하지만 새로운 설교학을 실천하는 자 중 상당수가 성경의 권위에 대한 그들의 불완전한 입장으로 인해, 성경 본문 자체가 우리에게 주신 하나님의 말씀으로 충분하다는 것을 진지하게 받아들이지 않는다.[125]

궁극적으로 설교 형태는 신학에 의해 좌우되어야 한다. 대부분 성경의 본질과 충분성에 대해 어떻게 믿고 있는지가 어떻게 설교가 구조화되는지를 결정한다. 본문이 이끄는 설교는 연역적 설교 형태나 삼대지 구조, 두운법 같은 인위적 개요를 만드는 기술에 종속되지 않는다. 본문의 의미를 설명하는 훌륭한 본문이 이끄는 설교는 다양한 형태로 표현될 수 있다. 성경은 다양한 장르, 즉 내러티브, 시, 예언, 서신의 형태를 사용한다. 훌륭한 본문이 이끄는 설교는 이러한 다양성을 잘 반영한다. '강해' 혹은 '본문이 이끄는'으로 부르기에 적합한 설교의 유형과 구조는 이런 측면에서 그 범위가 매우 넓다.[126]

그러므로 설교 형태에 관해서는, 본문을 설명하고 예증하며 적용하는 실제적 강해가 아닌 그 어떤 것도 성경의 권위를 제대로 반영할 수 없다. 본문이 이끄는 설교는 성경의 무오성과 충분성의 견고한 기초에 세워져야 한다.

본문이 이끄는 설교: 설명

제2차 성전 시대의 유대교 랍비들은 토라를 하나님의 변하지 않는 말씀으로 간주했다. 설교에서 그들의 첫 번째 임무는 본문(Peshat)의 의미를 알기 쉽게 설명하는 것이었다. 이것은 본문의 단어를 바르게 정의하고 그 의미를 이해하는 것을 수반한다. 일단 이 작업을 마치면 랍비들은 해석(midrash)을 통해 새로운 정황에 본문의 적합성을 연결하는 방법을 찾았다. 탄나임(Tannaim) 랍비들의 해석에서 한 가지 중요한 측면은 본문 중심성이다.[127] 브로더스(Broadus)는 '본문'이라는 단어의 역사는, 설교가 근본적으로 강해였다는 사실을 지적한다고 말했다. 교회 교부시대 설교자들은 공통적으로 적당한 길이의 본문을 읽고 "주로 강해에 몰두했다."[128] 종교개혁 시대에는 설교, 성경적 설교, 강해설교의 부흥을 경험했다. 개혁기와 개혁 이후 설교자들은 설교를 위한 기초로 성경 본문으로 다시 돌아왔다. 이러한 설교의 부흥이 오늘날 우리가 간절히 바라는 것이다.

'강해설교'와 '본문이 이끄는 설교'는 필연적으로 동의어라고 할 수 있다. 진정한 성경적 설교는 반드시 그 정의상 본문이 이끌어야 하므로, 본질적으로 강해설교다. 모든 설교는 어떤 형태를 취하는지와 관계없이 본질적으로 강해적이어야 한다. '설교학'(homiletics)이라는 단어는 어원적으로 '같은'이라는 뜻의 헬라어 *homo*와 '말하다'라는 뜻의 *legō*에서 나왔다. 즉, 설교학은 성경 본문과 똑같은 것을 말하는 설교 구조

와 전달에 관한 기술이며 학문이다.¹²⁹

설교에서 본문의 역할은 무엇인가? '본문'이라는 단어는 '짜다'(weave)라는 의미의 라틴어에서 나왔으며, 조직된 산물 즉 '구성'(composition)을 말한다. 이 단어는 연설이나 저술에서 구조화된 의미를 은유적으로 표현할 때 사용된다. 스텐저(Stenger)는 '본문'을 매우 훌륭하게 정의한다. 그는 그것을 "적어도 비교적 스스로를 억제하면서 특정한 효과를 의도하는 응집성 있고 조직화된 언어의 표현"¹³⁰이라고 묘사했다. 그러므로 본문의 구조는 관계들의 네트워크이면서, 본문의 요소들 사이에서 기능하는 그 관계들의 집합이다.¹³¹

설교는 성경 본문에 기초할 뿐 아니라, 그 본문의 의미를 분명하게 해석해야 한다. 성경 본문은 단순히 설교의 '재료'가 아니라 '근원'이다. 설교는 단지 성경 본문을 '사용'하는 것이 아니라, 성경 본문에서 '나오고' 또 '발전'해야 한다. 그리고 그 성경 본문에서 발전한 것으로 본문을 설명하고 예증하며 적용해야 한다.

항상 두 가지의 잠재적인 문제점이 모든 본문에 존재한다. 몰이해와 오해가 그것이다. 브로더스가 말한 것처럼, "본문을 이해하지 못한 것보다 더 해로운 것은 잘못 이해하는 것이다. 우리는 반드시 사람들이 제대로 이해하고, 잘못 이해하지 않도록 묘사에 최선을 다해야 한다."¹³² 본문이 이끄는 설교는 준비 단계에서 본문 그 자체의 실제적 구조를 이해해야 한다.

본문이 이끄는 설교는 설명하고 예증하고 그 의미를 적용함으로 본문을 전개해 간다. 본문 설명이 모든 것의 기초임에도, 어떻게 이 세 가지를 설교에서 함께 엮으며, 각각에 어느 정도의 시간이 소요되는지에 대한 특정한 법칙이란 없다. 실제로 그 일에는 상당한 자유와 창조성이 존재한다. 하지만 이 모든 것을 말하고 완성할 때, 본문 중심의 설교는 본문의 내용, 구조, 역동성에 충실하게 된다. 바로 이런 설교에 헌신된 설교자에게 그리스도는 주인이 되시며, 그분의 말씀 곧 성경 본문은 '왕'이 되는 것이다.

성경 지식과 영적인 면에서 가장 성장하게 하는 설교 유형은, 단순히 절별로 설교하는 것이 아니라, 좀 더 조직적인 형태인 단락별로 성경의 각 권을 설교하는 것이다. 오늘날의 언어학자들은, 의미는 문장의 범위를 넘어 조직화된다고 지적한다. 설교자가 문장 단위와 구절들 안의 절과 구에만 집중하면, 전체적인 의미와 해석에 관련된 문단이나 좀 더 넓은 범위의 담화 차원에서 놓치는 것이 많아진다. 브로더스는 "히브리서의 구절들이나 로마서 1장에서 11장까지는, 서신서 전체의 논쟁을 염두에 두지 않고서는 이해할 수 있는 것이 거의 없다"[133]고 정확하게 말했다.

문단 단위는 성경 본문을 설명하는 가장 기본적인 의미의 단위로 가장 적합하게 사용될 수 있다. 강해설교는 최소한 단락을 다루어야 한다(서신에서도 마찬가지다). 반면 성경의 내러티브에서 이야기를 구성하기 위해 결합된 몇몇 문단은 반드시 한 번의 설교에서 다루어야 한다. 이야기를 단편적으로 나누어 전달해서는 그 이야기 자체의 의미와 목적을 제대로 판별할 수 없기 때문이다.

이런 접근법의 장점은 무수히 많다. 장기적인 면에서 이 접근법은 성도들에게 성경 전반에 대해 가르쳐 주게 된다.[134] 만약 설교자가 성경을 앞뒤로 건너뛰며, 창세기 본문으로 한 주 설교하고, 다음 주에는 시편에서 설교를 준비하고, 또 그다음 주에는 로마서의 어떤 본문을 설교한다고 해보자. 그러면 각 부분의 내용의 의미는 정확하게 설교할 수 있을지 모른다. 그러나 청중은 성경의 각 권이 구성하는 큰 그림이나, 어떻게 성경 전반에서 하나님의 구원 계획이 점진적으로 펼쳐지며 하나로 통합되는지는 알지 못한다.

또 다른 장점은 설교자가 다음 주에 자신이 설교할 본문을 정확하게 알 수 있다는 것이다. 즉, 이번에 설교한 본문 다음의 한두 문단(또는 내러티브 단위)이 될 것이다. 이 방법은 들쭉날쭉한 설교를 피하게 한다. 그리고 실제적으로는 어떤 성도의 문제나 죄에 대해 설교자가 지적했다는 식의 비난을 면하게 해준다. 물론 지혜로운 설교자는 이런 식의 설교 사이에 짧은 시리즈 설교(결혼, 가정, 크리스마스 등의 주제)나 간헐적인 교리 설교(성경, 하나님, 죄, 그리스도 등의 주제)를 배치함으로, 이 방법을 다양하게 사용할 것이다. 하지만 그런 설교를 할 때도 반드시 '주제적 강해'가 되어야 한다.[135]

본문이 이끄는 설교의 설교자는 성경을 해석하고 설명하는 데 성경해석학적 원리를 적당하게 사용한다. 그는 영해(spiritualizing)나 알레고리화 같은 오류가 많은 해석학적 방법을 피한다. 또 본문이 이끄는 설교자는 설교에서의 창조성을 믿는다. 그 창조성을 얻는 첫 번째 장소는, 종종 많은 설교자가 마지막으로 찾는 장소인 본문이다. 궁극적으로 설교에서의 창조성은 성경 본문 그 자체에 존재한다. 만약 본문 그 자체가 설교에서 무시되고 모호해진다면 세상에서 찾을 수 있는 그 어떤 창조성도 의미가 없다. 불행하게도 많은 현대 설교가 그 자체가 창조적이라고 홍보하고 있지만, 이런 경우가 바로 그렇다.[136]

본문이 이끄는 설교와 언어학:
훌륭한 주해자가 되기 위해 반드시 알아야 할 것

공들인 주해 작업이 본문이 이끄는 설교의 기초다.[137] 주해는 신학에 선행하고, 신학은 온전한 주해에서 나온다. 설교를 잘하기 위해서는 언어와 의미의 본질에 대한 기본을 이해하는 것이 필수적이다.

언어의 계층 구조란 단어들이 좀 더 큰 의미의 단위로 결합되는 것을 말한다. 단어들은 구를 형성하기 위해 합쳐지고, 구들은 절을 형성하기 위해 결합된다. 절들은 문장을 구성하기 위해 모이고, 문장들은 문단을 형성하기 위해 합쳐진다. 그리고 문단들이 모여 이야기(담화)가 된다. 그것이 짧든 길든 성경 본문으로 들어왔을 때, 그 전체는 단순히 각 부분의 집합 그 이상이 된다.

이 문장을 주목해 보라. "그는 사람들에게 설교했다." 세 개의 단어가 한 문장에 결합되어 있다. 각 단어는 의미를 가지고 있지만, 세 개의 단어가 특정한 순서를 가지고 문법적으로 결합되어, 단지 개별적 단어의 집합 이상의 무엇인가를 전달한다. 이것은, 의미라는 것은 한 특정 문장에 결합되어 있는 단어들의 집합 이상이라는 중요한 원리를 보여 준다. 특히 두 개 이상의 문장으로 되어 있는 문단 단위에서 이 원리는 분명해진다.

언어로 표현된 것으로서 의미의 단위는 또 다른 의미의 단위를 형성하기 위해 모인다. 빌레몬서 13절을 예로 들어 보자. 바울은 이렇게 기록한다. "그를 내게 머물러 있게 하여 내 복음을 위하여 갇힌 중에서 네 대신 나를 섬기게 하고자 하나"(I would have preferred that I keep Onesimus here with me in order that he might serve me while I am here in prison because I preached the gospel). 영어 번역본에서 볼 때, 처음 두 개의 서술이 의미의 단일 단위를 형성하기 위해 결합하는 것에 주목해 보라. 즉, "[내가] 하고자 하나"(I would have preferred, 바울의 소망을 표현한다)와 "그를 내게 머물러 있게 하여"(that I keep Onesimus here with me, 소망의 내용을 표현한다)다.

이제 끝의 두 개의 서술을 보라. 즉, "[내가] 갇힌 중에서"(while I am here in prison, 시간절)와 "내 복음을 위하여"(because I preached the gospel, 목적절)다. 이들도 마찬가지로 의미의 한 단위로 결합하고 있다. 그렇다면 다음에 나오는 단위의 의미를 살펴보라.

"내 복음을 위하여 갇힌 중에서"(While I am here in prison because I preached the gospel)는 다음의 서술과 결합된다. "나를 섬기게 하고자 하나"(in order that he might serve me, 더 큰 목적절로 바울이 왜 오네시모를 자신과 함께 있게 하고자 하는지를 설명한다). 이 세 개의 서술은 함께 하나의 단일 문장의 의미를 형성한다. "내 복음을 위하여 갇힌 중에서 (네 대신) 나를 섬기게 하고자 하나." 즉, 앞의 서술 두 개가 뒤의 서술 세 개와 결합될 때 빌레몬서 13절의 완전한 의미가 드러난다.[138]

빌레몬서 13절은 또 '내포'(embedding)라는 언어학적 개념을 보여 준다. 한 절은 여러 개의 구나 절을, 그리고 한 문장은 여러 개의 절이나 문장을 내포할 수 있다.

다음 문장을 고려해 보라. '나는 시내에 갔지만 메리는 집에 있었다.' 이 문장은 사실상 두 개의 문장이 한 문장에 포함되어 있다. '나는 시내에 갔다'와 '메리는 집에 있었다'가 그것이다. 두 문장은 대등하게 반대를 나타내는 접속사인 '~만'으로 연결되어 있다.

요한1서 1장 5절도, 종속절인 "하나님은 빛이시라 그에게는 어둠이 조금도 없으시다"(that God is light and in him is no darkness at all)는, 두 개의 문장인 "하나님은 빛이시라"와 "그에게는 어둠이 조금도 없으시다"로 되어 있다. 영어 번역본에서 두 번째 문장은 첫 번째 문장과 등위접속사인 '그리고'(and)로 연결되어 있지만, 의미론적으로 보아 실제 의미는 '원인-결과' 방식으로 해석될 수 있다. 즉, '하나님은 빛이시기 때문에 그에게는 어둠이 조금도 없으시다'의 의미다. 마지막으로 이 절(헬라어 접속사 'hoti' 즉 "that"으로 시작된다)은 사도가 선포하는 메시지의 의미를 파악하게 해준다. 즉, "하나님은 빛이시라 …"다.

또 다른 주목해야 하는 중요한 원리는, 언어는 내용적 단어와 기능적 단어를 사용한다는 점이다. 내용적 단어는 명사, 동사, 형용사, 부사 같은 요소를 말한다. 기능적 단어는 관사, 전치사, 접속사 같은 것이다.

예를 들어, 「재버워키」(Jabberwocky)라는 시의 다음 첫 두 행을 살펴보자. 이 시에서 앨리스는 루이스 캐롤(Lewis Carroll)의 『거울 나라의 앨리스』(Through the Looking Glass and What Alice Found There, 시공주니어)를 읽고 있었다. 그 두 행은 "The slithy toves did gire and gimble in the wabe"[139]다. 우리에게는 'toves'나 'wabe'에 대한 어떤 단서도 없다. 하지만 문장에서 위치한 자리로 그것들이 내용적 단어라는 것은 알 수 있다. 마찬가지로 'gire'와 'gimble'이 무엇을 의미하는지 알 수 없지만, 그것들의 위치로 같은 행동을 표현하는 동사라는 것을 연역적으로 추론할 수 있다. 'slithy'는 마지막 철자인 'y'와, 그것이 명사로 추측되는 단어 앞에 위치하는 것으로 보아, 아직 의미는 알지 못하지만 형용사라는 것을 알 수 있다.

반면 두 번 사용된 'the'라는 관사, 'and'라는 접속사, 'in'이라는 전치사는 기능을 표현할 뿐, 어떤 의미를 전달하지는 않는다. 'in'은 'gire[d] and gimble[d]' 하는 'toves'가 어디에 있는지 알 수 있도록 해주는 반면

(목적어 'wabe'가 제공된 경우), 접속사 'and'는 두 개의 동사를 등위접속의 의미로 결합시키는 역할을 한다.

내용적 단어는 그 기본적 의미가 언어사전에서 유래한다. 기능적 단어는 언어의 문법과 구문론에서 그 역할의 의미가 시작된다. 물론 사전, 문법, 구문론은 내용적 단어와 기능적 단어가 주어진 본문에서 어떤 의미를 갖는지 조합해 준다. 본문이 이끄는 설교에서 특히 주의 깊게 집중해야 하는 것은 본문 안에서의 기능적 단어다. 한 예로, 헬라어 접속사 'gar'는 그에 선행하는 것에 종속되는 하나의 문장이나 단락을 소개하며,[140] 종종 다음에 나오는 것이 그 선행하는 것의 이유나 근거를 제공할 것임을 암시한다. 이것은 주해와 설교 준비 과정에서 매우 중요하다.

설교를 위한 본문의 정확한 주해는 또한 본문의 동사 구조에 대한 지식을 요구한다. 만약 집을 리모델링하거나, 두 개의 방을 헐고 하나의 큰 방으로 만들고 싶다면, 반드시 두 방을 나누고 있는 벽을 없애야 한다. 그 벽이 비하중 내력벽(non-load-bearing wall, 상부의 하중을 받지 않는 벽—역주)이라면 치워 버려도 아무 문제가 없다. 하지만 하중 내력벽(load-bearing wall, 상부의 하중을 지탱하는 벽—역주)이라면 벽이 내려앉고 말 것이다. 동사는 언어의 하중 내력벽이다. 본문 안에서 그 역할을 이해하는 것은, 저자가 말하고자 했던 올바른 의미를 파악하는 데 필수적이다. 따라서 나는 설교 준비의 주해적 측면으로 '동사 차트' 만드는 훈련을 하도록 추천한다.

예를 들어, 헬라어는 동사에 아주 많은 정보가 함축되어 있다(시제, 태, 문법, 인칭, 수, 사전적 의미). 어떤 본문의 중추적인 내용은 동사 구조에 의해 발견된다. 만약 신약 성경 본문에서 부정과거 시제 본문이 등장하다 갑자기 완료 시제가 나왔다면, 보통 그것은 시제의 변화에 중요한 의미가 있는 것이다. 예를 들어, 로마서 6장 1-5절을 보면, 5절에서 "연합한 자가 되었으면"(have been united)이라는 완료 시제를 사용함으로 바로 이 점이 묘사된다. 아브라함과 이삭의 내러티브인 창세기 22장의 히브리어 본문에서는, 절정 부분인 9-10절에서 단속음(staccato) 방식으로 동사가 연속해서 갑작스럽게 등장한다. 이것은 이야기의 감정 어조를 고조시키는 효과를 낳고, 마치 독자나 청자가 다음에 무슨 일이 일어날지 알고 싶어 의자 가장자리에 앉아 기다리게 만든다. 주해적 과정에서는 분사나 부정사 같은 준동사에도 주의를 기울여야 하는데, 이들은 종종 중요한 수식 기능을 하기 때문이다.

본문이 이끄는 설교의 설교자는 또한 반드시 각 본문과 배경에는 네 종류의 기본적인 의미의 형태가 있다는 점을 알아야 한다. 즉 지시적, 정황적, 구조적, 의미론적 형태다. 지시적 의미는 본문에서 이야기하고 있는 것, 즉 본문의 주제에 관한 문제다. 정황적 의미는 대화하고 행동하는 참여자들과 관계된 정보로, 환경이나 사회적 지위 등의 문제다. 구조적 의미는 본문 그 자체에서의 정보의 배치와 관련된 것으로, 본문의 구문론과 문법에 관한 문제다. 의미론적인 것은 의미의 구조와 관련되어 있고, 어떤 의미에서는 지시적, 정황적, 구조적 의미의 집합이다.[141]

우리는 대부분 구조적 의미를 관찰하는 데 익숙해, 직관적으로 지시적이며 정황적인 의미는 알아차리지만, 종종 본문의 의미론적 차원을 파악하며 관찰하는 것에는 실패한다. 본문이 이끄는 설교의 설교자는 주어진 본문을 위해 이러한 의미의 여러 측면을 각각 주의 깊게 분석해야 한다. 예를 들어, 소돔 심판을 두고 하나님과 아브라함이 대화를 나누는 창세기 18장의 정황적(사회적) 의미를 주시하는 것은 중요하다. 우리는 히브리어 본문이 하나님과 아브라함에 대해 언급하는 방식에 주의를 기울여야 한다. 해설자가 상황의 마지막 부분을 설명하는 것에 집중해 보라. "여호와께서 아브라함과 말씀을 마치시고 가시니"(창 18:33). 이것은 아브라함이 말을 마쳤을 때 하나님께서 되돌아가셨다는 것을 말하는 것이 아니다. 오히려 그 반대다. 여호와께서 이 대화에서 가장 중요한 인물이기 때문이다. 해설자는 여기서, 그리고 창세기 전반에 걸쳐 언어적 단서를 사용해, 주어진 대화나 내러티브에서 다양한 대화자들의 사회적 신분을 조심스럽게 드러낸다.

요한복음 1장 1절은 의미론적 차원에서 사전적 의미의 중요성에 대한 실례를 제공해 준다. 이 절에서 '에이미'(*eimi*) 즉 'was'가 세 번 사용되고 있는 것에 주목해 보라. 여기서 세 번 사용된 이 단일 동사는 사실상 다음과 같이 세 가지의 각각 다른 의미를 전달한다. (1) "태초에 말씀이 *계시니라*"(in the beginning *was* the Word, 저자 강조). 여기서 '*eimi*'는 '존재하다'의 의미다. (2) "이 말씀이 하나님과 함께 *계셨으니*"(and the Word was *with* God, 저자 강조). 'with'라는 전치사가 뒤따라 나오면서 '*eimi*'가 '한 곳에 있다'라는 의미를 나타낸다. (3) "이 말씀은 곧 *하나님이시니라*"(and the Word *was* God, 저자 강조). 여기서는 '*eimi*'가 같은 급의 신분과 신성을 갖는다는 의미다.**142**

또 요한복음 1장 1절의 첫 번째 절에서는 서술적 위치에 있었으나, 두 번째 절에서는 주어 위치에 있는 '로고스'(*logos*) 즉 '말씀'(word)에 주목해 보라. 헬라어 역본에 의하면 세 번째 절에서는 교차법의 역순을 다시 만들면서 '데오스'(*theos*) 즉 '하나님'(God)을 그 '말씀'(Word)의 신성을 강조하는 동사 전에 위치시켰다.**143** 이렇게 사전적 의미는 단어 그 자체에 내재되어 있을 뿐 아니라, 문맥 안에서 다른 단어와의 관계에 의해 결정된다.

본문의 정황적 의미를 아는 것도 설교자에게 필수적이다. 의미라는 것은 단순히 본문의 그 단어 자체와 그 단어들의 구조적 관계만이 아니라, 저자가 그 단어를 사용하고 있는 전반적 문맥에도 존재하기 때문이다. 예를 들어, 많은 시간을 놀면서 보내고 있던 톰 소여가, 어느 날 폴리 이모에게 토요일에 울타리를 흰색으로 칠하라는 벌을 받은 에피소드에서 그가 친구들에게 했던 말을 생각해 보라.[144] 겉보기에 톰의 말은 마치 페인트칠에 대한 자신의 솔직한 감정을 묘사하는 것 같다. 하지만 사실은 그 잡일에서 벗어나기 위해 친구들이 그 일을 대신하도록 속임수로 설득하고 있는 것이다. 이 본문의 표면적인 구조의 의미는 사실 톰의 의도에 정확히 반대되는 것이다.

그 본문에서 톰이 그렇게 말한 목적은, 울타리를 하얗게 칠할 수 있다는 것이 얼마나 멋진 일인지를 전달하는 것이 아니다. 그의 의도는 자신이 그 일에서 벗어나는 것이다. 그래서 다른 이들이 스스로 그 일을 하고 싶어 하도록 설득해 결국 자기가 할 필요가 없어지도록 언어적인 속임수와 반대심리를 사용한 것이다.[145] 보어스(Boers)가 말하는 톰 소여의 언어 계략을 살펴보자.

> 톰이 하는 말의 각각의 의미는 그가 그 말을 하는 상황에서 찾아내야 한다. 예를 들어, "일개 소년에게 매일 울타리를 흰색으로 칠할 기회가 주어질까?"라는 표현은 수사적 형태로는 분명 진실이다. 하지만 톰이 의도한 바는 그것이 아니다. 그 의미는 단어 자체가 아니라, 상황의 전반적인 문맥에서 기여하는 의미의 효과에 있는 것이다.[146]

이것은 '화용론적 분석'(pragmatic analysis)이라는 본문 분석의 또 다른 중요한 측면을 제시한다. 화용론적 분석은 '본문 저자의 목적은 무엇인가' '그가 본문에서 이루고자 하는 것은 무엇인가' 등의 질문을 포함한다. 설교자가 이것을 이해하는 것은 매우 중요하다. 각 설교에서 그는 어떤 특정한 목적을 수행하려고 노력하고 있기 때문이다. 그러므로 설교자는 언어적 혹은 문자적 의사전달이 다음의 세 가지 목적 중 적어도 하나는 가지고 있다는 것을 이해해야 한다. 즉, 사람들의 생각이나 감정, 행동에 영향을 끼치는 것이다. 그러나 우리 설교자는 이 세 가지 목적을 모두 마음속에 간직해야 한다. 우리는 성경의 진리(교리)로 사람들의 생각에 영향을 미치려 노력해야 한다. 또 사람들의 감정에 영향을 끼치려고 노력해야 한다. 감정은 종종(어떤 사람은 '항상'이라고 말한다) 마음의 문이기 때문이다. 마지막으로 우리는 하나님의 말씀에 순종하도록 사람들의 행동에 영향을 끼쳐야 한다.

다른 중요한 본문의 언어학적 특징은 통합성, 일관성, 현저성, 평행법이다. 본문은 주제적으로 일치한다. 한 주제에서 다른 주제로의 전환은 주로 단락 단위나 그 이상에서 일어난다. 본문의 일관성은 언어적 반복 같은 시제 동사의 사용을 통해 표현될 수 있다. 현저성은 강조를 표시하기 위해 문장의 앞뒤에서 단어, 구, 절을 바꾸는 것으로 드러난다.

본문에서 두드러지게 나타나는 현저성의 한 예로, 히브리서에서 '예수'라는 이름이 홀로 아홉 번이나 쓰인 것에 주목해 보자. 헬라어 원문에서는 각 경우 그 이름을 강조하기 위해 절의 가장 마지막에 나타난다 [예를 들어, 히브리서 3장 1절을 헬라어로 문자적으로 읽으면, "생각하라. 우리가 믿는 도리의 사도이며 대제사장인 예수"(Consider the apostle and high priest of our confession, Jesus)다]. 헬라어 본문에서 두드러지게 나타나는 이 현저성이 영어 번역본에서는 좀처럼 나타나지 않는다.

본문에서 차지하는 평행법의 중요성은, 마태복음 5장 3-10절의 팔복에서 사용된 동사들의 시제 구조에 잘 드러나 있다. 설교자들은 종종 팔복의 처음과 끝의 시제는 현재형이지만, 그 사이의 내용은 모두 미래 시제라는 사실을 간과한다. 이것은 단순히 미래 지향이나 완성이 아닌 현재의 현실에 이루어질 하나님나라를 의미한다. 이 사실은 산상수훈 전체뿐 아니라 팔복의 신학적 해석에 막대한 영향을 미친다. 동사 시제의 평행법은, 팔복이나 산상수훈이 의미하는 바가 현세대가 아니라, 미래의 천년왕국을 위한 것이라는 해석을 불가능하게 만든다. 본문이 이끄는 설교의 설교자라면 통합성, 일관성, 현저성, 평행법을 제공하는 본문의 이러한 모든 언어학적 특징을 관찰하고자 할 것이다.

본문이 이끄는 설교의 설교자는 언어학적 관점에서 본문의 장르를 올바르게 파악해야 한다.[147] 롱에이커(Longacre)는 언어의 보편적 특성을 네 개의 기본적인 이야기 장르, 즉 내러티브, 절차적, 권고적, 강해적 장르로 규정했다.[148] 이 네 장르 모두 부차적 장르와 함께 성경에 나타난다. 구약 성경의 많은 부분이 내러티브다. 복음서와 사도행전도 전체적으로 내러티브 장르에 속한다. 절차적인 담화는 하나님께서 성막을 짓는 방법에 대한 분명한 지침을 주시는 출애굽기 25-40장에서 찾아볼 수 있다. 권고적 장르는 신약의 서신 문학뿐 아니라 구약의 예언서에서도 발견되며, 물론 성경에서 오직 이 부분에서만 나타나는 것은 결코 아니다. 강해적 장르는 신약의 서신서에서 분명하게 나타나며, 실제로는 모두 강해적 장르와 권고적 장르가 결합되어 있다.

지금까지 내용의 요점은, 본문이 이끄는 설교의 설교자는 반드시 본문의 완전한 이해를 목표로 본문의 형식을 검토할 뿐 아니라, 모든 차원에서 의미를 파악하도록 노력해야 한다는 것이다.[149] 본문이 이끄는 설교의 설교자는 단어와 문장을 넘어 전체 본문(단락 단위 및 그 이상까지)을 볼 수 있어야 한다.

모든 성경 본문은 네 가지 요소, 즉 구조적, 지시적, 정황적, 의미론적 의미 사이의 관계들의 집합체다. 설교 준비에서 이러한 본문 분석 접근법이 지닌 우월한 가치는, 본문의 전체 범위에서 한 본문 안에 연결되어 있는 관계들을 보게 한다는 것이다. 오직 절별 주해만으로 제한하는 것은, 종종 본문 곳곳에 퍼져 있는 세부적인 내용만을 결과로 얻는다. 나무만 봐서는 숲의 모양을 알기 힘들다. 이런 측면에서 성경의 장(chapter)과 절 구분은 도움보다 방해가 될 수 있다.

요약하면, 본문이 이끄는 설교의 설교자는 본문이 의미하는 것을 알아내기 위해 주해 연구를 수행한다. 그리고 오늘날의 청중에게 본문의 의미를 설명하기 위해 창조적인 주해에 몰두한다. 이 장에서 다루지는 않았지만, 본문이 이끄는 설교의 설교자는 청중에 대한 이해와 의사전달 기술을 갖춘 최고의 전달자가 되어, 성령에 의해 변화된 삶을 최종 목적으로, 성경을 가장 효과적으로 설교하기 위해 노력한다.

본문이 이끄는 설교: 12단계 방법론[150]

설교 준비를 위한 어떤 절차상의 특정 매뉴얼이 없음에도, 나는 앞에서 서술한 원리를 기반으로 시대를 넘어 도움이 될 만한 특정한 방법을 발견했다. 그렇다고 이 방법론이 다른 설교학 책이나 주해적 방법에서는 결코 발견할 수 없다는 것은 아니다. 나는 지금까지 20년 이상 설교학개론 과목에서 이 방법을 가르쳐 왔다. 다음 내용은 내가 사용하는 방법론에 대한 요약을 하나씩 서술한 것이다. 본문이 이끄는 설교 준비의 예를 보여 주기 위해 나는 요한1서 2장 15-17절을 사용할 것이다.

본문이 이끄는 설교 준비 12단계

1. 단락 단위에서 시작해 문장, 절, 구, 단어 단계로 나아가라.
   1) 최소 한 개의 의미 단락 단위를 설교 본문으로 정하라.
   2) 단락의 범위를 정하라.
   3) 결정된 단락을 원어와 한글 성경으로 여러 번 읽으라.
   4) 단락의 장르를 확인하라.
   5) 원어 성경의 번역 초안을 준비하라.
   6) 그 단락이 어떻게 앞 단락과 연결되는지 분석하라.

2. 단락과 함께 문장과 절을 분석하라.
   1) 동사와 준동사(분사와 부정사)를 확인하라.
   2) 모든 동사를 분석하라(특히 시제, 태, 법에 주목하라).
   3) 원어 성경의 단락에서 문장을 확인하라.
   4) 독립절과 종속절을 구별하라.
   5) 각 절(종속절 등)의 문법적 관계를 확인하라.
   6) 각각의 문장이 하나의 전체 문장에서 어떻게 서로 연결되는지 확인하라. 어떤 것이 주된 정보를 전달하고, 어떤 것이 부수적 정보를 전달하는가? 이 단계에서 종속적이며 부가적인 재료와 함께 단락의 핵심 부분을 확인하라.

3. 단락의 중심구를 분석하라.
   1) 단락에서 구, 특히 전치사구를 확인하라.
   2) 그 구의 구문적이고 올바른 번역을 결정하라(소유격적 사용 등).

4. 본문의 중심적인 단어들을 연구하라. 어휘적인 반복이나 동일한 의미적 영역 안의 단어들(다른 단어지만 비슷한 의미나 반의어를 가진 것 등)을 주목하라.
5. 다양한 번역을 비교하라. 본문이 어떻게 다양하게 다루어졌는지 확인하라.
6. 주석을 참고하라.
7. 단락을 도식화하라(통사적 또는 블록 다이어그램).
8. 앞의 자료로 주해적 개요를 발전시키라.
9. 주해적 개요를 설교 개요(설교학적/의사전달)로 발전시키라.
10. 설명, 예화, 적용에 초점을 두고 설교를 만들라.
11. 서론과 결론을 만들라.
12. 전달 방법에 대해 생각해 보라. 본문의 역동성을 반영하려면 '어떻게' 전달해야 하는가?

요한1서 2장 15-17절을 사용한 실례

요한1서 2장 15-17절은 요한의 서신서의 일곱 번째 단락에 해당한다. 이 본문은 구조적으로나 주제적으로 분명하게 하나의 단락 단위로 구분되어 있다. 바로 앞 단락인 요한1서 2장 12-14절은 하나의 단락 단위로 독특한 구조와 주제를 가지고 있어 더욱 분명하게 확인된다.[151] 요한1서 2장 18절은 호격의 사용으로 시작된다. 그리고 새 단락의 시작을 나타내는 새로운 주제의 개요 다음에 따라온다. 따라서 요한1서 2장 15-17절은 하나의 단락 단위다.

이 단락을 헬라어나 우리말로 읽다 보면, 하나의 명령 동사가 있으며, 그것이 문장 처음에 위치한다는 사실을 발견하게 된다. 또 만약 요한1서 전체를 연속해서 설교해 나간다면, 요한의 서신서에서 이 명령법이 처음 나타난다는 것을 알게 된다. 나중에 살펴보겠지만, 이 명령법의 동사는 단락의 의미와 구조에 중요한 의미를 갖는다. 단락을 여러 번 읽으면서 찾아야 하는 것이 이런 종류의 것이다. 중심 주제나 여러 주제, 그 주제에 대해 언급된 내용, 반복되는 단어나 구 등을 발견했다면 그것을 메모해 놓는 것이 매우 중요하다.

이런 정보만으로도 단락의 장르를 확인할 수 있다. 앞에서 살펴보았듯이, 언어의 보편적 특성인 담화에는 네 개의 주요 장르가 있다. 이 본문은 분명히 내러티브도 아니고, 절차적 장르도 아니다. 이 본문이 편지의 한 부분이기에 아마도 강해적이라고 결론짓기 쉽다. 한편으론 요한이 독자들에게 사용한 명령법이, 이 단락이 권고적 장르임을 분명하게 해주는 것도 아니다. 이 단락은 사실상 강해와 권고적 측면이 함께 있는 혼합된 형태다. 하지만 언어적으로 명령법이 다른 직설법 동사보다 매우 영향력이 크기 때문에, 명령법이 단락에 나타날 때는 거의 항상 권고적 장르로 판단된다.[152]

만약 헬라어를 할 수 있다면, 이제 본문의 번역 초안을 작성할 준비가 된 것이다. 그렇지 않다면 적어도 한 개 이상의 번역본을 가지고 본문을 공부해야 한다(이 단계는 나중에 설명할 것이다). 번역 초안은 주해 과정을 거치면서 다듬어질 것이다.

본문의 전후 배경은 해석에 필수적이다. 따라서 단락을 신중하게 고려하면서 어떻게 앞 단락과 연결되는지 관찰해야 한다. 헬라어 신약 성경에서는 이 연결이 이루어지는 다양한 방법이 존재한다. 가장 주된 방법은 접속사를 사용하는 것이다. 전통적 헬라어 문법은 등위접속사와 종속접속사, 이 두 형태의 접속사를 가정한다. 하나의 단락은 등위적 혹은 종속적으로 이전의 단락과 연관될 수 있다. 새로운 단락을 시작하는 가장 흔한 방법 중 하나는, 보통 '왜냐하면'으로 번역되는 접속사 'gar'를 통해 앞 단락을 종속시키는 것이다.

가끔 단락들이 접속사로 연결되지 않은 경우가 있는데, 지금 다루고 있는 이 단락이 바로 거기에 해당한다. 이런 경우는 어떤 관계가 의미론적 기반 위에 있는지를 확인해야 한다. 요한1서 2장 15-17절이 바로 앞의 12-14절에서 언급된 새로운 주제(세상을 사랑함)를 소개하고 있기 때문에, 이것은 종속적으로 연결된 것이 아니다. 사실 어떤 접속사로도 연결되어 있지 않은 14-15절은, 사도 요한이 새로운 단락만이 아니라 새로운 주제의 시작을 알리는 방법이다.

단락을 전체적으로 분석했으면 이제 단락의 문장과 절을 살펴보아야 한다. 가능하다면 헬라어에서 시작하라. 그렇게 할 수 없다면 이때는 한글 성경을 이용해도 된다. 여기서 첫 번째 단계는 그 단락의 모든 단어와 동사를 확인하고 분석하는 것이다. 아래 도표는 동사와 준동사를 어떻게 분석하는지를 보여 준다.

헬라어	분석	번역	절
μὴ ἀγαπᾶτε	현재 명령법	사랑하지 말라	15
ἀγαπᾷ	현재 가정법	사랑하다	15
estin(ἔστιν)	현재 직설법	있다	15
ἔστιν[153]	현재 직설법	있다	16
ἔστιν	현재 직설법	이다	16
ἔστιν	현재 직설법	이다	16
παράγεται	현재 중간태/수동태	지나간다	17
ὁ ποιῶν	현재 분사	행하는 자	17

| μένει | 현재 직설법 | 거한다 | 17절 |

요한1서 2장 15-17절 헬라어 본문에는 몇 개의 문장이 있는가? UBS 4판 헬라어 신약 성경에 따르면 세 개가 있다. 15절 상반절이 첫 번째 문장이고, 15절 하반절과 16절이 두 번째, 17절이 세 번째 문장이다. 만약 영어 성경으로 작업한다면, 대부분 네 개의 문장으로 되어 있을 것이다. 15절 상반절이 첫 번째, 15절 하반절이 두 번째, 16절이 세 번째, 17절이 네 번째다.[154]

이제 독립절(주절)과 종속절을 분별할 준비가 되었다. 이제 이것들이 서로 문법적으로나 의미론적으로 갖는 관계를 분석해야 한다.[155] 첫 번째 문장은 복합적 직접 목적어 다음에 나오는 현재 명령법으로 이루어진 분명한 주절이다. 두 번째 문장(15절 하반절과 16절)은 조건절에 의해 소개된다. "누구든지 세상을 사랑하면 …." 16절이 항상 절, 문장, 단락의 종속절로 그 절, 문장 심지어 단락까지도 소개하는 '왜냐하면'으로 번역되는 헬라어 접속사 'gar'로 시작되는데도, 16절은 두 번째 문장을 계속 이어간다. 17절은 세 번째 문장을 구성한다. 그것은 새로운 문장 또는 단락이 시작되는 특수한 상황에서는 번역되지 않기도 하지만, 보통은 '그리고'로 번역되는 'kai'에 의해 소개된다. 이 문장이 '그러나'로 번역되는 반의접속사 'de'와 함께 두 개의 절을 묶는 복문이라는 것에 주목하라.

"이 세상도 … 지나가되"는 "오직 하나님의 뜻을 행하는 자는 영원히 거하느니라"와 의미론적으로 반대를 나타내는 반의접속사 '그러나'로 연결된다. 이 문장의 첫 번째 절은 복합 주어를 가지고 있다. "이 세상도, 정욕도"가 그것이며, 그것은 '지나가' 버릴 것이다. 문장 안에서의 두 번째 절은 직접 목적어인 "하나님의 뜻" 다음에 나오는 "행하는 자"라는 관사를 포함한 분사구문으로 되어 있다. 이 전체 절, "하나님의 뜻을 행하는 자"는 '거하다'라는 동사의 목적어 역할을 한다.

첫 번째 문장(15절 상반절)은 단일 복합 주절로 되어 있다. "이 세상이나 세상에 있는 것들을 사랑하지 말라." 두 번째 문장(15절 하반절-16절)은 "아버지의 사랑이 그 안에 있지 아니하니"라는 대조적 독립절 앞에 나오는 종속 조건절인 "누구든지 세상을 사랑하면"이 있다. 그다음에는 헬라어 'hoti' 즉 '왜냐하면'으로 시작되는 세 번째 종속절이 따라 나온다. 이 세 번째 절은 비교적 길다. 그러나 조금 더 고찰하면 구문론이 좀 더 명확해진다. 이 구의 주어는 "세상에 있는 모든 것"이다.

이 주어는 문법적으로 '동격'[156]이라고 불리는 것의 앞에 나온다. "육신의 정욕과 안목의 정욕과 이생의 자랑이니"의 삼단 복합 구절은, "세상에 있는 모든 것"의 의미를 넓게 정의하고, 문법적으로 '동격'의 역할에 해당하는 상당어구절(equivalent phrase)로서 기능한다. 세 번째 문장(17절)은 '그러나'로 결합되는 두 개의 독립절로 되어 있다.

그러면 어떻게 이 세 문장이 서로 의미론적으로나 구문론적으로 연결되어 있는가? 세 문장 중 어떤 문장이 가장 중요한 정보를 갖고 있는가? 이 문단에서 어떤 주요 주제가 표출되어 있는가?

첫 번째 문장은 두 가지 이유에서 의미론적으로 가장 중요하다. 첫째, 두 번째 문장(15절 하반절-16절)은 종속적 의미로 첫 번째 문장(15절 상반절)과 연관되어 있다. 그것이 문법적으로 조건절에 의해 소개되기 때문이다. 세 번째 문장(17절)은 접속사 '그리고'에 의해 두 번째 문장과 대등하게 놓인다. 따라서 사도 요한은 두 번째 문장과 세 번째 문장을 구문론적으로 같은 수준에 위치시킨다.

둘째, 15절 상반절인 첫 번째 문장은 "사랑하지 말라"라는 명백한 명령문을 포함한다. 명령문은 항상 의미론적인 면에서 직설법보다 무게가 있다. 결론적으로 첫 번째 문장은 전체 문단의 주제를 전달한다. 즉, "세상에 있는 것들을 사랑하지 말라"는 것이다. 두 번째 문장(15절 하반절-16절)은 첫 번째 문장을 위한 의미론적 근거를 전달한다.[157] 즉, 하나님과 세상을 동시에 사랑하는 것은 불가능하다. 바꾸어 말하면, 첫 번째 문장의 명령인 세상을 사랑하지 말아야 할 근거를 두 번째 문장에서 찾을 수 있는 것이다. 즉, 하나님과 세상을 함께 사랑할 수 없다는 것이다. 'hoti'절(16절)은 15절에 명시된 조건절을 수식하는 종속절의 역할을 한다. 만약 누군가 세상을 사랑한다면 아버지의 사랑이 그 안에 있지 않다. 다른 말로 바꾸면, 의미론적 측면에서 사도 요한이 두 번째 문장에서 전달하고 있는 의미는 다음과 같다. "세상을 사랑하면서 동시에 하나님을 사랑할 수는 없다. 이것은 사실이다. 왜냐하면(hoti) 세상의 모든 것, 즉 육신의 정욕, 안목의 정욕, 이생의 자랑은 그 원천이 아버지가 아니기 때문이다. 세상이 그 원천이다."

세 번째 문장(17절)은 두 번째 문장에 'kai' 즉 '그리고'를 사용해 연결된다. 이는 15절 상반절의 명령에 대한 두 개의 추가적 근거를 제공하는 역할을 한다. 즉, 세상의 비영구성("이 세상도, 그 정욕도 지나가되")과 하나님의 뜻을 행하는 자의 영원성("하나님의 뜻을 행하는 자는 영원히 거하느니라")이 그것이다. 상황적으로 마지막 절의 "하나님의 뜻"의 의미는, 첫 번째 구(문장)인 15절 상반절에서 언급되었던 "세상에 있는 것들을 사랑하지 말라"다. 하나님의 뜻을 이루기 위해서는 반드시 세상을 사랑해서는 안 된다.

따라서 의미론적 관점에서 요한1서 2장 15-17절의 구조는 다음과 같이 도식화할 수 있다.

```
┌─ S¹ 권고(15절 상반절)
│  ┌─ S²-15절 상반절의 근거 1(하나님과 세상을 동시에 사랑할 수 없다, 15절 하반절-16절)
├──┤   16절의 'hoti'절은 15절 하반절의 근거(이유)를 제공함
│  └─ S³-15절 상반절의 근거 2a(세상의 비영구성, '하지만')
│      15절 상반절의 근거 2b(하나님의 뜻을 행하는 자는 영원히 거함, 17절)
```

문장과 절을 조사하고 그것으로 표현된 의미론적 관계를 확인했다면, 이제 구별 분석 단계로 이동할 준비가 된 것이다. 여기서 우리는 핵심 전치사구의 의미와 구조를 분석해야 한다. 이 본문에서 15절 하반절의 "아버지의 사랑"이라는 구는 매우 중요하다. 결정적인 질문은 어떤 종류의 소유격이 여기서 사용되었는가 하는 점이다. 주격인가 목적격인가? 만약 이 구를 주격으로 해석한다면, 그 의미는 '우리를 향한 아버지의 사랑'일 것이다. '하나님'이 명사 '사랑'에 의해 전달된, 알려진 행동의 주체다. 만약 이 구를 목적격으로 해석한다면, 그 의미는 '아버지를 향한 우리의 사랑'일 것이다. 이 구에 대한 일반적인 영어 번역은 '아버지의 그 사랑'(the love of the Father)으로 명확하게 그 의미를 나타내지 못하고 있다. 문맥과 상관없이 이 구만 보면 양쪽 모두를 의미할 수 있다. 그러나 거의 모든 주석가와 번역가가 이 구를 목적격 소유격, 즉 '아버지를 향한 우리의 사랑'의 의미로 올바르게 이해했다. 여기에는 두 가지 이유가 있다.

첫째, 이것은 앞선 세 가지 선언에서의 주어의 평행 구조를 유지한다. '너희'는 '세상을 사랑하지 말라'는 명령법의 주어로 이해된다. '너

희'는 또한 복합 직접 목적어의 두 번째 부분의 주어로 이해된다. "[너희는] 세상에 있는 것들을 [사랑하지 말라]." 세 번째 선언은 15절의 조건부로 표현된다. "누구든지 세상을 사랑하면"은 사실상, '너희'가 '누구든지' 중 하나인 것을 표현하는 것이다. 이 세 번 등장한 주어를 네 번째의 주어로 완성하는 것이 문맥상 논리적이다. 즉, '아버지를 향한 너희의 사랑'으로 쓰인 것이다.

둘째, 이 구를 목적격 소유격으로 보는 것에는 신학적 이유가 있다. 만약 이것이 '아버지가 너희를 사랑하지 않는다'로 보는 주격 소유격이라면, 이것의 분명한 의미는 '만약 너희가 세상을 사랑하면 너희 아버지께서 너희를 사랑하지 않는다'는 뜻이 된다. 그렇다면 사도 요한은 세상을 사랑하는 사람은 그리스도인으로 간주될 수 없다고 말하는 것이다. 하나님께서 그리스도인이 된 자들을 사랑하지 않는다고 말할 수 없기 때문이다. 반면 그리스도인은 때때로 하나님의 뜻에 반해 세상을 사랑하는 것이 가능하고, 그런 경우 그들은 동시에 하나님을 사랑할 수 없다. 이것이 사도 요한이 전달하고자 한 의미다. 이 해석을 지지하는 더 확실한 증거는, 사도 요한이 지금 그리스도인들에게 앞 단락, 특히 요한1서 2장 12-14절에서 이미 확립한 것을 쓰고 있다는 사실에 있다.

16절에는 연구가 필요한 세 개의 다른 전치사구가 등장한다. "육신의 정욕과 안목의 정욕과 이생의 자랑"이 그것이다. 이 세 개의 구가 '그리고'의 사용으로 본문에서 등위적으로 배열되어 있다는 점에 주목하라. 이 세 개의 구는 "세상에 있는 모든 것"과 동격이다. 즉, "세상에 있는 모든 것"이 무엇을 의미하는지 자세히 기술하고 구체화하는 역할을 한다.

전체 구, 즉 "세상에 있는 모든 것이 육신의 정욕과 안목의 정욕과 이생의 자랑이니"에서 동사는 '이다'로, 이 전체 구가 주어의 역할을 하며,

"다 아버지께로부터 온 것이 아니요 세상으로부터 온 것이라"라는 복합 주격 술어가 그 뒤를 따른다.[158] 이 세 개의 절이 본문에서 그 자체로 종속절을 수식하는 종속절에 삽입되어 있다는 것에도 주목하라. 여기서 설교를 위한 핵심은, 사도 요한이 이 본문의 요점으로 이 세 전치사구를 강조하고 있지 않다는 점이다.

하지만 얼마나 많은 설교가 이 본문을 다루면서 이 세 구를 분석하는 것에 주안점을 두어 선포하고 있는가? 얼마나 많은 삼대지 설교의 개요가 이 세 전치사구를 기초로 이 본문을 묘사하고 있는가? 만약 설교자가 이렇게 하고 있다면 그는 본문의 요점에 집중하고 있는 것이 아니다. 오히려 그보다 하위 요소를 요점의 수준으로 끌어 올린 것이다. 이것은 본문이 이끄는 설교가 반드시 피해야 하는 것이다. 그렇지 않으면 설교자는 본문의 부차적이거나 심지어 삼차적인 것에 대한 설명으로 설교를 마치게 되며, 결국 요점을 놓치고 만다. 본문의 요점은 세상에 있는 것들의 세 가지 범주에 대한 묘사가 아니라, "세상에 있는 것들을 사랑하지 말라"는 명령이다.

주해 과정에서 이쯤 되면 본문의 키워드가 되는 단어를 연구할 준비가 된 것이다. 적어도 하나의 좋은 신학 사전과 함께 좋은 사전과 용어 색인이 필요하다. 요한1서 2장 15-17절에서 연구해야 하는 키워드는 무엇인가? 아마도 다음과 같은 단어가 목록에 포함될 것이다.

"사랑"(3회), "세상"(6회), "정욕"(3회), "자랑"(1회)과 '지나가다'(1회)로 번역된 동사 등이다. 사도 요한이 의미한 "사랑"과 "세상"은 본문을 정확하게 이해하는 데 필수적이다. 예를 들어, 사도 요한은 "세상"이라는 단어로 사람들의 세상, 지구로서의 세상, 우주로서의 세상을 말하고 있지 않다. 오히려 그는 사탄에 의해 지배당하며 하나님의 뜻에 반하는 원리를 가진 체계로서의 세상이라는 특별한 의미로 사용하고 있다.

사도 요한은 특히 이런 방식으로 이 단어를 사용하기 좋아하며, 바로 앞의 더 큰 맥락이 이것이 요한이 여기서 사용한 의미임을 나타낸다. 앞에서 언급한 목록의 각 단어를 여기서 모두 언급할 수는 없다. 하지만 설교자가 설교를 작성할 때는 자신이 중요한 의미로 이해한 것을 확인하기 위해 이 단어들을 신중하게 연구해야 한다.

본문이 이끄는 설교를 준비할 때 내가 강력히 추천하는 중요한 과정은 다양한 번역을 비교하는 작업이다. 이것은 여러 가지 이유에서 설교자에게 큰 유익을 준다.

첫째로, 헬라어 본문에 대한 설교자의 주해와 번역이 올바른지 확인할 수 있다. 예를 들어, 15절에서 우리는 "아버지의 사랑"이라고 번역된 것이 의미론적으로 모호하다는 것을 살펴보았다. KJV, NKJV, NIV, NASB, NLT, ESV, NCV 같은 영어 번역도 전부 그렇다. 그 구가 의미하는 것이 우리에 대한 하나님의 사랑인가, 아니면 하나님에 대한 우리의 사랑인가? 앞서 살펴보았듯이 대부분의 주해가가 헬라어의 이 구절이 하나님에 대한 우리의 사랑을 의미한다고 말한다.

다음과 같은 번역은 애매함을 제거하고 '아버지를 사랑하지 않는다'라는 의미임을 명확히 한다. TNIV는 '아버지를 향한 사랑이 너희 안에 없다'라고 번역하고, HCSB는 '아버지를 향한 사랑이 그 안에 없다'로 번역한다. 그렇다면 이 구절의 메시지는 '세상을 사랑함은 아버지를 향한 사랑을 몰아낸다'가 된다.

번역 비교 작업의 두 번째 유익은, 같은 것을 어떻게 다른 방식으로 말할 것인지에 대한 아이디어를 제공한다는 점이다. 그것은 창조적 설교에 필수적이다. 만약 설교자가 자신의 설교에서 '아버지의 사랑'을 계속 반복한다면, 회중은 그것이 무엇을 의미하는지 모를 뿐더러 지루해할 것이다. 그러나 만약 동의어구를 찾아 같은 의미를 전달한다면, 미학적으로 귀를 즐겁게 하고 더 집중할 수 있게 만들 것이다. 이 작업에 큰 도움이 될 만한 몇몇 좋은 대조 번역서가 현재 출판되어 있다.[159]

우리는 아직 주석서를 어떻게 사용해야 하는지에 대해서는 언급하지 않았다. 이제 그 단계로 나아갈 차례다. 설교 준비에서 흔히 범하는 실수 중 하나는, 모든 단계를 건너뛰고 처음부터 주석가들이 무엇을 말하는지 살펴보는 것이다.

나는 주석서는 주해 과정에서 가장 마지막에 참고해야 한다고 주장한다. 그러나 자신의 주해 작업을 확인하기 위해서만이 아니라, 많은 부분에서 주석을 사용하는 것은 중요하다. 나는 이 단계에서 가능한 한 최대한의 시간을 가지고 될 수 있으면 많은 주석서를 읽는다. 나는 적어도 세 개의 중요한 해석서나 주석서 읽기를 추천한다.[160]

이제 본문의 다이어그램을 작성할 준비가 되었다. 여기서는 적어도 두 개의 선택을 할 수 있다. 즉, 헬라어 본문이나 한글 본문의 구문론적인 다이어그램이나 블록 다이어그램(block diagram)이 그것이다. 의미론적 구조를 따라 요한1서 2장 15-17절을 블록 다이어그램으로 만들면 다음과 같다.

이 세상이나 세상에 있는 것들을 사랑하지 말라

누구든지 세상을 사랑하면 아버지의 사랑이 그 안에 있지 아니하니
    이는 세상에 있는 모든 것이
        육신의 정욕과
        안목의 정욕과

　　　　이생의 자랑이니
　　　다 아버지께로부터 온 것이 아니요
　　　세상으로부터 온 것이라
　　　[그리고] 이 세상도, 그 정욕도 지나가되
　　　오직
　　　하나님의 뜻을 행하는 자는 영원히 거하느니라

　첫 번째 문장이 볼드체인 것에 주목하라. 이것은 의미 면에서 그 단락의 주요 문장임을 보여 준다. 나머지 다이어그램은 오른쪽으로 조금씩 들여쓰기 해, 더 들여쓸수록 종속관계를 나타낸다. 두 번째 문장(15절 하반절)의 첫 번째 부분이 한 번 들여쓰기 되었다는 것에 주의하라. 반면 두 번째 부분(16절)은 두 번 들여쓰기 되어 있다. 세 번째 문장도 마찬가지로 한 번 들여쓰기 되었지만, 첫 번째 문장과 같은 자리에 위치되었다. 그것이 접속사 '그리고'(영어 번역본에는 'and'가 있다―역주)에 의해 등위적으로 배열되었기 때문이다.

　이 블록 다이어그램은 본문 구조의 주해적 개요 역할을 한다. 이 주해적 개요로 설교적 개요를 작성할 수 있다. 이 둘의 차이는, 주해적 개요는 종종 본문 그 자체의 언어를 사용하는 반면, 설교적 개요는 청중에게 의미를 전달할 언어를 사용해 의사전달 개요를 만들려고 노력한다는 점이다. 현대 언어는 당연히 성경에서 쓰는 언어가 아니라, 오늘날 여기서 쓰는 언어다.

　본문 자체의 구조를 기초로 요한1서 2장 15-17절은 얼마나 많은 핵심 아이디어가 있는가? 15절에서 명령법으로 표현된 단 하나의 핵심 아이디어가 있다. 또 얼마나 많은 부가적 아이디어가 있는가? 두 개가 있으며, 각각은 두 번째와 세 번째 문장을 근거로 표현된다. 세 번째 문장은 복합 구조를 근거로 하나의 긍정과 하나의 부정의 의미로 나뉜다. 이것은 다음과 같은 개요적 형태로 드러난다.

1. 세상을 사랑하지 말라. … 왜냐하면
   (1) 하나님과 세상을 동시에 사랑하는 것은 불가능하다.
   (2) 이 세상은 영원하지 않다. … 오직
       아버지의 뜻을 행하는 자(또는 세상을 사랑하지 않는 자)는 영원할 것이다.

이 본문 구조를 기본으로 본문이 이끄는 설교의 경우 얼마나 많은 핵심 아이디어와 부수적 아이디어가 있어야 하는가? 하나의 핵심 아이디어와 두 개의 부수적 아이디어가 있어야 한다. 만약 이 본문을 설교하면서 한 개나 그 이상의 부가적 아이디어를 생략한다면, 이 본문을 온전히 설교한 것이 아니다. 만약 이 본문을 설교하면서 핵심 아이디어와 부수적 아이디어 외에 다른 것을 더한다면, 그것은 본문에 의미를 더하게 되는 것이다. 만약 부수적 아이디어 중 하나를 15절 상반절의 핵심 아이디어에 대응하는 것으로 만들어 버린다면, 본문의 핵심을 잘못 설교한 것이다. 만약 16절의 세 개의 평행 전치사구를 너무 중요시해 그것을 묘사하며 설명하는 것에 대부분의 시간을 사용한다면, 본문이 지시하는 바를 잘못 전한 것이다. 요점을 생략하거나, 더하거나, 혹은 본문이 부수적으로 생각하는 것을 중요시한다면, 본문을 정확하게 설교하는 것에 실패했음을 의미한다. 혹 그것이 성경적이라고 말할지는 모르지만, 본문이 말하는 방식대로 본문을 말한 것은 아니다.

만약 본문이 이끄는 설교를 믿는다면, 사도 요한 자신이 그 본문에 위치시킨 주요 정보와 부수적인 정보가 어떻게든 설교에 반영되어야 한다. 강해설교에서 이것을 실행할 수 있는 창의적인 방법은 많이 있다. 설교에는 이러한 요소가 반드시 있어야 한다. 그렇지 않으면 그 설교는 본문이 이끄는 설교가 되지 못한다.

이러한 주해적 정보를 얻었다면, 이제 설교 본문을 작성할 준비가 된 것이다. 좋은 설교에는 세 가지 필수적인 재료가 있다는 것을 기억하라. 설명, 예화, 적용이 그것이다. 이제 설교자의 창의성에 대해 이야기하고자 한다.

본문의 의미는 반드시 저자의 논의의 흐름과 청중을 연결해 주는 분명한 방법으로 설명해야 한다. 현학적인 것에서 벗어나 명백함을 추구하라. 명백하게 전달하려면 반드시 잘 구성해야 한다는 것을 기억하라. 그것은 설교에서 우연히 이루어지는 것이 아니다. 적절하게 배치된 번뜩이는 예화는 청중이 본문의 '그림을 이해할 수 있도록' 도와줄 것이다. 좋은 강해설교는 귀로 듣는 것을 눈으로 보게 한다. 단어로 그림을 그리라. 그러면 청중은 마음으로 그 그림을 보고, 감정으로 느낄 것이다. 적용은 반드시 본문을 기반으로 간결하되 청중에게 적절해야 한다.

마지막으로 설교의 결론과 도입을 쓰라. 결론은 반드시 본문이 전달하려는 핵심을 요약하고 청중에게 실천을 촉구해야 한다. 항상 결론을 위한 설교를 해야 한다는 점을 기억하라. 도입은 현대의 청중과 본문을 연결해야 한다. 그리고 이 본문이 무엇에 관한 것이며, 청중이 왜 이 설교를 들어야 하는지 분명히 말해야 한다. 도입과 결론은 간결해야 하는데, 대략 3~4분 정도의 길이가 적당하다. 만약 둘 중 하나에서 예화를 사용한다면 4~5분 정도가 필요할 것이다.

설교자는 설교에서 무엇을 말할 것인지만이 아니라 어떻게 말할 것인지를 생각하는 데 시간을 들여야 한다. 전달의 문제는 훌륭한 설교에서 매우 중요하다. 부르기 전까지는 노래가 아니고, 울리기 전까지는 종이 아니며, 선포하기 전까지는 설교가 아님을 기억하라. 고등학교 야구팀이나 메이저리그 야구팀이나 선수의 위치와 홈 플레이트 사이의 거리는 동일하게 18.44미터다. 고교 팀 투수와 프로 선수의 투구를 구별하는 것은 '전달'이다. 고교 팀 투수와 수백만 달러의 계약을 한 메이저리그 선수의 평균 구속의 차이인 약 16km/h가 모든 것을 다르게 만드는 것이다.

일반 설교와 위대한 설교를 구분하는 것은 보통 전달이다. 사역의 장기적인 측면에서 확실히 내용은 전달보다 중요하다. 말할 것을 갖고 있는 것이 분명 아무것도 말할 것이 없는 것보다 훨씬 낫다. 하지만 말할 내용을 갖고 있다면 서툴게 말하는 것보다 잘 말하는 것이 더 낫다. 훌륭한 전달과 짝을 이룬 내용은 위대한 설교를 만든다. 내 친구 대니 애킨은 이렇게 말하길 좋아한다. "무엇을 말하는지는 어떻게 말하는지보다 중요하다. 하지만 어떻게 말하는지가 지금처럼 중요했던 적은 없다!"

결론

본문이 이끄는 설교는 최초의 청중이 이해한 의미를 오늘날의 청중이 이해하도록 주어진 본문의 주요 정보와 부수적 정보를 전달하는 설교다. 이것을 수행하기 위해 전통적인 연역적 개요에 이 정보들을 억지로 넣을 필요는 없다. 하지만 설교자는 원저자가 본문에 어떤 주된 내용과 부수적 내용을 기록하고 있는지 확인하기 위해 반드시 본문의 문법적, 구문법적, 의미론적 구조를 신중하게 고려해 주해 작업을 해야 한다. 설교는 본문의 내용, 구조, 역동성에 정직해야 한다. 이 작업이 올바르게 될 때만 설교를 통해 유효한 적용이 잘 전달될 수 있다. 주해 없는 적용은 근거가 없다. 적용 없는 주해는 현학적일 뿐이다. 이 둘 모두 예화와 연결되어야 한다.

이 장에서 제안한 본문이 이끄는 설교의 방법은 피와 땀, 노력, 눈물을 동반할 것이다. 하지만 그 대가는 엄청나다. 일단 그 방법을 터득하면 많은 단계를 하나로 합치거나 과정을 간략하게 만들 수 있다. 지금 느끼는 것처럼 그렇게 힘에 부치는 일은 아니다. 하나님께서는 말씀하셨다. 그분의 기록된 말씀이 곧 그분의 선포. 설교자는 진리의 말씀을 바르게 주해하는 그분의 정확한 대언자가 되기 위해서라면 어떤 값이라도 지불해야 한다. 이 점에 대해 웨인 그루뎀(Wayne Grudem)보다 더 잘 표현한 사람은 없다.

교회 역사상 위대한 설교자들은 자신에게는 그 어떤 권위도 없다는 것을 깊이 인식해 왔다. 그들의 일은 성경 말씀을 해설하고, 그 말씀을 청중의 삶에 정확히 적용하는 것이었다. 그들의 설교에서 나타난 능력은, 자신의 영적 체험이나 다른 사람의 경험에서 온 것이 아니었고, 자신의 의견이나 창조적인 생각, 수사적 기술에 기인한 것도 아니었다. 오직 하나님의 강력한 말씀에 의한 것이었다. 기본적으로 그들은 설교단에서 성경 말씀을 가르치며 청중에게 효과적으로 전달했다. "이것이 이 구절이 의미하는 것입니다. 당신도 그 의미를 아십니까? 그렇다면 당신은 반드시 이것을 믿고 마음을 다해 순종해야 합니다. 하나님께서 이것을 오늘 당신에게 말씀하고 계시기 때문입니다!" 오직 성경의 기록된 말씀만이 설교에 이런 권위를 부여할 수 있다.¹⁶¹

오직 본문이 이끄는 설교만이 하나님께서 의도하신 의미를 그분의 백성에게 제대로 전달할 수 있다.

Part 6
설교의 기초, 본문 연구

_ 데이비드 알런 블랙(David Alan Black)[162]

    설교와 가르침에서 주해의 자리는 어디인가? 이것이 이 장에서 묻고 답하고자 하는 질문이다.

    주해는 마치 보청기와 같다고 생각할 수 있다. 우리는 귀청이 터질 것 같은 시끄러운 세상에 살고 있으며, 불협화음은 우리를 혼란스럽게 만든다. 영적인 면에서 우리는 듣는 것이 어려워졌다. 하지만 먼저 본문에 귀 기울이기 전까지는 본문을 강해할 수 없다.

    성경은 듣는 것에 대해 많이 언급한다. 만약 우리가 듣는 것 없이 말할 수 있다고 생각한다면 심각한 실수를 저지르는 것이다. 주일마다 교회에서 많은 사람이 설교자 '역할'을 맡아 그에 맞는 동작을 하며, 자신이 단지 흉내만 내고 있다는 것을 전혀 인식하지 못한 채 스스로 진리를 가르치고 있다고 생각한다. 만약 목사가 희미한 소리가 아니라 나팔 소리처럼 선명하게 본문에서 들을 수 있게 해주는 보청기를 착용한다면 어떻게 될까? 사실 가르치며 설교하는 우리는 하나님의 말씀 자체에서 그런 보청기를 가지고 있는데, 그 말씀이 '살아 있고 활력이 있기' 때문이다(히 4:12).[163] 기독교란 목소리로 만들어지고 말로 표현된 것 둘 모두라고 할 수 있다. 그것은 삶을 변화시키는 진리에 기초하며, 그 진리는 최고의 존경과 주의 깊은 경청을 요구한다.

그렇다면 성경 말씀에 귀 기울일 때 우리는 무엇에 주의해야 하는가? 이 질문의 답은 수많은 성경학자만큼이나 많다. 지난 30년 동안 이 주제에 대한 책은 마치 홍수처럼 쏟아져 나왔다. 내가 쓴 『설교자를 위한 신약석의 입문』(Using New Testament Greek in Ministry, 솔로몬)도 그중 하나다.[164] 이 책에서 나는 주해 방법에 대해 단계별로 제시해 놓았다. 또 새로운 접근법이 아니라, 개혁주의 해석 원리로의 회귀와 '모든 단어, 모든 성경'이 하나님의 감동으로 된 것이며 교육하기에 유익하다는 성경 영감설 교리의 회복에 대해 제안했다. 나는 건전한 주해에는 적어도 10가지의 중요한 단계가 있다고 믿는다. 이 장에서 그것을 함께 살펴보면서 최고의 성경 해설가가 되고자 하는 도전과 용기를 얻기 바란다.

세 개의 질문

주해에 관한 세 가지 광범위한 질문에 집중하면서 시작해 보자. 나는 성경에서 말씀을 준비할 때마다 이 세 가지를 항상 질문해야 한다고 믿는다.

1. 본문의 배경이 무엇인지 이해하고 있는가?
2. 본문의 의미가 무엇인지 이해하고 있는가?
3. 어떻게 본문을 적용할지 이해하고 있는가?

기하학적 용어로 이 질문들을 바꾼다면, 주해는 세 개의 다른 각도에서 본문을 보는 것이라고 할 수 있다. 첫째, 본문을 '위'에서 전체적으로 바라보아야 한다. 그다음 본문의 '안'에서 살펴보아야 한다. 본문의 상황에서 활용 가능한 모든 주해적 도구를 사용해 그 의미를 알아내야 한다. 그리고 마지막으로 반드시 본문 '아래'에서 그 말씀에 순종할 뿐 아니라, 그 메시지를 다른 사람들에게 적용해 가르칠 것을 준비하고 또 기꺼이 실행해야 한다.

이 세 가지 기본 영역, 즉 본문을 '위' '안' '아래'에서 살펴본 것을 각각 '배경' '의미' '의의'라고 부른다. '배경'에 관한 질문은 역사적이고 문학적인 질문이다. 역사적 분석은 원 저자와 최초의 청중이 직면했던 문화·정치·종교적 상황을 다룬다. 문학적 분석은 연구하고 있는 책에서 그 본문이 앞뒤 정황에 어떻게 들어맞는지를 살펴보는 것이다.

'의미'에 관한 질문은 우리를 본문 자체로 인도한다. 여기서 우리는 여섯 가지 강조점을 찾는다. 원문 분석(본문의 원어를 다룸), 사전적 분석(단어의 의미를 다룸), 구문적 분석(단어와 단어 사이에 존재하는 관계를 다룸), 구조적 분석(저자가 본문을 배열한 방식을 다룸), 수사학적 분석(저자가 본문에 사용한 수사학적 장치를 다룸), 전통적·비판적 분석(어떤 전통적이거나 이미 존재하고 있는 자료를 다룸)이 그것이다.

마지막으로, '의의'에 관한 질문은 두 가지, 즉 신학적 분석(본문에서 명백한 성경 진리는 무엇인가)과 설교학적 분석(어떻게 이 진리를 사람들에게 최선의 방법으로 전달할 것인가)이 동반된다.

나는 앞서 묘사한 주해적 과정이 기계적이며 연속적인 단계라거나, 그 모든 단계가 성경 본문 모두에 동일하게 적용된다고 말하는 것이 아니다. 실제 주해에서는 종종 본문, 의미, 의의에 관한 질문들 사이를 앞뒤를 오가게 된다. 나는 단지 각각의 질문을 하며 이런 과정을 수행하지 않으면, 주해의 중요한 면을 간과하는 매우 큰 위험에 처하게 된다는 것을 강조하고 싶다. 사실 주해는 학문이면서도 기술이다. 우리는 무오한 해석을 보장하는 일종의 '방법'에서 성경과 우리 자신을 잘 지켜 나갈 것이다.

이제 각 단계를 차례로 설명한 다음, 히브리서 본문에 적용함으로써 예증해 보고자 한다. 내 연구 분야인 신약에서 예를 선택해 각 단계를 설명할 것이다. 물론 나는 여기서 논의된 주해의 원리가 구약에도 동일하게 적용된다고 믿는다.

배경에 관한 질문

배경에 관한 질문으로 시작하는 것은 당연한 일이다. 배경이라는 조건 밖에서는 본문은 아무 의미가 없거나 어떤 의미를 가정할 뿐이다. 따라서 본문 연구 작업은 반드시 그 본문의 역사적·문학적 배경을 조사하는 것에서 시작해야 한다.

역사적 분석

여기서 중요한 질문은, 어떤 중요한 역사적 요소가 지금 연구하고 있는 성경 각 권의 배경에 놓여 있는가 하는 것이다. 물론 우리는 그 책 자체에서 이러한 정보를 찾아낼 것이다. 하지만 이 말은 본문의 배경을 좀 더 이해하기 위한 조사에서 성경 외의 정보를 무시하거나 간과해도 된다는 의미가 아니다. 나는 언제나 내가 가르치는 성경 각 권의 역사적 배경을 공부할 때면, 항상 적어도 다음 여섯 가지 질문에 답하려 애

쓴다.

1. 누가 성경의 이 책을 기록했는가?
2. 누구에게 이것을 보냈는가?
3. 저자와 독자는 어떤 관계인가?
4. 이 책을 저술하게 된 역사적 배경은 무엇인가?
5. 어디서 기록했는가?
6. 독자들이 살았던 곳은 어디인가?

이런 종류의 질문은 지루하거나 아무 관련성이 없어 보일 수 있다. 그럼에도 나는 그 본문이 원래의 배경과 관련되어 전해진 것이라면 이런 질문이 필수적이라고 믿는다.

덧붙여 말하자면, 이 질문들을 하는 이유는, 성경의 각 권을 '특정한 목적을 위한 문서'로 이해해야 한다는 사실 때문이다. 성경의 책들은 원 저자나 원 독자의 관점에서 볼 때 어떤 특수한 상황에서 기록되었다. 그러므로 이런 상황을 더 알면 알수록, 본문을 더 잘 이해하고 현대의 삶에 더 잘 적용할 수 있게 준비되는 것이다.

오늘날은 성경의 역사적 배경을 발견하는 데 도움이 되는 도구가 많이 있다. 신약 성경 연구에서 이러한 작업에 큰 도움이 되는 책은 다음과 같다.

F. F. Bruce, *New Testament History* (Garden City: Doubleday, 1971)[F. F. 브루스, 『신약사』, 나용화 역(서울: CLC, 2014)].

C. K. Barrett, *The New Testament Background: Selected Documents* (San

Francisco: Harper/London: SPCK, 1987).

Everett Ferguson, *Backgrounds of Early Christianity* (Grand Rapids: Eerdmans, 1987).

Ben Witherington, *New Testament History* (Grand Rapids: Baker, 2001).

Craig S. Keener, *The IVP Biblical Background Commentary: New Testament* (Downers Grove: InterVarsity, 1993).

Paul Norman Jackson, "Background Studies and New Testament Interpretation." in *Interpreting the New Testament*, edited by David Alan Black and David S. Dockery (Nashville: B&H, 2001), 188-208.

문학적 분석

우리는 본문의 역사적 배경뿐 아니라 문학적 배경에도 주의를 기울여야 한다. 해돈 로빈슨은 대표적인 저서 『강해설교』(*Biblical Preaching*, CLC)에서, "우리가 본문을 좀 더 넓은 범위에서 보는 것은 그 책의 저자를 데려오는 것과 동일한 상태를 성경에 제공하는 것"[165]이라고 말한다.

내가 강의할 때 즐겨 사용하는 예는 히브리서 13장 5절이다. 대부분의 학생이 이 구절의 뒷부분은 자주 인용한다. "내가 결코 너희를 버리지 아니하고 너희를 떠나지 아니하리라 하셨느니라." 하지만 앞부분을 인용하는 학생은 거의 없다. "돈을 사랑하지 말고 있는 바를 족한 줄로 알라."

이상하지 않은가? 어떻게 약속은 기억하면서 명령은 잊어버릴 수 있는가? 내가 학생들에게 16세기 중반까지 성경에 절 구분이 없었다는 사실을 이야기하면 매우 놀라워한다. 헬라어 신약 성경에 절을 처음 도입한 사람은 1551년 로베르 에티엔[Robert Estienne, 스테파누스(Stephanus)로도 알려져 있음]이다. 신약 성경에서 특정 본문을 쉽게 찾을 수 있도록 이 '절'이 만들어졌음에도, 이것은 또한 각 절이 그 절 자체에 매이는 잘못된 인상을 남겼다. 1661년 킹 제임스 판 성경은 절 구분을 사용함으로 이런 왜곡을 무의식적으로 유지했다. 나는 이런 왜곡을 신약 성경에 대한 범퍼 스티커 혹은 벽보 접근법이라고 부른다. 이런 접근법을 통해 우리는 발로 차고 소리 지르고 피 흘리며 성경 구절을 그 배경에서 억지로 빼내는 것이다.

하지만 신약 성경은 연관성 없는 자질구레한 요소를 한 곳에 모아 놓은 것이 아니다(그런 면에서는 구약 성경도 마찬가지다). 그것은 마치 퍼즐과도 같다. 작은 퍼즐을 전체 그림에서 빼내 버리면 그 조각은 아무 의미도 갖지 못한다.

본문의 문학적 배경에 관한 질문은 세 종류의 도움을 준다.

1. 절이 아닌, 언어의 가장 기본적인 생각 단위인 단락의 측면에서 생각하도록 돕는다.
2. 성경을 적절한 부분으로 나누어 윤곽을 그리도록 도와준다. 그러면 단락별(문단별)로 그 성경 전체를 가르쳐 나갈 때, 우리가 가르치는 본문 단위는 저자가 그 책에서 강조하고자 했던 것을 더 잘 반영하게 된다. 한때 나는 빌립보서를 이런 식으로 공부했다. 그것은 내가 어떻게 그 책을 가르쳐야 할지에 대한 모든 것을 바꾸어 놓았다. 많은 사람이 빌립보서는 그리스도인의 삶에 있는 기쁨

에 관한 책이라고 생각한다. 하지만 나는 빌립보서의 구조 연구를 통해, 기쁨이 연합에서 나오는 부산물이라는 것이 이 책의 주제라고 결론 내렸다.[166]

3. 성경 각 권의 문학적 배경을 공부함으로 그 책의 장르가 무엇인지 더욱 확실히 입증할 수 있다. 신약 성경에서는 네 가지 기본 장르(복음서, 사도행전, 서신서, 예언서)를 찾을 수 있다. 더불어 하위 장르로 내러티브, 우화, 질문, 산상수훈, 시, 격언 등도 있다. 그 책의 기본 장르와 함께 하위 장르는 본문 이해에 영향을 미친다. 이것은 특집 기사, 사설, 만화의 차이가 우리가 신문을 읽는 것에 영향을 미치는 방식과 많은 부분에서 같다.[167]

물론 신약 성경의 각 책이 주장하는 바를 추적해 가는 것은 결코 쉽지 않다. 우리는 반드시 위에서 아래로 가는 작업과 아래에서 위로 가는 작업을 동시에 해야 한다. 즉, 반드시 그 책의 구문론과 주제 문제를 동시에 살펴보면서 우리가 가르치는 본문을 확인해야 한다. 이런 작업을 하면서 나는, '그러므로' '그런즉' '이러하므로' 같은 단어나 구를 살펴보는 것이 특별히 도움이 된다는 사실을 발견했다. 많은 경우 이런 표현은 예를 들면, 호격('형제들이여')이나 시작 상투어('나는 네가 모르기를 원치 않는다') 같은 언어학적 표지로 절의 시작을 알리는 역할을 한다.

본문의 문학적 배경을 연구할 때는 시간을 들여 성경 주석서와 신약 성경 개관 책을 참고해야 한다. 이에 관한 매우 기본적인 책 중 하나가, 토머스 리(Thomas D. Lea)와 데이비드 알런 블랙의 *The New Testament: Its Background and Message* (Nashville: B&H, 2003)다.

이 밖에도 본문의 내적 통일성과 글의 구조를 발견하려는 시도를 담화 분석이라고 한다. 이 중요한 연구 분야를 소개하는 책으로는, 피터 코트렐(Peter Cotterell)과 맥스 터너(Max Turner)의 *Linguistics and Biblical Interpretation* (Downers Grove: InterVarsity, 1989)과 데이비드 알런 블랙이 편집한 *Linguistics and New Testament Interpretation: Essays on Discourse Analysis* (Nashville: B&H, 1993)[168]를 참조하라.

의미에 관한 질문

앞에서 살펴본 것처럼 의미에 관한 질문은 여섯 단계를 거쳐야 한다.

원문(본문) 분석

원문 분석은 신약 성경 주해에서 때때로 간과된다. 종종 우리는 어떤 구체적인 부분이든 그것을 우선적으로 살펴보지도 않고, 단순히 우리가 설교하는 본문이 원문에서 나왔다고 추측한다. 나는 이것이 중대한 실수라고 생각한다. 신약 성경 원문 분석('원문 대조 비평'이라고도 부른다)은 다른 어떤 이유가 아닌, 현존하는 헬라어 필사본이 꽤 다양하기 때문에 주해 작업에서 반드시 필요한 단계다.

헬라어 필사본의 이러한 차이점은 오늘날의 성경 번역본(특히 각주)에도 충분히 반영되고 있으며, 성경 해설자는 반드시 정보에 근거한 판단을 하도록 요구된다. 예를 들어 마태복음 5장 22절에서, "이유 없이"('without a cause')라는 구절이 KJV와 NKJV에서는 발견되지만, 다른 주류 영어 번역본에서는 생략되었다. 이 구절을 가르치는 사람에게는 이에 대한 질문이 매우 중요하다. 예수님께서 '모든' 노함을 금하시는 것인가, '합당하지 않게' 노하는 것을 금하시는 것인가?[169] 분명히 이 본문의 문제에 대한 올바른 이해는, 산상수훈의 이 부분을 설교하기 전에 반드시 필요하다.

또 다른 예가 요한복음 3장 12-13절에서도 발견된다. 예수님은 니고데모에게 말씀하시면서 자신이 '하늘'에 있다고 주장하신 것인가? 이 질문의 답은 이 절에서 나타난 원문의 문제를 어떻게 해결하는지에 달려 있다.[170]

대략 2천 개의 주요한 본문상의 차이가 헬라어 신약 성경에 존재한다('주요한' 차이점이라고 한 것은 번역과 해석에 큰 영향을 미친다는 의미다). 아마도 이 문제로 가장 유명한 본문은 마가복음 16장 9-20절일 것이다.[171] 만약 자신이 정한 본문에서 어떤 중요한 차이점을 발견했다면, 그와 모순되는 번역들을 지지하는 증거를 확인해 볼 필요가 있다. 전통적으로 본문 비평은 내적 및 외적 증거 모두를 고려한다. 외적 증거에 대한 질문은 보통 다음과 같다.

1. 어떤 문장이 가장 오래되었는가?
2. 어떤 문장이 지리적으로 가장 널리 퍼졌는가?
3. 어떤 문장이 본문의 주요 양식으로 입증되는가?

반면 아래 내용은 내적 증거에 대한 질문이다.

1. 어떤 문장이 다른 것에서 기원한 것을 가장 잘 설명하는가?
2. 어떤 문장이 필사적 오류에서 기인한 것이라고 할 수 있는가?
3. 어떤 문장이 원 저자의 스타일과 생각에 가장 일치하는가?

설교자 스스로 본문 비평을 하기 위해서는 이 주제에 대한 실제적 지식이 필요하다. 특히 신약 성경 원문 비평 자료(헬라어 필사본, 고대 번역본, 초대교회 교부들의 인용문 등) 및 헬라어 성경의 본문 비평 자료와 친숙해질 필요가 있다. 또 어떻게 본문으로 결정되었는지 아는 것도 필수적이다. 이 주제를 전반적으로 다룬 것 중에 오늘날 사용할 수 있는 가장 간단한 입문서로는, 데이비드 알런 블랙의 *New Testament Textual Criticism: A Concise Guide* (Grand Rapids: Baker, 1994)가 있다. 이 분야에서 기준이 되는 책인, 브루스 메츠거(Bruce M. Metzger)의 *The Text of the New Testament*, 3rd ed. (Oxford: Oxford University, 1992)[브루스 메츠거, 『사본학』, 강유중 역(서울: CLC, 2012)]도 큰 도움이 될 것이다.[172]

사전적 분석

본문에 대한 원문을 확인했다면 이제 그 단어들이 의미하는 것이 무엇인지 살펴봐야 한다. 이 단계를 사전적 분석 혹은 '단어 연구'라고 부른다. 단어는 중요하다. 언어의 기본 구성 단위이기 때문이다. 대체로 헬라어 단어 하나는 여러 가지 의미를 지닌다. 그중 한 가지만 어떤 본문에서 그것이 쓰인 '의미'다. 따라서 우리는 미리 생각한 우리의 개념으로 그 단어를 읽는 것이 아니라, 저자가 의도한 의미를 식별해야 할 책임이 있다.

단어를 연구할 때 나는 다음과 같은 여러 가지 질문을 던진다.

1. 이 단어가 의미할 수 있는 것들은 무엇인가?
2. 그 배경(문맥)에 가장 적합한 의미는 무엇인가?
3. 저자가 동일한 단어를 다른 곳에서는 어떻게 쓰고 있는가?

4. 이 단어의 의미를 정의하는 데 도움을 주는 다른 동의어나 반의어가 있는가?

동시에 나는 다음과 같은 오류를 피하고자 노력한다.

1. 어원화(etymologizing): 단어의 의미를 어원만으로 결정하는 것
2. 부적절한 전체 이전(illegitimate totality transfer): 한 단어의 모든 의미를 그 단어가 쓰인 각 본문에 주입해 읽는 것
3. 단어와 개념의 혼동: 개념이 단어 단독으로 표현되는 경우는 거의 드물다는 것을 인식하는 데 실패하는 것
4. 과대 분석: 주해의 다른 영역을 희생시킬 정도까지 단어 연구를 진행하는 것

이런 오류는 대부분 우리가 저지르기 쉬운 것들이다. 또 설교하기에 매우 좋을 수도 있다. 우리가 얼마나 자주 헬라어 단어 '에클레시아'(ἐκκλησία)를 '사람들을 불러내다'라는 뜻으로 말해 왔는가? 이 단어는 원래 그 어원(ἐκ, '밖으로'; καλέω, '부르다')과는 아무 관련이 없다.

파인애플이 소나무(pine tree)에서 자라는 사과(apple)가 아니라는 것을 알기 위해, 모두가 나같이 하와이에서 태어나거나 자랐어야 하는 것은 아니다. 우리가 살펴본 바와 같이 사전적 분석의 핵심은, 하나의 헬라어 단어가 많은 다른 의미를 가질 수 있다는 것이다. 오직 그중 하나의 의미만 그 단어가 사용된 특정한 문장에 의미적으로 기여한다.

단어를 연구함에서 나는 다음 방식을 추천한다.

1. 단어의 의미가 지닐 수 있는 범위를 파악하기 위해 주요 사전(특히 BDAG)을 참고하라.
2. 저자가 그 단어를 독특하게 사용하는 것에 대한 느낌을 이해하기 위해 용어 색인을 확인하라.
3. 신학 사전(*NIDNTT* 등)에서 그 단어를 찾아보라.

신약 성경 단어 사전들이 항상 본문 배경에 완전하고 충분한 주의를 기울이는 것은 아니라는 사실을 명심하라. 대부분의 경우, 신약 성경의 어떤 특정 단어의 의미는 그 단어가 쓰인 본문의 구조에 묶여 있다. 예를 들면, 나는 처음 헬라어를 배우는 학생들에게 요한복음의 처음 다섯 단어(Ἐν ἀρχῇ ἦν ὁ λόγος)가 어떤 적절한 배경에서는 '회계 담당자가 군인들 가운데 있었다'로 표현될 수 있다고 언급하곤 한다.

주해에서 배경의 중요성은 아무리 강조해도 지나치지 않다. 이 점은 한 족장이 자신의 고용인에게 선물을 주고자 했던 이야기로 적절히 요약된다. 수혜를 받기로 한 사람은 '몇 개의 골프채'를 제안했다. 후에 그 수령자는 한 이메일을 받았다. "페블(Pebble) 해변을 당신을 위해 사두었고, 지금은 리비에라(Riviera)를 놓고 협상 중입니다"(페블 해변과 리비에라는 골프 단체가 모여 있는 곳으로 유명하다—역주).

그러므로 기억하라. 사전적 분석은 주해에서 '열려라 참깨'나 '아브라카다브라'가 아니다. 그것은 시녀이지 여왕이 아니다. 하지만 이 과정은 우리가 겪는 정신적 수고를 상쇄할 정도로 필수적이다. 다음의 책들은 사전적 분석 기술 계발에 도움이 될 것이다.

Moisés Silva, *Biblical Words and Their Meaning: An Introduction to*

Lexical Semantics (Grand Rapids: Zondervan, 1983).

D. A. Carson, *Exegetical Fallacies*, 2nd ed. (Grand Rapids: Baker, 1996) [D. A. 카슨,『성경 해석의 오류』, 박대영 역(서울: 성서유니온, 2014)].

David Alan Black, *Linguistics for Students of New Testament Greek: A Survey of Basic Concepts and Applications*, 2nd ed. (Grand Rapids: Baker, 1995) [데이비드 알런 블랙,『신약 성경 헬라어와 일반언어학』, 이상일 역(서울: 총신대학교출판부, 1998)].

표준이 되는 헬라어 신약 성경 사전으로는, *A Greek-English Lexicon of the New Testament and Other Early Christian Literature*, 3rd ed., rev. and ed. Frederick William Danker (Chicago: University of Chicago Press, 2000)이 있다. 이 책은 종종 'BDAG'로 축약된다. 또 도움이 되는 책으로는 네 권으로 된, *New International Dictionary of New Testament Theology*, trans. and ed. Colin Brown (Grand Rapids: Zondervan, 1975~1986) 이 있으며, 흔히 '*NIDNTT*'로 축약된다.

구문적 분석

구문론은 주해 작업의 매우 중요한 부분이다. 그러나 불행히도 그 중요성이 자주 간과되었다. 주해 작업을 사전적 분석에서 끝내는 경우가 너무 흔하다. 나는 학생들이 '단어에 갇힌' 주해를 넘어 구문적 분석의 폭넓은 영역을 살펴보는 것을 보면 매우 기쁘다.

간단히 말해, 구문론은 단어들 사이의 문법적 그리고 의미론적 관계를 동반한다. 그것은 구절들 그리고 각각의 단어들보다 폭넓은 의미의 단위에 집중하는 것이다. 또 구문론은 각 단어의 시제, 태, 문법, 인칭,

수, 격의 문제를 포함한다. 구문 분석은 항상 우리를 성경의 원문으로 데리고 간다. 구문론적 특성은 심지어 가장 문자적으로 번역된 영어 성경에서조차 잘 드러나지 않기 때문이다. 만약 설교자가 구문론 실력이 부족하다면 헬라어 문법 기초를 복습하는 시간을 가져야 한다.

구문 분석에서의 주된 관심은 본문 이해와 적용에 영향을 미치는 문법적 특성을 파악하는 것이다. 에베소서 5장 18절은 이러한 구문 분석의 중요성을 잘 보여 준다. 이 구절에서 주동사는 '충만함을 받으라' (πληροῦσθε)다. 크리스웰(W. A. Criswell)은 이 구절에 대한 설교에서[173] 동사 '충만하다'(πληρόω)의 단어 연구로 시작한 다음 그 단어의 구문적 특성이 지닌 문법적 뉘앙스에서 직접적으로 설교 본문을 전개한다.

1. 하나님은 우리에게 성령의 충만함을 받으라고 명령하신다(동사가 명령법이다).
2. 이 충만함은 계속되는 경험이다(동사가 현재형이다).
3. 우리는 삶에서 성령의 영향력에 우리 자신을 내어 드려야 한다 (동사가 수동형이다).

여기서 볼 수 있는 것처럼 이 설교에서는 구문법이 핵심 역할을 한다. 또 헬라어 구문법은 문제가 되는 본문을 주해하는 일에서 중요한 요소다. 예를 들어 히브리서 6장 4-6절에서, 다섯 개의 부정과거 분사가 두 개의 현재형 분사로 전환된 것은, 배교자들도 '계속해서' 하나님의 아들을 "십자가에 못 박아 드러내 놓고 욕되게" 하지 않는다면 다시 회복될 수 있음을 의미한다.

구문론에 대한 질문에 다음과 같은 책이 도움이 될 것이다.

James A. Brooks and Carlton L. Winbery, *Syntax of New Testament Greek* (Lanham, MD: University Press of America, 1979).

J. Harold Greenlee, *A Concise Exegetical Grammar of New Testament Greek* (Grand Rapids: Eerdmans, 1986).

David Alan Black, *It's Still Greek to Me: A Easy-to-Understand Guide to Intermediate Greek* (Grand Rapids: Baker, 1998).

David Alan Black, *Learn to Read New Testament Greek*, 3rd ed. (Nashville: B&H, 2009).

Daniel B. Wallace, *Greek Grammar Beyond the Basics* (Grand Rapids: Zondervan, 1997).

구조 분석

본문의 어법과 구문론에 대해 확인했다면, 이제는 그 본문의 좀 더 큰 문장 구성법을 살펴보아야 한다. 구조 분석은 좀 더 큰 의미 단위인 절과 문장의 관계에 관한 것이다.

복잡한 본문의 경우, 전체 구조 분석은 매우 유익하다. 구조 분석의 목적은 본문의 중심 주제가 분명해지도록 단어들을 재배열하는 것이다. 헬라어에서 한 본문의 중심 구절은 보통 본문의 핵심 명제 역할을 한다. 반면 종속절은 대부분 핵심 아이디어를 확장한다. 여기서 나는 '헬라어에서'라는 구절을 강조하고자 한다. 영어 성경에서 중심 구절로 나타나는 것이 헬라어 본문에서는 종종 종속절이기 때문이다. 따라서 구조를 분석할 때는 헬라어 원어로 작업하는 것이 필수적이다.

구조 분석을 통해 다이어그램을 만드는 과정으로 다음 세 단계를 추천한다.

1. 모든 독립절은 왼쪽 가장자리에 위치시킨다.
2. 모든 종속절이나 구는 그것이 수식하는 단어(들)의 다음 행에 위치시킨다.
3. 저자가 주장하는 것을 자신의 말로 다시 진술한다.

다시 말해 구조 분석의 목적은, 저자가 생각한 것을 가능한 한 분명하게 재건하는 것이다. 이런 구조 분석은 구절 연구가 귀납적이 되는 기회를 극대화한다. 개인적으로 나는 구조 연구가 헬라어 원어를 연구하는 가장 큰 기쁨과 상급 중 하나임을 알게 되었다.**174**

예를 들어, 빌립보 교인들을 위한 바울의 기도인 빌립보서 1장 9-11절을 살펴보자. 이 본문은 다음과 같이 주절과 오른쪽으로 들여쓴 종속절로 시작된다.

내가 기도하노라
    너희 사랑을 지식과 모든 총명으로 점점 더 풍성하게 하사
        너희로 지극히 선한 것을 분별하며
        또 진실하여 허물 없이 그리스도의 날까지 이르고
            예수 그리스도로 말미암아 의의 열매가 가득하여
            하나님의 영광과 찬송이 되기를 원하노라

바울의 논리는 다음과 같이 나타난다. 먼저 그는 이 서신의 독자들을 위해 기도한다는 사실을 말한다. 그다음 그 기도 내용을 기술한다. 이어서 기도의 두 가지 목적을 제시한다(직접적인 목적은 그들이 선한 것을 분별하는 것이며, 궁극적 목적은 그들이 진실하여 허물 없이 그리스도의 날까지 이

르는 것이다). 마지막으로, 자신이 이렇게 기도할 수 있는 이유를 설명한다('하나님이 이미 그들을 의로 가득하게 하셨다'). 그렇다면 가르침의 개요는 다음과 같다.

- **제목**: 빌립보 교인들을 위한 바울의 기도
- **개요**
  I. 간구: 풍성한 사랑을 위한 기도
  II. 목적: 지극히 선한 것을 분별하며, 진실하여 허물이 없게 되는 것
  III. 근거: 하나님께서 주시는 의로움

만약 이런 형태의 다이어그램을 처음 접한다면, 신약 성경 본문의 구조 분석을 시작하는 데 도움이 되는 다음 자료를 추천한다.

Johannes P. Louw, *Semantics of New Testament Greek* (Philadelphia: Fortress, 1982).

Gordon D. Fee, *New Testament Exegesis: A Handbook for Students and Pastors*, 3rd ed. (Philadelphia: Westminster, 2002)[고든 D. 피, 『신약 성경 해석 방법론』, 장동수 역(서울: 크리스챤출판사, 2003)].

Walter L. Liefeld, *New Testament Exposition: From Text to Sermon* (Grand Rapids: Zondervan, 1984).

수사학적 분석

구조 분석에서 본문의 문학적 영역으로 시선을 돌리면, 수사학적 분석이라 불리는 신약 성경 연구의 비교적 새로운 분야를 마주하게 된다.

수사학적 분석의 중요한 기초는, 본문의 의도(design)가 그 의미의 일부분이며, 이 의도를 무시하는 것은 영감 된 본문의 중요한 부분을 간과하는 것이라는 신념이다. 다른 말로 하면, '어떻게' 말하는지가 종종 '무엇을' 말하는지만큼 중요하다는 것이다. 고대 저자들은 독자들이 본문의 메시지를 이해하는 것을 돕거나, 전달된 진리로 그들을 설득하기 위해 종종 문학적 기법을 사용했다.

수사학적 분석은 그것이 기술적인 만큼 학문적이다. 이는 본문의 윤곽(처음부터 끝까지), 본문에서 사용된 어법의 특성(직유법이나 은유법 등), 작문적 기법의 관찰(평행법과 교차 구조 등), 의미와 형태 사이의 관계 판단 등에 대한 주의 깊은 관심을 수반한다. 다음은 본문의 수사법을 분석할 때 반드시 주의해야 하는 것들이다.

1. 두운법(alliteration): 처음이나 끝부분의 단어를 같은 문자나 소리로 반복함
2. 접속사 생략(asyndeton): 보통 있어야 하는 접속사를 생략함
3. 교차 구조(chiasm): 단어나 생각을 수사적으로 도치함
4. 동음어(paronomasia): 비슷하게 소리 나는 두 개의 단어를 일부러 유희적으로 사용함
5. 연속 접속사(polysyndeton): 접속사를 불필요하게 반복함

처음에는 본문에서 이러한 문학적 기법을 발견하기가 어렵다. 그러나 계속 연습하면 발견 횟수나 깊이에서 관찰력이 향상될 것이다. 감사하게도 점점 더 많은 신약 성경 원문 주석서가 이러한 장치의 사용에 주의를 기울여 가고 있다. 이런 주석서 참고와 더불어 다음의 책을 추

천한다. Eugene A. Nida et al., *Style and Discourse, with Special Reference to the Text of the Greek New Testament* (Cape Town: Bible Society of South Africa, 1983).

전통적 분석

이제까지 '의미에 관한 질문'이라는 제목으로 다섯 가지 분석, 즉 원문적, 사전적, 구문론적, 구조적, 수사학적 분석의 영역에 대해 살펴보았다. 이 분석에 이어 여섯 번째로 전통적 분석을 추가해야 한다. 전통적 분석은 주어진 본문 뒤에 있는 자료의 증명과 범위에 관한 문제에 관심을 갖는다. 예를 들어, 신약 성경 복음서에 관해 자료 비평은, 복음서 저자들이 그리스도의 삶에 대한 기사를 기록할 때 다양한 전통적 문헌을 사용했다고 주장한다.

오늘날 이런 전통적 문헌에 대한 주된 가설을 '두 자료설'이라고 부른다. 이 가설이 마태와 누가가 순차적으로 사용한 마가복음의 우선성과, 이 두 저자가 사용했다는 예수님의 어록 자료(Q 문서)의 존재를 가정하기 때문이다. 대체신학은 마태복음이나 마가복음의 우선성을 주장한다.[175]

이전부터 존재해 온 전통은 때때로 신약 성경 서신서에서 발견된다. 전형적인 예가 바로 '예수는 주시다'(고전 12:3)라는 간략한 고백이다. 더욱이 종종 신약 성경 학자들은, 유명한 그리스도에 대한 찬양인 빌립보서 2장 6-11절을 포함해, 신약에서 발견되는 찬양의 뒤에 숨겨진 자료를 규정할 수 있다고 생각한다.[176] 또 신약 성경에서 발견되는 빈번한 구약 인용도 중요하다.[177] 전통적 분석의 가치는 특히 복음서 연구에서 분명히 나타나는데, 복음서 저자가 독자들을 위해 어떻게 자료를

선택하고 배열하며 묘사했는지 확인하는 것을 도와주기 때문이다.[178]

의의에 관한 질문

여기에 포함되는 두 단계, 즉 신학적 분석과 설교학적 분석은 이 책의 다른 부분에서 깊이 있게 다룰 것이기에 여기서는 간단하게 논의할 것이다. 기본적으로 의의에 관한 질문은 앞서 행한 모든 것의 논리적 결과다.

주해란 우리가 본문을 먼저 우리 자신에게 적용하고, 그다음 우리가 가르치는 사람들에게 적용할 때까지는 마무리된 것이 아니다. 주해는 본문의 핵심 주제를 확인하고, 신자들의 공동체와 관련되어 있는 그 핵심 주제로 실제적 삶의 문제를 분별하는 것이다. 그래서 이것은 영구적이며 적실한 방식으로 주해의 결과를 본문의 주장을 설명하는 사용 가능한 개요로 만들어 내는 것을 포함한다.

지금까지 내가 말한 것들은 동료들을 가르치고자 한 것이 아니라, 오히려 그들에게서 간절히 배우고자 했던 한 사람의 생각을 정리한 것에 지나지 않는다. 나는 이러한 단계를 어느 정도 기계적으로 수행하는 것을 습관으로 삼고 있다. 이는 8~10시간에 걸친 집중적인 연구를 의미한다. 또 모든 질문이 마지막 분석에서 동일하게 중요한 것은 아니지만, 무언가 중요한 부분을 놓치지 않기 위해 나는 적어도 각 질문에 모두 답하려 노력한다.

실례: 히브리서 12장 1-2절

 이런 방식이 따를 만하다고 생각한다면, 당신은 아마도 자신의 주해 결과를 낼 것과 비교해 보기 전에, 스스로 이 본문을 연구하고자 할 것이다. 이 실례를 제시하는 것은, 이 본문을 분석하는 방법이 오직 하나뿐이라는 것을 보여 주기 위함이 아니다. 그보다는 각 주해 단계를 따라가면서 내가 앞서 말한 방법의 실용성이 강조되기를 바란다. 이 본문의 아름다움이 여기서 제시한 분석을 통해 온전히 드러나길 기도하며 소망한다.

첫 번째 단계: 역사적 분석

 이 단계에서는 반드시 역사적 배경의 기본적인 밑그림을 그려야 한다. 히브리서가 바울의 서신이라는 사실에 모두가 동의하는 것은 아님에도, 동방교회는 바울서신에 포함시켰다. 오늘날 신약 학자들은 바울이 이 서신을 쓸 수 없었다는 데 동의한다. 하지만 나는 여기에 동의하지 않는다.[179] 여기서 주목해야 하는 중요한 한 가지는, 이 서신서의 저자에 관한 논쟁이 뜨거웠더라도(지금도 여전하다), 항상 이 서신이 정경으로 인정되었다는 점이다.
 히브리서는 구약의 희생 제물을 뛰어넘는 그리스도의 희생의 우월성을 강조하고 있다. 그렇기 때문에 원 제목인 '히브리인들에게'가, 이 서신의 수신자가 유대 기독교인들임을 뒷받침하는 참고 자료로 가장 적절한 것 같다. 몇몇 학자는 이 편지가 로마의 전체 기독교 공동체나 가정 교회에 보내졌을 것으로 추측한다. 적어도 13장 24절("이달리야에서 온 자들도 너희에게 문안하느니라")에 의하면 그 추측은 자연스러워 보인다. 만약 이 편지가 바울의 것이라면 67년 이전에 기록되었어야 한다.

이 서신에 예루살렘과 성전 파괴에 대한 어떤 인용도 없다는 것 또한 그 저작 시기가 주후 70년대 이전이라는 사실을 지지해 준다.

두 번째 단계: 문학적 분석

히브리서의 주제는 예수님이 진정한 대제사장이라는 것이다. 이 주제는 같은 중심을 가진 일련의 논의를 통해 조심스럽게 전개된다.[180] 이 서신서의 개요는 다음과 같다.

		1:1-4	개요
I.		1:5-2:18	예수의 이름
II.	A.	3:1-4:14	진정한 대제사장 예수
	B.	4:15-5:10	긍휼히 여기시는 대제사장 예수
III.		5:11-6:20	(권고의 서두)
	A.	7:1-28	멜기세덱의 반차
	B.	8:1-9:28	완전함이 이루어짐
	C.	10:1-18	영생의 근원
		10:19-39	(권고를 맺음)
IV.	A.	11:1-40	구약 선조들의 믿음
	B.	12:1-13	인내의 필요성
V.		12:14-13:19	바른 길을 만들라
		13:20-21	결론

히브리서 12장 1-2절은, 11장에서 저자가 이미 말한 것에 기초한 전형적인 훈계로 보인다. 제임스 스웨트남(James Swetnam)은 12장 1-2절을 "과거에 믿음을 증언했던 모든 영웅의 완성"[181]이라고 말했다. 그러나 12장 첫 부분에서 독자들은 '십자가를 참으신' 그리스도의 본을 따

라(1-2절) 이제 자신 앞에 놓인 믿음의 경주에 인내로 참여하도록 초대된다.

세 번째 단계: 원문(본문) 분석

중요한 본문상의 특이점이 1절에서 나타나는데, 'εὐπερίστατον'(빠지기 쉬운) 대신 'εὐπερίσπαστον'(얽매이기 쉬운)이 사용된다는 것이다. 후자를 입증하기에는 자료가 부족하며, 아마도 'εὐπερίστατον'의 뜻을 분명히 하기 위한 시도로 보인다. 이 단어는 고대 헬라어 문학을 통틀어 오직 여기에만 나온다.

네 번째 단계: 사전적 분석

히브리서 12장 1-2절에 쓰인 주요 단어는 "구름" "증인" "경주" "짐" "빠지기 쉬운" "주" "온전케 하시는 이"다.

"구름"이라는 용어는 분명히 많은 사람이 모인 것에 대한 은유다. "증인"은 개인적으로 아는 진리를 증언하는 사람을 말한다. "구름같이 … 허다한 증인"이란 환호를 보내는 관중이 아니라, 확고한 믿음의 중요성에 대해 증언하는 관중이라는 뜻이다.

"경주"는 모든 신자가 달리기 선수가 된 것처럼 운동경기에 임하는 모습을 말한다. 그 경주를 성공적으로 마치기 위해 달리는 자는, 어떤 것이든 진행을 방해할 가능성(헐렁한 옷 등)이 있는 모든 "짐"을 반드시 내려놓아야 한다. 헬라어 번역인 "빠지기 쉬운"은 죄가 경주자를 손아귀에 넣는 것을 의미한다. 그러므로 경주자는 반드시 유혹을 계속 경계해야 한다. 이곳에서는 예수님을 믿음의 "주"(pioneer)와 "온전케 하시는 이"라고 부른다. 전자는 그가 경주자들을 위해 길을 연 분이심을, 후자는 죽음, 부활, 승천을 통해 구원을 '완성'한 분이심을 의미한다.

다섯 번째 단계: 구문적 분석

구문적 분석을 통해 여러 가지 아이디어가 분명하게 드러난다.

1. 주동사인 'τρέχωμεν'의 형태가 의미하는 것은, 경주는 단 하나의 단계가 아니라 일련의 과정이라는 것이다("우리 앞에 당한 경주를 하며").
2. 연결되는 어구 "(그) 믿음"(τῆς πίστεως)은, 저자가 그리스도인의 믿음의 '객관적 사실'(주관적 믿음의 근거가 되는)에 대해 말하고 있음을 나타낸다.
3. 완료형의 'κεκάθικεν'(앉으셨느니라)은, 하늘에 계신 하나님 우편에 있는 그리스도의 자리라는 최종적이며 영속적인 결과를 강조하는 것이다.

여섯 번째 단계: 구조 분석

히브리서 12장 1-2절의 구조는 다음과 같이 볼 수 있다.

Τοιγαροῦν καὶ ἡμεῖς δι᾽ ὑπομονῆς **τρέχωμεν** τὸν προκείμενον ἡμῖν ἀγῶνα

τοσοῦτον **ἔχοντες** περικείμενον ἡμῖν νέφος μαρτύρων

ὄγκον **ἀποθέμενοι** πάντα καὶ τὴν εὐπερίστατον ἁμαρτίαν

ἀφορῶντες εἰς τὸν τῆς πίστεως ἀρχηγὸν καὶ τελειωτὴν Ἰησοῦν

ὃς ἀντὶ τῆς προκειμένης αὐτῷ χαρᾶς ὑπέμεινεν σταυρὸν αἰσχύνης καταφρονήσας ἐν δεξιᾷ τε τοῦ θρόνου τοῦ θεοῦ κεκάθικεν

이러므로 인내로써 우리 앞에 당한 **경주를 하며**

우리에게 구름같이 둘러싼 허다한 증인들이 **있으니**

모든 무거운 것과 얽매이기 쉬운 죄를 **벗어 버리고**

믿음의 주요 또 온전하게 하시는 이인 예수를 **바라보자**

그는 그 앞에 있는 기쁨을 위하여 십자가를 참으사
부끄러움을 개의치 아니하시더니 하나님 보좌 우편에 앉으셨느니라

여기서 기본적인 생각 단위는 축구 경기장의 흰 선을 그은 것처럼 한 줄씩 띄었다. 단락의 중심 주제는 왼쪽에 놓았다. 반면 종속적인 요소는 오른쪽으로 밀집시켜 놓았다. 독립된 주동사(τρέχωμεν)가 있는 첫 행 분석에서 우리는 즉각적으로 저자의 주된 강조점을 알 수 있다. 즉, '인내로 경주하라'는 것이다. 그 후 세 개의 분사구가 '경주'를 수식한다.

1. 현세대의 경주자들이 자신의 경주를 마치기를 바랄 수 있는 것

은, 다른 사람들이 경주를 마쳤음을 알기 때문이다.
2. 하지만 어떤 경주자도 자기 죄를 미워하지 않고서는 결승선에 이르기를 바랄 수 없다.
3. 경주자는 반드시 "믿음의 주요 또 온전하게 하시는 이"인 예수를 바라봐야만 한다.

단락에 남아 있는 항목은 예수 그리스도에 대한 묘사로, '경주하라'는 주된 주제가 어떻게 '예수와 그분이 누구인지'에서 절정에 이르는지를 보여 준다.

일곱 번째 단계: 수사학적 분석

고대 수사적 특성이 이 본문에서 어떻게 나타나고 있는가? 여러 가지를 발견할 수 있다.

1. "구름"의 은유적 사용
2. 'ἀποθέμενοι'(벗어 버리고)와 'ἀφορῶντες'(바라보자)에서 전치사적 접두어 'ἀπο'와 'ἀφ'를 사용한 단어 유희
3. 선수들의 경쟁에 대한 은유("경기")
4. "믿음의 주요 또 온전하게 하시는 이"로서의 분명한 예수의 이미지
5. 교차 구조의 사용. 사실 전체 본문을 교차 구조로 볼 수 있다.

  A. 이러므로 우리에게 구름같이 **둘러싼** 허다한 증인들이 있으니
    B. 모든 무거운 것과 얽매이기 쉬운 죄를 **벗어 버리고**
      C. **인내로써**

D. 우리 **앞에 당한** 경주를 하며
     X. 믿음의 주요 또 온전하게 하시는 이인 **예수를 바라보자**
   D'. 그는 그 **앞에 있는** 기쁨을 위하여
  C'. 십자가를 **참으사**
  B'. 부끄러움을 개의치 아니하시더니
 A'. 하나님 보좌 우편에 **앉으셨느니라**

여덟 번째 단계: 전통적 분석

1장 3절, 8장 1절, 10장 12절에서처럼 여기서도 저자는, 하나님 우편의 예수 그리스도의 자리에 대한 이야기를 하기 위해 시편 110편 1절을 사용한다. 예수님 자신도 공적 가르침의 마지막 주간에 이 구절을 말씀하셨다(마 22:43-44).

아홉 번째 단계: 신학적 분석

우리는 앞서 이 단락의 주제가, 독자들이 인내로 그리스도인의 삶이라는 경주를 해야 한다는 것임을 살펴보았다. 예수님 자신이 바로 이 인내의 믿음의 궁극적 모범이 되신다. 예수님께 헌신한 독자들은 바로 그 길을 가야 한다.

열 번째 단계: 설교학적 분석

구조 분석은 헬라어 원문 분석을 통해 우리가 어떻게 이론에서 실제로 옮겨갈 수 있는지를 분명하게 보여 준다. 본문의 내적 구조의 윤곽으로 개요를 만들면, 부수적 요소를 중요하게 다루지 않으면서 저자의 중심 생각을 강조할 수 있다. 개요에서 이러한 요소를 줄임으로 해석에서 적용으로 바로 이동할 수 있다.

- **본문** 히브리서 12장 1-2절
- **제목** 인내로 경주하라!
- **주제** 그리스도인은 그리스도의 본을 따라 복종과 순종의 삶으로 부르심 받았다(인내로 경주하자).
- **개요**
    I. 우리에게 주신 격려: "우리에게 구름같이 둘러싼 허다한 증인들이 있으니."
    II. 우리의 얽매임: "모든 무거운 것과 얽매이기 쉬운 죄를 벗어버리고."
    III. 우리의 모범: "믿음의 주요 또 온전하게 하시는 이인 예수를 바라보자."

결론

　성경 주해의 목표는, 본문이 최초의 청중에게 의미했던 바가 무엇이며, 그 의미가 오늘날 청중에게는 어떤 의미가 있는지 설명하는 것이다. 주해의 주된 원리는, 본문의 의미란 저자가 의도한 의미지, '그 본문이 내게 의미하는 것'이 아니라는 것이다. 충실한 성경 해석은 바로 이 저자의 의도라는 범주와 문법적 형식에서 이루어진다.
　즉, 주해의 기본적인 목표는, 저자가 자신이 사용한 단어들로 무엇을 의미하려 했는지를 반드시 가능한 한 정확히 확인하는 것이다. 이 작업은 상당한 기술 습득을 요구한다. 그것은 우리에게 모든 활용 가능한 주해적 도구, 즉 역사적, 문화적, 언어적, 신학적 도구를 본문으로 가져올 수밖에 없도록 한다. 본문을 오늘날의 정황에 적용하는 더 깊은 작업으로 나아갈 때, 우리는 그 영원한 진리를 설명하는 방법에서 가능한 한 본문에 가깝도록 노력해야 한다. 우리를 안내해 주는 원리는, 본문에 대한 최고의 설교학적 개요는 바로 본문 자체에서 나온다는 사실이다.

우리가 본문에 하는 질문(본문의 배경, 의미, 적용 등)은, 우리로 본문에 대해 잘 듣는 사람이 될 것을 요구한다. 물론 우리는 이 작업을 기도와 성령의 인도하심 없이는 결코 해나갈 수 없다. 주해에는 어떤 요령이나 지름길이 없다. 열심을 다할 때만이 결과를 기대할 수 있다. 시편 기자는 이 진리를 이미 3천 년 전에 알고 있었다. "울며 씨를 뿌리러 나가는 자는 반드시 기쁨으로 그 곡식 단을 가지고 돌아오리로다"(시 126:6).

부록: 구약 주해 목록

_ 로버트 콜(Robert Cole)

• 역사적 분석

Pritchard, James, ed. *Ancient Near Eastern Texts Relating to the Old Testament*. Princeton, NJ: Princeton University Press, 1969.

Sasson, Jack M. *Civilizations of the Ancient Near East*. 2 vols. Peabody, MA: Hendrickson, 1996.

• 문학적 분석

Alter, Robert. *The Art of Biblical Narrative*. New York: Basic Books, 1981.

Bar-Efrat, Shimon. *Narrative Art in the Bible*. Edinburgh: T&T Clark, 2004.

• 원문(본문) 분석

Tov, Emanuel. *Textual Criticism of the Hebrew Bible*. 2nd rev. ed. Minneapolis: Fortress and Assen, Royal Van Gorcum, 2001.

Würthwein, Ernst. *The Text of the Old Testament: An Introduction to the Biblia Hebraica*. 2nd ed. Grand Rapids: Eerdmans, 1994.

• 사전적 분석

Brown, F., S. R. Driver, and C. A. Briggs. *A Hebrew and English Lexicon of the Old Testament*. Oxford: Clarendon, 1953; Hendrickson, 1996.

Even-Shoshan, Abraham. *Konkordantsyah hadashah: Le-Torah, Neviim u-Khetuvim*. (New Concordance of the Torah, Prophets, and Writings). Jerusalem: Kiryat Sefer, 1996.

• 구문적 분석

van der Merwe, Christo H. J., Jackie A. Naudé, and Jan H. Kroeze. *A Biblical Hebrew Reference Grammar*. Sheffield: Sheffield Academic Press, 2000.

Williams, Ronald J. *Williams' Hebrew Syntax*. Revised by John C. Beckman. 3rd ed. Toronto: University of Toronto Press, 2007 [로날드 J. 윌리엄스. 『윌리엄스 히브리어 구문론』. 김영욱 역. 서울: 그리심, 2012].

• 구조 분석

Berlin, Adele. *The Dynamics of Biblical Parallelism*. Rev. ed. Grand Rapids: Eerdmans, 2008.

Walsh, Jerome T. *Style & Structure in Biblical Hebrew Narrative*. Collegeville, MN: The Liturgical Press, 2001.

• 수사학적 분석

Muilenburg, James. "A Study in Hebrew Rhetoric: Repetition and Style." VTSup 1 (1953), 97-11.

Trible, Phyllis. *Rhetorical Criticism: Context, Method, and the Book of Jonah*. Minneapolis: Fortress, 1994 [필리스 트리블. 『수사비평』. 유연희 역. 서울: 한국기독교연구소, 2007].

• 전통적 분석

Rendsburg, Gary A. *The Redaction of Genesis*. Winona Lake, IN: Eisenbrauns, 1986.

Wilson, Gerald H. "Shaping the Psalter: A Consideration of Editorial Linkage in the Book of Psalms." 72-82 in *The Shape and Shaping of the Psalter*. Edited by J. Clinton McCann. JSOTSup 159. Sheffield: Sheffield Academic Press, 1993.

• 신학적 분석

Rendtorff, Rolf. *The Canonical Hebrew Bible: A Theology of the Old Testament*. Leiden: Deo, 2005.

Vanhoozer, Kevin J., ed. *Dictionary for Theological Interpretation of the Bible*. Grand Rapids: Baker, 2005.

Part 7
설교를 살리는 성경 장르

_로버트 보겔(Robert Vogel)

성경은 매우 다양한 문학적 장르로 구성되어 있다. 주요 형식으로는 이야기, 시, 잠언, 담화, 편지, 묵시적 상징 등이 있다. 이러한 문학적 형식은 더욱 세분화될 수 있다. 예를 들어, 이야기는 역사적 내러티브와 비유(픽션이나 상징의 특징을 지닌)로 나눌 수 있다. 또 그 줄거리에 따라 몇 가지 가능한 유형은 희극, 비극, 응징이다.[182] 시편(시 장르)은 비탄시, 묘사적이거나 선언적인 찬양시, 지혜시나 제왕시로 분류될 수 있다. 예언이 담긴 본문은 그 형식을 따라 시와 이야기로 구분한다. 또 어떤 예언적 본문은 일반적인 비유와 대조되는 묵시적 상징을 포함한다. 복음서는 그 자체로 독특한 장르다. 주로 역사적 내러티브로 구성되어 있지만 하부 장르로 담화, 비유, 노래 등을 포함한다.

다양한 성경 장르의 예

성경의 진리는 다양한 장르로 표현된 만큼이나 다양한 특징을 가진다. 토머스 롱(Thomas Long)은 이것을 다음과 같이 말한다. "두 성경 본문이 똑같은 신학적 주제를 가져도 서로 다른 문학적 역동성 때문에 그 공통된 개념의 핵심은 상당히 다를 수 있다."[183]

예를 들면, 하나님의 신실하심은 성경 전반의 두드러진 주제다. 이 단어(구약 성경의 '*aman*'과 그 파생어 및 동의어, 신약 성경의 '*alētheia*'와 '*pistos*')의 어휘 연구는, 이 특성이 하나님과 관련되어 사용되면 하나님의 속성 중 하나며, 기본적으로 하나님은 전적으로 신뢰하고 의지할 만한 분이시며, 곧 자신의 말에 진실하시다는 의미임을 밝혀 준다. 이런 기본적인 의미는 이 단어가 사용된 다양한 문맥에서 상세히 설명되며, 문학적 장르는 전달된 그 의미에 뉘앙스를 부여한다.

언약의 경우, 모세오경의 법전 형식은 주로 출애굽기 20장에서 신명기 33장까지 나타난다.[184] 언약에 대한 신실하심은 창세기에서도 물론 분명하게 나타나고 있지만, 하나님의 신실하심에 대한 선포는 그분의 언약 체결과 준수를 기반으로 한다(출 6:4-5; 신 4:31; 7:7-9; 32:4).

출애굽은 그 자체가 하나님의 역사였다. 내러티브 담화로 전해진 바에 따르면, 출애굽은 하나님께서 아브라함 및 그의 후손들과 맺으신 약속을 성취하시기 위해, 그 민족을 억압에서 구원해 약속의 땅으로 인도하신 것이다. 아브라함부터 출애굽까지의 역사에서 드러난 하나님의 신실한 섭리는, 하나님이 지속적으로 이스라엘의 주권자가 되실 것이라는 신실함의 유형을 확립했다. 이런 하나님의 신실함을 표현하는 문학적 형식으로는, 종주권(Suzerain-Vassal) 계약 형식(시내산에서 이런 용어들로 확립되었다), 다양한 법적 형식(도덕법, 제의법, 시민법), 언약을 지키거나 파기하는 것에 대한 축복 또는 저주 조항 등이 있다.

내러티브 본문에서는 다른 장르보다 덜 직접적으로 나타난다. 즉, '신실함'이라는 용어가 직접 사용되지는 않는다. 하지만 하나님의 신실하심은 그분의 말씀과 행동을 통해 선명하게 드러난다.

예를 들면, 야곱이 집을 떠나 방황하고 있을 때 하나님께서 꿈에 나타나셔서 아브라함과의 언약을 확인시켜 주신다. 또 하나님의 섭리적 보호를 보여 주신다. "내가 너와 함께 있어 네가 어디로 가든지 너를 지키며 너를 이끌어 이 땅으로 돌아오게 할지라 내가 네게 허락한 것을 다 이루기까지 너를 떠나지 아니하리라 하신지라"(창 28:15, 전체 내러티브는 창세기 28장 10-17절에 기록되어 있다).185

야곱(혹은 누구든)이 이런 약속을 믿을 수 있는 유일한 근거는, 그 약속을 하시는 분이 신뢰하고 믿을 만하다는 것이다. 말씀하신 바를 지키시는 하나님의 신실하심은, 야곱이 오랫동안 라반을 섬긴 후 고향으로 돌아온 사건(창 33장)에서도 드러난다. 하나님의 신실하심이라는 진리를 전하는 이 내러티브는 다양한 결과를 낳는다. 그중 하나는, 어려운 삶의 상황에서도 야곱(적용의 측면에서 오늘날의 신자)은 하나님께서 자신의 백성을 기억하시고 그들의 생명을 신실하게 지키심을 확신할 것이라는 점이다.

이미지, 상징, 평행법 등의 문학적 특징을 보여 주는 시에서는, 하나님의 신실하심에 대한 영광을 확대하고 높이며 장엄하게 표현한다. 즉, 하나님의 신실하심을 선포하기 위해, 크심(애 3:23), 견고히 하심(시 89:2), 공중에 사무침(시 36:5), 대대에 이름(시 119:90) 등 최상급의 표현이 사용된다. 이 문학적 특징은, 산문적으로 표현될 수밖에 없었을 사실적 내용을 더욱 고상하고 아름답게 만드는 효과를 가져온다.

지혜 문학은 삶을 지혜롭게 살아가는 실제적인 문제의 근본인 하나님을 경외하는 것과 관련되어 있다. 또 우리가 그렇게 살아가는 것이 하나님의 의도(잠 1:1-7)라고 말한다. 이 지혜 문학에서 하나님의 신실하심은 의로운 사람의 행동 기준으로 나타난다. 특별히 다른 사람과의 관계에서 믿는 사람들의 언행은 하나님의 신실하심을 따름으로 그분에 대한 경외를 반영해야 한다. "거짓 입술은 여호와께 미움을 받아도 진실하게 행하는 자는 그의 기뻐하심을 받느니라"(잠 12:22). 지혜자는 대조적 평행법과 심상(imagery)이라는 시적 도구를 사용해 거짓 입술과 대조시킴으로 인간의 신실함(신뢰할 만한 행동과 진실된 말)이 더 중요함을 설명한다.

담화나 서신 문학에서는 하나님의 신실하심을 논리적 형태로 선언한다. 여기서 하나님의 신실하심은 시 장르 같은 화려한 방식이 아니라 사무적으로 설명된다. 그러나 그런 하나님의 신실하심에 대한 신학적 명제는, 교리적 본문에서 논쟁이나 논리적 추론의 근거가 되고, 그리스도인의 삶을 위한 실제적 지침의 기초를 제공한다. 즉, 하나님의 신실하심은 우리를 그리스도와의 교제로 부르시는 근거가 된다(고전 1:9). 또 시험을 이겨내도록 하나님께서 우리에게 힘을 주실 것이라는 약속의 기초가 되며(고전 10:13), 우리가 죄를 고백하면 하나님께서 우리를 용서하시고 깨끗하게 하실 것이라는 확신의 근거가 된다(요일 1:9). 이는 하나님의 약속에 대한 그분의 신실하심에 기초해 우리가 그분께 나아가 믿는 도리의 소망을 굳게 잡게 된다는 확신의 근거가 되기도 한다(히 10:22-23).

장르의 정의

문학 비평은 본문의 구성과 관련된 학문이다. 주된 관심은 단어와 그 용법(어휘), 형식과 기능(문법), 구문, 사고의 유형이나 구조 등에 있다. 장르 연구는 문학적 분석의 한 분야로, 본문이 다양한 문학 형식(이야기나 시 등)을 취하고 있으므로 그 독특한 형식을 고려해 본문을 해석해야 함을 전제로 한다.

그렇다면 문학 장르란 무엇인가? 조나단 컬러(Jonathan Culler)는 "문학 장르는 '본문과의 만남에서 독자를 안내하는 규범 또는 기대'와 전혀 다르지 않다"[186]고 설명한다. 이 규범은 본문에 나타나는 특정 장르에 해당하는 저술들이 지닌 일련의 규칙과 특징으로 구성된다. 레이번(W. D. Reyburn)과 프라이(E. McG. Fry)는, 다양한 장르를 구별하는 특징을 "의사전달 기능(말하는 목적), 내용, 특별한 문체적 특징"[187]으로 구체적으로 설명한다.

이런 구별되는 규칙과 특징은, 해석자(강해자)가 그 장르에 어떻게 접근해야 하며(본문 해석의 열쇠로 무엇을 살펴봐야 하는지 등), 결과적으로 본문을 어떻게 해석하며 설명해야 하는지를 가르쳐 준다.

즉, 시적 본문의 경우, 평행법이 이 장르의 구조적 특징이므로 주해와 강해 모두에서 반드시 본문에 쓰인 평행구를 설명해야 한다. '이 두 행이 같은 것을 말하고 있는가(동의적 평행법)?' '두 행이 두 개의 아이디어를 대조하면서 하나의 주제를 이해시키고 있는가(반의적 평행법)?' '그 행들이 아이디어를 확장하기 위해 서로를 지지하고 있는가(종합적 평행법)?' 이런 종류의 관찰은 설교자가, 본문이 '무엇을' 말하는지보다 '어떻게' 말하는지를 이해하는 데 도움이 된다.[188] 하지만 이 두 영역은 본문의 의미를 분명히 하고 그것을 청중에게 이해시키는 일에 상호적으로 작용한다.

리랜드 라이켄(Leland Ryken)은 모든 저술이 다 문학 작품은 아니므로,[189] 그 모두를 장르적 범주에 따라 분석해야 하는 것은 아니라고 주장한다. 하지만 그가 여기서 사용한 '문학 작품'이라는 용어의 의미는, 창조적인 상상력에 의한 저술로 제한되며, 문학 작품의 '종류'가 아닌 '정도'의 차이로 이해하는 것이 훨씬 나을 것이다.[190] 즉, 어떤 장르는 다른 장르보다 더 정교하게 조직된 문학적 특징을 가지고 있거나, 더 큰 문학적 효과를 나타내기도 한다. 하지만 모든 성경은 나름대로의 독특한 특징과 규칙을 반영하고 있으므로, 본문을 해석하고 설교할 때는 이 점을 고려해야 한다. 계보의 형식이 시편의 예술적 측면을 드러내는 것은 아니다. 그럼에도 그 문학 형식은 독특한 특징과 의도와 내용을 담고 있으므로, 강해자는 그 의도를 고려해 드러내야 한다.

장르는 수많은 주요 형식과 세부 형식으로 구성되어 있다. 즉, 시편처럼 하나의 형식이 성경의 한 책 전체를 구성하기도 하고, 비유나 수수께끼처럼 더 큰 본문 단위 안에서 발견되는 주요 형식도 있다. 또, 상징, 직유, 과장법 등의 비유법과 세부 형식도 있다.

홀러데이(Holladay)는 이와는 다른 분류법을 제공한다. "어떤 경우 성경의 한 책 전체가 하나의 장르에 속한다. 예를 들면, 역사적 내러티브(사무엘상), 시(시편), 지혜(욥기), 예언적 신탁(아모스), 복음서(마태복음), 서신(로마서), 묵시(요한계시록) 등이다." 또 작은 단위의 문학적 형식은 성경 각 책에서 다양하게 발견되며, 계보, 각 인물(아브라함이나 요셉 등)과 관련된 내러티브, 법전, 언약, 신탁, 기도, 찬양, 훈계, 경고 등이 여기에 해당한다고 본다. 그는 이 목록이 성경의 모든 장르를 망라한 것은 아니지만, 성경이 "하나의 장르가 아니라 다양한 주요 장르와 세부 장르로 구성되어 있음"¹⁹¹을 가리킨다고 말한다. 라이켄과 달리 홀러데이는 성경에 나오는 폭넓은 범위의 형식을 각각 특별히 구분되는 특징을 지닌 것으로 본다.

문학적 연구에 대한 반대

성경의 문학적 다양성은 그 의미를 풍성하게 만드는 데 기여한다. 하지만 일부 보수적인 강해자들은 문학적 주해와 그로 인한 설교의 효과를 받아들이는 데 주저한다. 문학적 접근에 대한 반대는 주로 문학 비평 형식을 연구하는 고등 비평가들의 과도한 태도에 대한 반응이다. 어떤 문학 비평가들은 비교 문학 연구를 통해, 성경 본문은 단지 일반 신화나 전통의 유대교적 혹은 기독교적 각색일 뿐이라고 주장하며 그 가치를 축소한다.

예를 들면, 어떤 고등 비평가들은 성경의 창조와 홍수 이야기를 고대 종교적 전통에 있는 창조와 홍수 신화를 사용한 것으로 본다. 즉, 어떤 의미에서는 성경의 이야기를 전혀 역사적인 사건으로 받아들이지 않는다. 고등 비평가들은 창세기 1-11장(또는 그 일부)과 요나서를 역사가 아닌 신화로, 모세오경은 모세의 저작이 아닌 네 가지 문학 전통에 기반한 편집된 문서로 이해한다. 또 복음서는 예수님 말씀의 배경을 제공하기 위해 꾸며진 이야기로 구성된 미드라쉬(midrash)라고 주장한다.

하지만 이런 과도함이 문학 비평에 필수적인 것은 아니다. 예를 들면, 어떤 사람은 성경 이야기의 역사성을 부정하지 않고서도 문학적 특징을 인정한다.¹⁹² 혹은 시의 의미는 '저자가 무엇을 표현하고자 했는가'보다 '내게 어떤 의미가 있는가'에 있다는 해석적 원칙을 주장하지 않고서도, 시적 이미지가 가져다주는 표현의 풍성함을 충분히 음미할 수 있다.

사실 장르 연구가 너무 지나칠 수 있음에도, 보수적인 해석자와 강해자들은 문학 장르 연구가 성경의 영감성을 존중하는 것과 올바르게 연결된다면 합당하고 풍성한 결과를 낳는다는 것을 알고 있다.

허쉬(Hirsch)는 장르 연구의 필수성에 관해 일반적으로 수용되고 있는 신학적 기초를 제공했다. 그는 "모든 언어의 이해는 반드시 장르의 이해와 함께한다"[193]고 말한다.

문학적 접근은 기존의 문법적·역사적 해석방법을 거부하는 것이 아니다. 오히려 성경 저자의 의도대로, 다시 말해 본문의 내용과 본문 저자가 쓴 방식뿐 아니라 그 효과까지 온전히 이해한다는 측면에서 필수적 보완책이라 할 수 있다. 더욱이 문학 장르 연구는 성경 본문의 진리로서의 특징을 축소하는 것이 아니다. 칼 헨리(Carl F. H. Henry)가 말한 대로, 명제적 진리는 문학적 비유와 이미지를 통해 쉽게 유추될 수 있으므로, 문학이 지닌 독특하고도 미적인 특징은 명제가 전하는 직접적 의미와 결합될 수 있다.[194]

해돈 로빈슨의 강해설교 정의에서 말하는 장르

잘 알려진 해돈 로빈슨의 강해설교에 대한 정의는 해석학적·주해적 영역과 그에 관한 연구를 통해 나오는 강해설교에서 문학적 고려가 중요함을 강조하고 있다. 로빈슨의 정의는 다음과 같다.

> 강해설교는 역사적, 문법적, *문학적* 연구를 *통해* 성경 본문의 배경에서 *도출된* 성경적 개념을 전달하는 것으로, 성령께서 그 개념을 먼저 설교자의 인격과 경험에 적용하시고, 그다음 설교자를 통해 다

시 회중에게 적용하시는 것이다.[195]

로빈슨의 정의와 관련해 두 가지 관점을 살펴볼 수 있다.

첫째, 로빈슨이 말하듯 본문의 문학적 연구는 해석의 중요한 부분이다. 따라서 이 해석학을 따르는 주해적 방식은 반드시 문학적 장르와 그 특징을 고려해야 한다.

둘째, 본문의 문학적 연구는 설교자를 본문 해석으로 안내해 주는 해석학만이 아니라, 설교자가 설교단에서 그 본문을 설명하는 것에도 영향을 미친다. 따라서 본문이 이끄는 설교의 설교자는 자신의 설교에서 본문의 문학적 형식과 장치를 고려해 그 해석적 함의를 설명하는 것이 필요하다. 로빈슨이 말했듯, "이것은 강해자가 본문을 어떻게 대하며 전달할 것인지를 다루는 것이다. 이 둘은 문법, 역사성, 문학적 형식을 연구하는 것과 관련된다."[196]

그러므로 강해설교는 성경 본문에 충실하기 위해 주해와 설교 모두에서 문학적 특징을 고려해야 한다. 본문을 바르게 설교하기 위해서는 본문의 내용과 형식이 함께 설명되어야 한다. 시편 23편에서 하나님의 섭리에 대한 일련의 신학적 원리를 바르게 찾아내 설교한다 해도, 만일 목가적 정황의 이미지를 그려내지 못하고 양을 보살피는 것에 대한 설명이 없다면, 그것은 본문을 바르게 다룬 것이 아니다. 본문에서 문학적 특징을 통해 만들어진 강조와 효과는 반드시 설교에 포함되어야 한다.

해석과 설교를 위한 문학적 연구의 장점

문학 장르에 관심을 갖는 가장 분명한 이유는 주해에 있다. 문학적 형식은 저자가 의도한 본문의 의미를 바르게 해석하는 데 필수적인 단서를 제공한다.[197] 달리 말하면, 문학적 형식은 문장의 의미를 통제하는 것이다.

예를 들면, 시편 91편 4절은 말한다. "그가 너를 그의 깃으로 덮으시리니 네가 그의 날개 아래에 피하리로다 그의 진실함은 방패와 손 방패가 되시나니." 이 구절을 문자적으로 읽으면, 하나님을 새라는 물질적 형태로 존재하는 분으로 묘사하고 있다고 이해할 수 있다. 하지만 본문이 많은 이미지와 비유로 아이디어를 전달하는(이 경우 동물의 형상) 시 장르임을 안다면, 하나님이 어떤 물질적 형태로 계심을 말하는 것이 아니라, 하나님의 주권적 보살핌을 표현하는 것이라고 해석하게 된다.

마태복음 5장 29-30절도 문자적으로 해석하면, 정욕을 피하기 위해 신체적 분리(손을 자르거나 눈을 빼는)를 명시하시는 것으로 이해할 수 있다. 하지만 예수님은 이 진술을 비유적(과장법)으로 사용하신 것이고, 과장된 지시는 정욕을 피하는 것의 중요성을 강조하기 위한 것이다.

문학적 특징을 잘 살리는 것은 청중을 설교로 끌어들이려는 실제적인 목적에도 도움이 된다. 장르의 특징을 살려 효과적으로 전달하면, 청중의 상상력을 촉발해 수동적이 아닌 능동적 청취가 되도록 도울 수 있다. 라이켄은 인간의 상상력의 기능에 대해 다음과 같이 설명한다. "문학 작품은 어떤 경험에 대해 이야기하기보다 그 경험을 전달하는 것이기 때문에 계속해서 우리의 상상력(이미지를 만들거나 인식하는 인간의 능력)에 호소한다. 문학 작품은 실체의 어떤 측면을 이미지화하는 것이다."[198]

예를 들어 시편 119편 105절을 해석적으로 보면, "주의 말씀" "내 발에 등" "내 길에 빛"이라는 문학적 비유의 핵심 구절과 용어에 구두적 강조점이 있음을 알 수 있다. 따라서 고대 기름 등(lamp)의 모양과 기능에 대한 설명이 동반되어야 이 그림 언어들을 제대로 감상하고 이해할 수 있다. 그러면 청중은 해석을 들으며, 어떤 사람이 어두운 거리나 시골 길에서 작은 진흙 그릇에서 나오는 빛의 도움으로 자신의 집을 찾아가는 이미지를 상상해 그려 볼 수 있다. 그러한 마음의 그림을 따라 청중은, 성도의 삶을 인도하시고 조명하시는 하나님 말씀의 역할과 기능을 이해하게 된다.

본문의 문학적 형식에 대한 올바른 관심은 설교 형식에 적절한 다양성을 제공한다. 이것은 시적 본문의 설교 형식은 반드시 시여야 한다는 것이 아니라, 시의 구조(평행법에서 나타난)가 설교 형식을 안내한다는 의미다. 따라서 동의적 평행법으로 된 세 개의 행이 하나의 아이디어를 주장한다면, 그 아이디어가 설교의 핵심 요지가 되며, 각 행의 특별한 표현은 주제를 발전시키는 부차적 요지를 구성하게 된다.

예를 들면, 시편 1편 1절의 세 개의 행은, 복 있는 사람은 악한 자들의 영향에서 벗어난다고 말한다. 이 세 행에 신자가 피해야 할 죄의 영향력의 자세한 내용이 차례대로 나오고, 이는 핵심 요지를 뒷받침하는 부차적 요지가 된다. 내러티브 본문에서 구조는 등장인물(주인공)의 발전이나 줄거리를 따라가는 것이 될 수 있다.

본문에 대한 문학적 연구는 구체적이고 경험적인 힘으로 본문의 주제를 드러낸다.[199] 즉, 본문의 문학적 특징이 그 본문에 명백하거나 내재된 명제를 분명하게 장식하는 것이다. 히브리서 11장에는 명제와 문학적 특징의 상호작용이 분명하게 나타난다. 믿음 장으로 잘 알려진 이 본문에서 그 주제인 믿음은, 먼저 영적 실체를 이해하는 근거로 설명된다(1절). 좁은 문맥(6절)과 넓은 문맥(책 전체)은 이 믿음이 정의 내릴 수 없는 모호한 것이 아니라, 그리스도를 통해 우리를 구속하시는 하나님을 향한 것임을 명확하게 한다. 더 나아가 믿음의 선진들은 이런 하나님을 지향하는 믿음으로 인정을 받았다(2절). 이 두 구절은 추상적 명제로, 믿음의 성격과 중요성을 설명한다.

이어서 다음 본문에는 내러티브의 예가 연속적으로 나타난다. 어떤 사람은 거의 이름만 언급되고, 또 어떤 사람은 간단히 설명되지만, 모두 매일의 삶에서 믿음을 보여 준 구약의 내러티브 이야기를 상기시킨다. 이런 식으로 이 장은 하나님의 진리에 대한 직접적 진술과, 그러한 표현을 풍성하게 하고 강조하는 문학적 형식이 결합되어 있다.[200]

성경 문학에 경험에 관한 내용이 있다는 특징은 특별히 적용과 변화를 추구하는 강해설교의 목적에 부합한다. 설명적 기능은 본문이 주장하는 진리와 교훈적 요점을 드러내는 반면, 적용적 기능은 이런 교훈을 청중의 삶의 인지적, 감정적, 행동적인 모든 단계와 연결한다. 설교에서 예화로 사용되는 이야기는 아이디어를 분명하게 하고, 비교나 전달 가능한 개념을 통해 그 아이디어의 적용을 제시하기 위한 것이다. 성경에서 이야기는 이와 같은 역할을 한다.

라이켄은 문학 작품의 경험적 특징에 호소하면서, "모든 성경 본문을 신학적 명제로 바꾸는"[201] 경향에 찬성하지 않는다. 하지만 성경의 변화 지향적 의도는 "교훈과 책망과 바르게 함과 의로 교육하기에"(딤후 3:16) 유익하게 표현되고, 그 모든 특징은 진리를 명제적으로 언급하고 적용할 것을 요구한다. 따라서 강해설교는 본문의 교훈적 명제를 직접적으로나(서신 문학) 간접적으로(시 문학) 반드시 표현해야 한다.

설교자는 직접적으로 본문의 진리를 선포하는 것과 본문의 형식을 존중하는 것 중 어느 하나만을 선택하지 않아도 된다. 사실 이 둘은 함께 일한다. 예를 들어 시편 23편을 설교할 때, 목자가 양을 돌보는 상징에서 유추해 낸 하나님의 섭리에 대한 신학적 명제는, 하나님을 자신의 백성의 필요를 제공하시는 분(2-3절)이나 위험에서 보호하시는 분(4절) 등으로 표현할 수 있다. 동시에 섭리의 교리를 표현하기 위해 사용된 양 돌보는 비유를 읽고 묘사하며 설명함으로 이런 원리를 발전시켜 나갈 수도 있다.

장르 연구의 또 다른 실제적 유익은, 예술로서의 성경 문학과 예술 형식으로서의 설교 사이의 유비에서 발견된다. 라이켄은 문학 작품과 모든 예술의 형식은 형태나 디자인, 주제나 중심점, 유기적 통일성, 일관성, 균형, 대비, 대칭, 반복이나 재현, 변형, 통일된 발전으로 구성되어 있다고 설명한다.[202] 물론 이 모든 특징이 강해설교에서 사용되는 것은 아니며, 어떤 비평가들은 무분별하게 그것들(엄격하게 사용된 두운법, 유운법, 대칭적 형태인 구문적 평행법 등)을 설교에 끼워 넣는 것을 반대하기도 한다. 하지만 설교 방법에 관한 책 대부분은 이런 종류의 특징을 설교 형식의 필수적인 것으로 채택하고 있다.

일반적으로 강해설교의 교과서들은 구조, 개요, 움직임, 줄거리 등의 용어를 디자인의 양식으로 인정한다. 주제나 중심점은 빅 아이디어, 중심 아이디어, 중심 명제, 주제, 표제, 통합적 아이디어 같은 용어로 표현된다.

통일성과 일관성은, 설교가 요점에서 벗어나 지엽적이며 추가적인 내용을 추구하는 것이 아니라, 분명하고도 직접적으로 주제와 관련해 전개될 것을 요구한다. 예술 작품에서의 통일적 전개가 설교에서는 결단을 향한 움직임, 또는 영적 필요에서 이동해 본문에서 해결을 찾고 삶에 대한 적용으로 나아가는 것과 대조된다. 분명 문학적 특징과 수사적 예술 간에 어떤 차이가 존재하지만, 본문의 형식과 설교의 형식 간에 발생한 차이에도 둘 사이에는 많은 유비가 있고, 그 유사점으로 인해 설교는 본문에 의해 통제되어야 한다.

본문의 예술과 설교의 예술 사이의 또 다른 유익한 유사점은, 예술적 또는 문학적 특징이라는 강력한 힘이다. 성경의 비유적 언어는 이와 관련해 특히 강력하다. 불링거(E. W. Bullinger)는 비유가 어떻게 작용하는지 다음과 같이 적고 있다.

> 비유가 언어에 적용되면, 하나의 단어나 문장으로 된 어떤 형식을 띠는데, 이는 일반적이거나 자연스러운 형식과는 다르다. 이것은 항상 추가적인 에너지, 생동감, 강조된 감정, 더 큰 강조를 제공하기 위해 사용된다. … 이 독특한 형식(비유)은 전달된 진리의 효과를 더하고, 진술을 강조하며, 의미를 심화시키는 것 이외의 목적으로는 결코 사용되지 않는다.[203]

설교에서 사용된 이런 종류의 강조는 본문에 힘과 활기를 불어 넣는다. 그러므로 비록 메시지에 거스르는 것처럼 보일지라도 이러한 영역은 간과하거나 무시하면 안 된다.

문학적 특징은 주로 인간의 감정적 영역을 두드린다. 설교에서 이런 특징을 살리면, 청중에게 영감을 불어 넣고, 동기를 자극하며, 선포된 성경 본문의 진리로 인한 기쁨과 즐거움을 고취시키는 데 도움이 된다. 강해설교는 본질상 성경 진리를 인지적으로 이해하는 것과 관련된다. 하지만 하나님께서 의도하신 진리는 지성을 확장하는 것보다 더 많은 일을 한다. 오히려 인지적 이해는 진리의 내면화 과정의 첫 단계로,

우리의 전인 즉 사고, 동기, 태도, 신념, 열정, 충성, 책임, 하나님을 향한 헌신, 확신, 결정, 행동을 변화시킨다.

하나님께서 자신을 성경에서 계시하시기 위해 선택하신 문학적 형식의 다양성은, 설교자가 균형 잡힌 전반적인 변화를 목표로 설교를 작성할 수 있게 한다. 본문의 목적(혹은 의도된 수사학적 효과)은 설교자가 선포된 설교로 얻고자 하는 결과물을 손쉽게 통제할 수 있다.

간단히 말해, 성경의 문학적 특징은 독자와 해석자를 위해 본문의 설득력을 극대화한다. 그러면 설교자는 그 설득력을 설교에 투영함으로 설교를 강화하는 것이다. 라이켄이 문학적 매체가 지니는 장점을, "암기력, 독자의 주목을 끌 수 있는 능력, 감정적 에너지, 우리가 실제로 경험하는 복잡함과 다양성을 합당하게 다룰 수 있는 능력"[204]이라고 요약한 것처럼, 설교자에게도 그 유익은 자명하다. 설교자는 청중의 주목을 끌고 유지해야 하며, 그 메시지가 청중에게 분명하고 유효하게 기억되고, 지성뿐 아니라 가슴까지 두드리며, 삶에서 실제적으로 적용되도록 해야 한다.

설교에 대한 장르의 기능

성경의 특정 장르에 관한 글은 매우 많다.[205] 따라서 이 논의의 나머지 부분은 설교적 작업에 문학적 장르의 원칙을 적용하는 것에 할애하고자 한다. 설교 준비 과정은 크게 세 단계로 나눌 수 있다.

1) 주해적 단계: 본문에서 저자가 의도한 의미를 확인한다.
2) 원리화 단계: 주해적 분석에서 본문의 변치 않는 진리와 그 함의

를 도출한다.

3) 설교적 단계: 주해적 증거와 원리를 본문의 설명과 적용이라는 설교적 구조에 담아낸다.

각 단계에 대해서는 성경에서 가장 두드러지는 문학 장르 중 하나인 내러티브 본문을 예로 들어 설명할 것이다. 더 구체적으로 역대하 25장에 나오는 아마샤 왕의 이야기를 통해, 어떻게 장르가 설교적 작업에 중요한 역할을 하는지 보여 주고자 한다.

장르와 주해

장르 분석은 본문 주해를 위한 과정의 전부는 아니지만, 해석적 과정의 중요한 부분이다. 따라서 설교자는 다양한 장르와 관련된 해석적 주요 핵심을 이해하고 성경 본문의 주해 작업에 적용해야 한다. 토머스 롱은 이 과정을 다음과 같이 설명한다. "경험 있는 독자는 기술과 적성의 창고, 그리고 과거에 경험한 여러 가지 문학 형식에서 얻은 독서 전략 목록을 가지고 본문을 대한다."[206]

롱은 본문의 문학적 특징을 알아볼 수 있는 주해적 질문을 제안한다. 이 질문은 본문의 의미만이 아니라 독자들에게서 기대하는 효과를 분별하는 데 도움이 된다.

1. 본문의 장르는 무엇인가?
2. 그 장르의 수사학적 기능은 무엇인가?
3. 그 장르는 수사적 효과를 얻으려고 어떤 문학적 장치를 사용하고 있는가?

4. 그 문학적 배경에서 본문은 특별히 위의 세 가지 질문에서 묘사된 본문의 특성과 동력을 어떻게 구체화하고 있는가?**207**

역대하 25장을 살펴보면, 이 본문의 장르가 역사적 내러티브임을 분명히 알 수 있다(롱의 첫 번째 질문). 이 장은 아마샤의 가족 계보, 나이, 유다 왕으로서의 통치 기간에 관한 역사적 언급으로 시작한다. 그의 통치 기간에 일어난 역사적 사건이 이 이야기 전반에 설명되고 있으며, 아마샤의 죽음과 장사에 대한 언급으로 끝을 맺는다. 또 이 내러티브는 등장인물에게 비극으로, 주인공(아마샤)의 운명이 좋은 쪽에서 나쁜 쪽으로 움직인다.

성경의 역사적 내러티브의 수사적 기능(혹은 목적)은, 하나님께서 자신의 백성과 함께하시는 방법을 설명하면서 구속사의 기록을 제공하고, 하나님과 동행할 것을 가르치는 것이다(참조. 고전 10:6-11). 따라서 이 본문은, 신실한 신정 군주로서 통치를 시작했지만, 타락한 인간의 상태에서 흔히 저지르는 어떤 특별한 영적 잘못으로 인해 하나님을 배반하며 왕으로서의 책무를 저버리는 것으로 끝을 맺는, 다윗 가문의 한 왕에 대해 이야기하는 기능을 한다. 더 나아가 이 본문은 아마샤처럼 반역하지 않기 위해 이런 잘못을 용납하지 말 것을 경고하는 수사적 기능이 있다(롱의 두 번째 질문).

이 특별한 이야기는 내러티브 문학의 전형적인 흐름을 따라 자연스럽게 전개되고 있다(롱의 세 번째와 네 번째 질문). 내러티브 문학을 해석하는 주요 문학적 핵심 요소는 배경이나 장면, 등장인물, 줄거리, 해설자의 평가다. 이런 요소는 이 이야기 전반에 걸쳐 상호작용하며, 특정 부분에서는 이 중 하나가 다른 요소보다 두드러지게 나타난다.

예를 들면, 등장인물 간의 행동과 대화로 구성되는 줄거리의 진행은 등장인물의 발전과 변화를 보여 줄 수 있다. 해설자는 때때로 줄거리의 흐름을 중단시킨 채 등장인물을 묘사하거나 등장인물의 행동을 해석하기도 한다.

내러티브에서 배경 혹은 장면에 유의하는 것은 해석자가 큰 문맥에서 단락을 볼 수 있도록 한다. 또 설교 본문의 범위를 정하는 데도 도움을 준다. 장면은 시간과 장소에 따라 구분되며, 장면이 바뀜에 따라 이야기의 논리와 구조에 놓인 새로운 사상이 등장하게 된다.[208] 설교자는 하나의 장면만 설교할 수도 있지만, 전체 이야기를 구성하는 연속된 장면을 설교하려 한다면 좀 더 넓은 범위의 내러티브가 더 적절하다. 어떤 경우든 각 장면은 등장인물과 줄거리를 통합해 내러티브를 앞으로 진행해 나간다.

역대하 25장에는 여섯 개의 장면이 있다. 첫 번째 장면은 3-4절로, 아마샤가 유다의 왕위를 이어받아 자신의 왕국을 세운다. 두 번째 장면은 5-10절로, 아마샤가 자신을 도울 용병을 북쪽 왕국에서 고용하면서 (곧이어 해고한다) 에돔과의 전쟁을 준비한다. 11-13절에서 세 번째 장면으로 바뀌어 아마샤가 에돔을 물리친다. 한편 그가 고용한 용병들이 고향으로 돌아가면서 유다의 북쪽 도시들을 노략한다. 네 번째 장면은 14-16절로, 아마샤는 에돔의 거짓 신들에게 경배해 하나님의 진노와 선지자의 비난을 부른다. 안타깝게도 아마샤는 선지자의 말을 외면한다. 다섯 번째 장면은 17-24절로, 아마샤는 어리석게도 이전의 북쪽 용병들이 유다의 북쪽 도시를 괴롭힌 일에 대한 복수로 북 이스라엘 왕인 요아스에게 전쟁을 선포한다. 요아스는 마지못해 그 전쟁에 참여하게 되고, 아마샤와 그의 군대는 완전히 패배한다. 마지막 장면은 25-28절로, 반역자에 의한 아마샤의 죽음이 기록되어 있으며, 이 이야기는 그가 장사되는 것으로 끝난다. 이러한 각 장면은 특별한 장소에서, 그리고 사건이 일어난 순서대로 생겨난다.

배경과 더불어 등장인물에 대한 분석은 내러티브 본문을 해석하는 데 필수적이다. 등장인물은 이야기에서 행동하는 사람이자 말하는 사람이며, 이야기의 변화무쌍한 주요 요소 중 하나다. 그들은 다양한 역할을 감당하며(어떤 사람은 주요 등장인물이며, 어떤 사람은 보조하는 역할을 한다), 하나님과의 관계나 믿음도 천차만별이다. 그들은 정적이기도 하고 동적이기도 한데, 전자는 이야기 전반에서 변함이 없는 반면, 후자는 사건이 전개되면서 변화하는 인물이다. 이야기의 주요 인물이면서 독자가 동일시하는 인물이 바로 주인공이다.

등장인물 중 주인공이 특별히 중요한데, 그 인물의 발전 과정이 이야기를 통일하는 힘이 되기 때문이다. 여기서 중요한 것은, 등장인물로 하나님 자신이 종종 나타나신다는 것이다. 때로는 직접 나타나시기도 하고, 때로는 하나님의 관점과 관심이 선지자 또는 하나님과 친밀한 관계를 맺고 있는 다른 사람을 통해 묘사되기도 한다.

역대하 25장의 이야기에서 주인공은 아마사 왕이다. 이스라엘의 요시야 왕 같은 다른 등장인물은 이름이 등장하지만, 대부분(군인과 자객 등)은 정적인 등장인물로, 이름이나 전체 이야기에서 발전되는 모습 없이 그저 간략히 언급될 뿐이다.

하나님이 이 이야기에서 가장 두드러지는데, 첫 번째 장면에서는 하나님의 율법의 규제력이 강조되고 있다. 두 번째와 네 번째 장면에서는 하나님이 선지자를 통해 말씀하고 계시며, 세 번째 장면에서는 하나님의 섭리적 손길이 에돔에 대한 아마샤의 승리로 분명하게 나타나고 있다. 네 번째 장면에서는 해설자가 아마샤를 향한 하나님의 불타는 진노를 우리에게 알려 준다. 더 나아가 다섯 번째 장면에서는, 하나님의 선지자가 예언한 대로 아마샤가 요시야의 손에 패배한 것은 아마샤의 반역에 대한 하나님의 심판이라는 것을 해설자가 알려 주고 있다. 아마샤 자신이 하나님과의 불화를 조장하고 있다는 사실이 이 이야기 초반에 등장한다는 것과, 둘 사이의 대립관계가 해석자로 하여금 아마샤를 어리석은 사람으로 이해하게 한다는 점에 주목하라.

줄거리(내러티브 해석의 또 다른 핵심 요소)는 등장하는 사건 및 에피소드와 연결되어 이야기의 움직임을 따라간다. 줄거리는 대체로 클라이맥스와 어떤 형태의 해결을 향해 움직이는데, 주로 사건과 대화의 연대기적인 순서를 따른다. 이런 방식으로 줄거리는 이야기의 '연대'(chrono-logic)를 형성하고, 내러티브의 구조(혹은 개요)의 유용한 지표를 형성한다. 대비되거나 부차적인 사건을 소개하면서 줄거리의 흐름을 깨는 것은 저자의 강조점에 주의를 기울이도록 하기 위함이다. 줄거리의 클라이맥스는 시험과 선택의 요소를 포함하고 있다. 그리고 그 선택은 종종 내러티브에서 나타나는 등장인물의 상황 변화를 설명한다.

아마샤의 내러티브에서 장면들은 연대기적 순서를 따른다. 분명히 이 장면들은 아마샤 생애나 유다 통치에 대해 자세하게 설명하지는 않지만, 사건의 '발단과 중단'에 대한 강조를 포함하고 있으며, 특히 하나님께 대적하는 아마샤의 점진적인 배반을 드러내고 있다. 이 내러티브의 변환 지점은 네 번째 장면으로, 아마샤가 자신의 우상숭배에 대한 선지자의 비난을 거부할 때다. 아마샤는 이 장면에서 요컨대 하나님께 "조용히 좀 하세요!"라는 식으로 말했다. 이런 반항하는 행동에서 그의 운명은 결정되었고, 그 후 그는 반역의 결과로 불명예스러운 삶과 죽음을 맞이하게 된다. 주인공으로서의 그의 언행은 줄거리를 움직여 나가며, 그의 마음속에서 일어나는 일을 드러낸다.

마지막으로 본문의 해설자 또는 저자의 의도가 이 본문의 의미와 가르침을 이해하는 데 매우 중요하다. 그의 영향력은 이야기 전체에 스며들어 있다. 그가 이야기를 구성하는 방식이, 어떤 관점으로 그의 이야기가 전해지는지를 결정한다. 그는 이야기 흐름에 끼어들거나 묘사, 설명, 해석의 말을 덧붙임으로, 직접적으로 자신의 관점을 표현할 수 있다. 혹은 자신의 관점을 한 명이나 여러 등장인물을 통해 기술할 수도 있다. 이것은 특히 하나님이나 그분의 대언자들이 행동하거나 말하는 경우에서 볼 수 있다.

저자 또는 해설자는 성령의 인도로 그 이야기를 구성하는 사건과 대화를 선택했다. 성경에 기록된 대부분의 정황에는 저자가 전하는 것보다 훨씬 더 많은 말과 행동이 있었을 것이고, 따라서 저자는 조심스러운 의도로 기록했을 것이라고 유추할 수 있다. 그러나 이 말이 모든 상세한 내용이 동일하게 중요하다는 뜻은 아니다. 어떤 상세한 내용은 그 이야기가 '작동'하거나 명확해지도록 포함된 반면, 어떤 것은 이야기가 의도하는 가르침을 이해하게 한다.

역대하 25장 전체에서 해설자의 의도는 분명하게 드러난다. 그의 주요 논평이자, 전체 이야기 해석에 실마리를 제공하는 것은 2절이다.

"아마샤가 여호와께서 보시기에 정직하게 행하기는 하였으나 온전한 마음으로 행하지 아니하였더라."

이 설명을 통해 해설자는 아마샤의 치명적인 영적 결함을 드러내고 있다. 이것이 이 이야기 전반에 나타난 그의 비참한 결말을 설명한다. 첫 번째 장면에서 아마샤는 율법을 따르면서 하나님 보시기에 정직했다. 하지만 계속되는 장면에서 반역의 마음이 나타나, 하나님과 선지자에 대한 공개적 저항(14-16절)과 그다음 장면의 정치적 어리석음에서 절정에 다다른다.

해설자는 아마샤의 실패한 마음의 관점에서 이 이야기를 해석할 뿐 아니라, 에돔과의 전쟁에서 아마샤가 하나님의 도우심보다 이스라엘 군대의 힘을 더 의지할 때 하나님께서 기뻐하지 않으셨음을 기술하면서, 아마샤의 행동을 향한 하나님의 관점을 날카롭게 드러내고 있다.

더 나아가 15절에서는 선지자의 비난을 쏟아 내면서, 에돔의 거짓 신을 숭배하는 아마샤에 대한 하나님의 불타는 진노를 기술한다. 해설자는 또한 이스라엘과의 전쟁을 고집하는 아마샤의 어리석음과 요시야의 손에 패배한 것이, 아마샤의 죄에 대한 하나님의 심판이었음을 설명한다(20절).

배경이나 장면, 등장인물, 줄거리, 해설자의 논평에 대한 주해적인 분석을 통합하면 이야기의 주해적 개요를 작성할 수 있다. 주해의 중심 아이디어는 해설자가 초반부 논평에서 제시하고 있다(2절). 즉, 아마샤의 삶과 왕국의 비극적 실패는 하나님에 대한 전적 헌신의 부족 때문이었다. 그는 시작은 좋았지만 끝까지 인내하지 못했다.

주해적 개요는 이야기의 연대기적 순서를 따른다. 각각의 연속 장면은 패망을 향한 단계를 보여 주고 있다. 주해적 구조는 다음과 같은 중심 아이디어와 그 뒤를 따르는 묘사적 장면으로 구성된 개요로 표현될 수 있다.

- 중심 아이디어: 아마샤의 삶과 왕국의 비극적 실패는 하나님에 대한 전적 헌신의 부족 때문이다(2절).
- 장면 1(3-4절): 아마샤가 하나님의 말씀에 신실하게 순종한다.
- 장면 2(5-10절): 아마샤가 하나님의 선지자의 말을 마지못해 따른다.
- 장면 3(11-13절): 아마샤가 하나님의 능력으로 에돔을 물리친다.
- 장면 4(14-16절): 아마샤가 에돔 신을 섬기며 하나님께 반역하고 그분의 훈계를 거절한다.
- 장면 5(17-24절): 아마샤가 반역의 참혹한 결과를 경험한다.
- 장면 6(25-28절): 아마샤가 불명예스럽게 죽는다.

이런 연대기적 장면의 논리적 전개는, 명백하게 신실한 순종에서 시작했지만 반역과 전쟁에서의 패배, 암살로 끝난 실패의 과정을 그리고 있다.

장르와 본문의 원리

성경 본문에 대한 주해 작업은 본문에서 저자가 의도한 의미를 확인하기 위한 것이다. 그 의미는 분명히 최초의 수신자 무리의 역사적 상황에 전달되었을 것이다. 저자가 의도한 의미는 그 특징에 따라 다른 장소와 시간에 있는 독자들에게 직접적으로 전달될 수도 있고, 그렇지 않을 수도 있다. 하지만 성경은 하나님께서 자신을 계시하시기 위해 쓰신 것으로, 그분은 "자신이 말씀하신 것으로 지금도 여전히 말씀하신다."[209] 그럼에도 어떤 본문에서는, 하나님께서 오늘날 무엇을 말씀하고 계신지, 즉 성경 본문의 의미에 대한 오늘날의 의의를 분별하기가 어렵다.

이런 어려움에 대한 해결책을 설명하는 방법은 설교학 교과서 저자에 따라 다양하지만, 정당한 적용은 '원리화'(principlization)와 관련된다는 점에서 일반적으로 일치한다.[210] 카이저(Kaiser)는 이것을 다음과 같이 정의한다. "'원리화'한다는 것은 저자의 명제, 논점, 논평, 설명을 교회의 현실적 필요에 적용할 것을 염두에 두면서 영원히 불변하는 진리로 기술하는 것이다."[211]

여기서 말하는 '원리'는 성경 본문에서 가르치는 영구적인 진리를 말한다. 이것은 본문의 특수성에서 추론해 일반화한 진술일 수도 있고,[212] 시공간을 뛰어넘어 본문에 고정된 진술일 수도 있다.[213] 본문의 진리가 이미 초시간적인 형태로 표현되어 있을 경우, 그 함의와 적용은 쉽게 확인할 수 있다. 반면 진리를 추출할 경우에는 적절한 귀납적 추리와 그에 따른 연역적 결론을 조심스럽게 시도해야 한다.

설교를 만드는 과정 중 특별히 이 단계에서 어떤 장르는 다른 장르에 비해 더 잘못 사용하기가 쉽다. 신약의 서신들에서 발견되는 교훈적 본문은 적용점이 시종일관 직접적이다. 하지만 내러티브는, 어떤 이야기의 작은 세부적인 사항으로 이론적 근거에서만 유효할 수 있는 영적 교훈을 산출해 내려 할 때 종종 왜곡된다.[214] 특정 장르의 작품에 대한 이해는, 설교자가 본문에서 말하지 않는 영구적 진리를 강제로 끌어내지 않고, 타당한 원리를 제공하는 본문의 상세한 부분에 집중하도록 도와준다.

특별히 내러티브에 대해 라이켄은, 역사는 우리에게 무슨 일이 일어났는지를 말하지만, 문학은 무슨 일이 일어나고 있는지를 말해 준다고 설명한다.[215] 역사적 기록이든 픽션(비유 등)이든, 성경의 내러티브는 무엇이 일어나고 있는지를 우리에게 가르쳐 주는 영구적이고 전형적인 진리를 전달한다. 성경에 기록된 이야기의 의도는, 우리에게 하나님과 그분의 방식에 대해 가르쳐 주는 것이다. 그 이야기는 하나님은 물론 그분과 관련된 인간의 상태에 관한 영구적인 진리를 담아 표현한다.

역사적 내러티브의 교훈적 의도는 고린도전서 10장 6-11절에서 바울이 잘 표현하고 있다. 6-10절은 출애굽한 이스라엘이 광야에서 방황할 때 일어난 다섯 가지 에피소드(민수기)를 언급한다. 각 에피소드는 죄에 대한 경고의 기반을 제공한다(악한 것에 대한 열망, 우상숭배, 부도덕함, 하나님을 시험함, 불평). 이런 경고의 앞(6절)과 뒤(10절)에는 이런 상황이 전형적이라는 주장이 놓여 있다. 즉, 그것들은 우리의 모습을 보여 주는 것이며, 우리에게 교훈을 주기 위해 쓰인 것이다. 여기서 언급된 사건에 대한 해석은 이스라엘의 죄와 그들이 방황하면서 받게 된 심판 사이의 인과관계를 보여 준다. 하지만 바울은 이 사건들을 하나님을 향한 인간의 죄의 편향성을 드러내는 것으로 이해하며, 하나님께서는 이런 잘못된 행동을 가볍게 여기지 않으신다고 지적한다.

따라서 이런 전형적인 이야기는 후대의 다른 지역 독자들에게도 교훈과 경고를 제공한다. 즉, 바울의 독자들은 그가 언급한 이 사건들로부터 거의 1,500년이 지난 시대에 살던 사람들이었다. 이런 내러티브의 전형적인 특징과 교훈적 의도라는 개념이, 그 내러티브에서 원리를 도출할 수 있는 근거를 제공하는 전제다. 설교 작성을 위한 주해적 작업에서 본문의 원리는 반드시 본문 저자의 의도대로 드러나야 한다. 저자의 의도와 목적에 대한 실마리는 주변 문맥과 더불어 내러티브 본문 자체에 내재되어 있다.

앞에서 말했듯이 등장인물은 내러티브를 해석하는 주해적인 핵심 요소 중 하나며, 하나님은 내러티브에서 반드시 유념해야 할 주요 등장인물이다. 내러티브에서 하나님에 대해 깨달은 바는 즉시 영구적인 원리로 제공해야 한다. 하나님은 변하지 않으시기 때문이다.

성경의 정황에 계셨던 하나님은 오늘날에도 여전히 동일하시다. 성경에서 드러난 하나님의 관점과 인격은 그 본성상, 하나님에 대한 진리 즉 하나님은 변하지 않으시며, 시간과 장소의 한계를 초월한 목적, 인격, 계획, 방식을 갖고 계심을 표현한다.

하나님과 그분의 방식에 관한 본문의 영구적인 가르침을 파악한 후에는, 하나님의 변치 않고 초월적인 방식과 상호작용하는 전체 인류의 대표적, 모범적, 전형적 인물인 내러티브의 주인공에 주목해야 한다. 이야기는 주로 주요 인물의 어떤 타락한 상태를 보여 주는데, 그것은 다른 시대나 장소의 사람에게 유사하게 나타날 수 있다. 등장인물을 줄거리와 연결함으로 등장인물이 어떻게 시험을 받는지 볼 수 있으며, 그 시험은 오늘날과의 유사점을 제시할 것이다. 성경에 서술된 시험은 현대적 상황과 직접 비교할 수도 있지만, 더 일반적으로는 추상적인 차원에서 비교할 수 있다.

해석적인 논평을 통해 하나님의 관점을 전달하는 해설자는, 본문의 원리에 대한 또 다른 중요한 지표 역할을 하며, 이야기의 주된 영구적 진리는 물론 부차적 강조점을 나타낸다.

때로는 이야기의 한 국면에서 영구적 진리를 도출할 수 있는지 모호한 경우가 있다. 특히 역사적 내러티브는 사건만 주로 묘사적으로 설명하기 때문이다. 이런 경우에는 주의하는 것이 좋다. 설교자의 마음에 의구심이 생기는 것에 대해서는 요지를 만들지 않는 것이 더 현명하다. 이런 경우의 안전장치는, 성경의 다른 부분에 나온 진리의 도덕적 명령이나 주장을 배경으로 내러티브의 내용을 상세히 해석하는 것이다. 이 전략은 본문의 모호성을 줄여 줄 뿐 아니라, 설교자가 본문을 특별한 정황에 해당하는 것으로, 즉 규칙이 아니라 예외로 이해하게 돕는 안전장치가 된다.

다시 아마샤의 이야기로 돌아오면, 주해적 개요는 그 이야기에 나타난 중심 아이디어들과 정황을 확인해 준다. 사람과 하나님의 말과 행동을 보여 주는 내러티브 장르는, 전달 가능한 개념과 감정 즉, 본문의 삶과 오늘날의 정황 사이의 타락한 상태라는 공통적인 현실의 지표를 제공한다.[216] 따라서 주해적 개요를 반영해 이 내러티브에서 도출한 영구적 진리 또는 원리는 다음과 같다.

1. 반쪽짜리 영적 헌신은 영적 실패로 이어진다(2절).
2. 눈에 보이는 순종은 나눠진 마음을 숨길 수 있다(3-4절).
3. 나눠진 마음은 마지못해 순종한다(5-10절).
4. 나눠진 마음이라도 적절히 순종하면 하나님께서 축복하신다(11-13절).
5. 나눠진 마음은 결국 하나님과 그분의 질책에 대항해 그 본색을 드러낸다(14-16절).
6. 하나님은 불순종의 마음을 가진 자를 심판하신다(17-28절).

이런 원리는 설교의 구조를 세우는 기본 자료가 된다. 이 원리는 본문의 주해적 강조점에서 도출된 것이므로 하나님 말씀의 권위를 지닌다. 또 다른 장소와 시간의 사람들에게 본문의 의미에 담긴 의의를 말하기 위해 추출된 것이므로, 현대적 정황에 적합하게 적용된다. 이 중 첫 번째 원리는 본문 주해의 중심 아이디어에서 도출된 것으로, 설교의 중심 아이디어가 될 수 있다. 나머지 원리는 연속된 장면에 나타난 행동과 대화에서 뽑아낸 것이다.

장르와 설교

롱은 본문의 문학적 또는 수사적 특징을 주해하는 것에 관한 가장 중요한 설교학적 질문은 이것이라고 주장한다. "어떻게 설교가 본문이 본래의 정황에서 말하고 기능한 대로 새로운 정황에서 말하고 기능할 수 있는가?"[217]

이 질문에 답하기 위해 설교자는 본문의 정황과 현대의 상황 사이의 적합한 유사성을 확인해야 한다. 본문의 의미는 저자의 상황에 고정되어 있지만, 설교자는 그 의미가 지닌 의의를 시대와 장소를 뛰어넘어 현대의 상황에 적용할 수 있다. 이런 적용의 적합성은, 저자의 의미와 목적(저자가 무엇을 이해하도록 의도했으며, 의도한 효과는 무엇인가)이 설교자의 의미와 목적과 얼마나 유사한지를 보여 줌으로 확립할 수 있다. 본문을 원리화하는 것은 본문과 현대의 정황 사이에 다리를 놓는 것으로, 설교를 만드는 나머지 과정은 설교적 구조를 짜고 발전시켜 나가는 것이다.

장르는 설교의 형식과 개요를 구성하는 데 많은 도움을 준다. 내러티브 본문의 설교는 줄거리를 따라 구성할 수 있는데, 연대기적 배열이 논리적이며 일반적으로 이야기의 움직임을 전달하는 형식이기 때문이다. 또 내러티브는 등장인물이 하나님과의 관계에서 발전해 나가는 모습을 강조할 수도 있는데, 이 경우 설교 개요는 인물에게서 나타나는 연속적 변화를 따르게 된다.

내러티브 본문을 다룰 때, 본문의 주요 원리는 곧 설교의 주요 요지가 된다. 이 원리는 이 이야기가 무엇에 대한 것인지(주제나 화제), 그리고 하나님의 관점을 강조하고 있는 저자가 독자들이 본문에서 표현된 경험을 어떻게 이해하도록 의도하고 있는지, 주해적 단계에서 우선적으로 살펴봄으로 확인된 것이다.

설교 본문을 구성하는 가장 훌륭하고 자연스러운 방법 중 하나는, 줄거리의 갈등 구조를 따라가는 것이다. 설교에 통일성과 순서를 제공하는 줄거리 요소는 통일된 주인공의 등장, 행동의 원인과 결과 순서, 사건과 에피소드를 통한 전개에서 발견할 수 있다.

원리는 본문의 흐름 중 다양한 지점에서 나타날 수 있지만, 그것이 본문의 중심 아이디어와 연관되고 그것을 발전시키는지 고려해야 한다. 이 원리는 설교 요지로 사용할 수 있으며, 줄거리 전개에 따라 차례로 소개하고 해설하며 적용할 수 있다.

앞서 원리화 단계에서 역대하 25장은 여섯 가지 원리로 식별되었다. 이 영구적 진리는 해설자의 논평, 하나님의 관점에 대한 해설자와 선지자의 표현, 아마샤가 자신의 마음을 드러낸 행동과 대화의 조합에서 나온 것이다. 본문의 내러티브 흐름과 적절한 강조점을 제대로 담아내도록 이 원리들을 나열하면서도, 강조되고 중복되는 아이디어를 다소 조정하면, 다음과 같은 설교 개요가 된다.

- 중심 아이디어: 반쪽짜리 영적 헌신은 영적 실패로 이어진다(2절).
- 전환: 영적 실패는 어떤 모습으로 전개되는가?
  1. 명백하게 충성스러운 순종으로 출발한다(3-4절).
  2. 마지못한 순종으로 나타난다(5-10절).

3. 공개적인 반역과 우상숭배로 드러난다(11-16절).
4. 하나님의 심판이 뒤따른다(17-28절).

중심 아이디어는 2절에서 나온 것이다. 설교자가 본문의 순서를 지키고자 한다면, 이 주요 원리는 명제와 본문의 발전을 연결해 주는 전환 구문과 함께 설교의 서론에 표현되어야 한다. 적용은 각 요지에 덧붙일 수도 있고, 결론 부분에서 '자신의 마음을 지키라'는 주요 적용적 추론으로 설교를 요약할 수도 있다.

또 다른 선택 가능한 구조는 귀납적 형식이다. 이런 접근에서는 서론에서 질문이 등장한다. 즉, '왜 사람들은 때때로 하나님에 대한 열정으로 그리스도인의 삶을 시작했다 반역이나 배신으로 끝을 맺는가' 같은 것이다. 그러면 아마샤의 이야기가 이 공개적 질문에 대한 연구 사례로서 기능한다. 각 장면의 연속적 관계와 주인공(아마샤)의 나뉘진 마음이 어떻게 진전되어 가는지에 주목하면서, 앞에서 설명한 개요에 따라 각 장면을 설명할 수 있다. 아마샤의 영적 퇴보를 보여 준 뒤, 앞선 질문을 다시 제기한 다음 2절의 중심 아이디어로 답할 수 있을 것이다.

그러면 본문과 설교의 주요 목적과 적용, 즉 나뉘진 영적 헌신이 가져오는 위험을 청중에게 경고하고, 예수 그리스도에 대한 무조건적 헌신과 순종을 요구하는 것으로 이끌 수 있다. 이 메시지가 결론적으로 청중에게 호소하는 것은, 자신의 마음과 충성을 온전히 지키라는 것이다. 한 사람의 헌신은 오늘은 아닐지라도 10년이나 15년, 혹은 20년 후에라도 분명히 드러날 것이기 때문이다.

결론

이 논의는 문학적 장르가 설교에 미치는 영향을 부분적으로 다룬 것이다. 성경에서 발견되는 많은 장르와 이를 설교적으로 다루는 방식에 대해서는 훨씬 더 많은 것을 이야기할 수 있다. 그러나 이 논의의 의도는 문학적 장르를 고려하는 것의 필요성과 그 잠재력에 대한 이해를 제공하는 것이다. 이런 관점은 결국 설교자를 충실한 강해설교와 가치 있는 다양한 설교 형식으로 이끌 것이다.

Part 8
설교를 세우는 성경신학

_제임스해밀턴(James M. Hamilton, Jr.)

서론

시간이 충분하지 않다. 약속된 시한이 서서히 다가오고 있다. 급한 일이 생긴다. 아내와 천천히 산책하며 한가롭게 지내고 싶다. 아이들은 빠르게 커간다. 교회 성도가 병원에 있다. 나이가 지긋하신 어른들은 작별 인사도 없이 떠난다. 젊은이들은 양육과 파송이 필요하다. 성경 연구와 기도에 더 많은 시간을 들여야 한다. 해야 할 일은 산더미 같은데 시간이 턱없이 부족하다. 주일은 금세 다가온다. 어느새 설교단에 오를 시간이다.

'성경신학과 설교?' 긴급함을 가지고 스스로에게 다그쳐 물어본다. '과연 설교할 때 성경신학이 필요한가? 만약 그렇다면 성경신학이란 무엇인가? 그것을 어떻게 해야 하는가? 그것을 어떻게 설교한단 말인가? 과연 그것을 하나님의 사람들이 제대로 이해할 수 있겠는가? 그렇다면 어떻게 시작해야 하는가?'

성경신학이 과연 설교에 필요한가

만약 하나님의 뜻을 온전히 설교하고자 한다면(행 20:27) 성경신학은 반드시 필요하다.[218] "모든 성경은 하나님의 감동으로 된 것으로 교훈과 책망과 바르게 함과 의로 교육하기에 유익하니"(딤후 3:16).[219] 이 말씀을 믿는다면, 성경신학은 필요하다. 이 두 부분에 대해 조금 더 깊게 살펴보자.

하나님의 전체적인 계획 설교하기

창세기에서 요한계시록까지 이어지는 하나의 주된 이야기가 있는가? 그것을 한 문단으로 묘사할 수 있는가? 내가 시도한 바는 다음과 같다.

하나님께서는 예배와 섬김을 받고 자신을 드러내실 장소로 세상을 창조하셨다. 하나님은 자신을 예배하는 장소에서 예배와 섬김을 받고 그곳에 거하신다. 이러한 사실은 하나님이 세상을 우주적 예배 장소로 창조하셨음을 의미한다.[220] 하나님은 자신의 형상을 닮은 사람을 에덴동산에 두시고, 그들에게 물이 바다를 덮음같이 그분의 영광이 지면에 충만해질 때까지, 하나님께서 섬김과 예배를 받고 드러나시도록 영역을 넓히며 세상을 다스리라고 명령하셨다. 하지만 그들은 실패했고, 하나님께서는 그들을 심판하셨다. 그러나 그 심판을 통해 하나님께서는 구원을 약속하셨다.[221]

하나님께서는 아브라함과 언약을 맺으셔서, 직접적으로 저주에 대해 말씀하시고,[222] 출애굽을 통해 애굽을 심판해 아브라함의 자녀들을 구원하셨다. 그리고 이스라엘 백성을 약속의 땅인 새로운 에덴으로 옮기셨을 때, 그들에게 아브라함에게 주신 것과 동일한 의무를 주셨다. 즉,

물이 바다를 덮음같이 모든 지면에 하나님의 영광이 충만해질 때까지 하나님을 섬기고 예배하며 드러내는 영역을 넓혀 가라는 것이었다. 하지만 아담처럼 이스라엘 역시 실패했다.

아담이 심판받고 에덴에서 내쫓긴 것처럼, 하나님께서는 이스라엘을 심판하시고 그 땅에서 몰아 내셨다.[223] 이스라엘의 선지자들은 포로로 추방되는 심판을 통해 영광스러운 종말론적 미래가 올 것을 예언했다. 하지만 실제로는 두 가지의 다른 추방, 즉, 아담이 에덴동산에서 당한 추방과 이스라엘이 약속의 땅에서 당한 추방에서 되돌아올 것을 약속한 것이었다. 고레스에 의해 시작된 귀환으로 성벽과 도시가 그 땅에 재건되었으나, 이것은 약속의 땅에서의 추방에 관한 것일 뿐, 에덴에서의 추방에 관한 것은 아니었다. 추방된 에덴으로의 귀환에 대해 말씀하시고자 하나님은 자신의 아들, 성육신하신 예수님을 보내셨다. 그분은 이스라엘의 역사를 담아내시고[224] 모든 의를 성취하셨으며, 저주를 받으심으로 하나님의 진노를 해결하고 하나님의 공의로운 자비를 보여주는 길을 내시며 십자가에서 죽으셨다. 예수님의 사람들인 교회는 그분의 몸으로서 이제 아담과 이스라엘에게 주어진 의무를 감당해 나가고 있다.

교회는 열방의 사람들을 제자 삼음으로, 물이 바다를 덮음같이 여호와의 영광이 온 땅에 충만하기를 구해야 한다. 모든 사람이 복음을 들으면 그때 비로소 일곱 나팔과 일곱 재앙을 담은 대접과 함께 출애굽이 최종적으로 성취될 것이다. 그리고 세상의 심판을 통해 하나님의 백성들은 구원받을 것이다. 예수님은 새롭고 더 위대한 정복자 여호수아로 오셔서 그분의 원수를 파하시고, 자신의 백성을 천 년 동안 지속될 더 좋은 약속의 땅으로 인도하실 것이다. 최후의 반역 이후에 예수님은 자신의 백성을 새롭고 더 나은 에덴, 즉 새 하늘과 새 땅으로 인도하실 것이다. 그리고 추방은 마침내 끝나게 될 것이다. 물이 바다를 덮음같이 하나님의 영광이 온 땅을 덮을 것이다.

이 줄거리에 중심 주제 혹은 요점이 있는가? 나는 그렇다고 믿는다. 하나님이 자신을 알리시고, 자신의 성품을 계시하시며, 자신의 영광을 보여 주고 계시는 것이다. 이것은 하나님께서 세상을 위해 하실 수 있는 최고의 것이다. 하나님보다 더 좋은 뭔가는 없기 때문이다.[225] 그래서 하나님께서는 세상을 창조하실 때 자신을 보여 주시기 위해 우주적 상영관을 만드셨다. 그리고 이 이야기의 모든 주요 표지판에서 하나님의 공의와 긍휼, 거룩과 사랑, 진노와 인자하심을 드러내셨다.

하나님께서는 출애굽기 34장 6-7절에서 모세에게 자신의 이름을 선포하실 때 공의로우며 긍휼하신 분으로 자신을 묘사하신다.[226] 모세가 하나님의 영광 보기를 구하자, 하나님께서는 모세에게 자신의 선하심을 보여 주고 자신의 이름을 선포하겠다고 말씀하셨다(출 33:18-19).

이 사건은 첫 번째 성경의 저자인 모세의 신학을 심도 있게 형성했다. 모세 이후의 모든 성경 저자는 그를 통해, 여호와는 심판하시며 구원하시는 하나님이심을 알게 되었다. 하나님은 심판하는 분이시기에 긍휼이 의미를 지니게 되는 것이다. 하나님은 자신의 긍휼의 놀라운 영광을 강조하시기 위해 공의를 지키신다. 그러므로 나는 성경신학의 중심, 즉 모든 성경 이야기의 주된 메시지는, '하나님은 심판을 통한 구원으로 영광 받으신다'는 것이라고 이해한다.[227]

하나님은 홍수 심판을 통해 노아를 구원하셨다. 출애굽 사건에서는 애굽 심판을 통해, 그리고 다시 추방의 심판을 통해 이스라엘을 구원하셨다. 그 후 하나님은 십자가에서 예수님께서 받으신 심판을 통해 죄에서의 구원을 성취하신다. 그리고 요한계시록은 하나님의 모든 대적의 심판을 통해 이 타락한 세대에서 자신의 백성을 구원하시는 분으로 하나님을 묘사한다. 심판을 통해 구원하시는 하나님의 영광이 나타나는 것은, 이러한 성경의 중요한 순간들만이 아니라 거듭난 자들에게도 실존적 경험이다.

거듭남을 경험한 사람들은 자신이 하나님의 공의로운 진노 아래 있음을 깨닫게 된다. 그 심판을 통해, 예수님께서 십자가에서 완성하신 것이 자신에게 필요함을 느끼게 되며, 예수님을 신뢰할 때 형용할 수 없는 하나님의 자비를 얻는다. 신자는 예수님이 받으신, 인간의 죄를 정죄하는 심판을 통해 구원받는다. 또 하나님의 공의와 자비의 영광을 보게 되고, 그분의 이름을 높이며 그 선하심으로 인해 하나님을 예배한다. 우리는 모든 것이 하나님의 영광을 드러내기 위해 가장 선하게 역사할 것을 신뢰하면서, 하나님의 영광이 나타날 것이라는 소망 가운데 심지어 고난을 자랑한다. 성경신학의 중심은 심판을 통해 구원하시는 하나님의 영광이다.

성경신학은 우리가 레위기에서 에스더까지 모든 것을 하나로 묶는 큰 그림을 끌어안도록 도와주며, 아모스, 요한복음, 로마서, 요한계시록이 서로 어떤 연관을 갖고 있는지를 보게 한다. 숲 전체가 어떻게 생겼는지 알면 각각의 나무를 이해할 수 있다. 즉, 하나님의 뜻이 온전히 드러나는 설교를 하기 원한다면 반드시 성경신학이 필요하다.

당신은 무엇을 따라 설교 계획을 세우는가?

느헤미야서는 사실 교회 건축 프로그램에 대한 것이 아니며, 시편 역시 청중의 내면을 성찰하려는 아마추어 심리치료사를 위한 책이 아니다. 하나님이 무엇보다 중요한 메시지인 성경의 큰 이야기 안에서 자신의 관심사를 전달하셨는가? 그렇다면 당신은 성경의 큰 이야기로 설교 계획을 세우는가, 아니면 다른 것으로 그 일을 하는가? 만약 우리가 성경에 드러난 하나님의 목적을 이해하려 한다면, 성경신학이 꼭 필요하다.

성경신학은 성경 각 권이 큰 이야기를 만드는 데 어떤 공헌을 하는지 이해할 수 있게 해준다. 우리는 성경의 이 큰 이야기를 '거대담론'이라고 부른다. 이것을 어떻게 설명하든, 핵심은 전체 성경이 하나님께서 계시하신 이야기, 즉 이 세상이 어디서 왔고, 무엇이 잘못되었으며, 하나님이 어떻게 바로잡으셨고, 우리가 속한 위치는 어디며, 우리가 장차 미래에 기대할 것은 무엇인지 등을 말해 주기 위해 함께 엮여 있다는 점이다. 하지만 이 모든 정보에는 더 큰 결과가 있다. 즉, 하나님께서 자신을 우리에게 계시하시고 있다는 것이다. 하나님을 알기 위해서는 성경신학이 필요하다. 하나님을 아는 것은 예배의 원동력이 된다. 그러므로 성경신학은 예배를 위한 것이다.

성경신학의 관점에서 생각한다는 것은 결국 성경을 문맥에서 읽는 것으로, 여기에는 단순히 앞뒤 구절, 문장, 단락, 더 넓은 본문, 각 책뿐 아니라 성경 전체 배경까지 포함된다. 만약 시편을 성경 전체 배경에서 읽지 않는다면, 시편의 추상적인 고백에 담긴 의미를 제대로 이해하지 못해 우리 나름의 해석을 만들어 버릴 수 있다(특히 어리석게도 시편의 표제를 무시해 버리는 경우). 또 사무엘서와 열왕기서를 신명기에 비추어 읽지 않는다면, 이 책들의 해설자들이 신명기 저자가 이스라엘 백성이 행한 일을 기록한 방식을 따라, 미묘하게 사람들을 정죄하거나 칭찬하고 있는 방식을 이해하지 못한다. 만약 신명기를 이해한다면, 하나님의 율법이 지켜졌는지 아닌지 알 수 있을 것이다.

성경의 해설자는 등장인물의 행동을 이야기할 때 부정적으로나 긍정적으로, 혹은 모호하게 말한다. 율법을 지키지 않는 것이 불순종이라고 직접적으로 언급하지 않고, 등장인물의 행동을 이야기하고 불순종의 행동을 보여 줌으로 선포되지 않은 심판을 표현한다. 신약에서도 만약 복음서와 서신서를 구약 율법과 예언서를 고려해 읽지 않는다면, 하나님께서 어떻게 예수님 안에서 모든 율법의 요구와 선지자의 글과 시편을 성취하셨는지 이해하지 못한다(눅 24:44). 우리는 반드시 성경 전체를 고려해 성경 각 부분을 읽어야 한다. 성경에서 말하는 하나님의 전반적인 계획을 온전히 이해하고 설교를 계획하기 원한다면, 반드시 성경신학을 알아야 한다.

모든 성경은 하나님의 감동으로 쓰였고 유익하다

당신의 설교는 모든 성경이 유익하다는 당신의 믿음을 반영하고 있는가, 아니면 성경에서 영감 되고 유익한 부분은 바울서신, 사복음서, 사도행전, 시편 일부, 요셉·모세·다윗·느헤미야(자신의 교회가 성전을 건축하고 있는 경우)에 관한 일부 내러티브뿐이라고 말하고 있는가?

솔직히 말해 당신은 역대기, 에스라, 전도서, 에스겔, 스바냐, 요한계시록을 설교하는가? 이 책들에서 유명한 구절이나 단락을 하나 골라 설교하는 것을 말하는 것이 아니다. 책 한 권 전체를 설교하거나, 이 책들을 처음부터 끝까지 전체 성경과 관련해 설명하는지 묻는 것이다.[228] 또 나는 주일이나 수요일 저녁 성경공부 시간에 이러한 책을 배제하는 것을 염두에 둔 것이 아니다. 주일 아침 설교에 대해 말하고 있는 것이다. 이 질문에 답해 본다면, 모든 성경은 유익하다는 바울의 고백에 당신이 진심으로 동의하는지 아닌지 알 수 있다.

진정으로 하나님의 온전하신 뜻을 설교하기 원한다면, 그리고 성경의 모든 부분이 영감 되고 유익하다고 믿기 때문에 그 모두를 설교하려 한다면, 성경신학에 대한 건강한 이해가 필요하다. 무엇보다 우리는 전도서를 강해하면서 염세적인 운명론을 이끌어 내기를 바라지 않는다. 그것은 전도서가 말하는 메시지가 아니다. 전도서가 진정으로 의미하는 바를 알기 위해서는 성경의 큰 이야기와, 어떻게 이 책이 그 큰 이야기에 들어맞는지를 이해해야 한다.[229] 이를 위해서는 성경신학이 무엇인지에 대한 분명한 이해가 필요하다.

성경신학이란 무엇인가

성경신학에서 우리는 성경 저자들이 이전에 기록된 본문을 어떤 관점으로 해석했는지, 그리고 그들이 당시 어떤 관점으로 본문을 썼는지를 파악하려고 노력한다. 또 성경 저자들의 진술에 필연적으로 수반된 추측이나 결론의 원형을 찾는다. 다시 말해, 성경 저자들의 주장을 뒷받침하는 세계관을 파악하려고 노력한다. 우리가 저자들의 믿음과 주장에 접근할 수 있는 유일한 수단은 그들이 실제로 기록한 것뿐이다. 따라서 성경신학은 성경의 저자들이 사용한 문학적 특징을 이해하고자 한다. 즉, 어떻게 그들이 (1) 메시지를 구조화하고, (2) 그 메시지를 이전에 기록된 성경 본문과 연결시키며, (3) 전체 이야기에서 위치시켜, (4) 하나님의 백성을 향한 자비와 사랑을 강조하는 하나님의 공의를 드러내면서 그분의 영광을 보여 줌으로 청중을 격려하는지 살펴보는 것이다. 즉, 성경신학은 성경 자체의 용어로 성경을 이해하려는 시도다.

성경신학적 접근은 해석의 과정에서 반드시 필요한 단계다. 성경 주해는 절이나 문단, 책, 심지어 그 문학 장르에서 멈출 수 없다. 이 말은, 로마서 5장 1절을 주해하기 위해서는 먼저 로마서 1장부터 4장까지의 내용을 고려해서 읽고, 로마서와 바울서신 전체가 그 구절에 대해 어떻게 말하는지 알아야 한다는 것이다. 하지만 여기서 멈춘다면 해석학적 과정을 다 마친 것이 아니다. 반드시 다음 단계로 넘어가야 한다. 즉, 그 본문을 읽고 바울의 주장이 성경 전체와 어떻게 조화되는지 살펴봐야 한다.

잠언서 같은 책도 똑같이 설명될 수 있다. 성경신학적 사고는, 솔로몬이 신명기 17장의 교훈에 순종한 왕으로 자신을 보여 주기 위해 잠언에서 사용한 문학적 단서를 알려 준다. 즉, 이 신명기 17장에서 왕은, 자녀에게 율법을 성실히 가르치라고 부모에게 교훈한 신명기 6장(6-9절; 참조. 잠 3:1-8)에서처럼, 율법서를 책에 기록하고 배울 것이 요구된다 (18-20절). 솔로몬은 토라를 잘 아는 왕이었으며, 백성에게 아버지와 같았다. 즉, 그는 잠언에서 토라의 진리들을 실제적이고 기억할 만하며 다양한 방법으로 가르치고 있는 것이다.

성경신학은 성경이 우리가 세상을 읽는 방식을 형성하는지, 혹은 세상이 우리가 성경을 읽는 방식을 형성하는지를 질문하게 만든다. 세상을 통해 성경을 읽기보다, 성경을 통해 세상을 읽을 수 있도록 우리는 이 책, 즉 실제로는 여러 책의 모음집인 성경을 이해해야 한다.[230]

성경 각 권은 문학적 특징을 가지고 있으며, 성경의 저자들은 의미를 전달하기 위해 이 문학적 특징을 적절히 사용한다.[231] 앞서 나는 성경 저자들이 사용하는 네 가지 문학적 특징을 설명했다. 이것이 최종 목록은 아니지만, 각각에 대한 더 깊은 고찰은 도움이 될 수 있다.

구조적 특징

성경 저자들은 하나님의 진리를 면밀히 고안된 표현을 사용해 전달한다. 존 세일해머(John Sailhamer)는 이렇게 말한다. "저자가 역사적 내러티브에서 연출하는 가장 영향력 있으면서도 미묘한 특징은, 그 이야기를 배치해 놓은 전체적인 구조다."**232**

계속해서 그는, "많은 경우 성경의 내러티브 구조는 그 내러티브의 의미를 결정한다"**233**고 말한다. 성경 저자들이 자신의 저작에서 전환점을 나타내기 위해 사용한 장치는, 현대의 저자들이 사용하는 각 장의 제목이나 표제와는 다른 것이다.

성경 저자들은 전환점을 표시하기 위해 종종 반복되는 단어나 구를 사용했다.**234** 그것을 통해 본문의 구조나 의미를 독자들에게 알렸다. 이러한 신호는 가깝게는 본문의 의미에 대한 정보를 제공하고, 그 의미가 성경 전체의 구조와 어떻게 조화를 이루는지, 그리고 이전에 기록된 성경들과 어떻게 연결되는지를 알려 준다.

이런 표현 범위에 속하는 것이 요한계시록에서 몇 가지 예로 나타난다.**235** 요한계시록 1장 8-20절에서 사도 요한이 목격한 예수님에 대한 환상은 다니엘 10장의 다니엘의 환상과 매우 유사하다. 다니엘은 하늘에서 계시된 영광스러운 모습에 압도당했다. 그다음 하나님은 다니엘 11-12장에서 미래의 역사를 그에게 계시하셨다. 따라서 다니엘 10장의 환상은 11-12장의 미래에 대한 계시 앞에 위치한다. 이 구조는 요한계시록의 사건과 일치하는데, 사도 요한이 먼저 예수님을 본(1:9-18) 다음, 예수님이 사도 요한에게 그가 이미 본 것과 지금 있는 일, 그리고 장차 될 일을 기록하도록 하셨다(1:19).**236**

도표 1. 다니엘 10장과 요한계시록 1장의 연속적인 사건들

다니엘 10장	사건	요한계시록 1장
5a절	환상을 보기 시작함	12a절
5b-6절	묘사 • 다니엘-"한 사람" • 요한계시록-"인자 같은 이"	13-16절
8-9절 (참조. 창 2:21; 15:12; 삼상 26:12; 단 8:18의 '깊이 잠들다')	환상 보기를 마치지 못함 • 다니엘-힘이 빠지고, 깊이 잠듦 • 사도 요한-엎드러져 죽은 자같이 됨	17a절
10-14절 15-21절 (16절의 "인자와 같은 이"에 주목하라)	계시된 그분이 환상을 본 자를 어루만지시고, 환상을 설명하심	17b-20절

이처럼 다니엘 10장과 요한계시록 1장의 사건 순서가 일치할 뿐 아니라, 다음 도표 2에서 볼 수 있는 것처럼 하늘의 존재에 대한 묘사도 주목할 만큼 유사하다.

도표 2. 다니엘 10장과 요한계시록 1장에 계시된 인자에 대한 묘사

다니엘 10장	요한계시록 1장
5b절 세마포 옷을 입었고 허리에는 우바스 순금 띠를 띠었더라	13절 발에 끌리는 옷을 입고 가슴에 금띠를 띠고
[단 7:9b 그의 머리털은 깨끗한 양의 털 같고]	14a절 그의 머리와 털의 희기가 흰 양털 같고
6b절 그의 눈은 횃불 같고	14b절 그의 눈은 불꽃 같고(동일한 묘사가 2장 18절에도 있다)
6b절 그의 팔과 발은 빛난 놋과 같고	15a절 그의 발은 풀무불에 단련한 빛난 주석 같고 (동일한 묘사가 2장 18절에도 있다)
6b절 그의 말소리는 무리의 소리와 같더라	15b절 그의 음성은 많은 물 소리와 같으며
6a절 그의 얼굴은 번갯빛 같고	16절 그 얼굴은 해가 힘 있게 비치는 것 같더라

나는 요한계시록 1장과 다니엘 10장의 일치가 단순히 하나의 문학적 고안물이라고 주장하는 것이 아니다. 반대로, 다니엘과 에스겔 같은 본문이 사도 요한이 본 환상에 대한 인식을 형성했다고 말하는 것이다. 그의 인식의 범주는 이전에 기록된 성경 본문에 의해 제공되었다. 그가 본 것에 대한 묘사는 이전 성경 본문의 묘사의 관점에서 비롯된 것이다. 사도 요한은 독자들에게 그가 본 환상이 이전에 기록된 예언의 성취임을 의도적으로 보여 주고 있는 것이다.

이런 측면에서, 요한계시록 10장에서 사도 요한이 경험한 것은 에스

겔의 내용과 일치한다. 요한계시록 10장 8-11절에서 사도 요한은 천사의 손에서 작은 두루마리를 갖다 먹고 예언하라는 명령을 들었다. 이는 에스겔이 그를 향해 펼쳐진 한 손에 있던 두루마리를 먹은 다음 이스라엘에 대언한 것과 동일하다(겔 2:8-3:4).

도표 3. 에스겔과 사도 요한이 먹은 두루마리

에스겔 2장 9절-3장 4절	요한계시록 5장 1절, 10장 2, 9-11절
2:9 내가 보니 보라 한 손이 나를 향하여 펴지고 보라 그 안에 두루마리 책이 있더라	10:2a 그 손에는 펴 놓인 작은 두루마리를 들고
2:10 그가 그것을 내 앞에 펴시니 그 안팎에 글이 있는데 그 위에 애가와 애곡과 재앙의 말이 기록되었더라	5:1 내가 보매 보좌에 앉으신 이의 오른손에 두루마리가 있으니 안팎으로 썼고 일곱 인으로 봉하였더라
3:1 또 그가 내게 이르시되 인자야 너는 발견한 것을 먹으라 너는 이 두루마리를 먹고 가서 이스라엘 족속에게 말하라 하시기로	10:9 내가 천사에게 나아가 작은 두루마리를 달라 한즉 천사가 이르되 갖다 먹어 버리라 네 배에는 쓰나 네 입에는 꿀같이 달리라 하거늘
3:2 내가 입을 벌리니 그가 그 두루마리를 내게 먹이시며	10:10a 내가 천사의 손에서 작은 두루마리를 갖다 먹어 버리니
3:3 내게 이르시되 인자야 내가 네게 주는 이 두루마리를 네 배에 넣으며 네 창자에 채우라 하시기에 내가 먹으니 그것이 내 입에서 달기가 꿀 같더라	10:10b 내 입에는 꿀같이 다나 먹은 후에 내 배에서는 쓰게 되더라

3:4	10:11
그가 또 내게 이르시되 인자야 이스라엘 족속에게 가서 내 말로 그들에게 고하라	그가 내게 말하기를 네가 많은 백성과 나라와 방언과 임금에게 다시 예언하여야 하리라 하더라

에스겔서는 심판을 예언하고(3-32장), 그다음 구원의 메시지가 뒤따른다(33-48장). 사도 요한도 에스겔과 동일한 것을 경험하는데, 에스겔서에서 그는 하나님의 참된 예언자로 그려진다. 즉, 사도 요한도 심판을 예언하고(11-19장), 그 후에 구원의 메시지를 선포한다(20-22장). 이런 일치된 구조는 사도 요한이 진정한 예언자라는 것과 그 환상이 이전 모든 성경 예언의 성취와 절정이라는 것을 보여 준다.

사도 요한이 자신의 묵시적 예언을 이전의 모든 예언의 절정으로 선포하고 있음은, 그가 이 책을 구성한 방식에서 드러나고 있으며, 이는 앞서 언급한 두 가지 예뿐 아니라 더 넓은 측면에서도 나타난다. 만약 이사야, 예레미야, 에스겔, 소선지서의 전체적인 메시지를 요약한다면 다음과 같다. '이스라엘이 언약을 깨뜨리자 하나님께서는 그들을 포로로 보내셔서 심판하신다. 심판을 통해 하나님께서는 그분의 영광을 구하신다. 즉, 포로 이후 심판을 극복할 위대한 종말론적 구원을 준비하고 계시는 것이다.'

더 나아가 그 장래의 구원은 종종 출애굽 사건에 비유된다(렘 16:13-16 등). 따라서 선지자들은 장래의 강력한 구원의 역사는 새로운 출애굽이 되며, 하나님께서 그분의 백성에게 포로 생활에서 돌아오는 길을 여셔서 약속의 땅으로 다시 들이실 것이라고 선포한다. 여기에는 하나님이 과거 이스라엘 심판의 도구로 사용하셨던 것들에 대한 심판이 포함된다(특히 나훔과 하박국을 보라).

이것이 요한계시록과 무슨 관련이 있는가? 나팔 심판(계 8-9장)과 대접 심판(계 15-16장)은 애굽에 임한 재앙을 연상시키는 것으로 널리 알려져 있다. 나는 사도 요한이 이러한 마지막 심판을, 최종적인 새 출애굽을 통해 하나님의 백성을 자유롭게 할 새로운 재앙으로 묘사한다고 본다.

이스라엘 백성은 열 가지 재앙의 심판을 통해 애굽에서 구원받았다. 또 니느웨와 바벨론에 임한 재앙을 통해 약속의 땅으로 돌아왔다. 이처럼 하나님의 백성은 일곱 나팔과 일곱 대접의 심판을 통해 이 세상의 악한 힘에서 구원받을 것이다. 이런 측면에서 하나님의 심판의 절정이 바벨론의 멸망에 대한 외침으로 선포되고 있는 것이다(계 14:8).

고레스가 권력을 잡은 것이 바로 주전 539년 바벨론이 멸망한 때였으며(참조. 사 44:28-45:1), 이스라엘 백성에게 그들의 땅으로 돌아갈 것을 명령한 사람이 이 고레스였다(스 1:1-4). 출애굽 후 이스라엘이 약속의 땅으로 들어간 것처럼, 요한계시록에 나타난 출애굽의 완성 이후 하나님의 백성은 약속의 땅의 완성인 천년왕국으로 들어가 새 하늘과 새 땅을 누리게 될 것이다.

내가 말하고자 하는 핵심은, 사도 요한은 그 책의 내용이나 구조 면에서 이전에 기록된 예언을 받아들여 함께 연결함으로, 자신이 참 선지자임을 독자들에게 일깨우고 있다는 것이다. 더욱이 이전의 선지자들이 예언한 사건들이 사도 요한이 묘사한 사건들에서 완성됨을 발견할 수 있다.

본문의 상호연관성

앞부분에서는 사도 요한이 어떤 연관성을 통해 이전에 기록된 계시의 성취로서 자신이 본 환상을 구조화하는 몇 가지 방식을 강조했다. 이러한 구조적 특징은 사도 요한이 본문의 상호연관성을 확립하는 방법 중 하나다. 하지만 일반적으로 본문의 상호연관성은 개개의 단어와 구 차원에서 확립된다. 요한계시록의 나팔과 대접, 출애굽기에서 애굽에 임한 재앙 사이의 언어적 유사성은 다음의 두 도표에서 살펴볼 수 있다.

도표 4. 요한계시록의 나팔과 출애굽기의 재앙

요한계시록의 나팔	출애굽기의 재앙
1. 8:7 우박과 불	일곱째 9:23-25 우박과 불
2. 8:8-9 바다가 피로 변하고, 생물의 삼 분의 일이 죽음	첫째 7:20-21 나일강이 피가 됨, 고기가 죽음
3. 8:10-11 샘물과 강들이 쓴 물이 됨	첫째 7:19 물들과 강들이 피가 됨
4. 8:12 해, 달, 별의 삼 분의 일이 어둡게 됨	아홉째 10:21-29 삼 일 동안의 어둠
5. 9:1-11 어둠, 황충 모양의 전갈	아홉째와 여덟째 10:21-29 어둠; 10:12-20 메뚜기
6. 9:12-19 천사들을 놓아 줌, 마병대, 불과 연기와 유황으로 사람 삼 분의 일이 죽음	열째 11장; 12:29-32 죽음의 천사

7. 10:1 구름을 입은 천사의 발이 불기둥 같음	이스라엘이 낮에는 구름기둥, 밤에는 불기둥의 인도로 애굽에서 나옴

도표 5. 요한계시록의 대접과 출애굽기의 재앙

요한계시록의 대접	출애굽기의 재앙
1. 16:2 독한 종기	여섯째 9:10 악성 종기
2. 16:3 바다가 피같이 됨, 모든 생물이 죽음	첫째 7:17-21 나일강이 피가 됨, 고기가 죽음
3. 16:4-7 강과 물의 근원이 피가 됨	첫째 7:17-21 물들과 강들이 피가 됨
4. 16:8-9 해가 불로 사람들을 태움	
5. 16:10-11 어둠	아홉째 10:21-29 흑암
6. 16:12-15 유브라데가 말랐고, 귀신의 영이 전쟁을 준비함	열째 11장 12:29-32 죽음의 천사; 14장 홍해가 갈라짐
7. 16:17-21 번개, 지진, 우박	일곱째, 9:13-35 우박

성경은 이런 본문의 상호연관성으로 가득하다. 성경 저자들은 이전에 기록된 본문에서 핵심 유형을 배우고, 그 유형들의 반복을 인식해 자신의 글에서도 그런 유형의 반복을 강조했다.

나는 사도 요한의 사상이 분명히 출애굽기의 애굽에 임한 재앙 사건에 의해 형성되었고, 구약 선지서에 기록된 새로운 출애굽에 대한 많은 언급으로 차례대로 강화되고 발전되었다고 본다. 따라서 사도 요한은 환상에서 나팔과 대접을 수반한 심판을 봤을 때, 자연스럽게 그 환상을 이전 예언의 성취로 '읽었다.' 그리고 나팔과 대접 심판을 출애굽기의 재앙을 연상시키는 방식으로 묘사했다. 과거 출애굽기의 재앙이 그가 본 장차 일어날 일의 뼈대를 만들어 주었기 때문이다.

성경 저자들은 정확히 이런 방식으로, 이전 사건에 사용된 주요 용어나 구절을 나중에 일어난 사건에서 재사용함으로 상호 연결한다. 그렇게 함으로 사건 순서 사이의 상호연관성을 강하게 만든다. 사건 순서에서의 유사성을 강조하는 이런 단어와 구절의 연결은, 더 나아가 주요 인물들이 구원의 역사를 이루어 감에서 비슷한 역할을 해나가는 것을 보여 준다. 이러한 연결은 종종 역사적 상관성을 확립하고, 이야기가 전개되어 가면서 사건의 의미는 더 커진다. '역사적 상관성'과 의미의 '점진성'이 발견되는 곳에서 우리는 예표를 보게 된다.[237]

예표란 구약과 신약에서 펼쳐진 구속사적 드라마를 이루어 감에서 인물이나 사건, 관습에서 나타나는 핵심 유형이다. 다시 말하면, 성경 저자들은 계시를 설명하면서 주요 용어와 구절을 재사용하고, 주요 사건의 순서를 반복하며, 이러한 사건의 의미를 확장함으로 이런 연관성을 확립한다.[238]

한스 프라이(Hans Frei)는 예표론을 받아들이던 세계관이 폐기된 다음에 성경신학이라는 학문이 세워졌다고 주장한다.[239] 보수주의자들은 성경에서 주어진 범주로 세상을 해석하기보다, 성경을 방어하기 위해 오히려 성경을 훼손하던 범주를 택했다. 성경을 방어하기 위해 세상의 범주를 사용하는 일은, 많은 복음주의 성경 해석자가 성경의 범주를 분별하고 그것으로 세상을 해석하는 일에 혼란을 가져다주었다.

신자는 예표론을 받아들이는 세계관을 취해야 한다. 이 세계관은 성경에 기록된 사건을 주권적으로 다스리시는 하나님과, 성경 저자들이 그 사건들을 기록한 방식을 포함한다. 이 세계관에 기초해 신자는 세상을 통해 성경을 해석하는 것이 아니라, 성경을 통해 세상을 해석해야 한다. 이것은 성경 본문 자체의 상호 연결성으로 형성된 의미의 얽히고설킨 관계를 살펴보는 것이다. 우리는 성경에서 이 의미의 복잡한 관계를 배운 다음, 우리가 주변 세상에서 보는 것을 이해하기 위해 성경에서 배운 것을 사용한다.

우리는 성경에서, 아벨이 가인에게 죽임당한 것, 이삭이 이스마엘에게 조롱당한 것, 야곱이 에서에게 위협당한 것, 요셉이 형들에 의해 종으로 팔려 간 것, 모세가 이스라엘 백성의 원성을 들은 것, 다윗이 사울에게 핍박받은 것 등의 이야기가, 엘리야에서 예레미야에 이르기까지의 선지자들에게서 동일하게 반복되는 것을 본다. 이를 통해 우리는 성경에서 의인은 악인에게 대적당한다는 사실을 알게 된다.

또 "이 세대"[240]가 아벨에서 사가랴까지 모든 의로운 자의 피에 대해 책임지게 될 것이라는 예수님의 말씀을 읽을 때, 우리는 예수님 안에서 이것이 성취될 것임을 깨닫게 된다. 우리는 예수 그리스도를 따르는 자들에게도 동일한 일이 일어난다는 예수님의 말씀에 그리 놀라지 않는다(요 15:18-20). 이것은 예로부터 내려오는 뱀의 후손과 여자의 후손의 충돌이다(창 3:15; 롬 16:17-20; 계 12장). 이러한 성경 본문의 상호연관성을 통해, 우리는 예수님을 따르고자 할 때 겪을 수밖에 없는 많은 환난에도 하나님을 신뢰해야 함을 깨닫게 된다.

큰 그림에서의 배치

성경의 큰 그림을 보는 것과 그것이 어떻게 작용하며 어떤 방향으로 나아가는지 깨닫는 것은, 전체를 모르면 모호한 부분이 될 수 있는 것을 제대로 이해할 수 있도록 해준다. 온 땅을 자신의 영광으로 덮고자 하시는 하나님의 소원, 포로 생활과 추방으로 이어지는 하나님의 백성의 실패, 포로기 후의 회복과 하나님의 영광을 아는 지식으로 온 땅을 덮고자 하시는 목적의 성취에 대한 약속이라는 하나님의 큰 그림을 깨달을 때,[241] 비로소 우리는 신명기 4장 25-31절 같은 본문을 이해할 수 있다.

본문에서 모세는 이스라엘 백성이 약속의 땅으로 들어갔을 때 무엇을 하지 말아야 하는지 경고하는 것으로 시작해(25-26절), 만일 그렇게 행하면 어떤 일이 일어날 것인지로 마무리하고 있다(27-31절). 이스라엘은 약속의 땅으로 들어가 언약을 깨뜨리고 포로로 잡혀 갈 것이며, 그 후 그들이 하나님을 전심으로 찾을 때 하나님은 포로 생활에서 그들을 회복시키실 것이다. 우리는 예를 들어, 예레미야가 예레미야 29장 12-14절에서 신명기 4장 29절을 정확하게 언급하고 있는 것에서 이 큰 그림이 재현되는 것을 볼 수 있다. 느헤미야 역시 동일한 구절인 신명기 4장 29-31절을 포로기 이후에 인용하고 있다(1:9).

이것이 이스라엘 백성에 관한 큰 그림임을 깨달으면, 소선지자들부터 이사야에 이르기까지 선지자들이 선포한 것을 이해할 수 있다. 사실 그들은 모두 똑같은 것을 선포하고 있다! 즉, 언약을 깨뜨린 죄악 된 이스라엘을 비난하고, 포로기가 올 것을 선포하며, 하나님께서 심판을 통해 준비하시는 영광스러운 종말론적 미래를 말하고 있는 것이다.

포로기 이후에 예언한 선지자들(학개, 스가랴, 말라기)은 이 메시지를 이스라엘의 남은 자들에게 적용한다. 종말론적 미래는 죽은 자 가운데서의 부활과 같을 것이다(겔 37장). 여호와께서는 사자처럼 이스라엘을 찢으실 것이나(호 5:14), 삼 일 후에 다시 그들을 일으켜 세우실 것이다(호 6:2). 예레미야처럼 호세아는 포로기 동안 이스라엘 백성이 그분을 바라며 찾을 것이라는 하나님의 약속을 언급한다(5:15-6:3; 참조. 신 4:29). 하나님의 존전에서 쫓겨난 이스라엘은 생명의 왕국에서 죽음의 왕국으로 내쫓긴 나라로서 죽음의 상태에 있을 것이다. 그들은 마른 뼈 골짜기처럼 될 것이다. 하지만 하나님께서 그들에게 생기를 불어 넣으셔서 죽음에서 일으키시고, 생명의 왕국인 그들의 땅으로 돌아오게 하실 것이다(겔 37:1-14, 특히 14절을 보라). 이 생명이 주어지는 부활의 순간은 새로운 출애굽과 같을 것이다(참조. 호 2:15, "그가 거기서 응대하기를 어렸을 때와 애굽 땅에서 올라오던 날과 같이 하리라").

이것들이 신약 성경 저자들이 하나님께서 예수님을 통해 행하신 것을 설명할 때 사용한 용어와 범주다. 그들은 이런 방식의 성경 해석을 예수님께 직접 배웠다.[242] 예수님은 다른 구약 저자들이 그들보다 이전에 쓰인 구약 본문을 해석했던 것과 동일한 방법으로 구약을 차례로 해석하셨다. 예수님의 죽음은 포로기에서 가장 낮은 지점이고, 성전이 파괴된 순간이며(요 2:19-21), 율법의 저주가 완전히 부어진 때다(갈 3:13). 동시에 새로운 출애굽이 시작된 순간이며, 그분은 새롭고 더 나은 유월절 어린양으로서 죽으신 것이다(요 1:19, 36; 19:36; 고전 5:7).

새로운 출애굽은 예수 그리스도의 죽음으로 생겨났고, 포로에서의 귀환은 그의 부활로 시작되었다. 이 새로운 출애굽과 포로에서의 귀환의 마지막 성취는 최후 심판과 천년왕국을 기다리고 있으며, 새 하늘과 새 땅으로 이어질 것이다. 지금 신약의 저자들은 이스라엘 역사를 현재 교회의 경험을 해석하는 틀로 배치하고 있는 것이다(고전 10:1-13).

따라서 베드로는 그의 편지를 받는 교회 성도들을, 약속의 땅을 향해 가는 '나그네'로서 '선택받은 망명자'라고 말할 수 있었다(벧전 1:1-2; 2:11). 새로운 출애굽은 흠 없는 어린양이신 예수님의 죽음으로만 되는 것이다(벧전 1:19). 그러므로 첫 번째 출애굽 이후 시내산에서 이스라엘 백성에게 거룩함이 요구된 것처럼, 교회 역시 두 번째 출애굽 이후 거룩함이 요구된다(벧전 1:15-16). 시내산에서 이스라엘은 성막 건축에 관한 가르침을 받았다(출 25-40장). 마찬가지로 교회는 하나님이 거하시는 곳으로 세워져 간다(벧전 2:4-5). 시내산에서 이스라엘이 제사장 나라와 거룩한 백성으로 부름 받은 것(출 19:6)은, 두 번째 출애굽이 일어나면서 이제 교회의 역할이 된다(벧전 2:9). 교회는 약속의 땅을 향해 가는 나그네로, 예수 그리스도의 본을 따르고, 선을 행함으로 고난받으며, 예수 그리스도처럼 악한 자들의 박해를 받게 될 것이다(벧전 2:19-21).

성경의 큰 그림에는 신자가 포함되어 있다. 교회는 예수님이 유월절 어린양으로 십자가에서 죽으신 '새로운 출애굽'으로 구속받았으며, 성령께서 내주하시는 새로운 성전으로 지어져 가고 있다.[243] 하나님의 영광은, 성령께서 내주하시는 교회가 예수 그리스도의 발자취를 따름으로, 하나님께서 심판을 통해 이루신 위대한 구원을 선포하고, 서로 사랑하며, 모든 고통과 박해에서도 하나님께 신실함을 통해 드러난다. 예수 그리스도의 지상명령(마 28:16-20)은 세상 모든 족속을 제자 삼아 하나님의 영광으로 온 땅을 덮으라는 부르심과 다름없는 것이다.

격려

각 본문이 에덴에서 새 예루살렘까지 이어지는 거대담론과 조화를 이루는 방법을 보여 주면서 하나님의 큰 그림을 해석하고 설명하기 위해, 성경 저자들이 구조적인 특징과 본문의 상호연관성으로 독자들을 어떻게 격려하려 했는지 살펴보는 것은 어렵지 않다. 그들은 세상이 어디서 왔는지, 무엇이 잘못되었는지, 하나님께서 어떻게 잘못을 공의롭게 다루시면서 동시에 풍성한 자비를 베푸시는지, 그분이 어떻게 자신의 선하심과 영광을 나타내실 것인지를 가르쳐 줌으로 독자들을 격려한다.

성경 저자들은 그 이야기가 어떤 부분에서 우리와 들어맞는지 보여 주면서, 그 이야기가 반드시 해결될 것이라는 확신을 준다. 그러므로 우리에게 필요한 것은, 죽기까지 자신의 생명을 아끼지 않고 오직 믿음으로 인내하는 것이다(계 12:11).

어떻게 성경신학을 하는가

이 책에서 말하는 성경신학이란, 성경 전체의 배경에서 특정 본문의 주해 결과를 고찰하는 것이다.[244] 다르게 표현하면, 성경신학은 정경적 배경에서 특정 본문을 주해하는 것이다. 이것은 성경신학을 하기 위해서는 성경을 알며 묵상해야 한다는 것을 의미한다. 성경신학을 하는 유일한 방법은 성경을 원어로 많이 읽는 것이다.

성경 저자가 이전에 쓰인 본문의 단어, 구, 순서 등을 재사용할 때 그것을 알아차릴 수 있을 정도로 우리는 성경을 잘 알아야 한다. 이를 위해서는 성경 원문을 아는 것 외에 다른 방법이 없다. 오직 성경 원문을 통해서만 암시, 비교, 반향, 부분적 인용의 가장 미묘한 것도 정확하게 알아차릴 수 있기 때문이다.

만약 원어 성경을 다루는 데 미숙하다면, 최상의 해결책은 문자적으로 번역하는 것이다. 좀 더 해석적인 이런 번역의 주된 문제점은, 본문의 상호연관성을 유지하지 않고 역동적으로 동등하게 번역된다는 점이다.[245] 심지어 더 문자적인 번역일수록 모든 본문 상호연관성과 암시를 제대로 담아내지 못한다. 누구든 진정으로 성경신학을 하기 원한다면 히브리어, 아람어, 헬라어로 된 성경 본문을 직접 읽고 해석할 수 있어야 한다.

따라서 성경신학을 하기 위한 처방은 간단하다. 즉, 원어로 성경 본문의 앞뒤를 파악하고, 원어 성경을 많이 읽으라. 하나님께 통찰력을 구하면서 성경 말씀을 외우고 주야로 묵상하라. 그리고 성경 전체를 다룰 수 있게 도와주는 책들을 함께 읽으라.

어떻게 성경신학을 설교하는가

나는 설교에서 서론은 다섯 가지 역할을 해야 한다고 배웠다.

(1) 청중의 주의를 끌라.
(2) 설교 본문이 제공하는 것이 청중에게 실제로 필요한 것임을 인식시키라.
(3) 본문의 핵심 주제가 또한 설교의 핵심 주제임을 말하라.
(4) 본문의 구조가 또한 설교의 구조임을 보여 주라.
(5) 본문의 더 넓은 배경을 제공하라.

우리는 설교할 때 그 성경 각 책에서의 본문의 배경만이 아니라, 그 본문의 정경적인 배경도 설명하기 위해 힘써야 한다. 매주 각 본문과 책마다 이러한 작업을 하는 것은 하나님의 사람들에게 성경신학의 본을 보여 주는 것이 된다.

또 서론에서 본문의 성경적·신학적 배경과 더불어 성경의 좀 더 큰 주제를 말하는 것은, 각 본문의 세부적인 것을 이해하는 데 필수적이다. 예를 들어, 예수님이 베드로와 안드레에게 하셨던 말씀을 생각해 보자. "나를 따라오라 내가 너희를 사람을 낚는 어부가 되게 하리라 하시니"(마 4:19). 이 의미를 우리는 이미 충분히 이해하고 있다. 하지만 이것을 좀 더 넓은 성경적·신학적 배경에서 본다면, 더 깊고 풍부한 의미를 본문에서 발견할 수 있다. 나는 앞서 구약 선지서에 '새로운 출애굽'과 '포로에서의 귀환'에 대한 많은 암시가 있다고 언급했다. 그리고 그 주제를 발견할 수 있는 본문으로 예레미야 16장 13-16절을 설명했다. 이제 이 본문이 말하는 것을 생각해 보라.

> 내가 너희를 이 땅에서 쫓아내어 너희와 너희 조상들이 알지 못하던 땅에 이르게 할 것이라 너희가 거기서 주야로 다른 신들을 섬기리니 이는 내가 너희에게 은혜를 베풀지 아니함이라 하셨다 하라 (13절, 포로기; 참조. 신 4:28)

여호와의 말씀이니라 그러나 보라 날이 이르리니 다시는 이스라엘 자손을 애굽 땅에서 인도하여 내신 여호와께서 살아계심을 두고 맹세하지 아니하고 [14절, 첫 번째 출애굽] 이스라엘 자손을 북방 땅과 그 쫓겨났던 모든 나라에서 인도하여 내신 여호와께서 살아계심을 두고 맹세하리라 내가 그들을 그들의 조상들에게 준 그들의 땅으로

인도하여 들이리라(15절, 두 번째 출애굽; 참조. 신 4:29-31)

여호와의 말씀이니라 보라 내가 많은 어부를 불러다가 그들을 낚게 하며 그 후에 많은 포수를 불러다가 그들을 모든 산과 모든 언덕과 바위틈에서 사냥하게 하리니(16절)

이 본문은 포로기에 대한 약속이지만, 곧이어 출애굽 사건을 능가할 만큼 너무나도 분명한 포로기 이후의 새로운 구원의 역사를 약속한다. 그 구원의 위대한 역사는 주께서 '많은 어부를 부르심'(렘 16:16) 이후에 일어날 것이며, 그들은 포로들을 찾아내 집으로 돌아오게 할 것이다. 나는 예수님께서 베드로와 안드레에게 "사람을 낚는 어부"(마 4:19)가 되리라고 말씀하실 때, 이 본문과 모티브를 암시하신 것이라고 생각한다. 예수님은 그들에게 출애굽 사건을 능가하는 하나님의 구원의 새로운 역사가 일어날 것이며, 그들이 포로 된 자들을 집으로 돌아오게 하는 '어부'가 될 것이라고 말씀하신 것이다.

이스라엘 백성은 기원전 586년에 포로 되었던 땅에서 돌아오지만, 그것이 에덴에서의 추방의 회복은 아니었다. 예수님은 모든 하나님의 사람을 집으로 인도하실 것이다. 하나님의 백성은 더는 하나님께서 "애굽 땅, 종 되었던 집에서 인도하여 낸"(출 20:2) 사람들이 아니다.

오늘날 하나님의 백성은 예수님의 핏값으로 구원받은 사람이다. 그리스도의 십자가는 하나님의 위대한 구원의 역사로, 그로 인해 그의 백성은 속죄함받아 하나님의 백성이 된 것이다. 예수님은 유월절 어린 양으로 죽으심으로 새로운 출애굽과 포로에서의 귀환을 시작하신 것이다.

예수님이 '사람 낚는 어부'(마 4:19)로 부르신 자들은, 하나님께서 자신의 백성을 위해 약속하신(렘 16:16) 바로 그 어부들인 것이다. 성경신학을 많이 알면 알수록, 즉 원어 성경을 통해 구약과 신약을 철저히 알면 알수록, 우리는 성경을 이해하고 설명하기가 쉬워진다.

어떻게 성경신학을 설교할 수 있는가? 정경적 배경에서 본문을 설명함으로 할 수 있다. 저자가 자신이 말하고자 하는 바를 위해 본문에 세워 놓은 문학 구조를 강조하고, 이전에 기록된 성경 본문에 나오는 단어, 구절, 순서가 재사용된 것에 주의를 기울이게 함으로 할 수 있다. 또 특정 본문을 성경의 큰 이야기 속에 위치시킴으로 할 수 있다. 성경 저자들이 자신의 청중을 어떻게 격려했는지 보여 주고, 그 격려를 우리의 청중에게 연결시킴으로 할 수 있다.

하나님의 백성들이 이것을 이해할 수 있을까

하나님의 백성들이 새로운 평면 스크린 TV에서 새로운 자동차에 이르기까지 모든 것이 딸려 있는 복잡한 리모컨을 작동시킬 수 있을까? 또 컴퓨터를 사용하고, 식료품점을 찾고, 직업과 관련된 모든 정보를 확보하며, 집이나 차, 장난감, 차고에 쌓을 온갖 종류의 물품을 구할 수 있을까?

솔직히 나는, 설교자는 설교를 지나치게 단순화하는 것이 필요하다는 주장을 견디지 못한다. 설교자들은 명확하고 이해할 수 있는 방식으로 어떤 것을 설명할 수 있어야 한다. 그러나 성경을 지나치게 단순화하는 것은 필요하지 않다. 혹시 그렇게 해야 한다고 생각한다면, 그것은 곧 성령 하나님께서 성경이 지금의 방식처럼 되도록 영감을 불어 넣으셨을 때 자신이 하는 일을 모르고 있었다고 생각하는 것과 같다.

성경은 하나님의 사람들이 감히 다룰 수 있는 것이 아니라고 말하는 것은, 하나님의 지혜에 대한 모독일 뿐 아니라, 하나님의 형상을 지닌 사람에 대한 모독이다. 인간은 하나님의 형상으로 만들어졌기에 놀랄 만한 두뇌와 감각을 지니고 있다.

당신은 사람들이 재미있고 예술적이며 뛰어난 것은 모두 세상에서 나온 것이라고 생각하기 원하는가? 그렇다면 성경을 단순화하라.

사람들에게 하나님의 단순성과 복합성, 성령으로 영감 된 성경 저자들의 천재성, 우주적 범위의 온 세계를 아우르는 거대담론의 아름다움을 보여 주기 원하는가? 그렇다면 성경신학을 가르치라.

하나님의 백성들의 능력을 과소평가하지 말라. 그들은 마음에 깨우침을 얻은 다음에도 여전히 어리석고 무지할 수 있다. 그렇다고 거기에 머물게 해서는 안 된다. 그들에게 성경의 문학적 예술성을 보여 주라. 잘 짜인 내러티브의 정교함을 보여 주라. 거부할 수 없는 논리를 펼침으로 진리의 강력함을 보여 주라. 그들이 진정한 신자라면 성경을 이해하고자 할 것이다. 환호성과 노래, 외침과 명료함, 책 중의 책을 그들에게 보여 주라. 그들의 마음이 시편기자와 함께 노래하고, 예레미야의 애가와 함께 울며, 잠언을 묵상하게 하라. 그들에게 전도서의 메시아적인 지혜를 전하라. 하나님의 말씀을 전파하라!

모든 완전함과 열정으로 하나님의 말씀을 풀어 놓으라. 말씀을 자유롭게 내버려 두라. 하나님의 말씀을 서로 연결하고, 끝에서 끝까지 본문에 있는 연결점을 보여 주라. 전체 이야기를 전하고, 전체 그림을 보여 주라. 단순히 한 가닥 풀잎이 아니라 전체 풍경을 그려 주라.

어떻게 시작해야 하는가

성경과 주님께로 돌아가라. 하나님의 지혜에 대해 의구심이 들게 하고, 하나님의 형상을 지닌 자들을 모독하는 잘못된 신학에서 돌이키라. 주님께 용서를 구한 뒤, 성경에 대한 통찰을 간구하라. 그런 다음 성경을 읽으라. 내 스승인 달라스신학교의 존 한나(John Hannah) 교수가 언젠가 루이스 존슨(S. Lewis Johnson)과 나누었던 대화에 대해 들려준 적이 있다. 인생의 말년에 존슨은 한나에게 다른 어떤 것보다 성경을 더 많이 읽었어야 했다고 회고했다.

삶을 되돌아보게 되었을 때, 우리는 모두 블로그 글보다 성경을 더 많이 읽었다고 말할 수 있어야 한다. 트위터나 페이스북보다 성경 본문에 더 많은 시간을 할애했다고 얘기할 수 있어야 한다. 명예의 전당에 있는 야구 선수들의 평균 타율은 잘 알면서, 성경신학에 대한 지식은 부족했다고 후회하게 되어선 안 된다. 성경을 연구했어야 할 시간을 정치 논쟁에 낭비했다는 것을 깨닫게 되어선 안 된다.

이를 위해 나는 폴 하우스(Paul House)의 안내를 따라 구약 성경 전반을 둘러보기를 권한다. 그의 책 『구약 신학』(Old Testament Theology, 기독교문서선교회)과 함께 구약 성경 전체를 읽으라.[246] 그는 구약을 권별로 나누었다. 구약 성경의 각 부분에 대한 그의 논의를 읽고, 성경 자체에서 그 부분을 읽으라. 이와 더불어 스티븐 뎀프스터(Stephen Dempster)의 『하나님나라 관점으로 읽는 구약 신학』(Dominion and Dynasty, 부흥과개혁사)과 토머스 슈라이너(Thomas Schreiner)의 『바울, 그리스도 안에 있는 하나님의 영광의 사도』(Paul, Apostle of God's Glory in Christ),[247] 『신약신학』(New Testament Theology, 부흥과개혁사)[248]을 추천하고 싶다. 만약 이미 모두 읽었다면, 성경의 모든 책을 권별로 다룬 나의 시도에 관심을

가져도 좋을 것이다.²⁴⁹

하나님께서 당신의 성경 연구를 축복해 주시기를 바란다. 그리고 그것이 하나님의 백성의 유익을 위한 것이기를 바란다. 그러면 물이 바다를 덮음같이 하나님의 영광이 온 땅을 덮을 것이다.

3
본문이 이끄는 설교의 전달

Text-Driven Preaching

Part 9
소통되는 설교

_ 허셀 요크(Hershael W. York)

미시간 주립대학교 신입생 시절, 나는 학생들의 꿈인 명예 학생 클럽의 일원이 되는 특권을 누렸다. 거기에는 많은 혜택이 따랐는데 그 중 최고는, 총 수업 시간만 채우면 졸업을 위한 어떤 필수 조건도 면제된다는 것이었다. 즉, 명예 학생은 대학교의 모든 과목 중 자신이 듣고 싶은 어떤 과목이라도 수강할 수 있었다. 물론 지도교수가 어떤 지침을 따라 평가하기는 하지만, 학생 스스로 자신의 필요에 따라 수강 과목을 결정하고 계획할 수 있었다.

아직 겨우 신입생이긴 하나 전공이 영어였기 때문에, 지도교수는 내가 흥미를 가질 만한 과목의 박사과정 세미나를 듣도록 권했다. 조지 버나드 쇼, 셰익스피어, 영시, 낭만주의 작가 이 모든 것이 내 앞에 놓여 있었고, 이들은 내가 문학적 양식을 마음껏 취하도록 초대했다.

나는 고등학교를 졸업한 지 한 달 만에, 21세기 미국 희곡 분야에서 가장 잘 알려진 교수의 세미나에 등록하게 되었다. 겨우 켄터키의 한

작은 교회에서 성장하고 보호받던 십대 침례교인에게 이런 열린 환경은 다소 무모하며 두통을 일으킬 만한 것이었다. 나는 위축되었지만, 이 단계에서도 잘 할 수 있다는 사실을 증명하기 위해 열심히 공부했다. 특별히 지도교수가 첫 과제를 주었을 때는 더욱 열심히 준비했다.

그 교수와 나는 금방 유쾌한 상대가 되었다. 그는 젊은 기독교인 학생들을 쉽게 간파하는 감각을 지녔고, 그들에게 도전적인 질문을 자주 던지곤 했다. 사실 그가 내 신앙이나 그런 쪽에 있는 어떤 것을 파괴하려고 시도한 적은 없다. 하지만 그는 자신과는 완전히 다른 내 관점을 나 스스로 변호하도록 만드는 것을 즐겼다. 대부분의 동료 교수처럼 그 또한 특별히 자신을 '휴머니스트'라 칭했고, 나는 이 말을 사탄 숭배와 한 치도 다르지 않은 것으로 들었다.

교수는 내게 수업 중 에드워드 올비(Edward Albee)의 "미국의 꿈"이라는 작품을 나보다 나이와 경험이 많은 급우들에게 발표하라는 과제를 주었다. 나는 그 작품의 의미를 파악하기 위해 내가 할 수 있는 어떤 수고도 아끼지 않고 열심히 노력했다. 솔직히 말하자면 올비의 작품은 너무 어려웠다.

"누가 버지니아 울프를 두려워하랴"라는 작품으로 가장 잘 알려진 이 작가는, 대부분 불행 가운데 허덕이는 부부 간의 신랄한 풍자와 폐부를 도려내는 듯한 대화를 글로 써 명성을 얻었다. 그는 항상 미국인들의 결혼생활을, 계속되는 언어 폭행과 부부 간에 잔인하게 대하는 모습을 통해 묘사했다. 더구나 그의 브로드웨이 작품인 〈염소 혹은 실비아는 누구인가?〉[250]는 품위와 인내의 한계를 넘어선다. 이 작품은 결혼한 남자와 염소 간의 사랑을 중심 주제로 다루고 있다. 심지어 아버지와 아들 간의 격렬한 키스 장면도 등장한다.

올비의 "미국의 꿈"은 어릴 적 받았던 '썬빔'(Sunbeam) 선교 훈련의 경험을 뒤흔들 만한 작품이었다.²⁵¹ 그러나 나는 두려워하지 않고 작품이 지니는 다양한 의미와 파괴적인 섬세함을 파악하기 위해 읽고 또 읽었다. 더불어 혹시라도 작품의 특징을 놓치지 않기 위해 학자들의 비평도 찾아 끈질기게 읽었다. 집요하게 매달린 연구 과정에서 나는 올비가 동성연애자임을 알게 되었다. 대부분의 비평가가, 올비가 사실은 이 작품을 동성연애자들을 위해 썼지만, 1960년대의 사회적 잣대를 고려해 이 작품의 등장인물들을 이성연애자로 한정시켰다고 설명한 것도 알게 되었다. 이 사실을 알고 난 후 다시 이 작품을 읽었을 때, 이전에는 미처 몰랐던, 대화에 숨어 있는 신랄하게 사회를 비평하는 뉘앙스와 동성연애자의 관점을 나는 발견하게 되었다.

드디어 발표하는 날이 다가왔다. 나는 충분히 준비했다고 느꼈다. 전에 이미 대학원생들이 과제 발표하는 모습을 본 것이 조금이나마 자신감을 가져다주었다. 또 내가 얼마나 열심히 준비했는지 나 스스로 잘 알고 있었다. 수업이 시작되자 교수는 나를 소개하면서 내게 이렇게 말을 건넸다. "요크 군, '미국의 꿈'에 대한 진리를 우리가 '경험할 수 있도록' 해주게. 앞으로 두 시간은 자네 것이네."

나는 그때 그 교수가 짧은 소개 중 '설명'이 아니라 '경험'이라는 말로, 내가 순진하게 빠져 버리게 될 함정을 파 놓았다는 사실을 그 순간에도 전혀 알아채지 못했다. 나는 작품에 대한 간단한 개요와 주제에 이어, 올비의 삶에 대한 전기적인 자세한 소개와 그의 다른 작품에 대해 언급했다. 그런 다음 어떤 자만한 모습도 내보이지 않고 내가 설명할 수 있는 최대한의 사실을 발표했다. 즉, 올비는 동성연애자로, 이 작품을 자세히 읽어 보면 그의 진정한 의도는, 그런 관계들이 전형적으로 걷는 비정상적인 길과 궤도를 보여 주는 것임을 알 수 있다고 말했다. 이러한 관점의 해석은 내 연구의 깊이와 날카로운 사고력을 분명하게 보여 주는 일이라고 생각했기 때문에, 교수가 수업 중 빨간 신호등을 켠 사실을 발견했을 때 놀라지 않을 수 없었다.

교수는 목 주변에 벌건 핏줄을 불뚝 세운 채 튀어나올 듯한 눈으로 나를 응시하면서, 이전에 어떤 발표 시간에도 결코 하지 않았던 일을 했는데, 바로 수업을 즉각 중단시킨 것이다.

"지금 뭐라고 한 건가?" 나는 여러 가지 이유로 그 교수가 동성연애자일 수도 있다고 의심했기 때문에, 발표하면서 동성연애를 정죄하는 듯이 들리는 발언을 최대한 피하려고 노력했다. 그래서 올비의 성적 성향에 대한 '사실'만을 언급했을 뿐, 그것의 도덕성이나 도덕성 결여에 대한 결론은 피했다. 그러나 당시 나는 달려오는 황소 앞에 칼을 놓쳐버린 투우사처럼 처참하고 무력한 심정을 느꼈다. 단지 내가 할 수 있는 일은 교수의 질문에 겨우 이 말만 되풀이하는 것이었다. "올비는 동성연애자였으며, 그의 작품의 목적은, 처음의 열정이 사라졌을 때 그런 애정 관계에 남는 특징인 애정결핍과 감정적 잔인함을 보여 주는 것입니다."

교수는 더 큰 분노의 목소리로 다시 물었다. "지금 뭐라고 한 거지?" 나는 세 번이나 반복해서 답변했고, 교수는 더욱 분노했다. 대체 내 연구와 답변이 왜 그토록 문제가 되는지 도무지 알 수 없었다. 눈 한번 깜빡이지 않고 계속 나를 무섭게 쳐다보던 교수는 급기야 급우들을 향해 돌아서서 엄격한 목소리로 말했다.

"다른 학생들은 모두 지금 나가도 좋아. 나는 요크 군과 개인적으로 하고 싶은 말이 있네."

대학원생들은 가방을 최대한 조용히 싸서, 마치 이전에 예행연습이라도 한 듯 스르륵 재빨리 빠져 나갔다. 나는 그저 놀라 우두커니 앉아 있었다. 두 시간 중 겨우 5분이 지난 후, 모두들 집으로 가고 나자 교실에는 덩그러니 나와 교수만 남아 있게 되었다.

다른 학생들이 종종걸음으로 교실을 우르르 빠져 나가는 단 30초의 순간이, 내게는 마치 한 시간처럼 길게 느껴졌다. 그 순간에 나는 인내심이라는 덕목과 편협함에 대한 경고를 배울 수 있는 시간이라며 스스로 마음을 다독였다. 이윽고 나를 계속 지켜보던 교수의 불 같았던 눈이 다시 침착하게 나를 향했다. 마침내 교수는 그 지루했던 고요함을 깨트렸다. 그러나 나는 교수의 질문에 답할 준비가 되어 있지 않았다.
"왜 자네는 저자가 무엇을 의도했는지를 알아야 한다고 생각한 건가?"
"네?"

이제는 두렵다기보다 혼란스러웠다. 교수는 그 질문을 자세하게 설명하면서 다시 반복했다. 그제서야 나는 질문의 핵심이 무엇인지 분명히 알 수 있었다.

"자네는 어떻게 저자의 마음을 읽을 수 있다고 생각한 거지? 종이 위의 글을 보면서 그 저자가 그 글을 적을 때 무엇을 생각했는지 감히 알 수 있다고 생각한 건가?"

교수는 계속해서 말을 이어갔다. "도대체 자네는 왜 그것을 알려고 한 건가? 그렇게 하는 건 문학이 아니야!"

그의 목소리는 점점 더 커져 갔다. 문학 작품을 읽는다는 것은 저자의 의도를 파악하는 것이 아니라 그 작품에 대해 '경험'하는 것이며, 그 경험은 저자가 아니라 진정한 '자신'의 경험이라는 것을 설명하면서 그의 목소리는 점점 활기를 띠기 시작했다. 그는 저자의 의도나 종이 위의 문자 자체가 아니라, 그 작품이 '내게' 어떤 의미인지가 중요함을 분명히 설명했다.

그의 교조주의적인 비난은 거의 한 시간 가까이 지속되었다. 그는 내가 더는 저자가 무엇을 의미하거나 의도하며 생각했는지에 대해 묻지 말아야 함을 증명하기 위해, 셰익스피어에서 커밍스에 이르는 이름들을 줄지어 언급했다. 그동안 나는 아무 말 없이 자리에 계속 앉아 있었다. 결국 그의 말은, 나는 앞으로 오로지 내 개인적 의미만 추구해야 하며, 그래야 비로소 그 작품의 열정을 제대로 '경험'할 수 있다는 것이었다. 교수는 마침내 대화를 정리하면서 내게 개인적인 조언을 했다.

"요크 군, 다른 사람들의 글을 읽으면서 그들이 무엇을 의미하려 했는지 알려고 노력하는 한, 자네는 감정적으로 성장하지도 못하고, 자네를 위한 삶을 제대로 경험하지도 못하며, 세상을 항상 자신이 아닌 타인의 눈을 통해 보게 된다네."

교수는 입을 오므리며 최대한 크게 보이는 자세로 고쳐 앉았다. 그리고 마치 금방 화려한 연주를 마치거나, 빈틈없는 논리로 발표를 마친 사람인 양, 숨을 깊이 들이마시며 조용히 눈을 감았다. 마지막으로 그는 내 어깨를 두드리며 내 눈을 깊이 쳐다보았다. 그리고 진정한 관심을 보이려고 최선을 다하면서 이전보다 부드럽고 조용한 목소리로 말했다.

"내가 지금 자네에게 하는 말을 이해하겠나?"

내가 그때 한 대답은, 겸손히 진리를 추구하는 것에서 나왔다거나, 내 믿음에 대한 마지막 증언으로서 그것을 변호한 것이었다고 할 수는 없었다. 하지만 마음 깊은 곳에서는 교수의 격렬한 설명이 말이 되지 않는다는 사실을 알고 있었다. 그의 질문은 오히려 자신의 논리가 가진 약점을 스스로 드러내고 있다는 것도 알 수 있었다.

결국 나는 "제 생각에는 핵심은 그게 아닌 것 같아요"라고 말해 버렸다. 내 반응으로 또 한 시간의 비난과 분노가 고스란히 되돌아왔다. 내 단순한 대답이 그의 전체 사고의 흐름을 완전히 무너뜨려 버렸다는 사실을 충분히 확인하면서 나는 그의 비난과 분노를 오롯이 참아 내야 했다.

내가 그의 말을 이해할 수 있다면, 왜 내가 충분한 문맥과 배경에서 다른 화자나 저자의 말을 이해할 수 없단 말인가? 만일 내가 다른 작가나 화자의 의도를 이해하는 것이 불가능하다면, 왜 그 교수는 내가 자신을 이해하지 못한다고 불쾌해했단 말인가?

커뮤니케이션 모델

그 수업 시간의 불타는 용광로에서 구원받았던 일을 돌아보면서, 나는 지금 그 당시 하나님께서 내 마음에 한 가지 확신을 주셨음을 깨닫는다. 그 확신이 현재 내가 하고 있는 하나님 말씀 연구와 설교와 가르침을 이끌어 가고 있다.

나는 직관적으로 하나님은 성경을 통해 우리에게 말씀하셨고, 그 말씀의 의미와 적용을 우리가 이해할 수 있다고 여겨 왔다. 그리고 바로 그날, 그 추측은 확신으로 바뀌었다. 오직 우리가 하나님께서 말씀하셨다는 사실을 믿을 때 우리는 감히 그분의 이름으로 말할 수 있으며, 오직 우리가 하나님께서 말씀하신 것을 이해할 수 있다고 믿을 때 확신 있게 말할 수 있는 것이다.

커뮤니케이션의 기본 개념을 파악하는 것은 성경을 연구하는 학생이

나 설교자 모두에게 필요하다. 커뮤니케이션 이론은 다음과 같은 그림으로 간단하게 표현될 수 있다.252

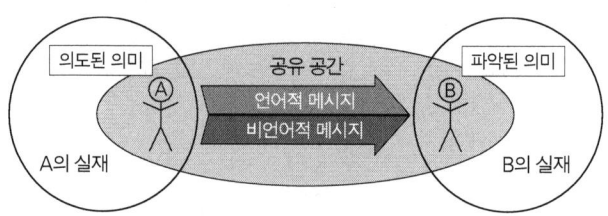

정의에 의하면, 커뮤니케이션은 적어도 두 개인 간의 상호 의미 있는 개념의 의도적 전달과 관련 있다. 이 그림에서 A라는 사람이 어떤 생각을 가지고 있는데, 그 생각은 기호로 구성된 어떤 종류의 부호로 '암호화'(encode)되어야 하며, 그 부호는 그의 의미를 B라는 사람에게 전달하게 될 것이다. 여기서 부호는 그 두 사람 '상호' 간에 의미를 가지는 것으로, 상형 문자, 그림 문자, 글, 표시 언어, 입술의 움직임, 봉화, 치켜뜬 눈썹, 깜빡이는 불 등, 서로가 그 의미에 동의할 수 있다면 '어떤 것'이든 가능하다. 만일 A가 자신의 메시지를 B가 해독할 수 없는 부호로 암호화했을 경우, 그들은 소통할 수 없다. 다시 말해, 실제 커뮤니케이션이 일어나기 위해서는 B가 그 부호를 이해하고 '해독'(decode)해 A가 무엇을 의도했는지를 정확하게 파악할 수 있어야 한다.

만일 어떤 원주민이 다른 사람에게 인사하기 위해 산에서 연기를 피웠다면, 그 피어 오른 연기의 의미를 아는 그 다른 사람이 그것을 보고 그 의도된 의미를 정확하게 해독하지 않는 이상, 그는 상대방과 소통한 것이 아니다. 내가 그 연기 신호를 볼 수도 있다. 하지만 그것을 해독할 수 없다면 그 의도된 의미를 이해하지 못하기 때문에 그와 나는 소통한 것이 아니다.

우리는 매일 수천 개의 다른 방식으로 가까운 사람들과 소통하며, 심지어 비언어적 형태를 사용하기도 한다.

어릴 적 교회에서 내가 아버지의 설교 시간에 다소 산만하거나 시끄럽게 굴 때, 어머니는 목소리 가다듬는 소리를 내셨고, 나는 그것을 똑바로 앉아 설교를 들으라는 경고로 인식했다. 교회 친구와 함께 앉아 서로에게 몰두하는 바람에 우리가 교회에 있다는 사실을 깜빡 잊어버렸을 경우, 몇 줄 뒤에 앉아 계셨던 어머니는 항상 내가 분명하게 인식하도록 목소리를 가다듬으셨다.

나는 어머니의 명백한 신호를 듣는 즉시 똑바로 앉아 눈을 설교단의 아버지께 향하도록 훈련되었다. 하지만 내 친구는 어머니가 의도한 의미를 제대로 해독할 수 없을 뿐 아니라, 알아차리지도 못했다. 아무것도 모른 채 계속 제대로 말을 듣지 않는 것처럼 행동하는 내 친구를 보면서, 나는 더 큰 꾸중을 듣게 될 위험에 놓여 있다고 느꼈다. 그러면 나는 친구에게 어머니가 원하시는 바를 몸짓으로 표현하거나, 어머니가 우리를 지켜보고 있다고 말함으로, 어머니가 목소리를 가다듬는 의미를 '해석'해 주었다.

설교는 이 이야기에서 어머니가 나에게 전달했던 것과 크게 다르지 않으며, 내가 그것을 듣고 적절히 암호화해 내 친구가 그것을 확실히 이해하게 만든 것 역시 마찬가지다. 내 친구가 듣거나 이해하지 못한다는 사실을 극복해야 한다는 점에서도 상황은 같다. 나는 올바르게 해독한 신호를 제대로 암호화하는 것이 필요한 것이다.

더 엄밀히 말하면, 앞에서 설명한 커뮤니케이션 모델은, 본문이 이끄는 설교의 독특하지만 필수적인 세 단계와 관련되어 있다.

첫 번째 단계: 하나님 (암호) ⟨⟨⟨⟨⟨ 부호 ⟩⟩⟩⟩⟩ (해독) 선지자/저자

첫째로, 우리는 '영감의 본질에 대한 확신'을 가지고 있다. 커뮤니케이션 모델의 정의에 따르면, 하나님이 최초의 '출처'로서 자신의 계시를 다양한 수단과 신호를 통해 성경 저자들에게 암호화하셨다. 믿음으로 우리는 성경의 내적 증거와 성령의 증언, 검증된 경험을 받아들인다. 즉, 성경 저자들이 하나님의 의미와 의도를 이해했다고 믿는다. 아무것도 개입되지 않은 예언이라는 하나님의 직접 계시나 사도적 직무, 혹은 역사적 사건 그 무엇을 통해서든, 그들의 이해가 하나님의 계시와 부합되도록 하나님께서 지키셨다. 하나님은 성경 저자들이 자신이 의도한 의미와 상반되거나 다르게 기록하는 것을 허락하지 않으셨다.

두 번째 단계: 성경 저자 (암호) ⟨⟨⟨⟨⟨ 부호 ⟩⟩⟩⟩⟩ (해독) 독자

둘째로, 우리는 '성경의 본질에 대한 확신'을 가지고 있다. 하나님의 거룩한 자들은 성령이 그들을 감동하는 대로 말하거나 기록했다(벧후 1:20-21). 첫 번째 단계에서 수신자로서 하나님의 계시를 해독한 그들은 이제 하나님의 말씀을 자신의 독자, 즉 두 번째 단계에서의 수신자에게 전달하는 출처가 된다. 더 나아가 성령이 하나님의 계시를 이처럼 암호화하는 과정에서도 조심스럽게 감독하시고, 그 계시가 소실 또는 감소되거나 잘못 전달되지 않도록 보호하셨음을 우리는 믿는다.

성경 저자들은 언어적인 부호를 사용하면서 하나님께서 말씀하신 바로 그 내용을 정확하게 전달했고, 이제 독자는 그 의도된 의미를 해독하고 이해할 수 있게 되었다. 신자들 역시 저자들의 의미를 이해하고

'적용'하도록 도울 수 있는 성령이라는 부가적인 혜택을 누리고 있다(요 16:13).

성경의 무오성이라는 교리의 중심에는 다음과 같은 확신이 있다. 즉, 비록 성경 저자들이 하나님께 받은 계시를 자신의 용어와 경험을 통해 전달하고 있지만, 성령께서 그 메시지를 훼손하거나 첨가시키는 인간의 잘못 없이 그것이 가능하게 하신다. 만일 실제로 성경 저자가 수신하고 해독한 부호를 잘못 전달했다면, 독자가 이해한 메시지는 하나님께서 그들에게 주신 메시지가 아닌 것이다. 따라서 성경은 모든 면에서 신뢰할 만하다.

매우 실제적인 의미에서 우리는 예언서나 예수 그리스도에 대해 말하는 성경에서처럼 역사서에서도 '주께서 말씀하신다'라고 말할 수 있다. 하나님의 모든 말씀은 하나님의 계시를 정확하게 저자들에게 전달하고, 또 저자들은 독자를 위해 정확하게 그것을 암호화했기 때문이다.

물론 우리는 독자로서 성경의 저자가 의도한 의미를 정확하게 해독하기 위해 때때로 상당한 노력을 기울여야 한다. 그들이 사용한 언어적, 문학적, 문화적 부호를 이해하는 데는 우리 편에서의 많은 노력이 요구된다. 하지만 모든 경우 저자의 기본적 의미는 충분히 습득 가능하다.[253] 감사하게도 대부분의 본문에서 그 의미는 쉽게 파악된다. 이것이 성경의 명료성, 즉 성경의 기본 의미는 독자에게 명료하다는 우리의 믿음을 분명하게 한다.

성경의 모든 것을 온전히 이해할 수는 없을 것이다. 우리는 한계가 있고, 본문에 쓰인 용어와 정황에서 멀리 떨어져 있으며, 심지어 죄로 가득하고 믿기를 꺼리기 때문이다. 그러나 우리는 거의 모든 본문에서 주요 내용을 분명히 이해할 수 있다. 성경적 도구, 배경이 지닌 힘, 믿음의 유비, 다른 주해적 규칙과 기술을 통해 성경 저자들이 사용한 용어와 배경 등을 이해할 수 있기 때문에, 우리는 대체로 본문의 주요 핵심에 도달할 수 있다.

성경 해석에서 때로 가장 어려운 본문 중 하나로 여겨지는 베드로전서 3장 18-22절을 예로 들어 보자.

> 그리스도께서도 단번에 죄를 위하여 죽으사 의인으로서 불의한 자를 대신하셨으니 이는 우리를 하나님 앞으로 인도하려 하심이라 육체로는 죽임을 당하시고 영으로는 살리심을 받으셨으니 그가 또한 영으로 가서 옥에 있는 영들에게 선포하시니라 그들은 전에 노아의 날 방주를 준비할 동안 하나님이 오래 참고 기다리실 때에 복종하지 아니하던 자들이라 방주에서 물로 말미암아 구원을 얻은 자가 몇 명뿐이니 겨우 여덟 명이라 물은 예수 그리스도께서 부활하심으로 말미암아 이제 너희를 구원하는 표니 곧 세례라 이는 육체의 더러운 것을 제하여 버림이 아니요 하나님을 향한 선한 양심의 간구니라 그는 하늘에 오르사 하나님 우편에 계시니 천사들과 권세들과 능력들이 그에게 복종하느니라

비록 학자들이 이 본문에 담긴 의미의 다양한 측면에 대해서는 논쟁할지라도, 이 본문의 전반적 의미에 대해서는 거의 이견이 없다. 베드로가 사용한 부호 중 일부분을 해독해, 그가 말하는 정확한 의미를 찾아내는 우리의 능력에는 한계가 있다. "옥에 있는 영들"이 누구인가? 노아 시대의 타락한 천사인가, 아니면 잃어버린 사람인가? 그리스도께서는 그들에게 언제 선포하셨는가? 노아의 시대인가, 아니면 그의 죽으심과

승천 사이의 어떤 기간인가? 그가 전한 메시지는 무엇인가? 심판의 메시지인가, 아니면 구원의 메시지인가? 이런 질문에 답하는 수많은 의견과 이론을 찾아볼 수 있다.

그러나 이런 질문이 비록 중요하거나 흥미로울 수는 있지만, 우리는 또한 그런 질문이 분명하고 습득 가능한 본문의 전반적인 의미의 특징은 전혀 바꿀 수 없음을 유념해야 한다. 옥에 있는 영들을 향해 그리스도께서 무엇을 하셨고 언제 하셨는지에 대한 것이, 예수님이 단번에 그리고 영원히 죄를 위해 고통당하시고 죽으셨다는 사실을 부정하거나 의심하게 하지는 못한다. 예수님이 언제 "옥에 있는 영들"에게 선포하셨든, 그분이 한 일은 "우리를 하나님 앞으로 인도"하시려는 구속 계획의 한 부분인 것이다.

자세한 내용을 해독하는 우리의 능력은 용어, 문화적 지식, 관련된 배경의 부재로 한계가 있을 수 있다. 그러나 그 중심 의미는 항상 분명하게 남아 있다. 이 같은 방식을 취함으로, 이 본문을 연구한 많은 사람이 본문을 제대로 이해하고, 이 본문의 자세한 내용도 올바르게 설명했을 것임이 틀림없다. 확실히 내 의견에 동의하는 사람이라면 그럴 것이다.

지금 내가 말하고 있는 요점은 매우 중요하다. 우리는 이해하기 어려운 성경 본문 때문에 위축되어, 하나님이 우리에게 분명하게 그려 주신 큰 그림을 연구하고 확인하는 일에 실패하지 말아야 한다. 성경의 주요 메시지는 매우 분명하다.

하지만 하나님은 우리를 단순히 늘 커뮤니케이션의 오른편에 머물러 있는 독자로만 부르지 않으셨다. 하나님께서 말씀하셨기 때문에, 우리는 커뮤니케이션 모델의 다음 적용 단계에 반영된 대로 말씀을 전해야 한다.

세 번째 단계: 독자/설교자 (암호) 《《《《 부호 》》》》 (해독) 청중

셋째로, 우리는 '설교의 본질에 대한 확신'을 가지고 있다. 이 모델의 두 번째 단계에서처럼, 이전에 메시지를 해독한 사람은 다른 청중을 위해 다시 암호화해야 한다. 세 번째 단계에서는 성경 본문을 읽은 사람이 출처가 되어 그 본문을 설교로 암호화해, 청중이 듣고 해독할 수 있도록 한다. 이 일을 제대로 하면, 청중은 하나님 자신에게서 시작된 메시지를 듣고 이해할 수 있게 된다.

이 커뮤니케이션 모델이 우리의 설교 철학과 방법론을 결정적으로 형성한다. 그러므로 우리의 목적은 하나님께서 주신 메시지를 창조하고, 혁신하고, 편집하고, 개선하는 것이 아니다. 우리는 현대 문화에 맞지 않는 불편한 성경 본문이나 어떤 부분에 대해 사과하지 않는다. 또 성경 자체에 존재하지 않는 의미를 본문의 세부 항목으로 주입하지 않는다. 우리는 하나님의 책에 있는 말씀에 무엇을 '첨가'하지도, 거기서 무엇을 '제거'하지도 않는다. 우리가 해야 할 일은 하나님께서 말씀하신 것을 충실하게 선포하는 것이다.

이런 식으로 우리의 청중이 선포된 메시지를 듣고, 기록된 본문을 읽을 수 있어야 하며, 그 둘 모두 동일한 궁극적인 출처에서 나온 것임을 알아야 한다. 청중이 자신이 읽는 기록된 진리와 설교자를 통해 듣는 선포된 진리 사이의 일치점을 스스로 증언할 수 있도록 해야 한다. 성도들이 설교자가 말하지 않았다면 결코 들어 보지 못했을 성경의 어떤 부분에 대해 놀라움을 표현한다면, 그 설교자는 사실 그가 원하는 찬사를 얻지 못한 것이다. 만일 설교자가 성경에 적혀 있는 대로 진리를 선포한다면, 같은 해독의 도구를 사용하는 성도들은 정확하게 그 본문 어디서 그 진리가 나온 것인지 확인해 볼 것이다.

설교는 성경에 온전히 고정되고 단단히 묶여 있어야 한다. 우리는 본문이 무엇을 의미하는지 깊고 분명하게 사고하는 일에 수고를 아끼지 않아야 한다. 또 그것을 어떻게 적용해야 하는지 구체적으로 보여 주어야 한다. 더 나아가 우리는 청중에게서 눈을 떼지 않고 그들이 받아들이는 방식을 고려해 설교를 만들어야 한다. 우리가 하는 모든 일은 하나의 목적, 즉 하나님께서 말씀하신 것을 가장 정확하고 강력하게 전달하기 위해 조정된다.

본문이 이끄는 설교 전달에 대한 첫 번째 도전

언뜻 보기에 이런 설명은 단순히 학문적 과제로서 설교에는 아무런 열매를 가져다주지 않는 것처럼 보일 수 있다. 하지만 실제로는 설교의 모든 것과 관련되어 있다. 사실 본문에서 직접 이끌어 낸 설교를 선포하는 것은, 현재 두 개의 매우 다른 진영에서 공격받고 있다. 자유주의 학자들은 성경의 절대적 진리를 부정하려 하는 반면, 어떤 보수주의자들은 본문이 지닌 합당한 감정적 내용과 목적을 부정한다. 설교에 대한 이 두 가지 도전 모두 설명과 응답이 필요하다.

한편, 성경의 무오성이나 저자의 의도를 알 수 있는 능력에 대해 부정하는 사람들은 이런 본문이 이끄는 설교 방식을 멀리한다. 어떤 권위를 가진 설교는 오늘날의 설교자에게 주어진 범위나 능력을 벗어나는 일이라고 생각하기 때문이다.

지난 40년간 설교에 관한 베스트셀러 중 하나로 자리를 지키고 있는 프레드 크래독의 『권위 없는 자처럼』(As One Without Authority, 예배와설교 아카데미)은, 그 제목이 말해 주듯 이런 관점을 요약해 놓은 것이다. 이 책 전반에 걸쳐 크래독이 주장하는 것은, 설교의 권위는 본문보다 청중에 있다는 것이다. 그에게 분수령과 같은 책인 『복음 엿듣기』(Overhearing the Gospel)에서 그는, "건축자의 버린 돌이 바로 청중이다"[254]라고 고집스럽게 말한다.

그는 분명 설교자에게도 권위를 부여하지 않는다. 연역적이고 명제적인 설교 방식(강해설교 등)에 대해 논하면서, 크래독은 다음과 같이 말한다.

> 여기에는 민주주의도 없고 대화도 없으며, 설교자가 듣는 것도 청중이 공헌하는 것도 없다. 회중이 그 팀에 있다면 그들은 *투창 던지기의 포수* 같은 존재일 뿐이다. 심지어 사고의 우월감이라는 유형으로 위에서 아래로 흘러가는 움직임을 감지할 수도 있다. 물론 설교자에 따라 다르겠지만, 이것은 설교를 전달할 때 나타날 수도 있고, 그렇지 않을 수도 있다. 민감하고 분별력 있는 설교자는 그 내포된 권위를 다양한 방식으로 변형한다. 즉, 목소리를 다르게 하거나 유머를 사용하기도 하고, 혹은 청중과의 모든 관계를 드러내는 전반적인 목양의 열정 등으로 권위를 나타낼 수 있다. 그러나 여기서도 비판적인 눈으로 살펴보면, 확실히 설교자를 의존하고 있는 청중에게 사용하는 설교자의 언어에서 *부드러운 권위*를 발견하게 된다. 때로는 애정이 담긴 용어가 청중을 어린아이나 비인격적인 위치로 낮추는 하나의 방식이 될 수 있다. 흑인 노예를 한때 '형제'(boy)나 '아저씨'

(uncle)로 불렸던 참혹한 온기를 생각나게 할 수도 있다.²⁵⁵

만일 의도적으로 잘못 설명한 것이 아니라면, 명제적 설교가 인종차별의 모욕적인 태도와 공통점이 있다고 말하는 것은 분명히 전반적인 오해와 모독이라고 볼 수 있다.

하지만 크래독의 관점이 오늘날 설교의 주류가 되고 있다. 사실 크래독의 설교 철학 같은 단 하나의 설교 철학이 이 세대 혹은 그 어떤 세대를 형성하는 것은 아니다. 귀납적 설교와 내러티브 설교 추종자들의 신전이 크래독의 형상 앞에 무릎 꿇고 있다. 유진 로우리(Eugene Lowry)와 데이비드 버트릭, 그리고 내러티브 설교를 옹호하고 실천하는 많은 학자가 비록 크래독의 화신이 되지는 않았더라도, 그에게 많은 영향을 받았다.

이들과 이들이 영향을 끼친 설교의 주류를 따르는 많은 설교자에게, 본문이란 아마도 감정적이고, 유용하고, 시사적이고, 심지어 능력 있는 것일지 모른다. 그러나 그들은 본문을 하나님의 무오하고 완전한 말씀으로 믿지는 않는다. 그들이 주장하는 바는, 본문이 아마도 하나님의 말씀을 '포함'하고 있을 것이기 때문에, 설교자가 해야 할 일은 그것을 추출해 내는 것일 뿐 퍼트리는 것은 아니라는 것이다. 그들은 오늘날의 삶에 적실하고 적용 가능한 성경의 일부만을 골라 정경 속의 정경을 추구한다. 종종 그들은 성경을 '권위적'이라고 말하지만, 아드리안 로저스가 말한 것처럼, "그들은 우리의 용어로 말하고 있지만 자신들만의 사전을 사용하고 있다."

이런 관점에서 설교자가 원하는 것은, 청중이 본문에서 하나님을 '만나고' 경건의 시간에 그분을 경험하도록 인도하는 것일 뿐, 본문 그 자체가 하나님을 드러낼 수 있음을 감히 믿지 못한다. 버트릭은 다음과 같이 말한다.

> 성경적 권위라는 고매한 개념의 문제점은, 그것이 '수직적'인 하나님의 모델을 성경에 부여한다는 것이다. 따라서 성경은 영원히 고정된 것으로, 절대적이며 난공불락의 '하늘에서 온 지혜'이기에, 반박이나 비난을 받지 않고서는 불순종할 수 없는 것이 되고 만다. 물론 심리적으로 예민한 사람은, 엄격한 권위는 대체로 모욕을 낳는다는 것을 안다. 그런 권위는 특히 자유로운 움직임을 억제하게 되어 있는 '고정된' 권위라는 것이다. 성경을 향한 공공연한 무례함은 종종 보복을 불러오기 때문에, 오히려 미묘한 경멸감이 촉발될 수 있다.[256]

만일 성경 본문을 문자적, 역사적, 권위적으로 받아들일 수 없다면, 설교자는 설교에 창조력과 통렬함의 생기를 불어 넣어 살려 내고자 하는 마른 뼈들을 위해, 복음의 이야기에서만 그 설교 본문을 찾게 되고 만다. 또 만일 설교자가 성경 저자의 의미를 찾을 수 없다면, 취할 수 있는 방법은 두 가지밖에 없다. 즉, 설교자가 스스로 의미를 부여하거나, 청중이 자신의 주관적 의미를 경험하도록 돕는 것이다.

이런 예측은 이 장을 연 이야기로 다시 돌아가게 한다. 저자의 의도를 찾고자 했던 헛된 노력 때문에 그 이야기를 경험하는 데 실패했다고 나를 비난했던 교수처럼, 많은 현대 설교자가 본문이 이끄는 설교의 개념에 코웃음 친다. 그들은, 설교자의 임무는 본문이 말하는 대로 말하는 것이라는 개념과, 본문이 진정으로 하나님의 생각과 동등한 것이라는 확신을 거부한다.

오늘날의 본문의 권위에 대한 거부는 결코 성경 연구와 성경 비평에서만 나타나는 독특한 현상이 아니다. 성경학자들은 예술과 문학 비평 영역에서 촉발된 것을 단순히 따라 하고 있는 것이다. 이 두 학문 분야는 그 근간을 흔든 변화를 20세기에 경험했다.

예를 들면, 몇 세기 전에는 관람객이 그림을 볼 때, 작가가 무엇을 말하고 어떤 메시지를 전달하고자 했는지 이해하고자 노력했다. 즉, 렘브란트의 십자가 그림을 공부할 경우, 그가 자신을 자신의 그림에 투영해 그려 넣었다는 것을 유념하지 않을 수 없었다. 그는 자신의 구원자의 죽음에 참여한 자로서 십자가 앞에 서 있는 것이었다. 분명히 렘브란트에게는 전달하고자 한 메시지가 있었고, 그 작품을 보는 사람들은 작가의 메시지의 의미를 해독하려고 노력했다.

하지만 잭슨 폴락(Jackson Pollack) 같은 21세기 예술가는 놀랄 만큼 현저하게 그와 대조된다. 예술가의 기대와 청중의 해석은 역사적으로 그 어느 때보다 극단적으로 다르다. 포스트모던의 세계에서는 그 누구도 폴락이 어떤 '의미'를 전달할 것이라고 기대하지 않는다. 그가 전달하고자 하는 것은 오로지 '느낌'뿐이다.

사람들이 렘브란트의 작품에 대해 '무슨 의미인가?'라고 질문한 것이라면, 폴락의 작품에 대해서는 '나에게 무슨 의미인가?'라고 질문하는 것이다. 문학의 세계에서도 이와 동일한 질문을 한다. 이 장을 여는 이야기를 통해 예를 든 것처럼, 이 이론에 찬성하는 문학 비평가들은 문학 작품을 읽는 목적이 저자의 의도를 발견하는 것임을 거부한다.

커뮤니케이션 모델은 커뮤니케이션의 발생을 위해 세 가지의 구분되는 명확한 요소, 즉 출처, 부호, 수신자를 요구한다. 현대의 예술, 문학, 심지어 성경에 대한 비평은, 그 출처가 부적절하며 심지어 불필요한 것이라고 선언하면서 이 모델을 난도질해 왔다. 중요한 것은 부호와 수신자라는 것이다. 수신자는 어떤 출처에서 암호화되었는지 해독해야 하는 의무에서 자유롭게 되고, 따라서 커뮤니케이션은 미제가 된다. 이런 접근은 먼저 그런 커뮤니케이션이 실제적으로 가능하다는 것을 부정하며, 더 나아가 커뮤니케이션을 불필요한 것으로 만들어 버린다.

당연히 본문에 대한 이런 관점은 실제 세계에서는 통하지 않는다는 것이 문제다. 성경을 연구하는 사람이 저자의 의도를 알 수 있다는 사실을 부정하는 바로 그 사람들도, 의심할 나위 없이 자신의 실제 삶에서는 이런 가정 아래 행동하지 않는다.

만일 그들이 이 이론을 자신의 집 융자를 담당하는 회사에 말한다면 어떻게 될까? 만일 현대 문학 비평가들이 자신이 성경을 다루는 것처럼 융자 계약서를 다룬다면, 그들은 아마도 실제 계약서대로가 아니라 자기 나름의 경험과 해석으로, 매달 할부금을 납부하는 일에서 자유로워질 수 있을 것이다. 체납한 어떤 사람이, 어쩔 수 없이 납부를 요구하는 수납 대리인에게, 계약서 주인의 의도를 이해하는 것은 불가능하며, 더욱이 의미는 경험보다 중요하지 않다고 말하는 모습을 상상해 보라. 채무자의 해석학에 대한 이론이 어떠하든, 머지않아 그에게는 압류 공고가 날아들 것이다.

저자의 의도를 아는 것이 불가능하다고 주장하는 학자들은 자신의 약을 지어 주는 약사가 그런 주장을 믿기를 바라는 것일까? 약사는 자신이 경험한 대로 처방전을 해석할 권리가 없다. 오히려 의사가 적은 대로 정확하게 조제하도록 노력해야 한다. 처방전을 쓴 의사의 의도가 전부인 것이다. 그 처방전에 대해 약사가 할 수 있는 일은, 저자인 의사의 의도를 올바로 해독해 그의 지시 그대로 따르는 것뿐이다.

마찬가지로 자녀의 생일 선물로 조립되지 않은 자전거를 산 아버지가 조립설명서에 이런 해석학을 적용하지는 않을 것이다. 사실 많은 부모가 그런 설명서가 저자의 의도를 충분할 정도로 명확하게 설명하지 않는다고 불평한다. 그럼에도 자녀의 안전을 걱정하고, 가정에서 아버지로서의 이름과 역할을 중요하게 여기는 부모라면, 설명서가 그리 중요하지 않다고 말할 수 없다. 혹 자신의 경솔함과 자만심으로 그 설명서를 무시할 수는 있다. 그러나 그것을 달리 재해석하지는 않는다.

본문이 이끄는 설교 전달에 대한 두 번째 도전

대부분의 보수주의자는 저자의 의도를 파악할 수 없다고 주장하는 사람들의 '본문이 이끄는 설교'에 대한 도전을 잘 알고 있다. 그러나 더 방심할 수 없는 논쟁이 보수주의 진영에서, 심지어 소위 강해주의자들에게서 진행되고 있다. 즉, 본문에 대한 경외감을 갖고 있는 너무나 많은 사람이, 그 본문을 전달하는 과정은 무시한다는 것이다. 다시 말해, 거룩한 부호에 대한 공경은 표하면서도, 하나님께서 그 의미를 전달하기 위해 사용하시는 인간적 수단은 무시하는 것이다. 커뮤니케이션이 단순히 언어 이상의 것임을 기억한다면, 우리는 하나님께서 주신 대로 진리를 전달하기 위해 우리가 활용할 수 있는 모든 도구를 기꺼이 사용해야 한다.

나의 어머니께서 목소리를 가다듬으시는 것은 그분이 직접 말로 한 만큼이나 많은 것을 전달했다. 내 아내의 미소는 좀 더 즐거운 경험이지만 이런 측면에서는 마찬가지다.

다시 말해, 진리를 선포할 때 말은 주요한 수단이 되지만, 전달의 유일한 도구는 아니다. 하나님께서는 우리에게 훌륭한 도구 상자를 주셨으며, 우리는 그것을 통해 청중과 감정적으로 교감할 수 있다. 감정을 전달함으로, 우리는 하나님의 원래 메시지의 의미를 더욱 강조하는 절박함, 기쁨, 슬픔, 희망, 아픔, 고독, 신뢰, 또는 그에 합당한 감정을 표시할 수 있다.

이 점은 성경의 선지자들을 살펴보는 것만으로도 충분히 입증된다. 선지자는 하나님께 말씀을 받았기에, 자신이 사용할 수 있는 가장 효과적인 방법으로 청중에게 그 말씀을 전달할 의무가 있었다. 단순히 정보 전달이 문제였다면, 그들은 말로만 했을 것이다.

그러나 선지자들은 그렇게 하지 않았다. 그들은 감정을 전달했다. 예레미야는 눈물의 선지자였다. 에스겔은 하나님께서 지시하신 대로, 토판에 그린 성을 누워서 에워싸고, 거름불로 음식을 만들고, 하나님께서 아내를 데려가셨을 때 눈물을 흘리지 않는 등 정성 들여 1인 공연을 했다. 이사야는 맨발로 걸어 다니고, 3년간 벗은 몸으로 지냈다. 다윗이 하나님 앞에서 춘 춤은 무언가를 의미했다. 예수님은 예루살렘을 향해 우시고, 바리새인들을 향해 저주하며 화를 내시고, 아이들에게 친절을 베푸시고, 과장법으로 유머를 보이셨다.

다시 말해 효과적인 커뮤니케이션은 단순히 바른 말을 하는 것 이상으로 많은 것과 관련되어 있으며, 이는 성경 본문에 관해서도 마찬가지다. 말이 중요한 모든 것이라면, 설교자가 실제로 등장해 전달하는 것은 불필요할 것이다. 목회자는 설교문을 성도들에게 이메일로 보내 직접 읽게 할 수도 있다.

청중이 하나님의 사람이 말로 직접 전달하는 설교를 듣기보다 단지 설교문을 읽는다는 바로 그 개념은 어떤 교회에든 냉기를 불어 넣을 것이다. 하나님의 사람이 능숙하게 전달하는 설교를 듣는 것이, 단순히 설교문을 읽는 것보다 훨씬 낫다는 사실을 우리는 직관적으로나 경험적으로 잘 알고 있다. 우리가 가진 도구는 지면상의 글로 국한되지 않는다. 우리는 상호 교감할 수 있다. 음조, 음량, 얼굴 표정, 몸동작, 자세, 청중의 참여, 눈 맞추기, 의상, 외모 등을 사용해 청중의 거부감과 환멸의 문을 열 수 있는 것이다. 우리는 실제로 설교하는 그 자리에서 전달 방식을 조절할 수 있다. 이런 일은 글로 쓴 설교문으로는 결코 할 수 없다.

기독교 설교자들은 오랫동안 로고스, 파토스, 에토스로 구분한 아리스토텔레스의 수사학적 범주에 찬사를 보내왔다. 데이비드 라센(David Larsen)은 다음과 같이 말한다.

> 직업적으로 말로 뭔가를 전달하는 사람들은 수세기를 걸쳐 아리스토텔레스와 그의 수사학의 발자국을 따라 걸어왔다. 특히 설교자로서 우리는 너무 맹목적으로 그의 체계를 따라왔고, 이제는 분명히 얻은 것과 잃은 것을 다시 점검해 보아야 한다. 아리스토텔레스는 모순 원리를 재창안하지 않았다는 사실을 우리는 기억해야 한다. 하지만 로고스-메시지, 에토스-연설자, 파토스-청중이라는, 연설에 대한 아리스토텔레스의 전통적인 구분보다 더 나은 체계는 앞으로도 없을 것 같다.257

쿠인틸리아누스나 키케로 같은 세속의 전통적인 수사학자들뿐 아니라, 어거스틴에서 오늘날에 이르는 기독교인들도 이런 구분에 존경을 표해 왔다. 연설가와 설교자들은 아리스토텔레스의 범주를 받아들여, 수세기에 걸쳐 말보다 더 중요한 것이 있다는 사실을 증언해 왔다. 다섯 번이나 결혼한 설교자라도 가정에 대한 위대한 설교를 할 수 있다. 하지만 그의 에토스는 로고스를 손상시킬 것이다. 마찬가지로 목회자가 설교에서 진실하면서도 도전적인 내용을 전할 수 있다. 하지만 만일 그것을 단조롭고 무미건조하게 전달한다면, 그의 파토스가 로고스를 압도하게 될 것이다.

가장 효과적인 방법으로 하나님 말씀의 진리를 전하기를 열망하는 설교자는, 자신의 전반적인 도덕성이나 설교 전달에서의 열정을 무시한 채, 감히 로고스 곧 주해와 해석학적 설명에만 집중하지 않는다. 이 모든 것을 내용에 담는다.

간혹 오직 하나님께만 영광 돌리겠다는 열정으로, 설교 전달 방식에 대해서는 충분히 고려하지 않음으로 자신의 역할을 감소시키는 설교자들이 있다. 그들은 대부분 열정을 가지고 설교하지 않는다. 청중이 하나님과 그분의 말씀이 아니라 설교자 자신에게 집중하거나, 설교가 너무 극적으로 보이지 않게 하기 위해서다. 이들은 마치 자신이 성령께서 극복해야 할 장애물을 제공하지 않으면 도무지 설교를 하고 있지 않는 것처럼 느낀다.

조나단 에드워즈의 할아버지이자 그에게 가장 큰 영향을 미친 솔로몬 스토다드(Solomon Stoddard)는 이 같은 생각을 거부한다.

설교문을 그냥 읽기만 하는 것은 지루한 설교 방법이다. 읽는 것만으로 전달하는 설교는 권위도 없고, 효과적이지도 않다. … 설교 노트 없이 설교할 때, 사역자의 얼굴과 몸짓은 청중의 주목을 끌며 감

정을 일으키는 훌륭한 수단이 된다. 사람들은 말씀을 들을 때 잠이 오기 마련이며, 설교자의 역동성은 청중의 관심을 자극하고, 그들에게 합당한 감정을 갖게 한다. 설교문을 읽기만 하는 것은 권위가 없으며, 그런 설교는 마태복음 7장 29절에 나오는 서기관의 설교를 떠올리게 한다. 설교문을 읽기만 하는 것이 유익하지 않음은 경험이 말해 준다.[258]

간단히 말해, 본문의 내용을 가지고 '머리'에 도달하기 위해 설교자는 우리가 흔히 말하는 '가슴'의 문을 통과해야 한다. 감정은 진리를 전달하는 데 엄청난 역할을 한다. 우리 대부분은, 내용에는 전적으로 동의하지만, 지겹거나 혹은 설교자의 태도가 모욕적이거나 거만해 심지어 화가 나게 하는 설교에 대한 불쾌한 경험이 있을 것이다. 우리는 메시지에는 동의하나, 그것을 전달하는 설교자의 태도와 감정 때문에 때때로 화가 날 수 있다.

그러나 반대로, 청중을 무장해제시키거나 설교로 끌어들이는 커뮤니케이션 기술을 배운 설교자가, 그들 마음의 문에 도달해 자신이 전달하는 메시지를 받아들이게 할 수도 있다. 설교자는 감정주의를 추구하지는 않지만, 감정에서 벗어나려 해서는 안 된다. 하나님 자신이 인간의 마음과 의지를 고안하셨고, 감정이 서로 움직이며 영향을 주도록 만드셨다. 성경의 선지자들은 감정의 힘을 사용해 자신의 메시지를 전달했으며, 예수님과 사도들도 마찬가지였다. 왜 현대의 설교자들은 이같이 하면 안 되는가?

설교자는 가슴을 통해 머리가 움직이도록 해야 한다. 그 반대로 해서는 안 된다. 법적인 옐로카드를 내밀거나 찬반 목록을 작성해 사람들을 먼저 지적으로 설득한 다음, 확신과 회개와 기쁨을 느껴 그들이 그리스도를 신뢰하도록 이끄는 것이 아니다. 오히려 그 반대다. 하나님은 비통함을 통해 죄인을 그리스도께로 인도하신다. 하나님의 선하심이 회개로 이끌며, 거룩한 슬픔 또한 회개로 인도한다. 물론 지적인 이해도 함께 관여하지만, 그마저도 진공 상태에서 이루어지지 않는다. 하나님은 설교자의 뜨거운 열정을 사용하셔서 듣는 사람의 열정을 자극하신다. 하나님의 메시지를 받아들이든 거부하든 긴급한 결정을 하도록 만들어, 듣는 사람의 마음을 급하게 두드리신다.

앞서 설명한 커뮤니케이션의 두 가지 오류는 이상하게도 서로 상호 보완적이다. 자유주의자들은 아이러니하게도 비록 그 출처와 저자의 의도를 무시하면서도, 종종 부호의 지점에서 전달에 이르기까지 훌륭한 커뮤니케이션이 이루어지도록 한다. 반대로 보수주의자들은 본문의 권위를 인정하고 저자의 의도를 이해하면서도, 진리를 청중에게 제대로 전달하기 위해 설교자에게 주신 도구를 사용하는 데 종종 실패한다. 이들은 커뮤니케이션 모델의 첫째와 둘째 단계에 너무 많은 에너지를 사용한 나머지, 그 메시지가 청중에게 들리게 하는 데 모든 노력을 다 해야 한다는 것을 잊는다. 자유주의자들은 청중과의 교감을 강조하지만, 보수주의자들은 청중에게 성경적 정보를 제공하는 것으로 충분하다고 믿는다.

다음 장에서 제리 바인즈와 아담 둘리는, 설교자는 본문의 감정적 내용과 조화되어야 한다고 바르게 주장한다. 나는 여기에 전적으로 동의한다. 더 나아가 본문의 감정적 내용을 설교하는 데 실패하는 것은, 신학적 내용을 설교하는 데 실패하는 것만큼이나 강해자로서의 책임을 포기하는 것이라고 주장한다.

하나님께서는 인간을 정보만이 아니라 감정에도 반응하도록 만드셨다. 즉, 정보와 감정이 협력하도록 고안하셨다. 저자가 사용한 장치인 아이러니, 풍자, 훈계, 회개, 비탄, 기쁨 등은 단순히 말로만이 아니라 행동과 함께 전할 때 더욱 효과적이다.

결론

대부분의 현대 설교와 다르게 본문이 이끄는 설교는 성령의 영감에 대한 확신에서 시작한다. 즉, 하나님께서 말씀하셨으며, 그분이 말씀하신 것은 이해하고 전달할 수 있는 것이기에 우리가 말씀을 전한다는 확신이다. 본문이 이끄는 설교의 설교자는 하나님께서 영감하신 성경 저자의 글을 통해 하나님의 의미와 의도를 분별할 수 있음을 확신한다. 더 나아가, 사전적이면서도 감정적인 내용의 의미를 정확히 전하는 방식으로 성경 본문에서 이해한 진리를 전달하기 위해 노력한다.

본문에 매여 있는 설교의 설교자는 사전적으로나 문화적으로 분석한 것을 단순히 설교적 형태에 정렬하는 것으로 만족할 수 없다. 그는 성경의 선지자들처럼 하나님 말씀의 내용을 청중에게 신실하게 전달하기 위해서는 다양한 행동, 예화, 비언어적 기술까지 사용할 수 있다는 확신을 갖고 있다. 그래서 '가슴'의 문, 즉 청중의 감정을 사용해 머리에 이른다.

본문이 이끄는 설교는, 하나님께서 본래 성경의 저자들에게 전달하고자 하셨던 의미를 다른 사람들이 들을 수 있도록 돕기 위해 다양한 커뮤니케이션 방편을 사용한다. 또 하나님께서 주신 본문의 의미에 충실할 뿐 아니라, 그 의미를 이해해야 하는 청중의 필요에도 민감하다.

이 설교는 또한 다른 어떤 것보다 더 하나님께 영광을 돌리는 설교다. 하나님의 계시의 형태와 내용 모두를 존중하기 때문이다.

Part 10
설교의 감성적 전달

_아담 둘리(Adam B. Dooley), 제리 바인즈(Jerry Vines)

언뜻 보기에 마케팅의 천재 루이스 체스킨(Louis Cheskin)의 '감정 전이' 개념은 본문이 이끄는 설교의 전달과는 거의 상관이 없어 보인다. 하지만 조금 더 연구해 보면 처음 생각과는 달리 훨씬 큰 연관성이 나타난다.

사람들이 상점에서 상품의 포장에 대한 감정을 상품 자체로 전이한다고 주장한 그는, 자신의 상품을 좀 더 매력적으로 보이게 하는 새로운 방법을 찾기 시작했다. 1940년대 후반, 소비자들에게 마가린을 사도록 설득하는 것은 거의 소용없는 노력으로 보였다. 하지만 체스킨은 마가린 자체보다 그 외관이 판매에 더 큰 장애가 된다고 생각했다.

체스킨은 사람들이 그 음식에 대해 나쁜 감정을 전이했다고 조심스럽게 가정했다. 자신의 가정을 실험해 보기 위해 그는 마가린을 노란색으로 물들여 버터와 비슷하게 보이도록 만들었다. 그리고 시식대의 버터 사이에 마가린을 군데군데 배치한 이벤트를 열어 주부들을 초대했다. 점심 시간 이후에 가진 평가에서 모든 사람이 그 '버터'(실제로는 마가린)가 가장 맛있다고 결론 내렸다.

뭔가를 깨닫게 된 체스킨은 자신의 상품 이름을 '임페리얼 마가린'으로 바꾸고, 포장지에 눈에 띄는 왕관을 그려 넣었다. 그리고 노란 막대 마가린을 고급스러움이 연상되는 은박지로 포장했다. 그 결과 마가린 판매량이 버터를 능가해 치솟으면서 이 일은 마케팅의 새로운 역사가 되었다. 사람들의 수용성이 이처럼 극단적으로 바뀐 것을 단순히 우연이라고 말하기는 어렵다.

다른 예도 많다. 세븐 업(Seven-Up) 알루미늄 캔에 노란색을 더 첨가했더니 사람들이 레몬 맛이 더 많이 난다고 말했다. 캔에 들어 있던 복숭아를 꺼내 항아리에 담았더니 사람들이 더 맛있다고 느꼈고, 그 결과 그들은 돈을 조금 더 지불하는 것을 꺼리지 않았다. 셰프 보얄디 라비올리(Chef Boyardee Ravioli) 캔에 붙어 있는 헥토르(Hector)의 얼굴이나 오빌 레덴바커(Orville Redenbacher), 베티 크로커(Betty Crocker)의 포장에 그려 넣은 사람의 얼굴은, 소비자가 그 상품을 좀 더 쉽게 연상하도록 만들었다.

이상하게 들리겠지만, 이런 포장 기술은 소비자들에게 그들이 사려는 상품에 대한 더 긍정적인 인식을 심어 주었다. 그러나 이것이 회사가 포장만 그럴듯하게 하고 질 나쁜 상품을 만들어도 된다는 것을 의미하지는 않는다. 오히려 포장이 사람들의 이목을 집중시킬 수 있다면, 그들에게 상품의 가치를 알아볼 기회를 줄 수 있게 된다는 것을 의미한다.[259]

만일 체스킨의 이론대로 사람들이 잠재의식적인 차원에서 상품 포장과 상품을 따로 구분하지 않는다면, 복음을 전하는 설교자는 왜 더 많은 사람이 말씀을 들을 수 있는 방식으로 메시지 포장하는 것을 거부하는 것인가? 왜 잠재의식적인 차원에서조차 성경 본문의 메시지를 제대로 받아들일 수 있는 청중의 능력을 방해하는 어떤 일을 하는 것인가?

성경과 그 메시지의 우수성에 대한 큰 확신 때문에라도, 설교자는 그 우수성을 반영하기 위해 설교를 잘 포장해야 한다. 설교에 대한 대부분의 책은 적어도 한 장(chapter) 혹은 한 부분을 설교 전달에 할애하는데, 주로 설교 전달에 방해되는 습관을 피하거나, 사람들을 설교에 끌어들이는 검증된 기술을 사용할 것을 강조한다.

이런 접근이 상식적임에도, 어떤 사람들은 커뮤니케이션 이론의 기술을 사용하는 것에 도덕적 의구심을 갖는다. 오래전 마이클 벨(Michael Bell)은 오늘날 많은 사람이 여전히 느끼고 있는 이런 긴장에 대해 다음과 같이 분명하게 표현했다.

> 신학자들은 갈라진 큰 간격의 이쪽 편에 있고, 커뮤니케이션 이론을 따르는 자들은 반대편에 있다. 그리고 그들은 서로를 향해 돌을 던진다. 신학자들은 설교의 필요성을 주장하면서 '겉만 번듯한 속임수' 혹은 매디슨 가(Madison Avenue)의 '술책'에 대해 불평한다. 그리고 그 갈라진 간격을 건너면서, "우리는 복음을 전하는 것이지, 비누나 차를 파는 것이 아니야!"라고 외친다. 이에 반해 커뮤니케이션 이론을 따르는 자들은, "주위를 둘러 봐. 우리는 당신들이 '파는' 복음보다 비누나 차를 더 잘 팔고 있어!"라고 외친다.**260**

이와 마찬가지로 딘 디킨스(Dean Dickens)는 "고대부터 '거룩한 설교'와 '세상적 수사학'의 피할 수 없는 결합으로 인해, 수많은 사역자가 선포된 말씀이 결국 타락한 아내가 되는 것은 아닌지 두려워해 왔다"²⁶¹고 정리한다.

고린도후서 4장 2절은 바로 이 문제와 관계가 있다. "이에 숨은 부끄러움의 일을 버리고 속임으로 행하지 아니하며 하나님의 말씀을 혼잡하게 하지 아니하고 오직 진리를 나타냄으로 하나님 앞에서 각 사람의 양심에 대하여 스스로 추천하노라." 어떤 사람들은 날카로운 전달의 기술이 '교묘함'이나 '기만'을 조장한다고 여긴다. 하지만 고린도후서 4장 5절은 계속해서 다음과 같이 말한다. "우리는 우리를 전파하는 것이 아니라 오직 그리스도 예수의 주 되신 것과 또 예수를 위하여 우리가 너희의 종 된 것을 전파함이라."

5절의 바울의 진술에서 아이러니한 점은, 설교자가 설교가 산만하게 되는 것을 막아 주는 설득의 기술 사용에 실패하는 것이, 실제로는 그 기술을 사용하는 것보다 더 조작에 가깝다는 사실이다. 눈에 거슬리는 습관, 징징대는 목소리, 과도하게 압도하는 성격이 실제로는 청중이 성경의 메시지를 듣지 못하도록 방해할 수 있다.

설교에 설득의 기술을 사용하는 것이 정당하지 않다고 결론 내리는 사람들은, 흔히 이런 시도에 대해 도덕적 또는 윤리적 문제를 제기한다. 그러나 이것은 설득자라기보다 조작자 같은 설교자에 대한 반응일 것이다. 판단의 근거는, 사용된 설득의 기술이 설교자에 주목하게 함으로 메시지를 듣지 못하게 하는 것은 아닌지 확인하는 것이다. 올바른 동기를 반영하는 여타 방법론과 마찬가지로, 설득의 기술의 목적은 설교자가 흠 없이 말하도록 준비시켜, 사람들이 설교자가 아니라 메시지에 집중하도록 만드는 것이다.

이 영역에서 성공이란, 설교자를 최소화하고 하나님의 영광을 드러내는 메시지를 지향해, 듣는 자들에게 진정한 유익이 되도록 하는 것이다. 진리를 전달하는 수단으로 수사학을 정의하는 레이몬드 베일리(Raymond Bailey)는 다음과 같이 경고한다.

> 수사학을 현대의 약 행상인들에게 내맡기는 자들은, 사람들에게 동기를 부여하고 마음을 움직이는 것에 관해 수세기에 걸쳐 축적된 놀라운 지식을 광고업자나 정치가, 종교적 선동자에게 헌납하는 것이다. 수사학은 정의 혹은 불의, 선 또는 악을 위해 사용될 수 있는 본질적으로 중립적인 도구다.[262]

이런 점을 고려하면서, 우리는 이제 선포된 말씀의 능력을 앗아갈 수 있는 악용을 피하는 방향으로 우리의 관심을 기울이고자 한다. 만일 수사학 기술이 단지 선 또는 악을 위해 사용될 수 있는 하나의 도구일 뿐이라면, 그 차이를 결정짓는 것은 무엇인가?

파토스의 중요성

설교 전달에 관한 대부분의 책과 소논문은 올바른 전달이 요구하는 성경적 필수요건을 확인해 주기보다는 주로 커뮤니케이션 기술을 다룬다. 설교의 메시지가 본문의 원래 의미와 상응하는 한 그 설교는 성경적이다. 물론 성경 본문의 내용 혹은 로고스가 교리적 순수성을 보장하는 최전선을 대표하지만, 성경의 감정적인 의도를 분별하고 드러내는 것 역시 잘못된 성경 해석을 피하는 데 필수적이다.

또 바른 파토스의 테두리를 벗어난 수사학적 설득의 기술을 사용하는 것은, 메시지보다 설교자에 더 주목하도록 만드는 인간중심적 복음 전달의 가능성을 높인다. 불행히도 너무나 많은 설교자가 설교에서 파토스가 진리를 열정적으로 전달하는 것 그 이상이라는 사실을 인식하지 못한다. 비록 열정이 효과적인 설교 전달에 중요하지만, 설교자는 자신이 선포하는 메시지에 자신이 고안한 감정적 디자인을 주입할 정도로 자유롭지는 않다. 오히려 성경 저자의 감정적 분위기와 상응하지 않는 파토스는 위험할 정도로 조작이다. 영감 된 성경의 로고스를 함부로 고쳐서는 안 되는 것처럼, 설교자에게는 성경의 파토스를 변경할 자유가 없다.

만일 설교문 작성이 복음을 전달하는 하나님의 주요 수단이라면, 실제적인 설교 전달은 별로 주목받지 못할 것이며, 파토스를 전달하기란 매우 힘들 것이다.

하지만 우리는 구원의 메시지와 설교자를 분리할 수 없다. 본문에 대한 성경 저자의 의미는, 성경의 로고스는 물론 파토스도 정확하게 전달할 것을 요구한다. 이런 요구는 설교자가 '무엇을' 말할 것인가와 더불어 '어떻게' 말한 것인가에도 세심한 관심을 기울여야 함을 의미한다. 둘 모두가 주어진 성경 본문의 원래 의도를 반영해야 한다. 기름 부음 받은 설교란, 성경 저자가 말하는 것을 그 저자와 동일한 파토스를 가지고 선포하는 것이다.

최근 성경의 로고스가 강조되면서 강해설교에 대한 관심이 새롭게 떠오르고 있다. 그럼에도 설교의 파토스에 집중하는 일은 거의 없다. 테리 매팅리(Terry Mattingly)는 "대부분의 성도가 '설교'라는 단어의 의미를, 성경을 절별로 설명하다 가끔 삶에서 나온 예화로 활력을 불어 넣는 정도로 이해한다. 따라서 대부분의 사람이 교회에서는 이론적인 강의를 듣고, 그런 다음 영웅과 악인, 승리와 비극, 죄와 구원, 천국과 지옥 같은 영감을 주는 이야기를 찾아 대중 매체를 향한다."263고 말한다.

불행히도 설교에서 파토스를 무시하는 것은, 많은 사람에게 강해라는 방법도 함께 포기하도록 만든다. 루시 린드 호간(Lucy Lind Hogan)과 로버트 레이드(Robert Reid)는 본문의 로고스를 너무 강조한 나머지 파토스를 무시한 결과로 나타나는 좌절에 대해 다음과 같이 설명한다. "'새로운 설교학'으로 명명한 설교적 접근은, 청중에게서 감정적인 경험을 자아내려는 관심으로 파토스를 강조함으로 로고스를 멀리 한다."264

이런 지나친 강조로, 불행히도 많은 설교학자가 설교를 열정적으로 하는 것과 강해적으로 하는 것으로 나누는 잘못된 이분법적 접근을 한다. 로고스에 대한 강조는 설교 준비와 전달에서 결코 파토스에 대한 무시를 동반하는 것이 아니다. 오히려 본문의 로고스의 풍성함을 풀어내는 작업은, 파토스를 드러내는 본문의 감정적 구조와 씨름할 것을 요구한다. 성경적 설교는 로고스와 파토스 이 둘 모두를 무시하지 않는다. 조지 홀리필드(George Hollifield)는 이 점을 다음과 같이 강조한다.

> 성경은 감정으로 가득 차 있다. 성경 본문을 설명하고자 하면서도 그 본문의 맥박에 손가락을 대보려고 하는 설교가 너무 적다. 주제설교든, 본문 설교든, 강해설교든 대부분의 설교에서 불러일으키는 감정은 종종 그 출처가 본문이 아니다. 성경을 정확하게 그리고 청중의 주의를 끌도록 주해하기 바라는 설교자라면, 감정적 측면에 더 큰 관심을 기울여야 한다. 영감 된 본문 그 자체가 설교의 감정적 내용과 전달에 대한 범위를 확립할 수 있으며, 여기에는 설교의 감정적인 부분을 주의 깊은 주해로 제공한다는 의미가 포함된다.265

성경의 파토스는 대부분 주해를 통해 분별이 가능하기 때문에, 감정적 의도를 무시하는 것은 로고스를 무시하는 것만큼이나 조작적인 것이다. 브라이언 채플(Bryan Chapell)도 여기에 동의한다.

우리의 태도는 반드시 성경의 내용을 반영해야 한다. 의미를 전달한다는 것은 단순히 무엇을 말하는지만이 아니라 어떻게 말하는지도 포함한다. 그러므로 정확한 해설은 설교자가 본문의 용어만이 아니라 그 어감마저도 반영해야 하는 것이다. 이는 때로는 시내산의 천둥소리를, 때로는 호렙산의 세미한 소리를 생각나게 만들 것을 요구한다.266

이처럼 성경의 감정을 주해하는 것은 주의를 요구한다. 하나님은 성경의 말씀만을 영감하신 것이 아니라, 그 말씀의 전달과 열정도 영감하셨다. 본문의 감정적 의도에 대한 올바른 해석은 그 의미를 정확하게 이해하는 것을 필요로 한다. 그랜트 오스본(Grant Osborne)은 감정적 주해의 필요를 강조하면서 이 점을 분명하게 말한다.

우리는 성경에서 감정적 표현의 중요한 위치를 인식해야 한다. 분명히 서신서에서 감정은 그 본문의 전체적 의미상 중요한 요소다. 사실 해석자를 인도해 주는 감정 표현 없이는 진정한 의미를 잃게 된다고 말할 수 있다. 개인적인 요소가 없는 깊이는 없으며, 기초가 되는 어조가 없는 본문의 이해와 감정은 있을 수 없다. 특별히 이것은 먼저 자신이 경험하고 그다음 청중을 본문의 강렬함으로 인도해, 그들의 잠자고 있는 열정을 하나님과 그분의 뜻으로 일깨우기 바라는 설교자에게는 필수불가결한 것이다. 바로 이 열정이 초대 기독교인들의 경험에는 필수적이었지만, 오늘날에는 삶의 압박감으로 인해 자주 보류되고 있는 실정이다.[267]

더 나아가 오스본은, 해석자는 "반드시 감정적 색깔에 대한 전형적이고 관련적인 연구를 해야 한다"[268]고 설명한다. 다시 말해, 강도의 척도로 성경 저자의 언어 사용을 측정하는 것은 올바른 전달을 돕는다.

핵심은 간단하다. 성경적 설교자는 반드시 본문의 로고스와 파토스를 충실하게 연구하고 선포해야 한다. 이 두 요소는 서로를 비추고 있기 때문에, 둘 사이에 분열이란 존재하지 않는다. 성경의 정확한 전달이란 설교단에서의 감정 전달까지 포함하는 것이다.

우리는 건실한 주해의 대체로서가 아니라 주해를 더 충실하게 표현하기 위해 파토스를 올바르게 사용하는 법을 배우고 익혀야 한다. 파토스 사용에 대한 해답은, 설교자가 아니라 본문이 결정한 바로 그 감정에 굴복하는 것이다. 예레미야 20장 9절은 이렇게 말한다. "내가 다시는 여호와를 선포하지 아니하며 그의 이름으로 말하지 아니하리라 하면 나의 마음이 불붙는 것 같아서 골수에 사무치니 답답하여 견딜 수 없나이다." 하나님의 말씀이 그 말씀을 선포하는 선지자의 감정을 움직이는 것에 주목하라. 성경의 파토스는 그 내용을 확대하거나 왜곡하는 것이 아니다. 성경의 원저자이신 하나님은 분명히 성경 본문을 그 원래의 영감대로 밝혀 주는 설교에 능력을 부어 주실 것이다.

의외의 발견

불행히도 많은 설교단에 강해설교가 부족할 뿐 아니라, 강해설교가 이루어지는 곳에서조차 성령의 능력이 무시되고 있다. "'강해'라는 말을 소위 냉철하고 생명력 없는 일로 여긴다. 설교자가 강해설교를 함에도 성령의 능력 없이 설교하는 것이 가능하다."[269]

대부분의 현대 설교의 모델은 설교 준비와 전달에서의 성령의 영감과 능력 모두를 거의 강조하지 않는다. 결과적으로 능력 없는 설교는 하나님나라를 위한 열매를 적게 맺는 사역을 낳는다. 비록 본질적으로 나쁜 것은 아닐지라도 수사학적 기술이 하나님의 초월적인 능력을 대신하지는 못한다.

아투로 아주르디아는 이런 현재의 딜레마를 다음과 같이 표현한다. "나는 우리 시대의 복음 진전에 가장 큰 방해물은, 하나님의 영의 진리와 능력을 제외한 채 하나님 일을 하는 교회의 시도라고 생각한다."[270] 이런 능력이 부족하게 된 많은 원인 중 하나는, 설교에 성령 본래의 열정에 상응하는 파토스가 없기 때문이다. 하나님 말씀의 선포자는, 성령께서 성경 저자가 기록하도록 감동한 대로 그분 자신이 말씀하시도록 할 때 가장 설득력을 지니게 된다.[271]

말씀 선포를 떠난 설교는 성령의 능력을 경험할 수 없으며, 능력 있는 말씀 선포는 성령을 떠나서는 불가능하다. 설교 준비에서 전달에 이르기까지 설교 사역은 처음부터 끝까지 성령의 인도하심이 필요하다. 설교자는 자신 내부에서 분명하게 느껴지는 의미와 감정에 항복하기보다, 자신의 외부에 있는 영원한 로고스와 파토스를 존중해야 한다. 이러한 이해는 극적인 패러다임의 변화를 가져온다.

로고스와 파토스에 대한 이상적인 측면에서 말하자면, 설교의 목적은 성경의 내용과 감정을 설교자 자신의 삶에 반영하는 것이다. 그것이 불가능할 때, 설교자는 비록 자기 자신과는 불일치해도, 최소한 성경의 내용과 감정을 전달하기 위해 메시지와 자신을 분리해야 한다. 그 결과는 성령께서 능력을 베푸시는 설득력 있는 설교로 이어진다.

예를 들어, 교회 가는 길에 아내와 말다툼한 어떤 목회자가 있다고 해보자. 불만족스럽고 마음이 어수선한데, 갑자기 오늘 자신이 해야 할 설교가 그리스도인의 삶에 드러나는 하나님의 사랑에 관한 것임을 깨닫게 된다. 바로 그 순간 그의 마음은 하나님의 사랑과는 반대로 미움이 가득하고 부정적인 상태다. 몇 분 후면 요한1서 4장 7-9절 말씀을 전해야 한다. "사랑하는 자들아 우리가 서로 사랑하자 사랑은 하나님께 속한 것이니 사랑하는 자마다 하나님으로부터 나서 하나님을 알고 사랑하지 아니하는 자는 하나님을 알지 못하나니 이는 하나님은 사랑이심이라 하나님의 사랑이 우리에게 이렇게 나타난 바 되었으니 하나님이 자기의 독생자를 세상에 보내심은 그로 말미암아 우리를 살리려 하심이라."

바로 여기서 설득과 조작의 근본적인 교차로가 시작된다. 성경의 권위를 존중하는 사람에게는 단순히 곤란한 시점에 일어난 부부 사이의 불화로 인해 메시지의 로고스를 바꾼다는 것은 상상도 하지 못할 일이다. 하지만 어떤 사람에게는 설교의 진정성에 대한 요구라는 차원에서, 설교자의 현재 감정이 당시 설교에서의 감정과 불일치하기 때문에 설교자가 사랑의 감정을 전달하는 것은 기만적이고 위선적이라고 결론 내릴 수도 있다.

만일 본문의 의미를 무시하는 것을 허용할 수 없다면, 감정을 무시하는 것 역시 받아들일 수 없다. 설교자에게 자신의 의미를 성경 본문에 주입할 권리가 없다면, 자신의 감정 또한 주입하지 말아야 한다. 로고스나 파토스 어느 한쪽이라도 성령의 의도를 무시하는 것은 매우 부주의하며 성령을 모독하는 것이다. 따라서 성경 본문의 감정을 설교자의 감정과 일치하도록 만드는 것은 일종의 조작 행위다. 가장 설득력 있는 설교자는 성경 본문의 파토스를 조작하지 않기 위해 자신의 감정을 바꾸는 사람이다. 홀리필드는 여기에 동의한다.

> 감정의 역동성에 대한 가장 기본적인 지식은, 성경 해석에 생명력을 불어 넣기를 바라는 설교자를 도울 수 있다. 본문의 분위기를 발견하고, 자신의 감정이 본문의 감정에 항복하도록 조절하며, 그 성경의 감정을 청중의 내면에 다시 재생시키는 것은, 설교자가 무엇을 말하고, 어떻게 말하며, 청중이 그것을 어떻게 받아들이는지에 영향을 준다. 그 결과의 차이는, 아마도 잡음 많은 트랜지스터 라디오와 '서라운드 입체 음향'을 통해 듣는 노래의 차이와 비교할 수 있을 것이다.[272]

성경의 권위에 대한 존중은, 어떤 설교든 그 주된 초점이 설교자가 아니라 성경 본문이어야 함을 요구한다. 설교자의 투명성도 분명 중요하지만, 주해에 충실한 것이 더 우선이다. 자신이 어떻게 느끼는지와 본문이 감정적으로 어떻게 전달하는지가 서로 불일치할 때, 설교자는 이 중 한편을 결정해야 한다. 이 전제의 파급효과는 엄청나다. 성경의 로고스를 전달하는 것과 동일한 의도로 성경의 파토스를 정확하게 전달하는 것은, 머리와 마음을 동시에 본문에 항복시키는 것이다. 설교자가 설교 메시지의 지적 내용의 근원이 될 수 없듯, 감정적 실체의 기준도

될 수 없다. 따라서 성경 저자의 의도에 순복하는 것은, 설교자가 자신의 상반되는 신념과 감정과는 관계없이 모든 본문의 로고스와 파토스를 그대로 드러냄을 뜻한다. 간단히 말해, 설교단에서 투명해야 한다는 것이 오히려 성경 저자의 파토스를 숨기거나 반박하는 것으로 표출된다면 그것이야말로 조작적인 것이 될 수 있다. 신실한 설교자는 때때로 해석의 충실함을 위해 자신의 개인적 감정을 무시하고 본문에 순복해야 한다.

파토스 발견하기

성경의 전반적 분위기를 반영하는 열정적인 설교의 필요에 동의하면, 다음으로 파토스를 어떻게 발견하는지 질문하게 된다. 충실한 해석학적 단계를 따른다 해도 본문의 로고스를 드러내는 것은 도전적이다. 하지만 파토스를 분별하는 일은 그보다 더 힘들다.

분명 모든 본문의 감정이 쉽게 드러나는 것은 아니다. 그렇다 해도 설교자는 파토스의 해석을 무시하거나 그저 밋밋한 해석이 되지 않도록 주의해야 한다. 현명한 설교자는 본문의 로고스의 온전한 의미를 발견하기 위해 그 본문의 감정적 맥박에 손가락을 올려놓는다.

홀리필드는 본문 선택, 문법적 구조, 역사적 배경, 문학 양식, 등장인물의 발전 등이 본문의 감정적 의도를 드러내는 기폭제라고 언급한다.[273]

본문 선택의 문제는 설교자가 설교에 어떻게 접근하는지를 그대로 반영해 준다. "모든 성경은 하나님의 감동으로 된 것으로 교훈과 책망과 바르게 함과 의로 교육하기에 유익하니"(딤후 3:16). 이 구절에 대해 확신한다면 모든 본문이 그런 가치가 있음을 동의하는 것이다. 다시 말해, 모든 성경이 영감 된 것이라 믿지만 본문의 파토스가 분명치 않아 어려운 본문은 설교하지 않는 것은 모순이다. 많은 설교자가 성경의 영감에 대한 확신을 고백하지만, 그 고백을 실천하는 데는 부족하다.

허셀 요크는 이 점에 대해, "설교하기 힘들거나 힘들어 보이는 구절과 책을 그냥 넘어감으로, 설교자는 교인들의 마음에 성경은 자신의 구미에 맞는 구절을 선택할 수 있는 뷔페라는 인상을 심어 주고 있다"[274]며 안타까워한다. 다양한 단계의 감정적 상관관계는 다소간 설교자에게서 발생하지만, 그것이 하나님의 전체 말씀을 설교하려는 노력을 억제하게 해서는 안 된다.

문법적 구조도 본문의 감정적 언어를 드러내는 과정을 돕는다. 감정으로 충만한 에너지가 넘치는 단어를 찾는 것은, 설교 전달의 핵심 파토스를 정하는 데 중요한 길잡이가 된다. 어떤 성경 본문은 쉽게 찾을 수 있는 감정적 언어를 제시한다.

로마서 1장 18-32절에서 사도 바울은, 스스로 지혜 있다고 하지만 실제로는 어리석은 자들에 대한 하나님의 진노를 직설적으로 말한다. "하나님의 진노가 불의로 진리를 막는 사람들의 모든 경건하지 않음과 불의에 대하여 하늘로부터 나타나나니"(18절). 그는 또 "마음의 정욕" "내버려 두사" "몸을 서로 욕되게"(24절), "진리를 … 바꾸어"(25절)라는 문구를 사용하고 있다. 인간의 죄를 설명하는 단어와 문구를 읽을 때도 바울의 개인적 파토스를 파악하는 것은 비교적 쉽다. 이런 표현에는 "부끄러운 욕심" "역리로"(26절), "순리대로 … 쓰기를 버리고" "음욕이 불 일 듯하매" "부끄러운 일"(27절) 등이 있다.

로마서 1장 29-32절은 창조주를 부정하는 자들에 대한 격앙된 감정과 의로운 분노를 묘사하는 단어로 이 본문을 결론짓고 있다.

> 곧 모든 불의, 추악, 탐욕, 악의가 가득한 자요 시기, 살인, 분쟁, 사기, 악독이 가득한 자요 수군수군하는 자요 비방하는 자요 하나님께서 미워하시는 자요 능욕하는 자요 교만한 자요 자랑하는 자요 악을 도모하는 자요 부모를 거역하는 자요 우매한 자요 배약하는 자요 무정한 자요 무자비한 자라 그들이 이 같은 일을 행하는 자는 사형에 해당한다고 하나님께서 정하심을 알고도 자기들만 행할 뿐 아니라 또한 그런 일을 행하는 자들을 옳다 하느니라

긴급함과 탄식, 심지어 의로운 분노 없이 이 본문을 설교하는 것은 바울의 어조와 강조에 미치지 못한다. 하나님의 거룩함에 반하는 인간의 죄악에 분명히 화가 난 바울은 설교자의 거룩한 분노와 좌절의 모범이 된다.

본문의 역사적 배경을 이해하는 것은, 설교자가 어떤 주어진 환경에서 느낄 수 있는 감정을 살펴보게 해준다. 이런 접근은 특별히 본문의 감정이 문법적인 차원에서 잘 드러나지 않을 때 매우 도움이 된다. 이것을 제대로 설명하기 위해 스티븐 올포드는 열왕기상 11장 1-13절을 적절한 예로 들어, 본문의 역사적 배경의 가치를 잘 드러내고 있다.

이 내러티브 본문은 다른 신들을 섬기는 솔로몬 왕의 변질된 마음을 분명하게 보여 준다. 본문에서 우리는 그 근본 동기(1-4절), 발전하는 상태(5-8절), 아버지 다윗 왕의 신실함과는 반대되는 솔로몬 왕의 '마음의 문제'가 가져다준 파괴적 결말(9-13절)을 볼 수 있다.

이제 벌써 설교적 표현의 단계로 넘어왔다. 하지만 이것으로는 단순히 본문을 요약하는 것에 불과하다. 우리가 여기서 보여 주고자 하는 것은 바로 정황 혹은 상황의 중요성이다. 이 본문의 사건은 열왕기서 전체에서 중요한 시점에 일어난다.

열왕기상 1-10장까지는 영광스럽고, 지혜롭고, 건강하며, 유능한 왕을 보여 준다. 솔로몬 왕은 지금까지 엄청난 특권과 축복을 누려 왔으며, 특별히 '이스라엘의 하나님 여호와'가 두 번이나 그에게 나타나시기도 했다(9절). 성전도 지어 봉헌했다. 왕국은 든든히 서 더욱 확장되고 있다. 하지만 이 본문 이후 모든 것이 추락하기 시작한다. 하나님께서 솔로몬 왕에 대항하는 대적자들을 일으키신다(11:14, 23). 여로보암이 등장해 반역을 일으킨다. 열왕기하 17장 5-23절(특히 21-23절)의 요약 구절을 보면, 이런 비극으로 치닫는 움직임은 솔로몬의 죄와 그에 대한 하나님의 반응에서 시작되었음을 알 수 있다. 여로보암은 이스라엘을 몰아 '여호와를 떠나게' 하는 자로 설명되고, 그의 출세는 솔로몬의 죄에 대한 결과의 일부다. 따라서 이 본문의 정황은 1-10장의 영광스런 시절에 비추어 보나, 11장 14절로 시작해 열왕기하 마지막까지의 전개에 비추어 보나, 솔로몬의 죄의 심각성을 드러내고 있는 것이다.[275]

분명히 열왕기상 11장 1-13절의 내러티브 본문은 눈에 두드러지는 감정적 내용이 결여되어 있다(9절의 하나님의 진노에 대한 분명한 진술은 제외). 그러나 문학적 정황과 더불어 역사적 정황은, 이 본문에서 죄의 심각성을 강조하는 분노, 후회, 실망 같은 느낌을 분명하게 드러낸다. 열왕기상 11장 1-13절 이전과 이후의 역사적 정황을 제외한 채, 이 구절들의 감정적 강조점을 분별하는 것은 사실 매우 어렵다. 그러므로 본문의 파토스를 해석하기 위해 역사적 정황을 신중하게 다루는 것은, 본문에 제시된 분명한 문법적 의미를 축소하는 것이 아니라 항상 강화해야 한다.

문학 양식을 고려하는 것도 성경 본문의 감정적 의도를 올바르게 해석하는 데 중요하다. 엘리엇 존슨(Elliott Johnson)은 문학 비평을 "주제, 분위기, 어조, 줄거리의 동기, 이미지 유형, 어휘, 문학 장치 등을 고려하면서, 다양한 장르의 구조를 기술하는 창작 작품을 연구하고 평가하는 것"[276]으로 정의한다. 장르를 분류의 수단으로 이해하는 것도 중요하지만, 설교자는 이것을 해석의 중요한 도구로 인식해야 한다.

오스본은 "장르는 본문의 문학적 의미, 혹은 의도된 의미를 결정하는 해석적 도구로 매우 긍정적 역할을 한다. … 이것은 각 본문의 의미를 여는 인식론적 도구다"[277]라고 주장한다. 따라서 본문의 장르에 대한 오해는 치명적이다. 각 성경 장르에는 주어진 본문에 대한 선이해를 주도하는 독특한 규칙이 있다. 그 형식의 규범을 제대로 인식하지 못하면 저자의 파토스에 대한 인식도 비뚤어지게 된다. 그레이다누스(Greidanus)는 "형식은 우리의 기대를 준비시키고, 우리가 해야 할 질문을 지도한다"[278]고 주장한다. 허쉬도 이에 동의한다. "해석자가 본문에 대해 우선적으로 갖는 장르적 인식은 뒤따르는 그의 모든 이해를 구성한다. 이것은 그 장르적 인식이 바뀌지 않는 한 지속된다."[279]

이러한 이해는 설교자가 본문 원저자의 의도와 디자인을 따라 그 본문을 정확하게 이해하고 효과적으로 선포하는 데 지적으로나 감정적으로 많은 도움을 준다. 또 설교자가 본문 원래의 파토스를 불러일으키는 데 가장 적합한 방식을 고려하게 해준다.

엘리자베스 악트마이어(Elizabeth Actemeier)는 "하나님의 인류 구속의 이야기는 가슴 뛰게 하는 성경의 장르를 통해 우리에게 제시된다. 그러므로 우리가 그 이야기를 전할 때는 반드시 그와 같은 현저한 효과를 내는 말과 형식으로 전해야 한다."280 고 말한다.

장르의 중요성을 보여 주는 예는 많다. 예를 들면, 내러티브 본문과 시 본문에는 각각 다른 해석의 규칙이 있다. 여기에 관해서는 요크의 말이 도움이 된다.

요한복음 21장은 예수님과 베드로의 만남을, 갈릴리에서 그와 다른 제자들에게 나타난 예수님의 자세한 모습과 관련해 기록하고 있다. 예수님은 그 불운한 어부들에게 나타나셔서 빈 어망을 배의 다른 편으로 던질 것을 제안하셨다. 그 결과, 11절에서 그들이 153마리의 큰 고기를 잡았다고 기록한다. … 여기서 질문은 얼마나 많은 큰 물고기가 실제로 잡혔는가 하는 점이다. 그들이 숫자를 헤아리지 않은 다른 고기를 잡았을 수도 있고, 그렇지 않을 수도 있겠지만, 큰 고기는 정확히 153마리였다. … 이 내러티브 본문에 등장하는 숫자는 그 어디에서도 비유적으로나 상징적 혹은 신화적으로 사용된 것으로 보이지 않는다. 그렇다면 우리는 그들의 어망 속 고기는 152마리도 154마리도 아닌, 정확하게 153마리였다는 사실을 받아들여야 한다. 이 본문은 이 점을 분명하게 말하고 있다.

하지만 시는 어떤가? 우리가 이와 동일한 해석의 기준을 시편 50편 9-10절에 적용할 수 있을까? 이 구절에서 하나님은 "내가 네 집에서 수소나 네 우리에서 숫염소를 가져가지 아니하리니 이는 삼림의 짐승들과 뭇[천 개] 산의 가축이 다 내 것이며"(저자 강조 및 역자 첨가, 영어 성경에는 '뭇'이 'a thousand'로 번역되어 있다—역주)라고 말씀하신다. 하나님께서 직접 말씀하신 것처럼 시편 기자가 이 구절을 적었기 때문에, 우리는 하나님께서 999개나 1,001개의 산이 아닌 천 개의 산을 소유하고 계신 것으로 결론지어야 하는가? 물론 아니다. 우리는 직관적으로나 이 본문 자체를 통해 이 구절의 진정한 의미는, 하나님께서 모든 것을 소유하고 계신다는 뜻이라고 이해한다. 요점은, 글쓰기 형태는 그 의미를 이해하는 데 영향을 미친다는 것이다.[281]

본문의 감정을 간파하는 마지막 수단은 등장인물의 발전이다. 성경 인물의 마음, 의지, 감정의 전반적 특징을 고려함으로 등장인물에게 숨겨져 있는 파토스의 경험을 드러낼 수 있다.

홀리필드는 "영감 된 저자가 한 인물의 감정적 상태를 구체적으로 묘사할 때, 설교자는 그것을 잘 활용해야 한다. 이런 상세한 묘사는 저자가 청중으로 그 인물과 동일화되도록 유도하는 데 자주 사용된다"[282]고 주장한다. 헨리 미첼(Henry Mitchell)은 이 점에 대해 매우 실제적인 예를 제공한다.

> 가르쳐야 할 교훈을 미리 정하는 것에 특별히 주의하라. 또 그 교훈을 배워 가는 등장인물을 파악하는 것에도 주의하라. 그다음 청중이 자신과 동일시하도록 그 인물을 전달해, 그 구원의 진리가 전달된 방식을 경험하게 하라. 내러티브는 반드시 흥미로워야 한다. 그러나 이 높은 수준의 예술은, 성령이 그 예술을 통해 어떻게 청중의 성장을 이루어 가는지에 대해 설교자가 분명한 인식을 가질 때만 마치

복음처럼 실행될 수 있다. 청중은 A라는 지점에서 B라는 지점에 이르기까지 영속적인 길을 따라 움직인다. 그 길의 궁극적 목적과 모범은 바로 예수 그리스도다. 예를 들면, 야곱이 하나님과 씨름하는 이야기는, 풀리지 않는 개인적 고충과 죄책감을 가지고 있는 성도들을 가르치기에 금광과도 같다. 하지만 성도들이 야곱과 자신을 동일시하고, 야곱에게 주어진 교훈을 받아들이며, 속이는 자에서 하나님의 선택된 그릇으로의 변화를 경험하도록 야곱을 소개하지 않는 한, 이 메시지는 그들이 아닌 '다른 사람'을 위한 것일 뿐이다.[283]

청중이 야곱의 '교훈'을 배우기 바라는 미첼의 실례에서 저자의 의도가 강조되고 있는 것에 주목하라. 등장인물의 발전이라는 감정적 도구를 사용하는 핵심은, 바로 각 인물에 대한 성경 저자의 의도를 따라가는 것이다. 다시 말해, 저자가 의도한 대로 성경 인물과 청중이 동일시되도록 고려하지 않는 것은 건실한 해석적 원칙을 위반하는 것이다.

이런 실수를 피하기 위해 그레이다누스는 "문제는 본문 원래의 적실성으로 돌아감으로 해결될 수 있다. 즉, '원래의 청중이 어떻게 이 본문을 이해했는가?' '저자는 청중이 어떤 등장인물과 동일시하기를 의도했는가?' 하는 것이다"[284]라고 주장한다. 그는 또 "본문 원래의 적실성으로 돌아감으로 저자의 의도를 존중할 수 있을 뿐 아니라, 책임감 있는 이해와 전달을 위해 필요한 통제력을 얻을 수 있다"[285]고 결론 내린다.

본문의 주된 감정적 강조를 고려하는 것은 주로 아리스토텔레스의 공헌이라고 할 수 있다. 홀리필드는 "대체로 연설에서의 파토스의 역할에 대한 아리스토텔레스의 통찰은, 청중의 판단이 그 본성상 온전히 논리적이지는 않다는 사실을 설교자가 계속 상기하도록 도와준다. 감정은 그 판단을 형성하는 중요한 역할을 한다"**286**고 언급한다.

따라서 앞에서 언급한 평가 도구들의 목적은, 설교가 이루어지는 주요 감정적 촉매제를 찾는 것이다. 비록 대부분의 본문에 비교적 중요치 않는 분위기가 드러나기도 하지만, 설교자는 일반적으로 자신이 본문에서 발견한 주요 분위기를 표현하고 생생하게 재현해야 한다.

파토스를 위한 변론

성경의 감정적 디자인을 이해하는 것은 훌륭한 커뮤니케이션 기술의 중요성을 강조한다. 데이비드 헤셀그레이브(David Hesselgrave)는 "우리는 무언가를 전달하지 않고는 아무것도 할 수 없는 것처럼 보인다. '서다'(to stand)라는 것은 어느 곳에 선다는 뜻이다. 따라서 이 말은 '서는 것'과 '어느 곳' 둘 모두를 전달한다"**287**고 말한다. 따라서 감정 전달을 의도적으로 연구하는 것은 설교자에게 매우 유용하다. 코베트(Corbett)와 코너스(Connors)도 여기에 동의한다.

> 감정에 대해 의식적으로 연구하고, 우리가 다른 사람의 감정에 호소하고 있다는 것을 인식하는 것이, 반드시 우리를 이런 감정적 호소를 잘 하는 사람으로 만들어 주지는 않는다. 하지만 어떤 기술에 대한 의식적 지식은 그 기술을 더 효과적으로 사용할 수 있게 해준다. 귀로 피아노 연주를 배운 사람이 음악을 연구한다고 해를 입지는 않는다. 반면 연주를 더 잘하는 데는 매우 큰 도움이 된다.**288**

얼굴 표정, 몸짓, 신체 언어, 다채로운 목소리를 미리 계획할 필요가 있다는 데 동의하는 것은, 복음 사역자가 성경의 진정한 의미를 얼마나 깊이 파악해야 하는지에 관한 수많은 질문을 요구한다.

설교에서 모든 커뮤니케이션 기술의 목적은, 인간인 설교자가 성경 본문의 로고스를 침해하거나 그 가치를 떨어뜨리지 않도록 하는 것이다. 그렇다면 성경의 파토스에 대한 정확한 묘사를 보장하는 필수적인 수단을 고려하는 것이 현명하다. 만일 설교자의 목적이 본문의 가르침을 청중이 믿도록 하는 것이라면, 보충적인 열망은 청중이 성경의 감정을 느끼도록 돕는 것이다. 물론 여기에 대한 반대가 없는 것은 아니다.

로버트 퍼거슨(Robert Ferguson)은 감정을 이끌어 내는 것에 대한 일반적 의문을 이렇게 설명한다.

> 조작은 설교자가 감정적 반응을 일으키도록 디자인된 언어나 이야기를 사용할 때마다 일어날 수 있다. 그러나 오해가 없기를 바란다. 감정은 하나님께서 만드신 것으로, 우리의 종교적 신념과 헌신에 관여한다. 하지만 감정적 끈을 당기기 위해 구체적으로 설교를 디자인해 '결정'을 내리도록 하는 것은 불경건하고, 비성경적이며, 그리스도답지 못하다.[289]

분명히 퍼거슨이 설교에서 감정 사용을 금하고 있는 것은 아니다. 하지만 감정적 끈을 당기는 것이 비성경적이라고 말하는 결론은 성경과 일치하지 않는다. 나단 선지자가 의심 없이 듣고 있던 다윗 왕에게 "당신이 바로 그 사람이다"라고 선고를 내리기 직전에 자신의 가설적 극본을 펼친 것은, 분명히 의도적으로 감정의 끈을 당긴 것이다.

고린도후서 11-12장에서 자신의 사도권을 변론하고 있는 사도 바울도 고린도교회 성도들에게서 당혹감과 후회를 자아내기 위해 자신이 느낀 실망감을 담아 비꼬듯이 말한다. 데살로니가후서 2장 7-12절에서는 교회 초창기에 그들과 나눈 어머니 같은 사랑과 아버지 같은 훈계를 상기시킴으로 그들의 사랑을 유도하고 있다. 이런 본문은 신념과 행동을 변화시키기 위해 강렬한 감정으로 고안된 것이다.

이런 구절은 분명히 파토스의 끈을 당기지 말라고 요구하지 않는다. 오히려 그 반대다. 오늘날 청중에게서 그 같은 감정을 일으키기 위해 수고하지 않는 것이야말로 미묘하지만 심각한 조작의 한 형태다.

분명히 설교자는 자신이 불러일으켜야 하거나, 무시해도 되는 감정을 스스로 결정할 수 없다. 설교 전달의 핵심은 메시지와, 인간 전달자를 통해 그 성경 본문의 강도를 정확하게 전달하는 데 있기 때문에, 설득력 있는 커뮤니케이션 전략을 사용하는 것은 필수적이다.

그렇다면 미리 계획하는 것은 어느 정도까지 허용되는가? 화를 내도록 미리 계획하는 것이 옳은가? 우는 것이 본문의 의미를 더 잘 드러낸다면 어떤가? 설교자가 우는 것을 정말 계획해야 하는가? 웃는 것이 본문의 기쁨을 정확하게 전달할 수 있다며, 설교자는 실제로 그렇게 계획해야 하는가? 이것은 매우 어려운 질문이다. 진실성을 중요시하는 설교자는 이런 질문에 본질적으로 '아니다'라고 답할 것이기 때문이다. 하지만 설교의 궁극적 목적이 성경 본문에 상응하는 파토스를 올바르게 전달하는 것이라면, 그 대답이 왜 반드시 '아니다'여야 하는가?

대부분의 설교자는 성경의 로고스가 개인적 가치관이나 신념의 변화를 요구할 때조차, 그 로고스에 대한 복종을 허용 가능하며 심지어 필수적인 것으로 여긴다. 만일 성경이 진정한 권위를 가지고 있다면, 왜 그 성경의 파토스에 복종하는 것은 다르게 여기는 것인가?

물론 성경 본문의 파토스에 사로잡혀 설교자가 그에 상응하는 감정을 이끌어 낸다는 것은 이상적인 이야기일 수 있다. 하지만 정기적으로 설교를 하는 사람들은, 본문이 이끄는 선포를 하도록 하는 상황이 항상 본문에만 있는 것은 아님을 안다. 따라서 때로는 개인적 차원을 넘어선 감정을 가지고 설교하는 것이 성경적 진리를 포괄적으로 선포하기 위해 필요할 때가 있다. 월터 카이저는 다음과 같이 설명한다.

> 우리는 우리가 하나님의 말씀에서 발견한 진리를 담대히 선포하도록 성령이 우리를 자극하시게 해야 한다. 설교의 시작부터 끝까지 모든 것을 장악하는 본문과, 본문을 통해 말씀하시는 하나님의 능력이 우리 전 존재를 지배하도록 해야 한다. 진리의 불태우는 능력이 우리 마음과 입술을 휩쓸도록 해야 한다. 모든 사상, 감정, 의지의 행위는 진리의 포로가 되어야 하며, 진리가 선포될 때 하나님의 성령이 말씀에 임재해 계신다는 증거로 흥분, 기쁨, 성실함이 솟구쳐 나와야 한다. 온갖 범속하고 생명력 없고 지겹고 활기 없는 연설이 살아계신 하나님의 능력 있는 말씀을 대체하도록 해서는 안 된다. 하나님의 말씀이 그 말씀을 전하는 자에게 전율을 안겨 주지 못하고, 하나님을 영화롭게 하며 그 뜻을 준행하려는 강력한 욕구를 채워 주지 못한다면, 어떻게 청중에게 더 큰 효과가 나타날 것을 기대할 수 있겠는가?[290]

설교자와 그가 선포하는 본문이 감정적 조화를 이룰 때 최고의 기회가 열린다는 점에는 두말할 나위가 없지만, 그런 조합이 이루어지지 않을 때는 어떻게 할 것인지에 대해 고려하는 것이 솔직히 필요하다. 이 질문에는 선결 조건이 있다. 즉, 하나님께서 감정에 대해 그토록 관심을 가지고 계시는가 하는 것이다.

요나 선지자는 평소 혐오하던 니느웨의 이방인들에게 설교한 후 화가 나 있었다. 하나님 말씀의 효과는 이미 드러나기 시작했고, 요나는 그것을 기뻐하지 않았다. 비록 요나는 하나님께서 지시하신 대로 선포했지만, 하나님은 만족하지 않으셨다. 요나서 4장 4절은 바로 파토스의 문제를 지적하고 있다. "여호와께서 이르시되 네가 성내는 것이 옳으냐 하시니라."

때로는 성경 본문을 제대로 전달하기 위해 감정을 계획하는 것이 필수적인 것처럼 보인다. 제이 애덤스(Jay Adams)는 이런 필요를 발견하고 이렇게 말한다.

> 설교에서 한 사건을 경험한다는 것은, 그 사건으로 들어가 그 사건에 합당한 감정을 마치 실제로 경험하는 것처럼 충분히 느끼는 것이다. 설교자가 자신이 말하고자 하는 바를 오감 중 하나 이상의 감각을 자극하도록 연결해 감정을 이끌어 낼 때, 청중은 그 사건을 '경험'했다고 말할 것이다. 이런 식으로 그 사건은 그 청중에게 '실제' 즉 구체화(개인화)되며, 쉽게 기억되고, 가장 온전한 느낌으로 이해되는 것이다.291

이와 관련해 설교자는 임의적 조작을 피하기 위해, 자신의 파토스가 그대로 반영되지 않은 모든 감정 이면의 동기에 깊은 주의를 기울여야 한다. 조작된 감정은 하나님을 영화롭게도, 청중에게 도움을 주지도 못하며, 오히려 부도덕한 수단이 될 뿐이다.

성경의 감정으로만 제한하는 것은, 개인적 유익을 위해 전달한 것이지만 성경 본문과의 부조화로 하나님의 영광을 전파하는 데는 실패하는 이상한 감정적 호소를 방지할 수 있다. 예수 그리스도보다 자신을 높이려는 노력은 하나님의 영광을 축소시키기 때문에 또 다른 형태의 조작일 뿐이다.

사도 바울은 고린도전서 2장 1-5절에서 수사학적 기술에 관심 갖는 것을 경멸했다. 설교를 통해 복음 전하기를 간절히 추구할 때도, 설교자는 구원의 메시지가 아닌 다른 것에 주목하게 하는 이야기나 번쩍이는 기술을 사용하지 않도록 주의해야 한다. 청중이 본문에 드러난 하나님의 영광보다 설교자의 유창함 쪽으로 결론에 이른다면, 그들은 결국 복음의 능력을 보는 데 실패하게 된다.

본질적으로 성경의 파토스 역시 항상 청중의 유익을 구한다. 따라서 우리는 그것을 모방해야 한다. 설교자는 사람들이 단지 구원을 '얻도록' 성경 본문을 자유롭게 왜곡할 수 없다. 사람을 손쉽게 다룰 수 있다고 여기는 것은 용납될 수 없다. 이런 조작의 형태는 설교자가 성공한 것처럼 보이기 위해 사람을 그저 숫자 게임의 일부로 사용한다. 그렇게 하는 것은 설득이라는 고귀한 열망을 목회적 남용의 길로 인도한다.

복음 전파는 반드시 정직해야 하며, 그 내용이나 전달도 성경적으로 투명해야 한다. 복음 전파를 위해 성경 구절을 그 정황에서 떼어 놓는 것은 성경적 설득이 아니며, 결코 청중에게 유익이 되지도 못한다.

하지만 성경적 파토스를 가지고 설교해야 한다는 주장에 이 원칙을 적용할 때는 신중함이 중요하다. 설교자의 개인적 감정이 그가 설교하는 성경 본문의 감정적 의도와 상응하는 것이 가장 이상적이다. 이런 상태가 항상 이루어지진 않더라도, 분명 이것이 설교자의 목적이 되어야 한다.

자신의 개인적 경험에 맞지 않는 초월적 감정을 가지고 계속 설교하는 것은 힘없는 설교를 양산한다. 비록 정황이 개인적 감정의 조절을 때때로 요구하더라도, 그렇게 할 때 생기는 어려움이 결코 과소평가되어서는 안 된다.

성경이 모든 설교의 감정을 결정하고 이끌어야 함이 당연하듯, 설교자의 기질을 변화시켜야 하는 것 또한 당연하다. 다르게 말하면, 성경은 설교자가 현재 느끼는 감정을 재현하거나 맞서면서, 끊임없이 설교자가 진정성을 향해 가도록 도전한다.

포사이드(P. T. Forsyth)가 "성경은 설교자에게 최고의 설교자"[292]라고 말한 것은 정확하다. 성경의 진지한 감정을 자연스럽게 드러내는 것에 계속해서 실패한다는 것은, 설교에 필요한 영적 성숙이 부족하다는 사실을 드러내는 것이다. 개인적 기질을 때로는 변경해야 할 필요가 있다는 사실을 인식한다는 것이, 개인적으로 어울리지 않는 감정으로 정기적으로 설교할 수 있는 면허를 얻은 것은 아니다. 지속적이고 전반적인 목회의 방향은 성경의 감정적이고도 논리적인 의도와 조화를 이루어 설교하는 것이다.

파토스 전달하기

성경의 파토스 측면에서 설교의 전달을 논의하는 것은, 설교자가 무엇을 말할 것인지와 어떻게 말할 것인지 모두가 중요하다는 사실을 상기시킨다. 다양한 의사전달의 훌륭한 기술을 사용함으로 설교자는 본문의 로고스와 더불어 파토스도 존중할 수 있게 된다. 모두 감정을 전달한다는 면에서 음속, 음량, 음조는 우리가 주의를 기울일 가치가 있다. 또 눈으로 볼 수 있는 얼굴, 손, 몸 동작은 메시지에 어울리는 감정을 강화한다.

음속은 분당 몇 단어를 말하는지 숫자를 파악함으로 간단히 측정할 수 있다. 적당한 음속은 분당 120개에서 160개까지의 단어를 말하는 것이다. 전달 속도를 높이는 것은 흥분 혹은 기쁨의 감정을 전달하며, 반대로 속도를 늦추는 것은 더 진지하고 강조된 침울한 분위기를 전한다. 핵심은 다양성과, 불필요한 극단을 피하는 데 있다. 말을 너무 빨리 하는 것은 불안함과 불편함을 보여 주는 것이며, 반면 너무 느리게 말하는 것은 청중의 귀를 피곤하게 한다.

같은 맥락에서 음량의 다양성은 설교자가 성경 본문의 감정을 청중이 분별할 수 있는 방식으로 담아내게 한다. 설교자는 메시지의 내용에 따라 목소리의 크기를 통제해야 한다. 소리의 크기를 바꾸는 것은 설교의 핵심 요지의 분위기와 중요성에 대해 주의를 환기시킨다.

소리 크기의 다양성이 없으면 음량에 의한 강조를 놓치게 된다. 큰 소리는 분노, 축하, 훈계, 찬양, 기쁨 같은 분위기를 전달한다. 반대로 부드러운 작은 소리는 회상, 후회, 평화스러움, 놀라움, 의심 등을 그려 낸다. 성경 본문의 감정적 구조를 따른 희미한 속삭임과 큰 소리의 외침은 성경 저자의 분위기를 반영해 묘사하는 데 매우 효과적이다.

음량과 비슷하지만 음조는 다양한 음의 색깔과 음역대의 변화를 가지면서 목소리가 높아지거나 낮아지는 움직임을 말한다. 음조를 사용함으로 설교자는 풍자, 확신, 의심, 질문 등을 표현할 수 있으며, 음조를 높이는 것은 불확신 혹은 불완전함을 제시하고, 반대로 음조를 낮추는 것으로 확신, 완전함, 강조점을 드러낸다. 같은 방식으로 음조의 변화가 없는 것은 좌절 혹은 낙심을 전달한다. 점차적으로 음조에 변화를 주는 것은 평안함, 휴식, 묵상, 통제력을 보여 주는 강력한 수단이 된다. 마찬가지로 갑작스런 음조의 변화는 강렬함이나 흥분을 보여 준다. 이러한 감정적 방아쇠는 성경의 파토스를 전달하는 효과적인 수단이다.

목소리로 전달하는 것 외에도 설교자의 몸은 성경의 감정적 의도를 반영하는 좋은 도구가 된다. 비언어적 수단을 무시하는 것은 본문에 담긴 열정과 감정을 전달하려는 최선의 노력을 훼손한다. 예를 들면, 목소리로 본문의 파토스를 담아냈지만, 설교자의 얼굴 표정이 말과 상응하지 못할 경우, 분명함보다 혼란만 가중된다. 하나님의 심판에 대한 강해 도중 미소 짓는 것은 메시지의 진지함을 해친다. 그것은 요한복음 3장 16절의 기쁨을 냉소로 가리는 것과 같다.

손동작은 설교자와 청중 간의 거리를 만들어 내기도 하고, 청중을 설교자 쪽으로 끌어들이기도 한다. 구부정한 자세가 약함의 이미지를 가지고 있듯, 바른 자세는 강인함을 전달한다. 몸의 움직임은 확신과 목적을 드러내 보이지만, 반대로 뻣뻣하게 서 있는 것은 불안정과 지루함을 암시한다. 본문이 설교자가 전달해야 할 감정을 결정하는 주요 잣대기 때문에, 청중에게 보이는 모든 표현은 메시지의 내용과 분위기를 강화해야 한다. 설교는 설교자가 입을 열 때가 아니라 그가 설교단에 등장하자마자 시작된다.

결론

하나님의 말씀을 설교하는 것은 그리스도를 개인적으로 아는 일을 제외하고 가장 위대한 특권 중 하나다. 설교단에서의 투명성은 바람직하지만, 그것이 임의적 조작이 아닌 설득을 보장하는 가장 특징적인 요소는 아니다. 가장 능력 있는 설교는 성경 저자의 감정적 의도와 현대 설교자 사이에 상관관계가 있을 때 일어난다. 궁극적 목적은, 설교자가 성경 저자와 상반되는 정황에 있더라도 성경의 진정한 디자인을 존중하는 것이어야 한다.

스티븐 올포드가 다음과 같이 주장하는 것은 일리가 있다. "진정한 설교는 성육신적인 신비다. … 만일 설교가 구속적이며, 따라서 삶을 변화시킨다면, 설교자와 그의 메시지는 분리할 수 없다."**293** 이 점을 기억한다면, 성경의 메시지를 전하는 모든 설교자는 성경이 취하는 방식과 수단에 헌신하도록 새로운 각오를 해야 한다. 성경 자체가 설득적이기 때문에 설교자는 반드시 설득적이어야 한다.

성경적 파토스가 마치 감정의 실타래처럼 성경 전반을 누비고 있기 때문에, 감정적 설득을 합당한 설교적 수단으로 이해하는 것이, 훌륭한 설교 전달과 좋은 설교 전달을 구분 짓게 한다.

Part 11
삶을 위한 적용

_다니엘 애킨(Daniel L. Akin)

    예수님의 형제인 야고보 사도는 야고보서에서 이렇게 훈계한다. "너희는 말씀을 행하는 자가 되고 듣기만 하여 자신을 속이는 자가 되지 말라"(1:22). 더 나아가 25절에서는 왜 그렇게 해야 하는지에 대해 말한다. "이 사람은 그 행하는 일에 복을 받으리라."
    성경에는 믿음과 실천이 결코 나뉘어 있지 않다. 우리가 무엇을 믿는지는 어떻게 살아갈지를 결정한다. 노스캐롤라이나의 유명한 복음 전도자인 반스 하브너(Vance Havner)는 이렇게 말하기를 좋아했다. "당신이 살아가는 모습이 당신이 실제로 무엇을 믿는지를 보여 준다. 모든 행동이 신앙을 보여 주는 말이 된다."
    성경에 충실할 것을 요구하는 본문이 이끄는 설교는, 본문의 내용을 설명할 뿐 아니라 성경적·신학적 필연성에 의해 반드시 본문을 적용해야 한다. 불행히도 이 분야는 설교학적으로 정리가 잘 되어 있지 않다. 그 결과 교회는 큰 고통을 겪어 왔다.

한편으로는 주제 설교와 성도들의 필요를 채워 주는 설교들이 적용에 많은 관심을 기울여 왔다. 하지만 본문을 제대로 설명하지 못해, 적용을 위해 필요한 성경적·신학적 토대를 올바로 제공하지 못했다. 반면 일부 성경 강해자가 본문의 주석만 계속 제공하면서, 머리를 가르치고 마음을 자극하며 의지를 움직이는 하나님의 말씀을 간절히 기다리는 청중에게 본문의 적실성을 보여 주는 데 실패하고 말았다.

하워드 핸드릭스(Howard Hendricks)는 말한다. "적용은 가장 무시되고 있지만 가장 필요한 과정이다. 많은 성경공부가 잘못된 곳에서 시작되고 잘못된 장소에서 끝난다. 즉, 해석에서 시작해 해석으로 마치고 만다."[294] 그는 섬뜩한 이미지로 우리의 해석학적·설교학적 민감성을 자극한다. "적용 없는 관찰과 해석은 유산(abortion)과 같다. 즉, 매 순간 관찰과 해석만 하고 적용에 실패한다면, 그것은 그 목적의 측면에서 성경에 대한 낙태를 하는 것이다. 성경은 우리의 지적 호기심을 충족시키기 위해서가 아니라, 우리의 삶을 변화시키기 위해 기록된 글이기 때문이다."[295] 월터 카이저도 적용이 우리의 시야 밖으로 사라져 버리는 것을 인식하고는, 설교자들을 훈련시켜야 하는 직무를 감당하는 우리 같은 사람을 뼈저리게 책망한다. 그는 다음과 같이 적고 있다.

> 대부분의 신학교와 성경학교에서 가르치는 주해의 여러 단계와, 현장에서 목회자가 설교를 준비할 때 매주 직면하는 어려운 현실 사이에는 큰 간격이 있다. 설교자들은 신학교 과정에서, 과거에 기록된 성경의 내용을 이해하는 것과 그 내용을 적실성을 가지고 선포함으로 청중이 현실에서 믿음의 열매를 맺게 하는 것, 이 둘 사이의 깊은 협곡을 연결하는 다리 놓는 법을 배우지 못해, 현재 혼자 이 문

제와 씨름해야 하는 처지에 내버려져 있다. 사실 이 다리의 양편은 각각 철저히 연구되어 왔다. 다리의 한쪽 끝에는 본문의 형식에 관한 역사적·문법적·문화적·비평적 분석이 있다. 다른 한쪽 끝에는 모든 경우의 제반 형식을 다룬 설교 요약집에 실천적이고, 경건하고, 설교학적이며, 목회적인 신학(전달, 체계, 설득의 다양한 기법 포함)에 대한 탐구가 있다. 그러나 과연 이 두 지점 사이의 길은 누가 그려 넣고 있는가?[296]

이 장의 목표는 해석에서 적용으로 이어지는 길을 제공하고, 그 필수적인 특징을 건전하고 전반적인 방법으로 설명하는 것이다. 우선 바른 정의에서 시작해 구체적으로 설명하는 방식으로 나아가고자 한다.

본문이 이끄는 적용이란 무엇인가

서던침례신학대학교에서 학생들을 가르칠 때, 나는 박사학위를 받기 위해 공부하는 어떤 훌륭한 학생을 지도하는 기쁨을 누렸다. 스캇 블루(Scott Blue)라는 이름의 그 학생은 교사와 목사로서 주님을 섬기고 있었다. 그는 가능한 가장 높은 점수로 단기간에 박사학위를 받은 주목할 만한 인재였다. 양발과 양손에 마비 증세가 있다는 점을 생각하면 그러한 업적은 더욱 놀라운 것이었다.

블루 박사는 '강해설교의 적용'에 대한 논문을 썼다. 그는 같은 주제로 허셀 요크와 함께 훌륭한 소논문을 쓰기도 했다.[297] 블루의 박사과정 지도교수이자 친애하는 요크의 동료로서, 나는 이 두 사람과 적용이라는 주제로 많은 시간에 걸쳐 토론했다. 특별히 나는 적용의 정의와 설명에 관한 그들의 훌륭한 표현을 빌려 오고자 한다.

본문이 이끄는 설교에서 적용은 "강해자가 본문의 성경적 진리를 찾아 그것을 청중에게 적용하는 과정으로, 그것이 왜 그들의 삶에 적실한지 선포하고, 저자의 원래 의도에 부합되는 방식으로 그들의 삶에 필요한 변화를 열정적으로 촉구하는 것"[298]이라고 정의할 수 있다. 이 훌륭한 정의에 조금 더 보태자면, 적용은 성경의 전반적인 구속사 및 창조, 타락, 구속, 회복의 유형에 부합하면서, 하나님 중심적이고, 그리스도에 초점이 맞춰져야 한다. 이제 이 정의를 살펴보고자 한다.

첫째, 본문이 이끄는 적용은 본문의 역사적 · 문법적 · 문학적 · 신학적 분석을 통해 얻은 성경의 진리에 기반해야 한다. 적용은 필수적으로 본문의 주해에서 흘러 나와야 한다. 이 순서는 선택적이 아니라 필수적이다. 실천적 적용은 반드시 성경 주해에 그 근본 토대를 두어야 한다.

둘째, 본문이 이끄는 적용은 본문에 나타난 저자의 의도에 근거해야 한다. 저자의 의도가 적용을 결정하며 지배하도록 해야 한다. 우리는 성경의 궁극적 저자가 성령 하나님이라는 사실을 믿는다. 그러므로 본문을 적용할 때, 우리가 미리 생각한 어떤 의도에 끼워 맞추고자, 성경에 분명히 나타난 본래의 의미를 감히 가볍게 다루거나 조작할 수 없다. 만약 그렇게 한다면 그것은 목회 자격을 박탈당할 정도의 설교적 악행이라고 할 수 있다.

셋째, 본문이 이끄는 적용은 성경의 적실성과 실천적 본질이 현재 청중의 삶의 일상에서 잘 드러나게 해야 한다. 성경은 작위적으로 적실성을 만들 필요가 없다. 성경은 그 자체로 지금이나 영원히 적실하고 변함없는 진리다. 하지만 이 성경의 적실성을 분명하게 드러내는 것은 바로 설교자의 몫이자 책임이다. 이 점에 관해 나는 특별히 루이스 로츠

(Louis Lotz)가 한 말을 좋아한다.

좋은 설교는 성경에서 시작하지만, 성경에만 머무르지 않는다. 병원과 대학 기숙사, 공장과 농장, 부엌과 사무실, 침실과 교실을 방문한다. 사람들이 살아가는 곳, 비극과 승리의 실제 상황, 사랑과 외로움, 상처 난 가슴과 깨어진 가정, 요동치는 다양한 정신적 고통의 자리에 침투한다. 좋은 설교는 실제 형편과 접촉해 실제 사람들과 대화한다. 억지로 학교에 끌려 나온 고등학생, 이혼하고 싶어 하는 가정주부, 시간을 돌이킬 수 없다는 사실에 슬퍼하는 노인, 자신의 농장을 잃을 지경에 놓인 농부와 그 농장을 빼앗아 와야 하는 은행원, 동성애자임을 숨겨 온 학교 선생님, 돈이 우상이 되어 버린 사업가, 살찐 것 때문에 스스로를 비관하는 소녀와도 대화를 나눈다. 좋은 설교는 그들을 잘 도와 하나님과 함께 일하도록 만든다.[299]

넷째, 본문이 이끄는 적용은 실천적 예화, 실례, 제안을 포함하고 있어, 청중이 자신이 배운 성경적 진리대로 자신의 삶을 선택하거나 그것을 모범으로 삼을 수 있도록 해야 한다. 나는 이것에 가장 적합한 것이 바로 성경의 실례라고 생각한다. 특히 구약 성경은 이런 자원으로 가득한 저수지다. 과거에서 출발해 여기 지금으로 나아가되, 말씀 사역이 일어나는 오늘날의 구체적인 정황을 신중하게 고려해야 한다. 이런 점에서 시대적 문화를 뛰어넘는 상황화는 좋은 설교에서 무시될 수 없는 부분이다. 특히 우리 자신이 미국에서조차 계속 커져 가는 선교적 정황에 놓여 있다는 사실을 고려할 때 더욱 그렇다.

이 점에서 뛰어난 선교학자 데이비드 헤셀그레이브의 말은 매우 유용하다.

상황화는 하나님의 의도와 말씀, 인격, 사역의 메시지를 하나님의 계시에 충실한 방법, 특별히 성경의 가르침에서 제시된 방식으로, 또 응답자에게는 각자의 문화적·실존적 정황에서 의미 있는 방식으로 전달하는 시도라고 정의할 수 있다. 이 상황화는 구두적인 것과 비구두적인 것 모두를 포함하며 신학화, 성경 번역, 해석, 적용, 성육신적인 삶의 방식, 복음주의, 기독교 교훈, 교회 개척과 성장, 교회 조직, 예배 방식 등 지상명령을 수행하는 모든 활동과 관련되어 있다.[300]

다섯째, 본문이 이끄는 적용은 청중을 설득하고 권면해 성경의 진리에 믿음으로 반응하도록 해야 한다. 요크와 블루는 "설교의 적용은 청중을 설득해 그들이 자신의 삶을 전달된 성경의 진리에 순응하도록 해야 하며, 이런 면에서 실패할 경우 생기는 부정적인 결과에 대해 경고하면서 반드시 그렇게 살아가도록 격려해야 한다"[301]고 말한다.

제이 애덤스도 설교자는 "성경의 진리를 청중의 상황에 적합하도록 만들어, 그들이 그 진리가 자신의 삶의 변화에 어떤 영향을 줄 것인지 이해할 뿐 아니라, 의무감을 느껴 그런 변화를 실행에 옮기기를 열망하게 한다"[302]고 부연한다.

왜 본문이 이끄는 적용이 필요한가

설교에서 적용은, 우리가 하나님 말씀의 설명에 기초한 두 가지 중요한 질문에 답할 수 있도록 도와준다. 곧 '그래서?'와 '그럼 무엇을?'이라는 질문이다. 다시 말해, '성경은 오늘날 나에게 어떻게 말씀하고 있는가?', 그리고 '그것에 대해 나는 무엇을 해야 하는가?'라는 질문이다.

이 중요한 설교 요소에 대해 현대 강해의 아버지 존 브로더스는 다음과 같이 말한다.

> 설교에서 적용은 단지 논의의 부속물이나 종속적인 일부가 아니라, 반드시 이행해야 할 중요한 부분이다. 스펄전은 "적용이 시작되는 그곳에서 설교가 시작된다"고 말했다. … 다니엘 웹스터(Daniel Webster)는 한때 반복적으로 강조하면서 이렇게 말했다. "어떤 사람이 내게 설교할 때, 나는 그가 그 설교를 개인적 문제, 개인적 문제, 개인적 문제로 만들어 내기를 원한다!" 청중이 그것을 바라든 바라지 않든, 모든 사람에게 적용을 이야기하는 것은 우리의 준엄한 의무다.303

본문이 이끄는 적용은 설교를 듣는 자에게 결단을 촉구하기 때문에 반드시 필요하다. 더 나아가 잘 이루어진 적용은 구체적인 행동 계획을 제공해, 성령께서 성경 진리를 그리스도 안에 있는 우리의 한 부분이 되게 만든다(롬 8:28-29).

따라서 본문이 이끄는 적용은 적어도 다음의 다섯 가지 이유에서 필수적이다. 첫째, 적용은 하나님의 계시의 주요 목적 중 하나다. 하나님은 우리가 그분을 알고, 사랑하고, 그분께 순종하기를 원하신다. 성경적 진리를 선포하는 행위에 순종의 요구가 없다면 그것은 미완성이다.

둘째, 적용은 설교의 정보적 요소에 균형을 가져다준다. 아는 것은 실천에 우선한다. 하지만 아는 것은 반드시 실천으로 이어져야 한다. 그렇지 않으면 성경 주해는 그 의도한 목적에 도달하지 못한다.

셋째, 적용은 성경의 초점을 청중의 실제 필요에 맞춘다. 죄는 분리, 슬픔, 고통, 죽음을 초래한다. 우리가 살아가는 세계는 고통을 준다. 적용은 그런 필요에 관해 말하며, 거룩한 진리라는 치료 연고를 제공한다.

넷째, 적용은 성경적 원리를 실제 삶의 정황에 맞도록 구체화한다. 성경의 전체적인 진리를 전인적으로 전달하는 것이 좋은 적용이다.

다섯째, 적용은 성경의 세계와 우리가 살아가는 세계 사이에 필요한 다리를 제공한다. 적용은 우리의 문제가 궁극적으로 과거 사람들의 문제와 다르지 않다는 사실을 보여 준다. 죄는 과거나 현재 우리 모두의 문제며, 그리스도께서 그 해답이다. 이는 많은 시대가 지나도 여전히 변치 않는 사실이다.

사우스이스턴침례신학대학교에서 설교학을 가르치는 내 친구이자 동료인 웨인 맥딜(Wayne McDill)은 본문이 이끄는 적용과 '바른 적용'에 관해 매우 도움이 되는 교훈을 제공한다. 그는 다음과 같이 적고 있다.

> 적용은 단지 설교의 진리를 말하는 것이나 그것으로 청중을 공격하는 것 그 이상이다. 적용은 성경적 진리가 오늘날의 청중에게 어떤 함의를 지니는지 제공한다. 그것은 행동을 요구하며, 성경적 진리가 우리 삶에서 살아 움직이게 할 것을 촉구한다. 적용은 태도, 행동, 언어, 삶의 방식, 개인의 정체성을 다루면서 양심, 가치, 확신에 호소해 그리스도께 헌신하도록 요구한다.[304]

위대한 종교개혁자 존 칼빈 역시 본문이 이끄는 적용의 필수적이며 필연적인 성격을 간파하고 있었다. 그는 이 적용이 우리의 보호와 책임 아래 있는 성도들에게 어떻게 그리고 무엇을 가르쳐야 하는지에 지대한 영향을 미치게 될 것이라고 말했다.

> 만일 우리가 하루 동안 같이 머물면서, 내가 당신에게 돌아올 유익과 교훈을 고려하지 않고 어떤 책의 반 이상을 설명한다면 그것이 과연 무슨 도움이 되겠는가? … 우리는 반드시 교훈을 받는 사람들을 고려해야 한다. … 이런 이유 때문에 가르치는 사명을 받은 사람은 다른 사람들에게 말할 때, 그들에게 어떤 교훈이 선하고 유익할지 결정해야 한다는 사실에 유념해야 한다. 그러면 각 개인에게 어떤 유익이 있을지 분별력을 가지고 그 교훈을 충실하게 전달할 수 있다.[305]

우리는 이 교훈에 귀를 기울여야 한다.

어떻게 본문이 이끄는 적용을 할 것인가

티모시 워렌(Timothy Warren)은 다음과 같이 바르게 지적한다. "[설교란] 하나님의 백성들이 말씀을 듣고서 그 생각과 행동이 달라지기 전까지는 완성된 것이 아니다."[306]

본문이 이끄는 설교의 목적도, 믿음의 공동체가 하나님의 말씀에 직면한 결과로 다르게 사고하고 행동하는 것이다. 변화된 삶이 우리가 추구하는 바며, 그 외의 어떤 것도 신실한 강해자를 만족시킬 수 없다. 목회자 릭 워렌도 이 점을 분명하게 직접적으로 설명한다.

나는 이 점을 반복해서 말할 것이다. 즉, 설교의 목적은 순종이라는 것이다. 예수님을 포함해 신약의 모든 설교자가 행위, 행동의 변화, 순종을 강조했다. 당신은 사실 성경에서 순종하고 있는 그 부분만 믿고 있는 것이다. 사람들은 "나는 십일조에 대한 가르침을 믿어요"라고 말한다. 하지만 그들이 십일조를 하는가, 하지 않는가? 실천하지 않는다면 그들은 믿고 있는 것이 아니다. 이것이 사람들이 들은 말씀대로 행동하는 데 초점을 맞춰 반응을 이끌어 내는 설교를 해야 하는 이유다. 사도 요한은 이렇게 말한다. "이 세상도, 그 정욕도 지나가되 오직 하나님의 뜻을 행하는 자는 영원히 거하느니라"(요일 2:17). "우리가 그의 계명을 지키면 이로써 우리가 그를 아는 줄로 알 것이요"(요일 2:3).[307]

우리의 방법론을 설명하기에 앞서, 이 진행 과정을 안내할 몇 가지 관점에 대해 다루고자 한다. 먼저 워렌 목사의 통찰을 다시 살펴보자. 그의 통찰은 읽어 볼 가치가 있다고 믿기 때문에 다소 길어지더라도 좀 더 자세하게 다루고자 한다.

설교의 적용에 대한 기본적 고찰
1. 모든 행동은 신념에 기초한다

무엇을 믿는지는 어떻게 행동하는지를 결정한다. 신조와 행동은 손잡고 함께 간다. 예를 들면, 만일 당신이 불행해 이혼했다면, 하나님께 불순종하는 것이 결혼생활을 유지하는 것보다 덜 고통스럽다고 믿기 때문이다. 이것은 거짓이지만, 당신이 그렇게 믿었기 때문에 그렇게 행동한 것이다.

만일 어떤 사람이 당신에게 다가와, "나는 남편을 떠나 다른 남자와 결혼할 겁니다. 하나님은 내가 더 행복하기를 원하신다고 믿기 때문이에요"라고 말한다면, 그 사람은 자신의 행동 뒤에 있는 신념을 말한 것이다. 그것은 잘못된 것이지만, 그 사람은 그것을 믿는 것이다.

2. 모든 죄 뒤에는 거짓이 있다

죄를 짓는 순간, 당신은 그것이 당신에게 가장 좋은 것이라고 생각하기 때문에 그렇게 행동하는 것이다. 즉, 당신은 이렇게 말하고 있는 것이다. "하나님께서 저것을 하라고 말씀하신 것은 알지만, 나는 이것을 하려고 해요." 당신은 지금 무엇을 하고 있는 것인가? 거짓을 믿고 있는 것이다. 신자들이 행동하는 방식 이면에 있는 거짓을 찾아보라. 그것을 다루기 시작할 때, 당신은 변화를 목격하게 될 것이다. 디도서 3장 3절은 선언한다. "우리도 전에는 어리석은 자요 순종하지 아니한 자요 속은 자요 여러 가지 정욕과 행락에 종 노릇 한 자요 악독과 투기를 일삼은 자요 가증스러운 자요 피차 미워한 자였으나."

죄 가운데 산다면 당신은 속임당하고 있는 것이고, 거짓을 믿고 있는 것이다.

신자들을 대할 때, 당신은 아마도 그들이 믿고 있는 거짓을 알아내지 못할 수도 있다. 하지만 그들의 행위는 볼 수 있다. 불성실하거나 헌신하지 않은 것 등은 금방 알 수 있다. 가장 어려운 부분은 그런 행위 뒤에 있는 거짓을 분별하는 것이다. 목회에서 더 지혜로워질수록 더 빨리 그 거짓을 눈치 챌 수 있다. 거짓의 유형을 반복적으로 보게 되기 때문에 분별력은 더욱 자라나게 된다.

3. 변화는 항상 마음에서 시작된다

당신은 반드시 행위 이면에 있는 신념, 즉 거짓에서 시작해야 한다. 로마서 12장 2절은 선포한다. "너희는 이 세대를 본받지 말고 오직 마음을 새롭게 함으로 변화를 받아 하나님의 선하시고 기뻐하시고 온전하신 뜻이 무엇인지 분별하도록 하라." 당신이 생각하는 방식은 느끼는 방식을 결정하고, 느끼는 방식은 행동하는 방식을 결정한다. 행동하는 방식에 변화를 주고자 한다면, 반드시 사고하는 방식을 결정해야(변화시켜야) 한다. 행동에서 시작할 수 없다. 반드시 사고하는 방식에서 시작해야 한다.

잠언 23장 7절 말씀을 기억하라! "대저 그 마음의 생각이 어떠하면 그 위인도 그러한즉 그가 네게 먹고 마시라 할지라도 그의 마음은 너와 함께하지 아니함이라."

4. 사람들의 변화를 도우려면 먼저 신념을 변화시켜야 한다

예수님께서는 "진리를 알지니 진리가 너희를 자유롭게 하리라"(요 8:32)라고 말씀하셨다. 왜 이렇게 말씀하셨을까? 사람들의 변화를 도우려면 당신은 반드시 먼저 그들이 자신의 행동 저변에 깔려 있는 거짓을 보도록 도와야 한다. 이것이 바로 진리를 알 때 진리가 그를 자유롭게 하는 이유다.

5. 신념이 아닌 행동을 변화시키려는 노력은 시간 낭비다

만일 당신이 어떤 사람의 마음이 새롭게 되기 전에 먼저 변화를 바란다면, 결코 성공하지 못할 것이다. 그는 먼저 하나님의 말씀을 내면화해야 한다. 하나님의 말씀이 그 사람의 일부가 되어야 한다.

신념은 마음속에 있다. 신념에 대해 생각할 때마다 그 신념은 두뇌에 전기적 자극을 준다. 거듭 그 생각을 할 때마다, 그 자극은 뇌에 더 깊은 홈을 만든다. 교회에서 변화를 보고자 한다면, 당신은 사람들이 자신이 만든 홈에서 나와 자동 조종 장치를 바꾸게 도와야 한다.

예를 들면, 만일 내가 자동 조종 장치가 달린 고속 모터보트를 산다고 해보자. 나는 보트가 자동으로 북쪽을 향해 가도록 자동 조종 장치를 고정할 것이다. 이제 내가 직접 운전대에 손대지 않아도 된다. 하지만 그 보트의 방향을 돌리려면, 나는 수동으로 운전대를 잡고 힘을 가해 틀어 방향을 바꿀 것이다. 나는 힘을 써 보트가 남쪽으로 가도록 할 수 있다. 하지만 그러는 동안 나는 손에서 압력을 느낄 것이다. 보트가 자동적으로 나아가고자 하는 방향과 내가 반대로 가고 있기 때문이다. 나는 금방 피곤해질 것이며, 곧 운전대를 놓게 될 것이다. 그리고 보트는 자동적으로 방향을 바꾸어 원래 프로그램에 맞추어진 방향으로 되돌아가 버릴 것이다.

이것은 인생에서도 마찬가지다. 세상의 사고방식으로 어떤 것을 반복적으로 학습할 때, 사람은 그 방향으로 가도록 프로그램화된다. 만일 어떤 사람이 긴장할 때마다 담배를 입에 물도록 프로그램화되었다고 해보자. 그러던 그가 어느 날, '이러다간 죽고 말 거야! 암에 걸리고 말겠지'라고 생각하게 되었다. 그러면 그는 운전대를 잡고 힘껏 방향을 틀 것이고, 담배를 통째로 버리며 이렇게 말할 것이다. "이제 담배를 끊고 말 거야."

그는 담배 없이 한 주, 한 주 반, 두 주를 보낸다. 그러는 동안 계속 긴장하고 있다. 마음속 프로그램을 아직 완전히 바꾸지 못했기 때문이다. 그러다 그는 다시 담배를 물게 되고 만다.

만일 사람을 급진적으로 그리고 영원히 변화시키기 원한다면, 신약성경의 방식대로 해야 한다. 즉, 마음을 새롭게 함으로 변화를 받게 해야 한다. 사람들에게 고작 "당신은 담배를 끊을 필요가 있어요. … 당신은 이것을 중단하고, 저것을 중단해야 해요"라고 말한다고 해서, 결코 성공하지 못한다. 먼저 그들이 자신의 사고 체계를 바꾸도록 도와야 한다.

6. '마음의 변화'의 성경적 용어는 '회개'다

'회개'라는 말을 들으면 대체로 무엇을 생각하는가? 아마도 한 남자가 골목 모퉁이에서 샌드위치 간판 같은 것을 목에 멘 채, "돌이키세요! 그렇지 않으면 불에 타게 될 것입니다. 당신은 죽은 다음 영원히 끓는 불에서 고통당하게 될 것입니다"라고 외치는 것이 떠오를지도 모른다. 또는 어떤 기인이나 괴짜를 생각할 수도 있다.

하지만 '회개'의 헬라어 원어인 '메타노이아'는 '마음을 변화시키는 것'이라는 뜻이다. 회개는 어떤 것에 대해 하나님께서 생각하시는 방식을 받아들임으로, 자신이 생각하는 방식을 변화시키는 것이다. 회개를 설명하는 현대적 용어는 '패러다임의 변화'라고 할 수 있다. 우리는 패러다임을 변화시키는 일을 한다. 다시 말해, 회개와 관련된 일에 종사한다. 우리는 사람들의 마음 가장 깊은 곳, 곧 신념과 가치를 변화시키고자 한다.

7. 사람들의 마음을 변화시키는 것은, 당신이 아니라 적용된 하나님의 말씀이다

고린도전서 2장 13절은 우리가 이 사실에 초점을 맞추도록 도와준다. "우리가 이것을 말하거니와 사람의 지혜가 가르친 말로 아니하고 오직 성령께서 가르치신 것으로 하니 영적인 일은 영적인 것으로 분별하느니라." 실제 설교에서는 하나님이 설교자를 통해 역사하신다.

스가랴 4장 6절은 말한다. "이는 힘으로 되지 아니하며 능력으로 되지 아니하고 오직 나의 영으로 되느니라." 따라서 당신이 사람들의 마음을 변화시키는 것이 아니라는 사실을 명심하라. 성령에 의해 적용된 하나님의 말씀이 변화시킨다.

8. 행동 방식의 변화는 회개의 '열매'다

엄밀히 말해 회개는 행동의 변화가 아니다. 행동의 변화는 회개의 '열매'다. 회개는 죄를 버리는 것을 의미하지 않는다. 단순히 마음을 변화시키는 것을 의미할 뿐이다.

마태복음 3장 8절에서 세례(침례) 요한은 "회개에 합당한 열매"를 맺으라고 말했다. 이는 다시 말해, "좋습니다. 당신은 하나님, 삶, 죄, 그리고 당신 자신에 대한 마음을 바꿨습니다. 이제 그 결과로 어떤 열매가 있는지 봅시다"라는 의미다.

9. 가장 심오한 설교는 회개를 촉구하는 설교다

삶의 변화는 반드시 생각의 변화 다음에 오기 때문이다. 따라서 회개를 위한 설교는 삶의 변화를 위한 설교다. 이것이 당신이 할 수 있는 가장 심오한 설교다. 회개는 신약 성경의 가장 중심된 메시지다. 신약의 설교자들이 무엇을 설교했는가?

- 세례(침례) 요한은 "회개하라 천국이 가까이 왔느니라"(마 3:2)라고

설교했다.
- 예수님은 "회개하고 복음을 믿으라"(막 1:15)고 설교하셨다.
- 예수님은 제자들에게 무엇을 설교하라고 하셨는가? 성경은 "제자들이 나가서 회개하라 전파하고"(막 6:12)라고 전한다.
- 베드로는 오순절에 무엇을 설교했는가? "너희가 회개하여 각각 예수 그리스도의 이름으로 세례를 받고 죄 사함을 받으라"(행 2:38)라고 외쳤다.
- 사도 요한은 요한계시록에서 무엇을 설교했는가? 회개에 관해 설교했다(2-3장).

워렌은 다음과 같은 결론을 내린다.

내가 믿기로 오늘날 설교에서 큰 약점 중 하나는, 하나님의 말씀에 서서 겸손히 그러나 강력하게 사람들의 의지에 도전하는 것을 두려워하는 사람이 많다는 것이다. 그렇게 하는 것에는 용기가 필요하다. 그들이 당신을 거절할 수 있기 때문이다. 실제로 그들은 정말 당신의 메시지를 거절할 수 있다. 당신에 대해 분노를 느끼며 뒤에서 수군거릴 수도 있다. 자, 이제 나는 당신을 향한 개인적 도전, 즉 삶의 적용을 하고자 한다. 당신은 성경을 하나님의 의도대로 사용하고자 하는가, 그렇지 않은가? 당신은 사람들의 인격과 행동에 변화를 가져다줄 적용에 집중하지 못한 채 설교한 것을 회개하는가?[308]

지금까지의 내용은 숙련된 설교의 베테랑에게서 나온 건전하고도 도전적인 말로, 본문이 이끄는 적용이 우리에게 얼마나 필요한지를 보여 준다. 신실한 강해자는 본문의 의미를 해설하며 설명해 줄 책임이 있을 뿐 아니라, 그 본문을 적용하며 청중에게 삶의 변화를 결단하도록 설교할 의무도 있다.

우리는 단순히 말씀을 듣는 자가 아니라 말씀의 행위자로 부름 받은 것이다. 따라서 우리는 성도들이 성경을 매일 자신의 삶에 적용하도록 가르치며 교훈해야 한다. 이제 이 가장 중요한 일의 성취를 돕는 모델을 살펴보고자 한다.

적용의 기본 원칙

첫째, 적용은 반드시 하나님과 그리스도 중심적이어야 한다. 이 점에 대해서는 데니스 존슨(Dennis Johnson)이 가장 잘 설명한다. 그는 다음과 같이 말한다.

> 설교는 반드시 그리스도 중심적이어야 한다. 성경 본문은 반드시 구속사적 정황에서 해석해야 하고, 그 목적은 변화여야 한다. 반드시 종교개혁의 교리적 핵심(오직 은혜, 오직 믿음, 오직 그리스도, 오직 하나님의 영광)을 열정과 개인적 적용을 가지고 선포해야 한다. 오늘날의 문화에서 교회에 다니지 않는 사람들이 가지고 있는 기독교에 대한 틀에 박힌 생각을 깨뜨려야 한다. 죄인들이 느끼든 못 느끼든, 그들의 진정한 필요를 채워 줄 수 있는 그리스도와 직면하도록 그들에게 들리는 언어로 말해야 한다.[309]

존슨은 목회자 티모시 켈러(Timothy Keller)의 통찰을 빌려 다음과 같은 말을 덧붙인다. "신자나 불신자 모두가 설교에서 들어야 할 말씀은 복음이며, 그 복음은 놀라운 은혜에 반응해 확신 있는 감사로 살아가는 삶의 의미를 포함한다."³¹⁰

이 같은 통찰은 매우 중요하며, 성경적 설교의 모든 측면을 언급하고 있음에 틀림없다. 예수 그리스도가 모든 성경의 주인공이시다. 그는 우리를 죄의 형벌(칭의), 죄의 영향력(성화), 죄의 존재(영화)에서 구원한 구주시다.

본문이 이끄는 적용은 특별히 성화에 지대한 관심을 가진다. 성도들은 자신이 예수님에 의해 구원받았으며, 예수님을 통해 그리스도를 닮아 가고 있음을 이해해야 한다.

목회자 마크 드리스콜은 이것을 설교에서의 '기독론적 질문'이라고 말한다.

예수 그리스도께서 어떻게 주인공과 주인이신가? 성경은 예수 그리스도가 주인공인 하나의 이야기다. 따라서 성경을 제대로 가르치며 설교하기 위해서는 계속해서 그를 주인공으로 높여 드려야 한다. 예수 그리스도의 인격과 사역에 집중하지 못한 설교는 반드시 영적 권위와 능력이 결핍된다. 성령께서 예수 그리스도 이외의 다른 주인공에 대한 가르침에는 복을 내리지 않기 때문이다. … 설교의 목적을, 잃어버린 자의 회심에 둘 것인지, 혹은 구원받은 자의 성숙에 둘 것인지에 대한 논쟁이 계속되고 있다. 구도자를 위한 설교와 신자를 위한 설교에 관한 이런 갈등은, 이 두 부류 모두 죄의 회개가 필요하며, 성령의 능력으로 새로운 삶을 살아가기 위해서는 예수 그리스도를 신뢰해야 한다는 사실을 주목하는 것으로 간단히 해결

될 수 있다.[311]

둘째, 적용을 설교의 개요와 흐름에 엮으라. 다시 말해, 설교 개요가 설교의 적용점이 되게 하라. 적용점을 본문의 의미와 조화를 이루게 하면서 분명하고 간결하게, 현재 구문으로, 그리고 완전한 문장이 되도록 기술하라.

골로새서 3장 18-21절의 간단한 예는 이후의 내용을 이해하는 데 도움이 될 것이다. 본문의 정황은 예수 그리스도의 주 되심이며, 그로 인해 주의 말씀이 우리 각자 안에 풍성히 거한다는 것이다(골 3:16). 주제는 기독교 가정으로, 가정의 각 구성원에게 명령이 주어진다. 본문이 이끄는 설명과 결합된 본문이 이끄는 적용은 다음과 같은 형태가 된다.

- 제목: 그리스도가 가정의 주인이 될 때
- 개요: 1. 아내는 남편에게 복종하라(18절)
  2. 남편은 아내를 사랑하라(19절)
  3. 자녀는 부모에게 순종하라(20절)
  4. 아버지(부모)는 자녀를 격려하라(21절)

본문의 어떤 적용은 마음(신념)에 좀 더 쉽게 적용할 수 있고, 또 어떤 적용은 의지(행동)에 더 쉽게 적용할 수 있다는 사실을 인지해야 한다. 실제로는 양쪽 모두에 적용 가능한 것도 있다. 핵심은, 적용은 반드시 본문의 의미와 일치하고, 그것에 충실해야 한다는 것이다.

셋째, 사람들의 구체적인 행동에 목적을 두라. 분명치 않은 생각은 모든 설교에 치명적이다. 적용에 관해서는 더욱 그렇다. 성경의 이미지를 사용하자면, 우리는 양들에게 설교하고 있다는 사실을 기억해야 한다(시 23편; 요 10장).

양은 구체적이고 각별한 보호와 인도가 필요하다. 우리는 그들이 스스로 '알아서 할 것'이라고 여겨서는 안 된다. 이것이 소위 '새로운 설교학'의 가장 치명적인 약점 중 하나다. 우리는 청중이 설교 적용의 빈칸을 채울 것이라고 기대하면 안 된다.

실천 단계는 비록 힘들지만 하나님의 은혜와 그리스도의 능력으로 실현 가능하며, 이것이 우리의 목적이다. '어떻게'를 주지 않으면서, '반드시 해야 한다'라는 말로 사람들의 머리를 계속 내리쳐서는 안 된다. 남자 성도들에게 교회와 가정에서 리더가 되고, 거룩한 남편과 아버지가 되라고 도전하라. 하지만 반드시 '어떻게'를 보여 주라.

넷째, 적용을 예화와 연결하고, 실천 가능한 성경의 실제적인 예를 제공하라. 다시 말하지만, 본문이 이런 연결을 이끌어야 한다. 어떤 예는 지성에 호소하며 신학적으로 깊이가 있다. 또 어떤 예는 마음을 움직이며 실천적인 것에 주의를 기울인다.

워렌은 다음과 같이 말한다.

만일 성도들이 자신의 믿음을 다른 사람들과 나누기를 원하면, 교회 성도 중 이미 그 일을 하고 있는 사람의 이야기를 들려주라. 성도들이 환자 돌보기를 원하면, 교회 성도 중 환자를 돌보고 있는 사람에 대해 이야기하라. 성도들이 처음 교회 온 사람들에게 친절하게 대하기를 원하면, 그 사람들에게 친절하게 대한 사람의 이야기

를 들려주라.[312]

다섯째, 적용을 보편적 원리의 형태로 진술하라. 어떤 장소나 시간, 상황에서도 항상 진리인 것을 찾으라. 우리가 반드시 기억해야 할 궁극적 진리가 있다. 즉, 모든 문제의 답은 한 사람이며, 그 이름은 예수 그리스도라는 것이다. 보편적 원리를 적을 때 오늘날의 사람들의 필요, 관심, 질문, 문제를 함께 적어 보라. 이것이 적실성의 핵심이다. 다음 도표는 이것이 무엇을 의미하는지 보여 준다.

설교에는 두 개의 세계가 존재하며, 당신은 그 지평을 연결해야 한다.

원래의 세계		우리의 세계
주후 60~63년의 골로새	골로새서	21세기 우리의 정황
'그 시대'에 드러난 진리	← 양쪽 세계를 잇는 영원한 진리 →	'오늘날' 다시 태어난 진리

이러한 원리는 반드시 성경의 일반적인 방향 및 전체성과 조화를 이루어야 한다. 신앙의 유비는 이 점에서 매우 중요하다. 즉 '성경은 성경에 모순되지 않는다'는 것이다. 이러한 원리를 진술할 때는 행동의 방침을 가르쳐 줄 수 있을 정도로 구체적이어야 한다. 어떤 본문이든 다음의 13가지 질문을 해보라.

1. 따라야 하는 예가 있는가?
2. 피하거나 고백해야 하는 죄가 있는가?

3. 주장해야 하는 약속이 있는가?
4. 반복해야 하는 기도가 있는가?
5. 따라야 하는 명령이 있는가?
6. 충족시켜야 하는 조건이 있는가?
7. 기억해야 하는 구절이 있는가?
8. 피해야 하는 실수가 있는가?
9. 직면해야 하는 도전이 있는가?
10. 적용해야 하는 원리가 있는가?
11. 바꿔야 하는 습관이 있는가? 그 습관은 시작해야 하는 것인가, 중단해야 하는 것인가?
12. 고쳐야 하는 태도가 있는가?
13. 믿어야 하는 진리가 있는가?

여섯째, 삶과 관련된 많은 것을 생각에 채우라. 본문을 교육, 사회생활, 사업, 교회, 가치관, 세계관, 결혼, 가정, 성(sex) 등과 관련지어 연구하라. 유연한 사고를 가지고 본문과 관련될 수 있는 가능한 한 다양한 관계를 탐험해 보라. 이것이 실제적이 되게 하고, 추상적이 아니라 구체적으로 생각하라. 당신이 섬기는 사람들의 입장이 되어 그 눈을 통해 본문을 보도록 노력하라.

한스 핀젤(Hans Finzel)은 『성경 풀이』(Unlocking the Scriptures)라는 책에서 네 개의 커다란 범주와 각 범주 아래 구체적으로 고려해야 할 것을 분류해 이를 강조한다.

A. 하나님과 더불어
   1. 이해해야 하는 진리
   2. 따라야 하는 명령
   3. 표현해야 하는 기도
   4. 주의해야 하는 도전
   5. 주장해야 하는 약속
   6. 누려야 하는 교제

B. 자기 자신에 대해
   1. 검토해 봐야 하는 생각이나 말
   2. 취해야 하는 행동
   3. 따라야 하는 모범
   4. 피해야 하는 실수
   5. 바꾸거나 지켜야 하는 태도
   6. 바꿔야 하는 우선순위
   7. 추구해야 하는 목표
   8. 붙들어야 하는 가치나 기준
   9. 버려야 하는 죄

C. 다른 사람과 더불어
   1. 나누어야 하는 증거
   2. 베풀어야 하는 격려
   3. 해야 하는 봉사
   4. 구해야 하는 용서

    5. 성숙시켜야 하는 교제

    6. 주어야 하는 훈계

    7. 짊어져야 하는 짐

    8. 표현해야 하는 친절

    9. 베풀어야 하는 호의

    10. 바꾸거나 지켜야 하는 태도

    11. 버려야 하는 죄

  D. 사탄에 대해

    1. 거부해야 하는 사람

    2. 인지해야 하는 책략

    3. 거절해야 하는 유혹

    4. 피하거나 고백해야 하는 죄

    5. 취해야 하는 영적 무기[313]

일곱째, 본문의 의미는 항상 하나지만, 적용은 많다는 사실을 기억하라. 제리 바인즈와 데이비드 알렌은 허쉬의 의견을 따라, '의미'와 '의의'(우리는 이것을 '적용'이라 부른다)는 반드시 구별되어야 한다고 올바르게 주장한다.

그들은 이렇게 지적한다. "성경 주해자는 본문을 대할 때, 그 본문에는 하나의 명확한 의미가 있다는 전제를 가지고 접근해야 한다. 그가 해야 하는 일은 주해를 통해 그 의미를 발견하는 것이다. 그 일을 마친 다음에는, 그 찾은 의미를 오늘날의 사람들에게 적용하는 일이 남는다. … 따라서 우리는 본문에는 하나의 주요 의미와, 그 의미에 대한 다양

한 의의 혹은 적용이 있다고 주장한다."³¹⁴

여덟째, 본문의 주해에서 나온 적용을 자신이 먼저 실행하도록 의도적으로 연습하라. 당신이 연구한 것을 실행에 옮기기 전까지는 결코 적용한 것이 아님을 잊지 말라. 실제로 본문의 적용과 실천은 성경 진리에 대한 당신의 이해에 주석 역할을 할 것이다. 당신 자신에게 먼저 적용하지 않은 것을 다른 사람들에게 적용하기는 매우 힘들다. 물론 모든 것을 적용할 수 있는 사람은 없다. 하지만 당신은 무엇인가를 적용하는 작업을 의식적으로 부지런히 해야 한다.

'당신은 지금 무엇 때문에 하나님을 신뢰하고 있는가?' '당신은 어떤 식으로 그리스도를 바라보며 그의 은혜를 구하고 있는가?' '생각과 삶을 변화시키기 위한 당신의 행동 계획은 무엇인가?' 당신은 청중보다 먼저 자기 자신에게 이런 질문을 해야 한다.

하워드 핸드릭스는 우리의 과거 혹은 현재와, 우리가 미래에 바라는 것에 대한 유용한 비교를 제공한다.

```
                    성경적 진리의 유입
                           ↓
    사람        →    ┌─────┐   →    같은 사람
                     │     │
    • 오래된 신념    │     │        • 새로운 신념
    • 오래된 가치    │     │        • 새로운 가치
    • 오래된 행동    │     │        • 새로운 행동
    • 오래된 습관    │  변  │        • 새로운 습관
    • 오래된 관계    │     │        • 새로운 관계
    • 오래된 외모    │     │        • 새로운 외모
    • 오래된 꿈     │     │        • 새로운 꿈
    • 오래된 목적    │     │        • 새로운 목적
    • 오래된 환경    │  화  │        • 새로운 환경
    • 오래된 일과 직업 계획 │     │   • 새로운 일과 직업 계획
    • 오래된 인격    │     │        • 새로운 인격
    • 오래된 도덕    │     │        • 새로운 도덕
    • 오래된 바람/열정│     │        • 새로운 바람/열정
    • 오래된 소통/언어│     │        • 새로운 소통/언어 315
                     └─────┘
```

아홉째, 적용에 대한 도전과 어려움을 항상 유념하라. 하워드 핸드릭스는 "적용의 대체물"316이라고 부르는 것에 주의하라고 말한다. 그가 요약 정리한 그 다섯 가지는 매우 유용하다.

1. 해석으로 적용을 대체한다

그러면 변화보다는 지식에 머물기 쉽다. 이것은 비극적인 결과를 낳는다. 핸드릭스는 "성경에 의하면, 알지만 실천하지 않는 것은 결코 아는 것이 아니다"라고 말한다.

예수님은 "너희는 나를 불러 주여 주여 하면서도 어찌하여 내가 말하는 것을 행하지 아니하느냐"(눅 6:46)라고 말씀하셨다. 이 말씀의 의미는 분명하다. 예수님을 '주여'라고 부르지 말든지, 아니면 그가 말씀하신 것을 실천하라는 뜻이다. 이 둘 중 하나만을 취할 수는 없다. 야고보서 4장 17절은 "그러므로 사람이 선을 행할 줄 알고도 행하지 아니하면 죄니라"라고 말한다.

진리를 알고도 실천하지 않는 사람은, 단순히 실수를 저지르거나 판단을 잘못 한 것이 아니라, 죄를 짓고 있는 것이다. 하나님의 관점에서 순종이 없는 지식은 죄다. 우리가 지식을 가지고 있다는 사실은 책임감을 증진시킨다.

2. 피상적 순종으로 실제적인 삶의 변화를 대체한다

즉, 성경의 진리를 우리가 이미 적용하고 있는 영역에는 적용하고, 새로운 영역에는 적용하지 않는다. 이것은 우리 삶에 진정한, 그리고 실제적인 변화를 가져다주지 못한다. 사각지대는 여전히 남아 있고, 진리는 변화가 필요한 우리 삶의 영역에 결코 영향을 미치지 못하게 된다.

3. 합리화로 회개를 대체한다

핸드릭스는 다음과 같이 지적한다. "우리 대부분에게는 영적인 변화를 거부하는 경보시스템이 장착되어 있다. 진리가 더욱 가까이 다가와 죄를 깨닫게 하는 순간 그 경보기는 울리기 시작하고, 우리는 스스로를 방어한다. 이때 우리가 자주 사용하는 전략은 죄를 회개하기보다 합리화하는 것이다."

우리는 이런 반응을 계속 부추겨, 진리가 죄를 깨닫게 할 때마다, 왜 그 진리가 자신을 제외한 모든 사람에게 적용되어야 하는지에 대해 수십 개의 이유를 댄다.

4. 감정적 경험으로 의지적인 결정을 대체한다

영적인 진리에 감정적으로 반응하는 것에는 아무 문제가 없다. 하지만 그것이 유일한 반응이라면, 영성은 안에 아무것도 없는 조개껍데기와 같다. 감정적 반응 다음에는 하나님의 진리에 대한 의지적 반응과 성경이 말하는 것에 기초해 실제적으로 삶을 변화시키려는 결정이 있어야 한다. 우리는 성경의 진리를 아는 것, 혹은 그것에 의해 찔림받는 것으로 만족해서는 안 된다. 그 진리로 변화되어야 한다. 진정한 변화는 항상 의지에서 일어난다.

5. 말하는 것으로 변화를 대체한다

"우리는 들은 대로 말은 잘하지만, 행하라는 대로 행하지는 않는다." 성경의 교훈에 대해 유창하고 확신 있게 이야기할 수 있으면 우리는 스스로 안전지대에 있다고 생각한다. 우리는 성경적 진리를 실제적으로 실천하고 있는 것처럼 다른 사람을 속일 수 있다. 하지만 하나님은 속지 않으신다. 하나님은 우리의 마음과 행위를 아신다. 사무엘상 16장 7절은 이렇게 말한다. "내가 보는 것은 사람과 같지 아니하니 사람은 외모를 보거니와 나 여호와는 중심을 보느니라." 히브리서 4장 13절은 이렇게 덧붙인다. "지으신 것이 하나도 그 앞에 나타나지 않음이 없고 우리의 결산을 받으실 이의 눈앞에 만물이 벌거벗은 것같이 드러나느니라."

하나님은 우리 인간처럼 우리의 말에 감동받지 않으신다. 주님은 우리의 중심을 보시며, 그의 눈에는 그 어떤 것도 숨길 수 없다.

열째, '적용의 이단'을 조심하라. 이 특정 위험은 너무나 만연해 있어,

해돈 로빈슨의 훌륭한 소논문인 「적용의 이단」(The Heresy of Application)[317]의 내용을 주로 인용하면서, 이 문제에 대해 조금 더 살펴보고자 한다.

본문이 이끄는 적용의 이단과 그 위험성

해돈 로빈슨은 "성경 주해보다 적용에서 더 많은 이단이 발생한다"고 말한다. 그는 "설교자들은 성경의 본문에 충실하기를 원하며, 신학교를 거치면서 성경을 제대로 주해하는 것을 배운다. 하지만 성경 본문을 오늘날의 세계와 관련짓는 방법은 배우지 못했을 수도 있다. 그들이 신학교 졸업 후 설교자로서 절실하게 묻는 질문은 바로 '적용'에 관한 것이다. 즉, '이 본문이 청중에게 무엇을 의미하는지 어떻게 결정하는가' 하는 것이다"라고 설명한다.

때로 우리는 성경 저자가 마치, "잠깐! 그것은 내가 말한 것을 잘못 사용한 거야"라고 외칠 만한 방식으로 본문을 적용한다. 이것이 바른 진리를 잘못된 방식으로 적용한 이단이다.

로빈슨은 이 같은 이단은 마치 룻기를 가지고 법적인 문제를 다루는 방법에 대해 설교하는 것과 같다고 말한다. 룻기는 결코 법적인 문제 해결에 관한 본문이 아니다!

로빈슨은 이러한 이단이 청중 스스로 하나님의 말씀을 어떻게 다룰지와 관련해서 그들에게 파괴적인 영향을 미친다는 사실을 다음과 같이 지적한다.

> 그 결과 중 하나는 당신이 설교하고 있는 그것이 당신이 말하는 성

경을 침해한다는 것이다. 궁극적으로 사람들은 성경적인 향과 맛이 나면 어떤 것이든 하나님께서 말씀하시는 것으로 믿게 된다. 이것이 지속되면 우리는 신화나 전설을 설교하게 되는 결과를 초래한다. 신화나 전설은 진리의 요소가 있더라도 지나치게 부풀린 것인데, 사람들은 그 부풀린 것 안에서 살려는 경향이 있다. 그들은 함의의 함의로 살아가다, 곧 자신이 하나님께서 약속하지 않은 것을 하나님의 약속으로 생각했음을 깨닫는다.

로빈슨은 우리가 제시한 적용의 단계를 확언하면서 이렇게 지적한다. "적용 부분에서 우리는 특정한 시대, 장소, 상황에서 주어진 영원한 하나님의 진리의 말씀을 취해, 그것을 다른 시대, 장소, 상황에 있는 오늘날의 사람들에게 적용하려고 시도한다. 하지만 이것은 보기보다 훨씬 어려운 문제다. … (사실) 성경은 구체적이다. 예를 들어, 바울은 특정한 교회에 편지를 쓴다. 그 이야기들은 매우 구체적이다. 하지만 나의 청중은 일반적인 청중이다."

따라서 로빈슨은 자신이 명명한 '추상의 사다리'(Ladder of Abstraction)로 인도하는, 적용의 이단을 피하기 위한 지침과 원리를 제공한다. 그는 각 본문을 연구하면서 반드시 제기해야 하는 두 가지 질문을 제안한다.

1) 하나님에 대해 무엇을 가르치고 있는가?
2) 인간의 본성에 대해 무엇을 가르치고 있는가?

우리는 여기에 한 가지 더, 즉 이 본문은 '예수 그리스도에 대해 무엇을 가르치고 있는가'를 덧붙이고자 한다. 로빈슨은 이 문제를 어떻게 다루어야 하는지 설명한다.

성경 본문을 곧장 현대의 상황으로 가져오라. 어떤 경우에는 그것이 잘 작동한다. 예를 들면, 예수님께서 "원수를 사랑하라"고 말씀하신다. 나는 청중에게 "원수를 사랑하십니까? 그들을 사랑하십시오"라고 말할 수 있다.

하지만 그 페이지를 넘기면, 예수님은 "가진 모든 것을 팔아 가난한 자에게 주라. 그리고 나를 따르라"고 말씀하신다. 이 말씀은 곧장 가져오기가 주저된다. 모든 사람이 그렇게 한다면 우리 모두는 문제에, 그것도 큰 문제에 직면하게 될 것이라고 생각하기 때문이다.

어떤 본문은 오늘날의 청중에게 곧장 가져올 수 있을 것같이 보이지만 꼭 그렇지만은 않다. 나는 본문과 청중의 정황 모두를 알 필요가 있다.

로빈슨은 다시 다음과 같이 올바르게 경고한다. "본문은 그것이 의미하지 않는 것을 의미할 수 없다. 즉, 바울은 당시 편지를 쓰면서 그가 의미하는 바를 수신자들이 이해할 것을 기대했다. … 나는 본문이 기본적으로 그 시대에 의미하지 않았던 것을 오늘날에 무엇인가를 의미하는 것으로 만들 수 없다. 그렇기 때문에 나는 주해를 하는 것이다. 오늘날의 세계로 넘어오기 전에 먼저 나는 본문에 정직해야 한다."

로빈슨은 더 나아가 레위기의 가장 생소한 본문에 자신의 '추상의 사다리'를 적용한다(사실 그가 인용한 본문은 출애굽기 23장 19절과 34장 26절이다). 그의 통찰력은 매우 유용하다.

레위기는 "너는 염소 새끼를 그 어미의 젖으로 삶지 말지니라"라고 말한다. 우선 '이것이 무엇에 관한 것인가'라는 질문을 해야 한다. 문자 그대로 받아들여, '만일 내게 염소 새끼가 있는데 저녁 식사를 위해 그 어미의 젖에 삶기를 원한다면, 나는 다시 한 번 생각해 봐야 한다'라고 이해할 수 있을 것이다.

하지만 이제 우리는 이 행동이 이방인이 우상 신에게 제사를 드릴 때 하던 것임을 알고 있다. 따라서 이 본문은 새끼 염소를 그 어미의 젖과 함께 삶는 것을 금지하는 것이 아니라, 하나님의 백성을 에워싸고 있는 우상숭배에 휩쓸리는 것, 혹은 그런 행위를 자신들의 종교에 끌어들이는 것을 금지하는 것이다.

이런 경우라면, 설교자가 본문을 곧장 오늘날의 세계로 가져오는 것은 바람직하지 않다. 이때는 어떤 원칙 혹은 원리에 이르도록 추상의 사다리를 몇 계단 올라가야 한다. 즉, 비록 그것이 우상과 직접적인 연관이 없어 보이더라도, 우상을 숭배하는 그 어떤 예배에도 참여하지 말아야 한다는 것으로 적용할 수 있다.

다시 말해, 어떤 시대, 장소, 상황에도 항상 진리인 것을 찾으라. 한편으로는 하나님의 모습을, 다른 한편으로는 타락한 인간의 모습을 파악할 때까지 본문과 씨름하라.

로빈슨은 지금 우리가 이야기하고 있는 것에 대해 다음과 같이 설명한다.

나는 본문을 연구할 때 항상 하나님에 관해 추상의 사다리를 놓는다. 모든 본문은 창조자 하나님 혹은 보호자 하나님 등 하나님에 대해 말하고 있다.

그다음에는 '무엇이 타락의 요소인가? 인간의 본성 중 무엇이 그 하나님의 모습에 반역하는가?'를 물어본다.

이 두 질문은 적용에서 유용한 단서가 된다. 하나님은 항상 변치 않으시고, 인간의 타락성도 변치 않고 남아 있기 때문이다. 우리의 타락성이 혹 다르게 보일지 모르지만 결국 똑같은 교만, 고집, 불순종일 뿐이다.

바울이 우상에게 바친 제물에 대해 말하고 있는 고린도전서 8장의 예를 들어 보자.

하나님의 모습 그는 우리의 구속자시다. 그러므로 바울은, 자신은 고기를 먹지 않을 것이며, 이는 만일 자신이 형제의 약한 양심에 상처를 낸다면 그를 구속하신 그리스도께 죄를 짓는 것이기 때문이라고 주장한다.

타락의 요소 사람들은 자신의 권리에만 집중한다. 따라서 그리스도께서 자신의 형제를 위해 죽으셨다는 것에 별 관심이 없다.

더 나아가 로빈슨은 본문과 청중 모두의 측면에서 정직한 적용을 하도록 우리에게 도전한다. 그는 다음과 같이 말한다.

우리는 사람들의 삶의 구체적인 부분에 대해 "하나님께서 말씀하셨다"라고 말하기를 원한다. 하지만 항상 그렇게 할 수는 없다. 따라서 우리는 본문과 다양한 종류의 함의를 구별할 필요가 있다. 함의는 필수적일 수도 있고, 있을 법할 수도 있으며, 있을 법하지 않을 수도 있고, 불가능하기도 하다. … 너무나 자주 설교자들이 가능한 함의에 대해 필수적인 함의의 권위, 즉 순종의 차원으로 말하곤 한다. 그러나 필수적인 함의의 경우에만 우리는 "하나님께서 말씀하셨다"라고 말할 수 있다. 이 점은 우리가 본문을 적용하는 데 율법적인 규정을 피할 수 있도록 도와준다.

로빈슨은 마지막으로 무오한 하나님의 말씀을 전하도록 부름 받은 자들에게 목회적인 조언을 한다.

주해에 능한 사람은 많은 시간을 주해에 할애하면서, 언제 주해를 마쳐야 하는지 모르는 경향이 있다. 이런 사람은 자신의 연구의 열매를 어떻게 전달할 것인지에 좀 더 많은 시간을 투자하는 것이 도움이 될 것이다.
어떤 사람은 전달의 측면에 노력을 많이 기울인다. 그런 사람의 설교는 항상 적실성이 있는 반면, 성경 본문이 자신에게 말하도록 좀 더 많은 시간을 본문에 할애하는 것이 절실히 요구된다.
성령은 말씀에 응답한다. 내가 만일 본문에 충실하다면,《리더스 다이제스트》를 설교할 때와는 다르게, 나는 하나님의 영이 역사하시도록 하는 것이다. … 이것이 바로 설교의 위대함이다. 설교자가 하나님의 말씀을 진지하게 다루면, 어떤 일이 언제든 일어날 수 있다.

결론

『웨스트민스터 예배 규칙서』는 "일반적 교리보다 더 분명하고 확실한 것은 없지만 설교자는 그것에만 머물러서는 안 된다. 적용을 통해 그것이 청중에게 특별하게 다가가도록 해야 한다"[318]고 말한다.

이 과정을 효과적으로 해내기 위해서는 성경과 문화, 성경의 세계와 오늘날의 세계 모두를 알아야 한다. 에릭 알렉산더(Eric Alexander)는 이 것을 다음과 같이 잘 설명한다.

> 따라서 적용은 동시대적이어야 한다. 이런 이유로 우리가 살아가는 세상과 그 사고 체계를 잘 아는 것은 중요하다. 같은 이유로 청중이 살아가고 있는 세상을 아는 것 역시 중요하다. 복음주의자들은 전통적으로 성경을 아는 것에는 능하지만, 세상을 아는 것에는 약하다. 반면 어떤 사람들은 대체로 세상을 아는 것에는 능하지만, 성경을 아는 것에는 약하다. 하지만 이 둘이 상호배타적이어야 할 이유는 없다.[319]

이 일을 잘 해내기 위해서는 물론 하나님의 사람들에게 성경적 진리를 우선적으로 적용하시는 성령 하나님께 기도하는 것이 반드시 필요하다. 알렉산더의 말을 다시 들어 보자.

> 물론 이제 우리는 성경 말씀을 실제로 적용하시는 분이 성령이라는 사실을 인지하고 인정한다. 이것은 우리의 사고에서 가장 필수적이고 중요하며 기본적인 진리다. 하나님의 말씀을 취해, 영과 혼을 찔러 쪼개는 검으로 그것을 사용하시는 분은 성령이시다. 하지만 그럼에도 우리는 다음과 같이 질문하는 수고를 다해야 한다. 즉, '이 진리를 어떻게 내 양심에 먼저 적용하며, 그다음 이 사람들의 양심에

적용해야 하는가' 하는 것이다.**320**

훌륭한 청교도 존 오웬은 다음과 같이 말한다. "다른 사람들에게 잘 전달한 설교는 먼저 우리 자신의 영혼에 한 설교다. 말씀이 우리에게 능력으로 거하지 않으면, 그 말씀은 우리를 통해 능력 있게 전달되지 못한다."**321**

Conclusion
결론

_ 네드 매튜스(Ned L. Mathews)

본문이 이끄는 설교의 설교자는 지적, 영적, 기질적으로 모두 성경의 에토스와 권위의 통제 아래 있는 사람이다. 그는 설교단 위에서든 아래서든 늘 본문이 이끄는 사람이며, 그의 간절한 소망도 본문이 이끄는 사람이 되는 것이다. 그에게는 성경보다 더 흥미를 끌거나, 본질적으로 믿을 만하며, 영향력을 미치는 책이란 없다. 이런 설교자에게 나타나는 확실한 결과를 네 가지로 요약해 보고자 한다.

첫째, 본문이 이끄는 설교의 설교자는 그의 삶과 설교 그 어느 것도 문화에 휘둘리지 않는다. 이유는 간단하다. 그가 위임받은 사역과 선교의 동기는 이 시대의 체계나 관습이 아니라, 변치 않기에 언제나 적실한 성경의 명령에서 나오기 때문이다.

본문이 이끄는 설교의 설교자는 사도 바울처럼 자신의 메시지와 사역이 그 문화에 대한 적실성을 유지해야 함을 인식한다. 그뿐 아니라 사람들이 좋아하든 그렇지 않든, 그들에게 진정으로 필요한 진리를 전하기 위해 문화적 민감성을 가지고 사람들의 관심을 불러일으켜야 함을 안다. 바울처럼 그는 시대의 문화에 참여하려는 소망과 더불어, 필요하다면 도전적이고 삶을 변화시키는 하나님의 말씀에서 나온 메시지로 오늘날의 문화에 맞서려는 열정에 이끌린다. 또 바울처럼 비록 많은 사람에게서 자신과 자신의 메시지를 거절당할지라도, 결코 그 시대 문화의 인정과 존경을 얻고자 말씀을 왜곡하지 않는다(참조. 행 17:22-31).

둘째, 본문이 이끄는 설교의 설교자는 교리를 공식화할 때 조직신학에 좌우되지 않는다.[322] 왜 그런가? 오래된 경구처럼, 그는 자신의 신학의 '마차'(cart)를 성경의 '말'(horse) 앞에 두지 않기 때문이다. 비록 성경신학에 전념하며[323] 조직신학을 가르치는 훌륭한 교사들의 공헌에 감사하지만, 그는 오직 성경에서만 설교의 권위를 가져온다. 즉, 본문이 이끄는 설교의 설교자는 성경의 프리즘을 통해 신학을 조망하지, 그 반대로 하지 않는다. 그러므로 그는 칼빈주의든 아르미니우스주의든, 혹은 어떤 종류의 신학이든 신학적 관점을 설교 위에 두지 않는다. 그는 "주님께서 말씀하셨다"라고 설교하지, "칼빈이 말했다" 혹은 "아르미니우스가 말했다"라고 설교하지 않는다. 조직신학적 프리즘을 통해 성경을 보면(불행히도 많은 설교자가 이렇게 한다) 결과적으로, 청중이 전에 잘못 이해하거나 심지어 제대로 알지 못한 본문에 대해 올바르고 생생한 통찰력을 얻지 못하도록 방해함으로, 청중을 영적으로 메마르게 한다는 확신이 있기에, 그는 이런 신학적 관점을 설교하지 않는다.

그러므로 본문이 이끄는 설교를 하는 설교자의 목적은 신학적 시스템에 맞추기 위해 성경의 본문을 쥐어짜거나 비트는 것이 아니다. 반대로 성경이 그의 신학을 결정하고 정립하도록 하는 것이다. 비록 이렇게 하는 것이 설교하는 자신이나 설교를 듣는 청중에게 신학적인 이해에

서 다소간의 긴장을 감수할 것을 요구한다 할지라도 그렇다.[324]

셋째, 본문이 이끄는 설교의 설교자는 그의 삶도 본문이 이끈다. 이 말은 그가 성경을 경배하거나(어떤 사람들은 이를 '성경 숭배'로 여긴다), 집 안을 온통 성경으로 장식한다(물론 어떤 사람은 그럴 수 있다)는 의미가 아니다. 오히려 본문이 이끄는 설교의 설교자란, "너는 배우고 확신한 일에 *거하라*"(딤후 3:14, 저자 강조, 영어 성경에는 '계속하다'의 의미가 추가되어 있다—역주)는 디모데를 향한 바울의 명령을 진지하게 받아들인다는 것을 의미한다. 그가 "배우고 확신한 일"의 근원이 바로 성경이기 때문이다(딤후 3:15). 나아가 성경에 대한 그런 헌신으로 디모데가 사역을 "온전하게"[325] 감당할 수 있었으며, "모든 선한 일을 행할 능력을 갖추게"(딤후 3:17) 되었던 것이다.

따라서 본문이 이끄는 설교의 설교자는 하나님 말씀 연구를 통해 믿음 안에서 계속해서 배우며 자라간다. 성경에 확신을 갖는 것은 너무도 당연하며, 성경이 바로 성령이 역사하는 삶과 설교를 이해하는 원천이 되기 때문이다. 또 성경 본문이 분명히 하나님의 영감으로 기록되었음을 알기 때문이다(딤후 3:16).[326]

더 나아가 본문이 이끄는 설교의 설교자는, 성경이 선지자들과 사도들을 통해 하나님 자신에게서 나왔으며, 따라서 성경은 사람들에게 "그리스도 예수 안에 있는 믿음으로 말미암아 구원에 이르는 지혜"(딤후 3:15)를 얻게 하는 수단임을 안다. 그러므로 본문이 이끄는 설교의 설교자는 하나님의 말씀을 선포하는 데 능숙해지도록 성경을 끊임없이 연구해야 한다(딤후 3:16). 그렇다면 이런 헌신의 결과가 무엇인가? 이런 헌신이 평생에 걸친 훈련으로 이어질 때, 어떤 정체됨도 없이 능력이 계속 자라간다는 것을 깨닫는 데서 얻는 만족감이다.[327]

성경 본문을 구성하고 있는 단어들은 삶을 변화시키는 능력이 결여된 것이 아니다. 따라서 오늘날 포스트모던 시대의 사람들에게는 전혀 또는 거의 관심을 끌지 못하거나 적실성을 찾을 수 없는, 고대 사람들의 이해하기 힘든 종교적인 문구처럼 성경 본문을 다루어서는 결코 안 된다. 성경 본문은 비록 필연적으로 사람의 말로 기록되었지만, 바로 하나님 자신의 말씀이다. 물론 성경 말씀은 앤서니 티슬턴(Anthony Thiselton)이 말했듯이, 다른 "지평"[328] 즉 우리의 시간대가 아닌 다른 시간대를 통해 우리에게 주어진 것이다. 따라서 이 책 6장에서 데이비드 블랙이 설명했듯이, 성경은 정확한 주해와 우리 시대에 맞는 적용에 기초한 해석을 요구한다.

넷째, 본문이 이끌어 가는 방식이 성경 해석의 기준이다. 우리는 성경에서 그 일관된 유형을 볼 수 있다. 예를 들면, 마태복음은 예수 그리스도께서 자신의 삶과 죽음을 통해 약속된 메시아에 관한 예언을 모두 성취했다는 주장으로 가득 차 있다.

사실 마태복음 전체의 진실성은 성경의 증언으로 분명하게 입증된다. 마태는 "이는 선지자로 하신 말씀을 이루려 하심이라"(이와 비슷한 구절이 마태복음에서 12회 사용되었다)라는 표현으로, 예수 그리스도 안에서 성취된 예언을 독자들에게 거듭 상기시켜 준다. 따라서 마태가 이해한 예수 그리스도의 삶과 사명은, 이전에 기록된 하나님의 말씀에 의해 이미 알려진 것이며, 또 그렇게 이루어진 것임이 분명하다. 마찬가지로 본문이 이끄는 설교의 설교자가 성경의 권위에 설교의 기초를 둔다면, 신약 성경 저자가 보여 준 모범을 따르는 것 외에는 더 좋은 방도가 없다.

하지만 심지어 성경 저자가 제공한 것보다 훨씬 더 훌륭한 증언이 있다. 바로 예수 그리스도 그분이 우리의 숭고하고 변함없는 모범이시다.

예수님은 열두 살 때 성전에서 토라에 정통한 선생들과 토론하는 중 자신이 이해한 것으로 그들을 당황스럽게 하신다. 세례(침례) 받으신 후에는 사탄과 대면하러 '성령에 이끌려 광야로' 가신다(마 4:1-11; 눅 4:1-13). 예수님은 사탄의 제안을 성경의 권위로 거부하신다. 더욱이 그분은 분명히 성경을 기록된 하나님 아버지의 말씀으로 간주하신다.

갈릴리 바닷가에서도, 산상보훈을 전하시던 언덕에서도, 주님은 토라 전체 본문의 불가침성에 대해 "천지가 없어지기 전에는 율법의 일점 일획도 결코 없어지지 아니하고 다 이루리라"(마 5:18)라고 선포하신다. 또 이렇게 말씀하심으로 그의 말씀을 듣고 있는 청중이, 그분이 누구며 지금 하고 계신 일이 무엇인지 알기 원한다면, 반드시 성경 본문의 인도를 받아야 함을 권고하신다.

예수님은 끊임없이 성경을 하나님의 음성으로 듣고 계셨다. 그는 자신을 비방하는 자와 따르는 자 모두에게 자신이 감당하는 사명의 본질에 대해 설명하실 때가 되자(눅 4:16-21), 그저 이사야 본문(61:1-2)이 자신에 대해 말하도록 하신다. 그분은 제자들에게 자신은 "기록된 대로" 십자가로 나아가며, 그 후에 부활할 것을 반복적으로 말씀하신다. 십자가에서도 지금 자신에게 일어나는 일을 시편 22편 1절의 말씀으로 밝히 드러내신다.

예수님은 자신의 메시아적 사명을 완성하는 행위의 시점도 성경으로 결정하신다. 예를 들어, 십자가 사건을 위해 어떤 희생을 치르고서라도 유월절 시기에 예루살렘에 머물려고 준비하신다(눅 9:51). 그리고 부활하신 후 그는 두 제자와 함께 걸어가며 성경을 풀이해 주신다. 그때도 예수님은 그들에게 메시아가 고통받는 것은, 정확하게 "모세와 모든 선지자"(눅 24:27)가 예언한 것임을 성경을 통해 가르쳐 주신다. 따라서 예수님이 분명히 그 말과 행동 모두에서 본문이 이끄는 삶을 사셨던 것처럼, 그의 제자와 설교자 역시 그렇게 살아야 한다.

본문이 이끄는 설교의 목적은 좀 더 나은 설교 방법을 찾는 것이 아니다. 주님처럼 본문에 이끌리는 제자를 만들어 내는 것이다. 그러므로 이 책에서 우리가 제공하고 있는 것은, 포괄적이고 명쾌한 성경의 주제가 이 시대에 적절하게 전해지기를 바라는 마음의 생생한 외침이다. 우리는 반드시 성경 본문이 설교를 이끌어, 우리와 청중이 하나님의 관심, 특별히 창조와 구속의 주제에 다시금 귀를 기울이게 되기를 바라면서 이렇게 외치는 것이다.[329]

이런 의미에서 본문이 이끄는 설교의 설교자는 목적이 이끄는 사람이다. 해돈 로빈슨은 강해 설교자는 "하나님 말씀의 분명한 한 부분을 사람들에게"[330] 전달하는 목적에서 시작한다고 말한다. 그러나 계속해서 로빈슨은 "어떤 사람을 강해 설교자로 부를 수 있는지 없는지는, 그가 설교하는 목적과 다음 질문에 대한 정직한 답에서 시작된다. '설교자로서 당신은 성경에 일치하도록 당신의 생각을 굽히는가, 아니면 당신의 생각을 지지하기 위해 성경을 수단으로 사용하는가?'"[331]라고 말한다. 그는 다음과 같이 부연 설명한다.

이것은 '당신은 과연 복음적이고 정통적인 설교자인가?' 혹은 '당신은 성경을 귀하게 여기고 있으며, 이것이 하나님의 말씀으로 무오하다고 믿는가?' 등의 질문과는 다르다. 이러한 질문이 다른 상황에서는 중요할 수 있다. 하지만 조직신학에서 받은 좋은 점수가 훌륭한 강해 설교자로 자격을 갖추게 하는 것은 아니다. 신학은 우리가 너무 파편적이고 근시적인 성경 해석을 하지 않도록 해줄 수는 있지만, 동시에 자칫하면 성경 본문을 그대로 이해하지 못하게 눈을 가리기도 한다. 해석자가 성경 본문을 대할 때는 자신의 교리적 확신을 재검토하며, 자신이 가장 존경하는 스승의 이론마저도 거부할 각오를 해야 한다. 이전에 자신이 가졌던 성경에 대한 이해가 성경 저자의 개념과 상치된다면 반드시 유턴해야 한다.[332]

우리 시대는 교회에 필요한 많은 것을 흔히 '목적이 이끄는'이라는 용어로 자주 설명해 왔다. 하지만 '목적이 이끄는'이라는 용어는 너무 광범위하게 사용될 수 있다. 과연 누구의 목적이 교회를 이끌어 가는가? 이 질문은 설교단과 회중석 사이에 존재하는 놀랄 만큼 다양한 신학적 폭을 경험한 사람에게는 너무나도 중요한 질문이다. 어떤 사람들은 현재 많은 교회에서 일어나는 일이 성경신학보다 문화에 더 많은 영향을 받는다고 결론 내린다. 이에 따라 어떤 지역에서는 이단과 잘못된 가르침이 넘쳐난다.

하나님의 관심은 소비자가 이끄는 정신에 대한 관심으로 급속도로 빛을 잃어 가고 있으며, 심지어 예배에서도 마찬가지다. 그 결과 어떤 사람들이 "폭은 1킬로미터나 되지만 깊이는 1센티미터"밖에 되지 않는 것이 기독교 문화라고 말하게 되었다. 이제 치료의 시간이 왔다. 그 치료책이 다름 아닌 바로 이 책이 설명하는 본문이 이끄는 설교의 방법과 목적을 따르는 데 있다.

미주

01) J. I. Packer, *God Has Spoken* (Grand Rapids: Baker, 1979), 97 [제임스 패커, 『제임스 패커의 절대 진리』, 박문재 역(서울: 국제제자훈련원, 2019)].

02) 이 책의 필요에 대해 공동 편집자인 데이비드 알렌, 다니엘 애킨과 개인적으로 주고받은 서신의 내용이다.

03) J. MacArthur Jr. and The Master's Seminary Faculty, *Rediscovering Expository Preaching*, ed. R. L. Mayhue (Dallas: Word, 1992), 37-8에 실린 J. F. Stitzinger, "The History of Expository Preaching"을 보라.

04) J. R. W. Stott, *Between Two Worlds: The Art of Preaching in the Twentieth Century* (Grand Rapids: Eerdmans, 1982), 47 [존 스토트, 『현대교회와 설교』, 정성구 역(서울: 생명의샘, 2010)].

05) J. Shaddix, *The Passion Driven Sermon* (Nashville: Broadman & Holman, 2003), 71-2.

06) Stitzinger, "The History of Expository Preaching," 39-40.

07) J. R. W. Stott, *Guard the Truth* (Downers Grove: InterVarsity, 1996), 22.

08) Shaddix, *The Passion Driven Sermon*, 72.

09) K. Craig, "Is the 'Sermon' Concept Biblical?" *Searching Together* 15 (Spring/Summer 1968): 25.

10) 같은 책, 28.

11) P. Schaff, *A Selected Library of the Nicene and Post-Nicene Fathers*, repr. (Grand Rapids: Eerdmans, 1983), 9:17.

12) G. W. Doyle, "Augustine's Sermonic Method," *WTJ* 39 (Spring 1977): 215, 234-5.

13) J. Philip, "Preaching in History," *ERT* 8 (1984): 300.

14) F. R. Webber, *A History of Preaching in Britain and America*, 3 vols. (Milwaukee: Northwestern, 1957), 1:150.

15) *Evangelical Dictionary of Theology*, ed. W. A. Elwell (Grand Rapids: Baker, 1984), 889에 실린 D. F. Wright, "Protestantism"을 보라.

16) G. R. Potter, *Zwingli* (Cambridge: Cambridge University, 1976), 92.

17) M. Anderson, "John Calvin: Biblical Preacher (1539-1564)," *SJT* 42 (1989): 173.

18) J. Calvin, *Institutes in Christian Classics*, 1:13:21 (1,146).

19) D. M. Lloyd-Jones, *The Puritans: Their Origins and Successors* (Edinburgh: Banner of Truth, 1987), 379.

20) M. W. Perkins, *The Works of that Famous and Worthy Minister of Christ in the University of Cambridge*, 3 vols. (Cambridge: John Legate, 1608-9), 2:762.

21) Stitzinger, "The History of Expository Preaching," 53.

22) 같은 곳.

23) 같은 책, 55-56.

24) Webber, *History of Preaching*, 1:602.

25) H. Davies, "Expository Preaching: Charles Haddon Spurgeon," *Foundations* 6 (1963): 17-8.

26) G. C. Morgan, *Preaching* (New York: Revell, 1937), 17-21.

27) D. M. Lloyd-Jones, *Preaching and Preachers* (Grand Rapids: Zondervan, 1971), 63, 75-6[마틴 로이드 존스, 『설교와 설교자』, 정근두 역(서울: 복있는사람, 2012)]. R. L. Penny, "An Examination of the Principles of Expository Preaching of David Martyn Lloyd-Jones" (D. Min. diss., Harding Graduate School of Religion, 1980)을 참조하라.

28) *The Art and Craft of Biblical Preaching*, eds. H. Robinson and C. B. Larson (Grand Rapids: Zondervan, 2005), 64[해돈 로빈슨, 『성경적인 설교 준비와 전달』, 이승

진 역(서울: 두란노아카데미, 2011)]에 실린 M. Quicke, "History of Preaching"을 보라.

29) 같은 곳.

30) Stott, *Between Two Worlds*, 92[스토트, 『현대교회와 설교』].

31) J. F. MacArthur Jr., *Matthew 1-7: The MacArthur New Testament Commentary* (Chicago: Moody, 1983-), vii.

32) B. E. Awbrey, "A Critical Examination of the Theory and Practice of John F. MacArthur's Expository Preaching" (Th.D. diss., New Orleans Baptist Theological Seminary, 1990), 17; 참조. R. K. Willhite, "Audience Relevance and Rhetorical Argumentation in Expository Preaching: A Historical-Critical Comparative Analysis of Selected Sermons of John F. MacArthur, Jr. and Charles R. Swindoll, 1970-1990" (Ph.D. diss., Purdue University, 1990).

33) 드리스콜은 현재 애리조나주에 위치한 트리니티 교회(The Trinity Church)의 담임목사로 섬기고 있다—역주.

34) 마크 드리스콜의 블로그 http://theresurgence.com/?q=node를 참조하라.

35) 나는 최근 들어 남침례교단 신학교들이 설교에서 성령의 능력이 반드시 필요함에 대해 가르치기 시작한 것에 감사하다. 사우스이스턴침례신학대학교 총장 다니엘 애킨 박사가 내게 이런 글을 보내 주었다. "사우스이스턴침례신학대학교는 성령께서 기름 부으시는 그리스도 중심의 능력 있는 강해설교에 전념하고 있습니다. 본문을 바르게 주해하고 분명하게 적용하는 것이, 거룩한 하나님의 말씀을 설교하도록 이끄는 우리의 양대 목표입니다."

36) Joe Durai, SermonCentral.com.

37) B. Bennett, *Thirty Minutes to Raise the Dead* (Nashville: Thomas Nelson, 1991), 175-6.

38) J. Vines, *Practical Guide to Sermon Preparation* (Chicago: Moody, 1985), 162-3.

39) Robert P. Shuler, *What New Doctrine Is This?* (Nashville: Abingdon, 1956), 115-6. 이 로버트 슐러 박사를 캘리포니아에 위치한 수정교회의 로버트 슐러 목사와

혼동하면 안 된다.

40) S. Pace, "Hermeneutics and Homiletics: A Case for the Necessity and Nature of Contextual-Theological Application in the Expository Sermon" (Ph.D. diss., Southeastern Baptist Theological Seminary, 2007), 144.

41) J. Forbes, *The Holy Spirit and Preaching* (Nashville: Abingdon, 1989), 11, 26.

42) A. Azurdia, *Spirit Empowered Preaching* (Fern, Scotland: Christian Focus Publications, 1998), 12-3.

43) G. Heisler, *Spirit-Led Preaching* (Nashville: Broadman & Holman, 2007), 129[그렉 하이슬러, 『성령이 이끄는 설교』, 홍성철 역(서울: 베다니출판사, 2008)].

44) 말씀의 내주화(내면화)는 단순히 성경을 읽고 공부하는 것 이상의 네 가지 의미를 갖는다. (1) 알다: 열심히 공부해 머리로 아는 것, (2) 채우다: 묵상하고 암송해 마음에 채우는 것, (3) 보여 주다: 성경의 가르침을 삶에서 순종해 보여 주는 것, (4) 뿌리다: 증언을 통해 세상에 씨를 뿌리는 것.

45) Heisler, *Spirit-Led Preaching*, 61[하이슬러, 『성령이 이끄는 설교』].

46) D. L. Moody, *Notes from My Bible* (Grand Rapids: Baker, 1979), 155.

47) C. H. Spurgeon, *Lectures to My Students* (Carlisle, PA: Banner of Truth, 1979), 50[찰스 스펄전, 『목회자 후보생들에게』, 원광연 역(서울: CH북스, 2018)].

48) T. Sargent, *The Sacred Anointing* (Wheaton, IL: Crossway, 1994), 29[토니 사전트, 『위대한 설교자 로이드 존스』, 황영철 역(서울: 한국기독학생회출판부, 1996)].

49) R. K. Hughes and B. Chapell, *1 and 2 Timothy and Titus*, Preaching the Word Series (Wheaton, IL: Crossway, 2000), 13.

50) W. E. Sangster, *Power in Preaching* (New York: Abingdon, 1958), 106.

51) Heisler, *Spirit-Led Preaching*, 139-40[하이슬러, 『성령이 이끄는 설교』].

52) S. Olford, *Anointed Expository Preaching* (Nashville: Broadman & Holman, 2003), 217.

53) 1972년부터 2004년까지 테네시주 멤피스에 있는 벨뷰 침례교회(Bellevue Baptist Church)에서 선포된 설교 녹음에서 들은 내용이다.

54) J. Vines and J. Shaddix, *Power in the Pulpit* (Chicago: Moody, 1999), 66.

55) Olford, *Anointed Expository Preaching*, 218-9.

56) E. M. Bounds, *Power through Prayer* (Grand Rapids: Baker, 1991), 76 [E. M. 바운즈, 『기도의 능력』, 최석원 역(서울: 청우, 2015)].

57) J. Shaddix, *The Passion Driven Sermon* (Nashville: Broadman & Holman, 2003), 81-2.

58) V. R. Edman, *They Found the Secret* (Grand Rapids: Zondervan, 1973), 76-7 [레이몬드 어드먼, 『증인』, 이선봉 역(서울: 생명의말씀사, 2014)].

59) A. Rogers, *What Every Christian Ought to Know* (Nashville: Broadman & Holman, 2005), 168-9.

60) A. Montoya, *Preaching with Passion* (Grand Rapids: Kregal, 2000), 7.

61) D. Webster, "Walking with John Chrysostom," *JBDS* (Spring 2009): 14.

62) 에베소서 5장 19-21절과 골로새서 3장 16절을 보라. 이 주제는 전통적 또는 현대적 교회 음악 중 하나에 관한 것이 아니라, 어떤 음악 양식이 가사 내용으로 성경적 교리를 풍성하게 사용하는지에 관한 것이다.

63) 디모데후서 4장 3-4절을 보라. 바울이 설명하는 시대가 도래했다. 우리 시대의 많은 사람이 오락적인 것을 선호하는 듯하다. 바울은 이것을 '귀를 가렵게 하는 것'으로 정의한다. 그리고 설교자들은 청중이 느끼는 '필요'와 관심사에 적절하다고 생각하는 것만 가르칠 뿐이다.

64) 제럴드 케네디(Gerald Kennedy)는 *The Seven Worlds of the Minister* (New York: Harper & Row, 1968), 2에서 이렇게 말했다. "결국에는 심지어 회중 가운데 가장 둔감한 사람도 설교하는 사람이 어떤 자질을 가졌는지를 반드시 보게 될 것이다."

65) 에스겔 33장 9절을 보라. 이 말씀은 바울이 계속 마음에 품었던 것이다. 악한 자들에게 경고함으로 죄에서 돌이키게 하는 것은, 하나님의 심판에서 그 영혼을 구원

하는 것이다.

66) 디모데전서 3장 2절과 디도서 1장 7절을 보라. 감독이나 목사는 '흠이 없는', 즉 '책망할 것이 없는' 자여야 한다. 문자 그대로, 감독이나 목사는 책망당할 것이 없어야 한다는 것이다. 바울은 디도에게 그가 먼저 "부패하지 아니함과 단정함"(딛 2:7)을 보여야 한다고 가르친다. 즉, 사도 바울은 설교하고 가르치는 책임을 맡은 목회자의 윤리적이며 영적인 자질의 기준을 높인다.

67) J. Wycliffe가 J. MacArthur, ed., *Rediscovering Pastoral Ministry* (Dallas: Word, 1995), 48[존 F. 맥아더, 『목회사역의 재발견』, 서원교 역(서울: 생명의말씀사, 1997)]에서 인용했다.

68) G. Dorrien, *The Making of American Liberalism 1805-1900* (Louisville: Westminster John Knox, 2001), 234.

69) 같은 책, 244.

70) 같은 책, 247.

71) A. Purves, *Pastoral Theology in the Classical Tradition* (Louisville: Westminster John Knox, 2001), 33.

72) J. Chrysostom, *On the Priesthood, A Treatise in Six Books* (Westminster, MD: The Newman Bookshop, 1945), 36-9.

73) R. Baxter, *The Reformed Pastor* (Carlisle, PA: The Banner of Truth Trust, 1974), 84[리처드 백스터, 『참된 목자』, 고성대 역(서울: CH북스, 2016)].

74) 글쓴이의 허락을 받고 사용함.

75) K. S. Latourette, *A History of Christianity* (New York: Harper & Brothers, 1953), 228[케니스 라토레트, 『기독교사(상), (중), (하)』, 윤두혁 역(서울: 생명의말씀사, 1994, 1997, 2003)].

76) C. M. McMahon, "The Life of the Preacher," Online: http://apuritansmind.com/Pastoral McMahonLifePreacher.htm.

77) M. Horton, *Christless Christianity* (Grand Rapids: Baker, 2008), 117.

78) 시편 119편 169-176절을 보라. 가장 긴 시편의 이 '타우'(Taw) 부분은 시편 기자가 경험한 말씀의 유익을 분명하게 요약하고 있다. 즉, 말씀의 법도가 그를 주님과 함께하는 삶의 변화를 경험하도록 이끈다. 심지어 그가 방황할 때도 그는 목자 되시는 주님으로 인해 회복되는 것 외에는 아무것도 바라지 않는다. 그의 마음은 항상 주님의 계명으로 가득 차 있기 때문이다(171-176절).

79) Baxter, *The Reformed Pastor*, 12[백스터, 『참된 목자』].

80) 히브리서 4장 12절을 보라. 하나님의 말씀은 '살아 있어' 그것을 읽는 사람의 영혼을 쪼갠다. 그러면 하나님의 눈앞에 상처 입고 숨을 수 없는 존재임이 드러난다. 이사야 55장 8-11절과 비교해 보라. 마음의 '생각과 의도'가 완전히 드러나며, 비로소 진정한 예배를 경험하게 된다. 설교자가 자신의 삶을 변화시키는 능력에 순종하지 않으면서 어떻게 다른 사람들에게 정당하게 동일한 것을 요구할 수 있겠는가?

81) Stott, *Between Two Worlds*, 98[스토트, 『현대교회와 설교』].

82) 같은 책, 99.

83) B. Hybels, "Willow Creek Repents?" Online: http://blog.christianitytoday.com/outofur/archives/2007/10/willow_creek_re.html.

84) D. Wells, *The Courage to Be Protestant* (Grand Rapids: Eerdmans, 2008), 57-8[데이비드 웰스, 『용기 있는 기독교』, 홍병룡 역(서울: 부흥과개혁사, 2010)].

85) 마가복음 8장 34절을 보라. 신약 성경에서 그리스도는 급진적인 분으로 나타난다. 그분을 따르기 원하는 자에게 요구되는 사항은, 현대의 많은 교회에서 그분의 이름으로 제공하고 있는 것과는 상당히 거리가 있는 것 같다.

86) M. G. Witten, *All Is Forgiven, the Secular Message in American Protestantism* (Princeton: Princeton University Press, 1993), 4.

87) 같은 곳.

88) 같은 책, 13.

89) 같은 곳.

90) 같은 책, 20.

91) 같은 곳.

92) Kennedy, *Seven Worlds of the Minister*, 22.

93) R. Foster, *Streams of Living Water* (San Francisco: HarperCollins, 2001), 210[리처드 포스터, 『생수의 강』, 박조앤 역(서울: 두란노서원, 2011)].

94) 토레이 존슨과의 라디오 인터뷰 내용으로 http://www.wheaton.edu/bgc/archives/trans/285t04.htm에 소개되었다.

95) T. Johnson, "Collection 285-Torrey Johnson. T4 Transcript." Online: http://wheaton.edu/bgc/archives/trans/285t04.htm.

96) W. A. Criswell이 *Guidebook for Pastors* (Nashville: Broadman, 1980), 23에서 인용한 것을 가져왔다.

97) T. O. Sloane, ed., *Encyclopedia of Rhetoric* (Oxford: Oxford University Press, 2001), 94.

98) J. H. Freese, *Aristotle XXII; Art of Rhetoric* (Cambridge, MA: Harvard University Press, 1926), xii.

99) Sloane, *Encyclopedia of Rhetoric*, 94.

100) *Encyclopedia Britannica* (Chicago: William Benton, 1768), 229.

101) H. Cancik et al., eds., *Brill's New Pauly Encyclopedia of the Ancient World* (Leiden, The Netherlands; Boston: Brill Academic, 2005), 6:224.

102) W. C. Booth, *The Rhetoric of Rhetoric* (Malden, MA: Blackwell, 2004), x.

103) R. L. Dabney, *Sacred Rhetoric, or a Course of Lectures on Preaching* (Chatham: W&J Mackay Limited, 1870), 20-1.

104) Freese, *Art of Rhetoric*, 15.

105) 일반적으로 변증학의 초점은 증명할 필요가 없는 주제에 관한 것인 데 반해, 수사

학은 증명이나 믿음이 필요한 문제를 다룬다.

106) Sloane, *Encyclopedia of Rhetoric*, 99.

107) Freese, *Art of Rhetoric*, 17.

108) 같은 곳.

109) 같은 곳.

110) 같은 책, 91.

111) *Encyclopedia of Philosophy*, vols. 5 & 6 (New York: Macmillan, 1967), 83에 실린 B. G. Kerford, "Logos"를 보라.

112) D. Buttrick, *A Captive Voice: The Liberation of Preaching* (Louisville: Westminster John Knox, 1994), 17.

113) 같은 책, 75.

114) J. Ray, *Expository Preaching* (Grand Rapids: Zondervan, 1940), 81-2.

115) C. H. Spurgeon, *Lectures to My Students* (Grand Rapids: Zondervan, 1972), 71-2[스펄전, 『목회자 후보생들에게』].

116) C. H. Spurgeon, *The Mourner's Comforter* (Columbia, MD: Opine, 2007), 110.

117) W. Michaelis, "*sphazō*," *TDNT* 7:926-30.

118) H. G. Liddell and R. Scott, comp., *A Greek-English Lexicon* (London: Oxford University Press, 1966), 1285.

119) 사도적 공동체 속에서의 '파라칼레오'(παρακαλέω)의 다른 사용에 관해서는 사도행전 11장 23절, 14장 22절, 20장 2절을 보라.

120) Stott, *Between Two Worlds*, 92[스토트, 『현대교회와 설교』].

121) 강해설교 신학에 대한 간결하고 훌륭한 글로는, P. Adam, *Speaking God's Words: A Practical Theology of Expository Preaching* (Downers Grove: InterVarsity, 1996), 15-56을 참조하라.

122) J. Barr, *The Bible in the Modern World* (London: SCM Press, 1973), 139.

123) *Hermeneutics, Inerrancy, and the Bible*, ed. E. Radmacher and R. Preus (Grand Rapids: Zondervan, 1984), 803에 실린 H. Robinson, "Homiletics and Hermeneutics"을 보라.

124) Spurgeon, *Lectures to My Students*, 73[스펄전, 『목회자 후보생들에게』].

125) 내러티브 설교는 최근에 상당히 비난받고 있다. 그중에는 심지어 한때 그 설교를 열렬히 지지했던 사람들도 있다. 그 예로 다음을 보라. T. Long, "What Happened to Narrative Preaching?" *JP* 28 (2005): 9-14. 1997년에 출판된 찰스 켐벨(C. Campbell)의 폭탄과도 같은 책, 『프리칭 예수』, 이승진 역(서울: CLC, 2010)와 J. Thompson의 *Preaching Like Paul: Homiletical Wisdom for Today* (Louisville/John Knox: Westminster, 2001), 이 두 책은 '새로운 설교학'(New Homiletic)에 일제히 비난을 가한다. D. L. Allen, "A Tale of Two Roads: Homiletics and Biblical Authority," *JETS* 43 (2000): 508-13도 참조하라.

126) 이 주제에 관해 도움이 될 만한 논의로는, 데니스 M. 캐힐, 『최신 설교 디자인』, 이홍길 역(서울: CLC, 2010)을 보라.

127) *A History of Christian Preaching*, vol. 1 (St. Louis: Chalice, 1999), 145-6에 실린 G. Osborne, *Folly of God: The Rise of Christian Preaching*을 보라.

128) J. Broadus, *A Treatise on the Preparation and Delivery of Sermons*, rev. ed., ed. E. C. Dargan (Birmingham, AL: Solid Ground Christian Books, 2005/1897), 20.

129) J. Daane, *Preaching with Confidence* (Grand Rapids: Eerdmans, 1980), 49.

130) W. Stenger, *Introduction to New Testament Exegesis* (Grand Rapids: Eerdmans, 1993), 23.

131) 같은 책, 23-4. 의미론적 입장에서 볼 때, '인간 마음의 자연적인 원리 체계'의 어떤 것으로서 모든 언어와 기능을 위해 존재하는 유한한 일련의 커뮤니케이션 관계가 있다. R. Longacre, *The Grammar of Discourse, Topics in Language and Linguistics* (New York: Plenum, 1983), xix을 보라. 이러한 관계들은 롱에이커가 목록화하고 설명하고 묘사했다. 목회자에게 유용한 방법으로는 다음을 보라. J. Beekman, J. Callow, and M. Kopesec, *The Semantic Structure of Written Communica-*

tion (Dallas, TX: Summer Institute of Linguistics, 1981), 77-113.

132) Broadus, *Preparation*, 96.

133) 같은 책, 70-71.

134) 이런 설교 방식의 훌륭한 예를 보여 주는 세 사람이 있다. 한 명은 플로리다 잭슨빌 제일 침례교회의 명예 목사 제리 바인즈로, 그는 목회하는 25년 동안 성경 전권을 설교했다. 휘튼에 있는 칼리지 교회의 켄트 휴스(Kent Hughes)도 목회하는 동안 성경의 모든 책을 설교해 왔다. 그의 강해설교들은 「Preaching the Word」라는 주해 시리즈로 출판되었다. 마지막으로 마크 데버(Mark Dever) 역시 그의 두 권의 책, 『구약 성경의 핵심 메시지 1』, 김귀탁 역(서울: 부흥과개혁사, 2009)와 『신약 성경의 핵심 메시지』, 김귀탁 역(서울: 부흥과개혁사, 2008)에, 자신의 교회가 있는 워싱턴 DC에서 선포한 성경 각 권에 대한 66개의 설교를 수록했다. 여기에 관해서 골즈워디(G. Goldsworthy)의 책인 『성경신학적 설교 어떻게 할 것인가』, 김재영 역(서울: 성서유니온, 2002)를 보라.

135) '주제적 강해'의 정의와 설명에 대해서는, *The Art and Craft of Biblical Preaching: A Comprehensive Resource for Today's Communicators*, ed. H. Robinson and C. Larson (Grand Rapids: Zondervan, 2005), 418-21에 실린 T. Warren, "Can Topical Preaching Also Be Expository?"를 보라.

136) 연극 소도구, 드라마, 비디오 등을 설교에서 사용하는 것은, 그것이 주된 관심사가 되지 않거나 사려 깊게 다룬다면 가능할 것이다. 하지만 만약 설교자가 이런 미디어의 도움 없이는 설교할 수 없다면, 그것을 가지고도 제대로 설교할 수 없다. 성경 말씀에 대한 강해가 없다면, 영화의 한 장면, 드라마, 연극 소도구인 침대, 보트, 믹서기 등을 사용한다 해도, 청중에게 성경적 진리를 제대로 가르칠 수 없다. 모든 설교자는 반드시 아서 헌트(Arthur Hunt)의 경고를 숙지해야 한다. 그는 *The Vanishing Word: The Veneration of Visual Imagery in the Postmodern World* (Wheaton, IL: Crossway, 2003), 25에서, 현대의 '본문'을 덜 중요하게 여기거나 그 가치를 감소시키는 것, 그리고 '그 유해함을 이미지로 대체하는 것'이, 다름 아닌 '성경에 대한 신앙을 직접적으로 공격하는 것'이라고 말했다. 계속해서 헌트는, 르네상스는 이미지를 근본으로 로마의 이교도의 부흥을 시도한 데 반해, 종교개혁은 말씀을 근본으로 "1세기 교회의 영성에 다시 불을 붙이는 것"(78)을 추구했다고 설득력 있게 전달하고 있다. 그 책 전체에서 개인적으로 가장 마음에 남는 문장은 이것이다. "이교도의 우상숭배는 성경주의의 주요 경쟁 상대다. 한쪽은 기록된 말씀

없이 번성해 나가고, 다른 한쪽은 그것 없이는 존재할 수 없기 때문이다"(71).

137) "어떤 사람도 그가 성경의 주해적 연구를 기뻐하지 않고, 본문의 문장과 구, 단어의 정확한 의미 찾는 것을 사랑하지 않는 한, 강해설교에 성공할 수 없다. 이를 위해서는 성경 원어에 대한 지식이 필요하다"(Broadus, *Preparation*, 326).

138) 이 구절에 대한 논의는 다음을 보라. Beekman, Callow, and Kopesec, *Semantic Structure*, 18; J. Beekman and J. Callow, *Translating the Word of God* (Grand Rapids: Zondervan, 1974), 365.

139) L. Carroll, *Through the Looking Glass and What Alice Found There* (Philadelphia: Henry Altemus, 1897), 31 [루이스 캐럴, 『거울 나라의 앨리스』, 손영미 역(서울: 시공주니어, 2002)].

140) T. Friberg and B. Friberg, *The Analytical Greek New Testament* (Grand Rapids: Baker, 1981), 834.

141) Beekman, Callow, and Kopesec, *Semantic Structure*, 8-13을 보라.

142) J. de Waard and E. A. Nida, *From One Language to Another: Functional Equivalence in Bible Translating* (Nashville: Thomas Nelson, 1986), 72를 보라.

143) 같은 곳.

144) M. Twain, *The Adventures of Tom Sawyer* (New York: Harper & Row, 1922), 16-8 [마크 트웨인, 『톰 소여의 모험』, 김욱동 역(서울: 민음사, 2009)].

145) R. de Beaugrande and W. Dressler, *Introduction to Text Linguistics*, in Longman's Linguistic Library, no. 26 (London/New York: Longman, 1981), 171-9를 보라. 저자는 '상황성'(Situationality)이라는 제목의 장에서 이 담화 범위를 언어학적으로 분석한다.

146) H. Boers, introduction to *How to Read the New Testament: An Introduction to Linguistic and Historical-Critical Methodology*, by W. Egger (Peabody, MA: Hendrickson, 1996), xxxix-xl.

147) *The Art and Craft of Biblical Preaching: A Comprehensive Resource for Today's Communicators*, ed. H. Robinson and C. Larson (Grand Rapids: Zondervan, 2005),

264-7에 실린 D. Allen, "Fundamentals of Genre: How Literary Form Affects the Interpretation of Scripture"를 보라.

148) Longacre, *Grammar of Discourse*, 3. Beekman, Callow, and Kopesec, *Semantic Structure*, 35-40도 참조하라.

149) 올슨(B. Olsson)은 "A Decade of Text-linguistic Analyses of Biblical Texts at Upsalla," *ST* 39 (1985): 107에서, 주해를 위한 담화 분석의 중요성을 강조하기 위해 이렇게 말한다. "본문의 언어적 분석은 모든 주해의 기본적인 요소다. 설교자의 주된 연구, 또는 모든 성경 연구 학자의 주요 연구는 언제나 개별적 본문이나 구절에 국한되어 왔다. … '단어'와 '문장'에 집중되어 온 본문 주해에 이제 '본문'이 포함되어야 한다. 연구의 주요 주제가 본문이 되어야 한다. 우리는 학문의 기본으로 단어와 문장을 다루는 것만큼 본문을 다루어야 한다. 그러므로 본문의 언어적 분석은 성경 해석과 연구의 근본적인 부분이 되어야 한다." 이에 관한 탁월한 설명은, *Interpreting the New Testament: Essays on Methods and Issues*, ed. D. A. Black and D. Dockery (Nashville: Broadman & Holman, 2001), 253-71에 실린 G. Guthrie, "Discourse Analysis"를 참조하라.

150) 탄탄한 주석 작업을 위한 필수적인 도구로는 어휘, 문법, 신학 사전, 주해 연구, 주석(가장 주해적이다) 등이 있다. 구약 성경 사전으로는, L. Koehler and W. Baumgartner, *The Hebrew and Aramaic Lexicon of the Old Testament*, vol. 1 (Boston: Brill, 2001)과 비교할 만한 책이 없다. 최고의 신약 성경 사전은, W. Bauer, *A Greek-English Lexicon of the New Testament*, ed. and trans. W. F Arndt, F. W. Gingrich, and F. W. Danker; BDAG, 3rd ed. (Chicago: University of Chicago Press, 2000)이다. 도움이 될 만한 구약 성경 문법서로는, 게리 D. 프라티코, 마일스 반 벨트, 『베이직 비블리칼 히브리어』, 변순복 역(서울: 대서, 2009)와 B. K. Waltke and M. O'Connor, *An Introduction to Biblical Hebrew Syntax* (Winona Lake: Eisenbrauns, 1990)가 있다. 유용한 신약 문법서로는, D. B. Wallace, *Greek Grammar Beyond the Basics: An Exegetical Syntax of the New Testament with Scripture, Subject, and Greek Word Indexes* (Grand Rapids: Zondervan, 1996)와 R. A. Young, *Intermediate New Testament Greek: A Linguistic and Exegetical Approach* (Nashville: Broadman & Holman, 1994)가 있다. 구약 신학 사전 중에서는, W. A. VanGemeren, ed., *New International Dictionary of Old Testament Theology & Exegesis*, 5 vols. (Grand Rapids: Zondervan, 1997)가 가장 뛰어나다. 훌륭한 신학 사전 두 개는, C. Brown, ed., *The New International Dictionary of New Testament*

Theology, 3 vols. (Grand Rapids: Zondervan, 1975)와 H. Balz and G. Schneider, eds., *Exegetical Dictionary of the New Testament*, vol. 1 (Grand Rapids: Eerdmans, 1990)다. 구약과 신약 주석에 더욱 도움이 될 만한 안내서는 다음과 같다. D. A. Black and D. Dockery, *Interpreting the New Testament: Essays on Methods and Issues* (Nashville: Broadman & Holman, 2001); D. Bock and B. Fanning, eds., *Interpreting the New Testament Text: Introduction to the Art and Science of Exegesis* (Wheaton, IL: Crossway, 2006); C. Broyles, ed., *Interpreting the Old Testament: A Guide for Exegesis* (Grand Rapids: Baker, 2001); D. A. 카슨, 『성경 해석의 오류』, 박대영 역(서울: 성서유니온, 2014); R. Chisholm, *From Exegesis to Exposition: A Practical Guide to Using Biblical Hebrew* (Grand Rapids: Baker, 1998); W. Egger, *How to Read the New Testament: An Introduction to Linguistic and Historical-Critical Methodology*, ed. Harry Boers, 1st ed. (Peabody, MA: Hendrickson, 1996); 고든 D. 피, 『신약 성경 해석 방법론』, 장동수 역(서울: 크리스챤출판사, 2003); M. Gorman, *Elements of Biblical Exegesis: A Basic Guide for Students and Ministers* (Peabody, MA: Hendrickson, 2001); D. Stuart, *Old Testament Exegesis: A Handbook for Students and Pastors*, 3rd ed. (Louisville: Westminster John Knox, 2001). 성경 해석에 필요한 모든 자료에 대한 훌륭한 종합 안내서는, D. Bauer, *An Annotated Guide to Biblical Resources for Ministry* (Peabody, MA: Hendrickson, 2003)와 F. W. Danker, *Multipurpose Tools for Bible Study*, rev. and expanded ed. (Minneapolis: Fortress, 1993)다.

151) 'γραφω'라는 단어가 특이하게 여섯 번이나 사용되고, 각각은 확연한 단락 단위로 구분되는 호격 다음에 온다는 것에 주목하라. 2장 18절이 호격으로 시작하며, 새 단락의 시작을 알리는 새로운 주제에 이어서 나오는 것에도 주목하라.

152) 영어처럼 헬라어에는 많은 종류의 권고 표현이 있다. 명령법, 권고적 가정법(hortatory subjunctives), 경감된 방법(mitigated way)을 통해 행동을 명령하거나 요청한다. 예를 들어, 교실에서의 대화 상황을 생각해 보자. 만약 교실이 너무 덥다면 교수인 나는 이렇게 말할 수 있다. "문 열어!"(명령법) 또는 이렇게 말할 것이다. "문 좀 열어 주세요!"(명령법이 '주세요'로 인해 경감되었다) 이렇게 말할 수도 있다. "누가 저 문을 좀 열어 주면 좋겠네요!"(내가 원하는 것이 들어 있는 경감된 명령이다) 마지막으로 나는 이렇게 말할 수도 있다. "이곳은 더운 것이 확실해!"(어떤 공개적인 명령도 없는 선언적 명제지만, 상황적 기능은 누군가 문을 열어 주었으면 하는 경감된 요청이다) 이 마지막 예는 특별히 언어가 의미론적 차원에서 어떻게 작용하는지를 잘 보여 준다.

153) 이 동사가 명백하게 본문에서 보이지는 않지만 헬라어 문법은 이것을 허용한다.

154) 그 예로 KJV, NASB, NIV가 있다.

155) 하나의 절은 명제를 표현하는 문장의 한 부분이다. 그것은 통상적으로 적어도 한 개의 주어와 동사로 구성되며, 접속사에 의해 문장의 나머지와 연결된다. 독립절은 완전한 문장으로, 주어와 동사를 포함하며 상황과 의미에서 완전한 생각을 표현한다. 종속절은 문장의 일부다. 주어와 동사를 포함하고 있지만 완전한 생각을 표현하지는 않는다. 이런 종류의 절은 상황과 의미 모두를 위해 문장의 나머지 부분에 종속된다. 절 분석에 관한 훌륭한 자료 중 하나는, *Interpreting the New Testament Text: Introduction to the Art and Science of Exegesis*, ed. D. Bock and B. Fanning (Wheaton, IL: Crossway, 2006), 73-134에 실린 J. Smith, "Sentence Diagramming, Clausal Layouts, and Exegetical Outlining"이다. 스미스는 구문론적 도식화의 전통적 방식인 켈로그(Kellogg)/레이드(Reid)를 설명하며, 어떻게 그것을 성경 해석에 최대한 유익하게 사용할 것인지를 다루고 있다.

156) 헬라어 문법처럼 영어에서도 동격어는, 다른 단어나 구를 규정하거나 다시 이름 붙이는 단어나 구다.

157) 의미론적 관점에서 Beekman, Callow, Kopesec은 이 '근거'를, 서술이나 명령, 혹은 상태나 사건에 대한 질문의 기초로 주어진 관찰이나 사실을 가리키는 의사전달의 관계로 규명한다(*Semantic Structure*, 106). 예를 들어 '알렌 박사는 서툴다. 왜냐하면 애킨 박사의 발에 걸려 넘어졌기 때문이다'라는 문장에서, '왜냐하면 … 때문이다'라는 구문을 보라. 이 구문은 알렌 박사가 서툰 원인이나 이유가 아니라, 증거에 해당한다. 따라서 '근거'의 의미론적 범주는 '이유'라는 비슷한 범주와 구별된다.

158) 두 개의 소유격 절, "아버지께로부터"와 "세상으로부터"는 모두 원천을 표현하는 소유격이다.

159) 예를 들어, J. R. Kohlenberger III, gen. ed., *The Evangelical Parallel New Testament* (New York: Oxford University Press, 2003)가 있다. 이 책에서 사용한 번역은 NKJV, NIV, TNIV, NLT, ESV, HCSB, NCV, Message다.

160) 주석 선택에 도움이 되는 훌륭한 연구로는 다음을 참조하라. D. A. Carson, *New Testament Commentary Survey*, 6th ed. (Grand Rapids: Baker, 2007); T. Longman III, *Old Testament Commentary Survey*, 4th ed. (Grand Rapids: Baker, 2007).

161) W. Grudem, *Systematic Theology: An Introduction to Biblical Doctrine* (Grand Rapids: Zondervan, 1994), 82[웨인 그루뎀, 『웨인 그루뎀의 조직신학 상, 중, 하』, 노진준 역(서울: 은성, 2009)].

162) 다음의 사람들이 이 장의 초안을 읽고 유익한 비판을 해주었다. 브라이언 발리(Bryan Barley), 권종현(Jong Hyun Kown), 알런 녹스(Alan Knox), 나단 블랙(Nathan Black), 데이비드 벡(David Beck)이 그들이다. 각 사람에게 마음 깊이 감사 드린다. 특별히 이 장 마지막의 구약 주해 문헌 목록 작성을 도와준, 친구 로버트 콜에게 감사하고 싶다. 물론 모든 관점과 오류는 나 자신의 것이다.

163) 이 장의 모든 번역은 내가 한 것이다.

164) 데이비드 앨런 블랙, 『설교자를 위한 신약석의 입문』, 김경진 역(서울: 솔로몬, 2016).

165) H. W. Robinson, *Biblical Preaching: The Development and Delivery of Expository Messages* (Grand Rapids: Baker, 1980), 58[해돈 W. 로빈슨, 『강해설교』, 박영호 역(서울: CLC, 2016)].

166) D. A. Black, "The Discourse Structure of Philippians: A Study in Textlinguistics," *NovT* 37 (1995): 16-49을 보라. 또 내가 쓴 다음의 문서를 보라. "The Literary Structure of 1 and 2 Thessalonians," *SBJT* 3 (1999): 46-57; "The Problem of the Literary Structure of Hebrews: An Evaluation and a Proposal," *GTJ* 7 (1986): 163-77. 나는 특별히 이 글들을 내 헬라어 강의를 듣는 학생들에게 참고서(가이드)로 제공하기 위해 썼다.

167) *Interpreting the New Testament*, ed. D. A. Black and D. S. Dockery (Nashville: B&H, 2001), 272-95에 실린 C. L. Blomberg, "The Diversity of Literary Genres in the New Testament"를 보라.

168) 조지 거스리(George Guthrie)가 이 책에서 담화 분석에 관해 쓴 장을 보라.

169) 이 문제에 대한 자세한 논의는 D. A. Black, "Jesus on Anger: The Text of Matthew 5:22 Revisited," *NovT* 30 (1988): 1-8을 보라.

170) D. A. Black, "The Text of John 3:13", *GTJ* 6 (1985): 49-66을 보라.

171) 이 본문에 대한 최근의 논의를 보려면, D. A. Black, ed., *Perspectives on the Ending*

of Mark (Nashville: B&H, 2009)를 참조하라.

172) 이 부분에 관한 최근의 조사에 대해서는, D. A. Black, ed., *Rethinking New Testament Textual Criticism* (Grand Rapids: Baker, 2002)을 보라.

173) W. A. Criswell, *The Holy Spirit in Today's World* (Grand Rapids: Zondervan, 1966), 132-6.

174) 내가 분석한 것 중 다수가 출판되었다. 예를 들어 다음을 보라. "On the Style and Significance of John 17," *CTR* 3 (1988): 141-59; "The Pauline Love Command: Structure, Style, and Ethics in Romans 12:9-21," *FN* 2 (1989): 3-22; "Paul and Christian Unity: A Formal Analysis of Philippians 2:1-4," *JETS* 28 (1985): 299-308; "Hebrews 1:1-4: A Study in Discourse Analysis," *WTJ* 49 (1987): 175-94; "A Note on the Structure of Hebrews 12, 1-2," *Biblica* 68 (1987): 543-51. 나는 심지어 헬라어 초보 학생도 이 글들이 구조 분석 방법에 접근할 수 있는 모델이 된다는 것을 알게 되리라고 믿는다.

175) 복음서들 사이의 문학적 상호의존성의 가능성에 대한 것은, D. A. Black and D. R. Beck, eds., *Rethinking the Synoptic Problem* (Grand Rapids: Baker, 2001)을 참조하라. 신약 성경의 '마태-마가-누가' 순서에 대한 논의는, D. A. Black, *Why Four Gospels? The Historical Origins of the Gospels* (Grand Rapids: Kregel, 2001)를 보라.

176) D. A. Black, "The Authorship of Philippians 2:6-11: Some Literary-Critical Observations," *CTR* 2 (1988): 269-89를 보라.

177) *Interpreting the New Testament*, ed. D. A. Black and D. S. Dockery (Nashville: B&H, 2001), 209-29에 실린 K. Snodgrass, "The Use of the Old Testament in the New"를 보라.

178) 이것을 '편집 비평'(redaction criticism)이라고 부른다. 이에 대한 유용한 개관으로, *Interpreting the New Testament*, ed. D. A. Black and D. S. Dockery (Nashville: B&H, 2001), 128-49에 실린 G. R. Osborne, "Redaction Criticism"을 보라.

179) D. A. Black, "Who Wrote Hebrews? The Internal and External Evidence Reexamined," *FM* 18 (2001): 3-26을 보라. 이 책의 편집자 중 하나인 데이비드 알렌은 누가가 직접 히브리서를 썼다고 주장한다. D. L. Allen, *Lukan Authorship of Hebrews*, NAC Studies in Bible and Theology (Nashville: B&H, 2010)를 보라.

180) D. A. Black, "The Problem of the Literary Structure of Hebrews: An Evaluation and a Proposal," *GTJ 7* (1986): 163-77.

181) J. Swetnam, "Form and Content in Hebrews 7-13," *Biblica* 55 (1974): 340.

182) L. Ryken, *How to Read the Bible as Literature* (Grand Rapids: Zondervan 1984), 53[리렌드 라이켄, 『문학으로 성경을 어떻게 읽을 것인가』, 곽철호 역(서울: 은성, 2007)]. 이런 내러티브의 변형과 관련해 이 자료는 유용한 설명을 제공한다.

183) T. G. Long, *Preaching and the Literary Forms of the Bible* (Philadelphia: Fortress, 1989), 13.

184) G. D. Fee and D. Stuart, *How to Read the Bible for All Its Worth* (Grand Rapids: Zondervan, 1982), 137[고든 D. 피, 더글라스 스튜어트, 『성경을 어떻게 읽을 것인가』, 오광만 역(서울: 성서유니온, 2008)]. 모세언약 이후에 나오는 고대 종주권 계약(suzerainty treaty) 형식은 그 언약에 관여한 당사자들 사이의 혜택과 의무를 확실히 밝히고 있다. 명령에 대한 순종이 이스라엘의 의무라면, 하나님의 의무는 이스라엘의 하나님이 되고 자신의 백성에게 그 필요를 공급하며 그들을 보호하는 것이었다. R. H. Stein, *Playing by the Rules* (Grand Rapids: Baker, 1994), 188-9에서는 이 계약 형식의 구성 요소로 서문, 역사적 서언, 조항들, 지속적 낭독에 대한 항목, 증인들 목록, 축복과 저주, 맹세를 언급한다. 비록 이런 요소가 모두 성경의 언약에 포함되어 있는 것은 아니지만, 스타인은 그것들이 비슷한 유형으로 구성되어 있다는 것에 주목한다.

185) 다른 예로 다음을 보라. 창 21:1; 수 21:45; 23:14; 왕상 8:14, 20, 23, 24, 56.

186) J. Culler, *Structuralist Poetics* (Ithaca: Cornell University Press, 1975), 135. Ryken, *How to Read the Bible as Literature*, 25[라이켄, 『문학으로 성경을 어떻게 읽을 것인가』]에서 인용되었다.

187) W. D. Reyburn and E. McG. Fry, *A Handbook on Proverbs*, USB Handbook Series; Helps for Translators (New York: United Bible Societies, 2000), 677.

188) Ryken, *How to Read the Bible as Literature*, 28-9[라이켄, 『문학으로 성경을 어떻게 읽을 것인가』].

189) 같은 책, 12.

190) 같은 곳. 라이켄은 기록된 모든 것이 문학 작품은 아니라고 주장한 뒤, 성경의 책들은 연속체로 존재하는 것이 아니라, 어떤 본문의 형식은 더 문학적인 반면, 어떤 본문은 덜 그렇다고 설명한다.

191) *Harper's Bible Dictionary*, ed. P. J. Achtemeier (San Francisco: Harper & Row, 1985), 129-33에 실린 C. R. Holladay, "Biblical Criticism"을 보라.

192) 이 문제에 관해서는 Stein, *Playing by the Rules*, 153-7을 참조하라.

193) E. D. Hirsch, *Validity in Interpretation* (New Haven: Yale University, 1967), 76.

194) C. F. H. Henry, *God, Revelation, and Authority* (Wheaton, IL: Crossway, 1999), 4:108-9.

195) H. Robinson, *Biblical Preaching*, 2nd ed. (Grand Rapids: Baker, 2001), 21 [로빈슨, 『강해설교』]. 저자 강조.

196) 같은 책, 24.

197) Holladay, "Biblical Criticism."

198) Ryken, *How to Read the Bible as Literature*, 14 [라이켄, 『문학으로 성경을 어떻게 읽을 것인가』].

199) 같은 책, 13, 17.

200) 사실 히브리서는 주로 설교적 서신으로 이해된다. 따라서 설교자가 자신의 설교에 본문의 수사법을 투영할 수 있다는 면에서 좋은 모범이 된다. 히브리서 11장 1-2절의 명제는 내러티브 예들과 함께 전개되고 있다. 각각은 "믿음으로 …"라는 일정한 방식으로 제시되면서 이 장의 구조적 표시를 제공하고 반복함으로 주제를 강조한다.

201) Ryken, *How to Read the Bible as Literature*, 18, 21 [라이켄, 『문학으로 성경을 어떻게 읽을 것인가』].

202) 같은 책, 23-24.

203) E. W. Bullinger, *Figures of Speech Used in the Bible*, repr. ed. (Grand Rapids: Baker, 1968), v-vi.

204) Ryken, *How to Read the Bible as Literature*, 23[라이켄, 『문학으로 성경을 어떻게 읽을 것인가』].

205) 장르를 좀 더 폭넓게 다룬 유용한 저술이 많이 있으며, 이런 접근은 제한적인 범위에서 다루는 것보다 더 특별히 상세하게 다룰 수 있다. 이런 저술로는 윌리엄 클라인 외, 『성경해석학총론』, 류호영 역(서울: 생명의말씀사, 1997)이 있으며, 이 책 중 4부에서 다양한 성경 장르에 대해 설명하고 있다. 또 Fee and Stuart, *How to Read the Bible for All Its Worth*[피, 스튜어트, 『성경을 어떻게 읽을 것인가』], G. R. Osborne, *The Hermeneutical Spiral*, rev. ed. (Downers Grove: InterVarsity, 2006), 2부, L. Ryken, *Words that Delight*, 2nd ed. (Grand Rapids: Baker, 1993)을 참조하라.

206) Long, *Preaching*, 21. 롱은 '독자-반응'의 해석학 형태를 더 선호한다는 것을 알 필요가 있다. 하지만 해석자는 '저자-의도'의 해석학적 전제를 따르면서도 롱의 방법에서 도움을 얻을 수 있다. 의미를 통제하는 위치를 저자에게 주는 것이 독자나 해석자의 역할을 무시하는 것은 아니다. 오히려 독자는 자신이 생각하는 의미가 아니라 저자가 의도한 의미를 분별하도록 해야 한다.

207) 같은 책, 24.

208) W. C. Kaiser Jr., *Preaching and Teaching from the Old Testament* (Grand Rapids: Baker, 2003), 65.

209) Stott, *Between Two Worlds*, 100[스토트, 『현대교회와 설교』].

210) W. W. Klein, C. L. Blomberg, and R. L. Hubbard, *Introduction to Biblical Interpretation*, rev. ed. (Nashville: Thomas Nelson, 2004), 498[클라인 외, 『성경해석학총론』].

211) W. C. Kaiser Jr., *Toward an Exegetical Theology* (Grand Rapids: Baker, 1981), 152.

212) 예를 들면, 마태복음 12장 9-14절(안식일 논쟁 가운데 일어난 사건)에서, 예수님은 회당에 들어가 손 마른 사람을 만나신다. 바리새인들은 예수님께 병자를 고치는 것이 율법적으로 옳은 것인지 묻는다. 예수님은 비록 그 거룩한 날에 일하는 것을 수반함에도 어려움에 처한 동물을 구해 주는 것을 허용하는 율법을 인용하시며 대답하신다(참조. 출 23:4-5; 신 22:4). 이 율법에서 예수님은 '안식일에 선을 행하는 것은 옳다'라는 일반적 추론을 끌어내신다. 그런 다음 병자를 고치는 것

(선을 행하는 하나의 특별한 방식)은 옳은 것임을 함축적으로 추론하시고, 그 고통받는 사람의 손을 회복시키신다.

213) 갈라디아서 6장 7절은 인간사를 다루시는 하나님의 변치 않는 방법 중 하나를 기술하고 있다. "스스로 속이지 말라 하나님은 업신여김을 받지 아니하시나니 사람이 무엇으로 심든지 그대로 거두리라." 여기서 원리는 분명하게 드러난다.

214) 예를 들어, 선한 사마리아인 비유(눅 10:30-37)는 "어떤 사람이 예루살렘에서 여리고로 내려가다가"라는 구절로 시작한다. 어떤 설교자는 이 부분을 영적인 후퇴에 대한 진술이라고 보는데, 그 이유를 그가 '내려가는' 중이며, 거룩한 도성인 예루살렘에서 멀어지고 있기 때문이라고 생각한다. 하지만 이 내러티브에서 이 진술은 내러티브의 일관성을 위해 주어진 것이다. 여기서 언급된 길은 위험하기로 유명했는데, 그 사람이 강도를 만날 수 있고, 따라서 도움이 필요하게 되는 정황을 만들고 있는 것이다. 또 고도(高度)로 인해 사람들은 필수적으로 예루살렘(산 위에 지어진 성)에서 여리고(계곡 도시)로 '내려가야' 했다. 누가복음 10장의 문맥은 이 비유가 강도 만난 사람의 영적 상태와는 아무 상관이 없으며, 오히려 사마리아인의 친절한 행위에 관한 것임을 명료하게 밝히고 있다.

215) Ryken, *How to Read the Bible as Literature*, 44[라이켄, 『문학으로 성경을 어떻게 읽을 것인가』].

216) B. Chapell, *Christ-Centered Preaching*, 2nd ed. (Grand Rapids: Baker, 2005), 50[브라이언 채펠, 『그리스도 중심의 설교』, 엄성옥 역(서울: 은성, 2016)]. 채펠은 본문의 세계와 우리가 살고 있는 세계 사이의 공통점을 '타락한 상태의 초점'(fallen condition focus)이라고 부른다. 그리고 이것을 "하나님의 백성이 그분을 영화롭게 하며 즐거워하기 위해 성경 본문의 은혜를 요구하는, 성경이 기록된 시대의 사람들과 현재의 신자들이 공유하는 인간의 상태"라고 정의한다. 이런 공통적 상태는 본문과 설교의 목적을 제공하고, 채펠의 설교적 모델에 합당한 적용을 가능하게 만든다. 그의 연구는 인간의 상태에 대한 신학적 견해를 갖기 위해 추천할 만하다. 더 많은 논의를 위해서는 채펠의 이 책 2장과 10장을 보라.

217) Long, *Preaching*, 24.

218) 이 장의 주제를 훌륭하게 다루고 있는, 나의 멘토 슈라이너(T. R. Schreiner)의 "Preaching and Biblical Theology," *SBJT* 10, no 2 (2006): 20-9을 참조하라.

219) 다른 특별한 표시가 없다면, 이 장에서 사용된 성경은 ESV(English Standard Ver-

sion)이다(영어 원서의 경우에 해당한다—역주).

220) 그레고리 K. 비일, 『성전 신학』, 강성열 역(서울: 새물결플러스, 2014)과 데스먼드 알렉산더, 『에덴에서 새 예루살렘까지』, 배용덕 역(서울: 부흥과개혁사, 2012)를 보라.

221) J. M. Hamilton, *God's Glory in Salvation through Judgment: A Biblical Theology* (Wheaton, IL: Crossway, 2010)와 J. M. Hamilton, "The Skull Crushing Seed of the Woman: Inner-Biblical Interpretation of Genesis 3:15," *SBJT* 10, no 2 (2006): 30-54를 보라.

222) J. M. Hamilton, "The Seed of the Woman and the Blessing of Abraham," *TynBul* 58 (2007): 253-73을 보라.

223) 스티븐 뎀프스터, 『하나님나라 관점으로 읽는 구약신학』, 박성창 역(서울: 부흥과 개혁사, 2012)을 보라.

224) J. Kennedy, *The Recapitulation of Israel: Use of Israel's History in Matthew 1:1-4:11*, vol. 257, Wissenschaftliche Untersuchungen zum Neuen Testament 2 (Tübingen: Mohr Siebeck, 2008)를 보라.

225) J. Piper, *God's Passion for His Glory: Living the Vision of Jonathan Edwards, with the Complete Text of The End for which God Created the World* (Wheaton, IL: Crossway, 1998)를 보라.

226) 출애굽기 34장 6-7절에 대한 논의는 다음을 참조하라. R. W. L. Moberly, "How May We Speak of God? A Reconsideration of the Nature of Biblical Theology," *TynBul* 53 (2002): 177-202; H. Spieckermann, "God's Steadfast Love: Towards a New Conception of Old Testament Theology," *Bib* 81 (2000): 305-27.

227) 나는 내 책, *God's Glory in Salvation through Judgment*와 J. M. Hamilton, "The Glory of God in Salvation through Judgment: The Centre of Biblical Theology?" *TynBul* 57 (2006): 57-84에서 이 주장을 다루었다.

228) 강해설교는 성경 본문의 요점이 설교의 요점이 될 때, 그리고 성경 본문의 구조가 설교의 본문 구조를 결정할 때 성립된다. 만약 설교의 요점이 본문의 요점이 아니 라면, 본문을 설교하고 있는 것이 아니다.

229) A. G. Wright, "The Riddle of the Sphinx: The Structure of the Book of Qoheleth," *CBQ* 30 (1968): 313-4; A. G. Wright, "The Riddle of the Sphinx Revisited: Numerical Patterns in the Book of Qoheleth," *CBQ* 42 (1980): 38-51; A. G. Wright, "Additional Numerical Patterns in Qoheleth," *CBQ* 45 (1983): 32-43; N. Perrin, "Messianism in the Narrative Frame of Ecclesiastes?" *RB* 108 (2001): 37-60.

230) 전비판적 해석(precritical interpretation)과 모형적 해석(figural interpretation)에 대한 논의는 다음을 보라. J. H. Sailhamer, *The Meaning of the Pentateuch: Revelation, Composition and Interpretation* (Downers Grove: InterVarsity, 2009), 89-91[존 H. 세일해머, 『모세 오경 신학』, 김윤희 역(서울: 새물결플러스, 2013)].

231) 성경 읽기가 성경 문학을 이해하는 데 끼치는 유익에 대해서는 다음을 보라. Timothy T. Larsen, "Literacy and Biblical Knowledge: The Victorian Age and Our Own," *JETS* 52 (2009): 519-35.

232) Sailhamer, *The Meaning of the Pentateuch*, 29[세일해머, 『모세 오경 신학』].

233) 같은 책, 30.

234) George H. Guthrie, *The Structure of Hebrews: A Text-Linguistic Analysis* (Grand Rapids: Baker, 1998)를 보라.

235) 좀 더 상세한 설명은, J. M. Hamilton Jr., *Revelation*, Preaching on the Word, ed. R. Kent Hughes (Wheaton, IL: Crossway, 출간 예정)을 보라. 여기서 나는 이 부분에 관한 뛰어난 다음 연구 자료를 참고했다. 리처드 보쿰, 『요한계시록 신학』, 이필찬 역(서울: 한국신약학회, 2013); R. Bauckham, *The Climax of Prophecy: Studies on the Book of Revelation* (Edinburgh: T&T Clark, 1993).

236) 더 많은 논의는, G. K. Beale, *The Use of Daniel in Jewish Apocalyptic Literature and in the Revelation of St. John* (Lanham: University Press of America, 1984)을 보라.

237) 나는 세일해머가 예표론(typology)과 모형론적 해석을 구분해 놓은 것을 몇 가지 이유로 받아들일 수 없다. Sailhamer, *The Meaning of the Pentateuch*, 91[세일해머, 『모세 오경 신학』]를 보라. 나는 세일해머가 모형론적 해석이라고 묘사한 것에 예표론이라는 용어를 사용한다. 이 두 용어가 더 넓은 의미에서 동의어라고 보기 때문이다. 예표론이라는 용어가 모형론적 해석과 번갈아 사용되는 예로는, H. W. Frei, *The Eclipse of Biblical Narrative: A Study in Eighteenth and Nineteenth*

Century Hermeneutics (New Haven: Yale University Press, 1974), 6[한스 W. 프라이, 『성경의 서사성 상실』, 이종록 역(서울: 한국장로교출판사, 1996)]를 보라. 놀랍게도 세일해머는 모형론적 해석을 설명하면서 프라이의 논의를 요약한다.

238) 예표론에 대한 나의 연구를 보려면, *Built upon the Rock: Studies in the Gospel of Matthew*, ed. John Nolland and Dan Gurtner (Grand Rapids: Eerdmans, 2008), 228-47에 실린 "The Virgin Will Conceive: Typological Fulfillment in Matthew 1:18-23"와 "Was Joseph a Type of the Messiah? Tracing the Typological Identification between Joseph, David, and Jesus," *SBJT* 12 (2008): 52-77을 보라.

239) Frei, *The Eclipse of Biblical Narrative*, 1-16[프라이, 『성경의 서사성 상실』].

240) "이 세대"라는 지칭의 예표론적 의미에 대해서는 다음을 보라. E. Lövestam, *Jesus and "This Generation": A New Testament Study*, trans. M. Linnarud, Coniectanea Biblica (Stockholm: Almqvist and Wiksell, 1995).

241) 이에 관해서는 *Central Themes in Biblical Theology: Mapping Unity in Diversity*, ed. S. J. Hafemann and P. R. House (Grand Rapids: Baker, 2007), 254-308에 실린 R. E. Ciampa, "The History of Redemption"을 보라.

242) 더 많은 논의는 *Christ and the Future in New Testament History* (Boston: Brill, 2000), 20-37에 실린 E. E. Ellis, "Jesus' Use of the Old Testament and the Genesis of New Testament Theology"를 보라.

243) J. M. Hamilton, *God's Indwelling Presence: The Holy Spirit in the Old and New Testaments*, NAC Studies in Bible and Theology (Nashville: Broadman & Holman, 2006).

244) *The Right Doctrine from the Wrong Texts? Essays on the Use of the Old Testament in the New*, ed. G. K. Beale (Grand Rapids: Baker, 1994), 401에 실린 G. K. Beale, "Did Jesus and His Followers Preach the Right Doctrine from the Wrong Texts? An Examination of the Presuppositions of Jesus' and the Apostles' Exegetical Method"를 보라.

245) E. E. Ellis, "Dynamic Equivalence Theory, Feminist Ideology and Three Recent Bible Translations," *ExpTim* 115 (2003): 7-12.

246) 폴 R. 하우스, 『구약신학』, 장세훈 역(서울: 기독교문서선교회, 2001).

247) T. R. Schreiner, *Paul, Apostle of God's Glory in Christ: A Pauline Theology* (Downers Grove: InterVarsity, 2001).

248) 토머스 슈라이너, 『신약신학』, 임범진 역(서울: 부흥과개혁사, 2015).

249) Hamilton, *God's Glory in Salvation through Judgment*.

250) 〈염소 혹은 실비아는 누구인가?〉는 그 주제가 정도에서 벗어남에도 최고의 브로드웨이 연극으로 인정받아 토니 어워드(Tony Award)를 받았다.

251) '썬빔'은 남침례 교회에서 미취학 아이들을 위해 만들었던 선교 프로그램이다.

252) 이 그림과 계속 진행되는 대부분의 논의는, H. W. York and B. Decker, *Preaching with Bold Assurance* (Nashville: Broadman & Holman, 2003), 136-7에서 가져온 것이다.

253) 비록 이 장의 범위를 다소 넘어선 것이지만, 다른 추론적인 진리는 전혀 가치가 없다. 만일 본문 저자의 의미를 알 수 없다면, 정확한 본문 번역이란 어떤 해석적 기술과 마찬가지로 불가능한 것이 되고 만다.

254) F. B. Craddock, *Overhearing the Gospel* (St. Louis: Chalice, 2002), 63.

255) F. B. Craddock, *As One Without Authority* (St. Louis: Chalice, 2001), 46-7[프레드 B. 크래독, 『권위 없는 자처럼』, 김운용 역(서울: 예배와설교아카데미, 2014)]. 저자 강조.

256) D. Buttrick, *Homiletic: Moves and Structures* (Philadelphia: Fortress, 1987), 245. 설교의 내적 요소와 설교 작성의 구성론에 대한 버트릭의 박식한 논의는 지성을 자극하며 때로 도움이 되지만, 성경의 권위에 대한 모독과 그에 따른 설교 방법론이 담긴 그의 책은 강해 설교자에게는 거의 쓸모가 없다.

257) D. Larsen, *The Anatomy of Preaching: Identifying the Issues in Preaching Today* (Grand Rapids: Baker, 1989), 35.

258) S. Stoddard, *The Defects of Preachers Reproved in a Sermon Preached at Northampton, May 19, 1723* (New London, CT: n.p., 1724; repr. Ames, IA: International

Outreach, n.d.), 20-1, 원저자 강조.

259) M. Gladwell, *Blink* (New York: Little, Brown, 2005), 160-5 [말콤 글래드웰, 『첫 2초의 힘 블링크』, 이무열 역(서울: 21세기북스, 2016)]을 보라.

260) M. Bell, "Preaching in Our Mass Media Environment," *Preaching* 4 (January-February 1969): 5.

261) D. Dickens, "Now Heerreesss ⋯ Brother Johnny: Studies in Communication and Preaching," *SWJT* 27 (1985): 19.

262) R. Bailey, "The Art of Effective Preaching," *Preaching* 4 (July-August 1988): 11.

263) G. K. Hollifield, "Expository Preaching that Touches the Heart," *Preaching* 19 (2004): 18에서 인용되었다.

264) L. L. Hogan and R. Reid, *Connecting with the Congregation: Rhetoric and the Art of Preaching* (Nashville: Abingdon, 1999), 41-2.

265) Hollifield, "Expository Preaching that Touches the Heart," 18.

266) B. Chapell, *Christ-Centered Preaching: Redeeming the Expository Sermon* (Grand Rapids: Baker, 1994), 93 [채펠, 『그리스도 중심의 설교』].

267) G. Osborne, *The Hermeneutical Spiral* (Downers Grove: InterVarsity, 1991), 99.

268) 같은 책, 100.

269) *The Coming Evangelical Crisis* (Wheaton, IL: Crossway, 1995), 67에 실린 R. K. Hughes, "Preaching God's Word to the Church Today"를 보라.

270) A. Azurdia, *Spirit-Empowered Preaching* (Ross-shire, Great Britain: Mentor, 1998), 29.

271) 설교에서의 성령의 역할에 대한 도움이 될 만한 논의로는 그렉 하이슬러의 『성령이 이끄는 설교』를 보라.

272) Hollifield, "Expository Preaching that Touches the Heart," 23.

273) 같은 책, 19-20.

274) H. York and B. Decker, *Preaching with Bold Assurance* (Nashville: Broadman & Holman, 2003), 20.

275) S. F. Olford and D. L. Olford, *Anointed Expository Preaching* (Nashville: Broadman & Holman, 1998), 113-4.

276) E. Johnson, *Expository Hermeneutics* (Grand Rapids: Zondervan, 1990), 309.

277) G. R. Osborne, "Genre Criticism-Sensus Literalis," *TJ* 4 (1983): 24.

278) S. Greidanus, *The Modern Preacher and the Ancient Text* (Grand Rapids: Eerdmans, 1988), 17[시드니 그레이다누스, 『성경 해석과 성경적 설교』, 김영철 역(서울: 여수룬, 2012)].

279) Hirsch, *Validity in Interpretation*, 74.

280) E. Achtemeier, *Creative Preaching: Finding the Words* (Nashville: Abingdon, 1980), 46.

281) York and Decker, *Preaching with Bold Assurance*, 59-60.

282) Hollifield, "Expository Preaching that Touches the Heart," 20.

283) *Biblical Preaching*, ed. J. W. Cox (Philadelphia: Westminster, 1983), 41에 실린 H. H. Mitchell, "Preaching on the Patriarchs"를 보라.

284) Greidanus, *The Modern Preacher and the Ancient Text*, 179[그레이다누스, 『성경 해석과 성경적 설교』].

285) 같은 곳.

286) Hollifield, "Expository Preaching that Touches the Heart," 20.

287) D. Hesselgrave, *Communicating Christ Cross-Culturally*, 2nd ed. (Grand Rapids: Zondervan, 1991), 431[데이비드 헤셀그레이브, 『선교 커뮤니케이션론』, 강승삼 역(서울: 생명의말씀사, 1999)].

288) E. P. J. Corbett and R. J. Connors, *Classical Rhetoric for the Modern Student*, 4th ed. (New York: Oxford University, 1999), 84.

289) R. U. Ferguson Jr., "Motivation or Manipulation in the Pulpit," *Preaching* 6 (May-June 1991): 11.

290) Kaiser Jr., *Toward an Exegetical Theology*, 239.

291) J. Adams, *Preaching with Purpose* (Grand Rapids: Baker, 1982), 86.

292) P. T. Forsyth, *Positive Preaching and the Modern Mind* (Grand Rapids: Eerdmans, 1964), 11.

293) Olford and Olford, *Anointed Expository Preaching*, 233-4.

294) H. Hendricks and W. Hendricks, *Living By the Book* (Chicago: Moody, 1991, 2007), 289[하워드 핸드릭스, 윌리엄 핸드릭스, 『삶을 변화시키는 성경연구』, 정현 역(서울: 디모데, 2012)]. 이 저자들은 충실한 성경공부를 위한 세 단계의 간단한 순서를 제공하고 있다. (1) 관찰: 무엇이 보이는가? (2) 해석: 그것이 무슨 뜻인가? (3) 적용: 그것이 어떻게 영향을 미치는가?

295) 같은 책, 290.

296) Kaiser, *Toward an Exegetical Theology*, 18.

297) H. York and S. Blue, "Is Application Necessary in the Expository Sermon?" *SBJT* 3, no. 2 (Summer 1999): 70-84. 블루의 논문 제목은 "강해설교의 적용: 적용의 필수적 포함 사례"(Application in the Expository Sermon: A Case for Its Necessary Inclusion)다.

298) 같은 책, 73-74.

299) L. Lotz, "Good Preaching," *RefR* 40 (Autumn 1986): 38.

300) D. Hesselgrave, "Contextualization That Is Authentic and Relevant," *International Journal of Frontier Missions* 12 (July-August, 1995): 115, 저자 강조. 또 스탠 거스리(Stan Guthrie)는 선교적 정황에서 글을 쓰면서, "메시지는 성경 본문에 충실하면서도, 듣는 자의 정황에 적실하고 이해될 수 있는 방식으로 손질되며 정황화되

어야 한다"고 말한다. S. Guthrie, *Missions in the Third Millennium: 21 Key Trends for the 21st Century*, rev. and expanded ed. (Waynesboro, GA: Paternoster, 2000), 129[스탠 거스리, 『21세기 선교』, 정홍호 역(서울: CLC, 2014)].

301) York and Blue, "Is Application Necessary in the Expository Sermon?," 73.

302) J. Adams, *Truth Applied: Application in Preaching* (Grand Rapids: Ministry Resources Library, 1990), 17.

303) J. Broadus, *A Treatise on the Preparation and Delivery of Sermons* (New York: A. C. Armstrong and Son, 1894), 230에서 인용했다.

304) W. McDill, *The 12 Essential Skills for Great Preaching* (Nashville: B&H, 1994), 187.

305) P. Adam, *Speaking God's Word* (Downers Grove: InterVarsity, 1999), 132-3에서 인용했다.

306) T. Warren, "A Paradigm for Preaching," *BibSac* (October-December 1991): 143.

307) R. Warren, "Preaching Tips That Will Change Lives," *Ministry Toolbox* 246 (February 15, 2006).

308) 같은 곳.

309) D. Johnson, *Him We Proclaim: Preaching Christ from All the Scriptures* (Phillipsburg: P&R, 2007), 54.

310) 같은 책, 55.

311) M. Driscoll and G. Breshears, *Vintage Church* (Wheaton, IL: Crossway, 2008), 101-2.

312) R. Warren, "Put Application in Your Messages," *Ministry Toolbox* 317 (June 27, 2007).

313) H. Finzel, *Unlocking the Scriptures: Three Steps to Personal Bible Study* (Portland: Victor, 2003), 64.

314) J. Vines and D. Allen, "Hermeneutics, Exegesis and Proclamation," *CTR* 1, no. 2 (Spring 1987): 315-6. 바인즈와 알렌의 주장은 본문의 더 깊은 의미 혹은 소위 '더 충만한 의미'에 대한 가능성을 부정하는 것은 아니다. 이 문제를 제대로 다루기 위해서는 *Hermeneutics, Authority, and Canon*, ed. D. A. Carson and J. Woodbridge (Grand Rapids: Baker, 1995), 179-211에 실린 D. Moo, "The Problem of Sensus Plenior"을 보라.

315) Hendricks and Hendricks, *Living By the Book*, 313[하워드 · 윌리엄 핸드릭스, 『삶을 변화시키는 성경연구』].

316) 같은 책, 291-7. 나는 이 부분에 있는 그들의 분석을 지지하며, 그중 상당히 긴 부분을 직접적으로 인용하고자 한다.

317) E. Rowell with H. Robinson, "The Heresy of Application," *Leadership* 18, no. 4 (Fall 1997): 21-7.

318) E. Alexander, *What Is Biblical Preaching?* (Phillipsburg: P&R, 2008), 29에서 인용했다.

319) 같은 책, 30.

320) 같은 책, 29.

321) 같은 책, 28. 이 장과 관련해 적용의 중요성에 대해 훌륭하게 다룬 두 권의 책을 추천한다. 다니엘 도리아니, 『적용, 성경과 삶의 통합을 말하다』, 정옥배 역(서울: 성서유니온, 2009)와 해돈 로빈슨, 브라이언 라슨, 『성경적인 설교 준비와 전달』이다.

322) 이 점에 관해서는 이 책 서론과 5장을 보라.

323) 이 책 8장을 보라.

324) 설교자와 청중은 수세기를 거쳐 온 신학적 논쟁을 풀려고 시도하기보다, 성경을 좀 더 깊이 연구하는 일에 더 많은 시간을 사용하는 것이 더 유익하다.

325) 이 단어는 헬라어로 '하르티오스'(ἄρτιος)로, 이에 상응하는 영어 단어는 'qualified'(자격이 있는, 적임의)일 것이다. 영어 성경은 이 단어를 'efficient'(유능한, NEB), 'competent'(적임의, 유능한, NASB), 'proficient'(능숙한, NRSV) 등으로

번역하고 있다. 이 단어의 의미는 본문에서 "능력을 갖추게"(thoroughly equipped, NIV)란 단어로 부연되고 있다.

326) 베드로는 동일한 결론을 다르게 표현한다. "예언은 언제든지 사람의 뜻으로 낸 것이 아니요 오직 성령의 감동하심을 받은 사람들이 하나님께 받아 말한 것임이라"(벧후 1:21).

327) 이것에 관한 좀 더 충분한 설명을 위해서는 이 책 4장을 보라.

328) A. Thiselton, *The Two Horizons, New Testament Hermeneutics and Philosophical Description* (Grand Rapids: Eerdmans, 1980), 11, 15, 17, 20.

329) 넓은 의미에서 창조와 구속은 성경의 중심 주제로 하나님의 관심을 반영하고 있다. 이 점은 요한계시록, 특별히 4장과 5장을 연구하면 자세히 나타나 있다. 이 점에 대한 짐 해밀턴의 좀 더 자세한 설명을 참고하려면 이 책 8장을 보라.

330) H. W. Robinson, *Biblical Preaching, The Development and Delivery of Expository Messages* (Grand Rapids: Baker, 1980), 20.

331) 같은 곳.

332) 같은 책, 20-21.

"하나님의 말씀은 살아 있고 활력이 있어
좌우에 날선 어떤 검보다도 예리하여
혼과 영과 및 관절과 골수를 찔러 쪼개기까지 하며
또 마음의 생각과 뜻을 판단하나니"

_ 히 4:12

본문이 이끄는 설교

초판 1쇄 발행 2020년 8월 12일
초판 2쇄 발행 2024년 12월 12일

지은이	데이비드 알렌, 다니엘 애킨, 네드 매튜스 외
옮긴이	김대혁, 임도균

펴낸이	곽성종
기획편집	방재경
디자인	투에스

펴낸곳	아가페출판사
등록	제21-754호(1995. 4. 12)
주소	(08806) 서울시 관악구 남부순환로 2082-33(남현동)
전화	584-4835(본사) 522-5148(편집부)
팩스	586-3078(본사) 586-3088(편집부)
홈페이지	www.agape25.com
판권	ⓒ (주)아가페출판사 2020
ISBN	978-89-537-9629-4 (03230)

서지정보유통지원시스템 홈페이지(http://seoji.nl.go.kr)와
국가자료공동목록시스템(http://www.nl.go.kr/kolisnet)에서
이용하실 수 있습니다.
(CIP제어번호: CIP2020030778)

저작권법에 의하여 한국 내에서 보호받는 저작물이므로
무단전재와 복제를 금합니다.

아가페 출판사